범우고전선 56-②

사 기

사마천 지음 / 이영무 옮김

범우사

국립중앙도서관 출판시도서목록(CIP)

史記. 중 / 사마천 지음 ; 이영무 옮김. --
서울 : 범우사, 2003
    p. ;   cm. -- (범우고전선 ; 56-2)

ISBN 89-08-01061-0 04920 : ₩12000
ISBN 89-08-01000-9(세트)

912.02-KDC4
951.01-DDC21   CIP2003000509

재미있게 풀어 쓴 중국 기원전 역사
史 記 (중)

굴원(屈原, 기원전 343~277년)

진 시황(秦始皇, 기원전 259—210)

초 패왕 항우(項羽, 기원전 232—202)

한 고조 유방(劉邦, 기원전 247—195)

여후 치(雉, ?—기원전 180)

진의 병마용(兵馬俑, 약 2200년 전)

한신(韓信, ?—기원전 196)

소하(蕭何, ?—기원전 193)

진평(陳平, ?—기원전 178)

한 문제(文帝, 기원전 202—157)

진의 동마차(銅馬車, 약 2200년 전)

만리장성(萬里長城)

홍문연(鴻門宴, 기원전 207 항우와 유방 사이에 있었던 연회)

사마천과 청대에 출판된 《사기》

진 시황릉(秦始皇陵, 약 2200년 전)

차 례

일러두기 · 12

 지배의 역학

해제 · 15

I   진 제국秦帝國의 멸망

1. 2세 황제 즉위의 내막 ― 호해와 조고 · 27
    시황제의 유촉 · 27 | 조고의 음모 · 29 | 승상 이사의 향배 · 32 | 부소의 비극 · 36 | 시황제의 능묘 · 37

2. 음모와 내란의 소용돌이 ― 이사의 최후 · 40
    공포정치 · 40 | 학정과 반항 · 42 | 진압정책 · 44 | 귀머거리 군주 · 45 | 조고의 위계 · 46 | 간신諫臣의 분사 · 48 | 이사의 실각 · 51

3. 멸망, 또 멸망 ― 자영의 비극 · 56
    전선부대의 이반 · 56 | 말이냐 사슴이냐 · 57 | 2세 황제의 최후 · 58 | 간신 조고의 말로 · 60 | 진의 멸망 · 62

4. 반역의 원점 ─ 진승과 오광 · 63
　　홍곡의 큰 뜻 · 63 | 어차피 한 번 죽을 바에야 · 64 | 거사 · 66 | 진격, 그리고 좌절 · 68 | 각지의 독립 · 70 | 진승과 오광의 죽음 · 72 | 후일담 · 74 | 옛 친구 · 75

Ⅱ 항우와 유방

1. 항우의 생장 · 81
　　이왕 배울 바에는 · 82 | 항우의 기개 · 82 | 숙질의 거사 · 83 | 청년 2만의 합세 · 85 | 항군의 세력 증대 · 87 | 지혜 주머니 범증의 등장 · 88

2. 유방의 생장 · 90
　　사내로 태어난 바에야 · 90 | 여씨의 딸 · 92 | 유씨의 갓 · 93 백제의 아들과 적제의 아들 · 95 | 천자의 기운 · 96 | 유방, 패현을 장악하다 · 97

3. 항우, 천하의 실권을 잡다 · 100
　　항량의 죽음 · 100 | 초군의 재편성 · 101 | 항우, 송의를 죽이다 · 102 | 거록의 전투 · 105

4. 유방과 항우의 대결 · 107
    회왕의 약속 · 107 | 역이기의 호통 · 108 | 장량과 진회의 진언 · 112 | 유방, 관중을 제압하다 · 114 | 항우, 함곡관에 도착하다 · 117 | 범증의 경고 · 119 | 유방의 위기 · 120

5. 홍문의 회합 · 123
    암살 계획 · 123 | 과연 장사로다, 한잔 더하게 · 125 | 큰일을 앞두고 · 127 | 천하는 패공의 것이 되리라 · 128 | 원숭이가 갓 쓴 꼴 · 128

Ⅲ 초 · 한의 결전

1. 허물어지는 기반 — 왕들과 제후들의 이반 · 135
    의제의 최후 · 137 | 한왕, 촉에 들어가다 · 137 | 전영의 반란 · 139 | 유방, 3진秦을 평정하다 · 142

2. 대결 — 한의 동정東征과 초의 반격 · 144
    한군, 대패하다 · 144 | 경포를 포섭하려 하다 · 146 | 수하의 기략 · 148 | 형양의 공방전 · 151 | 두뇌로 싸우긴 해도 · 156 | 항우의 죄상 · 158

3. 해하의 싸움 — 항우의 최후 · 162
　　약속 위반의 이유 · 163 | 사면초가 · 164 | 하늘이 나를 버렸구나 · 165 | 내가 무슨 낯으로 그들을 대하랴 · 167 | 항왕의 잘못 · 169

Ⅳ　막하의 군상

1. 논공행상 · 175
　　군주와 인재 · 175 | 그립던 고향에 돌아와서 · 179 | 고조의 유언 · 179

2. 독불장군 — 팽월 · 181
　　지각하면 죽여라 · 181 | 한왕과 팽월의 제휴 · 183 | 공짜가 어디 있나 · 184 | 역전 · 186

3. 비운의 실력자 — 한신 · 188
　　바짓가랑이 밑을 · 188 | 장사를 왜 버리나 · 190 | 일약 대장군으로 · 191 | 왕의 자리를 달라 · 193 | 천하의 패권이 한신에게 달렸느니 · 195 | 보은의 방법 · 200 | 토끼 사냥이 끝나면 · 201 | 장수도 여러 가지 · 205 | 최후의 도박 · 206 | 괴통의 변명 · 208

4. 보좌역의 처신법 — 소하 · 210
   고조의 은인 · 210 | 군주의 의혹을 역이용하다 · 211 | 사냥개의 공로 · 212 | 한때의 공과 만세의 공 · 214 | 출세는 화근이다 · 216 | 보신책 · 217 | 탁견 · 219

5. 명참모장 — 장량 · 221
   이상한 노인 · 221 | 패공의 군사로 · 224 | 토초의 사천왕 · 226 | 논공행상 · 229 | 선계에 살리라 · 232

 권력의 구조

해제 · 237

I 여걸 군림

1. 여후 일대기 — 여후와 혜제 · 249
   여후와 척부인 · 249 | 사람돼지 · 250 | 건배 · 252 | 눈물 · 253 | 간쟁의 신하, 사직의 신하 · 254 | 후사 · 256 | 조왕 우, 굶주려서 읊다 · 257 | 여후의 죽음 · 259

2. 전권 이후 — 여후와 유씨 · 261
    제왕, 격문을 띄우다 · 261 | 여수, 패물을 마구 내던지다 · 263 | 우단과 좌단 · 265 | 여씨 일족, 주살되다 · 266 | 새 황제를 맞이하다 · 267 | 후궁 정치와 민중 · 269

3. 무대 뒤 — 장량·진평·주발· 육가 · 271
    날개는 이미 돋쳤다 · 271 | 기계奇計로 사는 사나이 · 274 | 승상이 제 직책도 모르다니 · 276 | 옥리, 장군을 구하다 · 278 |《신어》12편 · 281 | 난세에는 한유를 · 282 | 배후 · 283

Ⅱ 재건의 길

1. 새로운 시대의 주역 — 원앙과 조조 · 289
    원앙의 제왕 교육 · 289 | 세 차례의 진언 · 291 | 위아래의 구별은 분명히 · 294 | 말참견은 소용 없다 · 295 | 적수 · 295 | 지혜 주머니 · 297 | 선수 · 298 | 죽는 게 상책이다 · 300 | 화급할 때에 도와 줄 사람은 · 301 | 인간의 운명 · 302

2. 혹리의 등장 — 질도·영성·주양유 · 303
    가부인, 측간에 들어가다 · 303 | 푸른매 · 304 | 흉노의 공포 · 305 | 상수上手 · 307 | 그보다 더한 상수 · 308

3. 오・초 7국의 난 — 오왕 유비와 교서왕 유앙・310
   모반의 상・310 | 중앙 집권・312 | 음모・314 | 수술・318 | 토벌의 비책・321 | 오왕, 헌책을 듣지 않다・322 | 패배・323 | 전후 처리・325

Ⅲ 대제의 치세

1. 빛과 그림자 — 무제의 초기・331
   안정에서 확대로・332 | 유・법 병용・334

2. 학문은 세상을 장식한다 — 공손홍・급암・336
   돼지치기에서 승상으로・336 | 불사신의 처세술・337 | 강의박눌・340 | 고립무원・342 | 무식한 놈은・343 | 정론도 소용없이・344

3. 경제・법률・도덕 — 동곽함양・공근・복식・347
   전매 제도의 시작・347 | 기특한 사나이・349 | 목양의 비결을 정치에・352 | 복비의 법・353

4. 제권의 절대화 — 장탕・356
   쥐, 하옥되다・356 | 법 적용은 상대방 나름・357 | 철저히 규

명하라 · 359 | 비판하면 저 세상 간다 · 359 | 머리 좋은 부하 · 362 | 사면초가 · 363 | 무제의 후회 · 366

5. 태평의 꽃 피다 ─ 상홍양 · 368
   피리 불건만 춤추지 않다 · 368 | 평준법 · 370 | 복식의 비판 · 371

Ⅳ 한 제국의 확대

1. 삭북기마의 민족 ─ 흉노전 · 375
   대선우 묵돌의 탄생 · 375 | 천리마의 대상 · 377 | 평성 싸움 · 379 | 고조를 괴롭히고 여후를 욕보이다 · 382 | 화친 시대 · 383 | 이간하는 사나이 · 385 | 마읍 사건 · 389 | 교전 · 391

2. 명장 열전 ─ 위청 · 곽거병 · 이광 · 393
   대장군 위청 · 393 | 군을 버린 책임 · 396 | 타인의 공 · 398 | 젊은 영웅의 등장 · 399 | 사막의 대결 · 401 | 곽거병의 무훈 · 403 | 두 장군 · 404 | 이광 장군 · 406 | 궤계 · 407 | 대조적인 두 사람 · 409 | 탈출 · 410 | 비장군 · 411 | 부하를 다루는 법 · 412 | 후회 · 413 | 비극의 노장군 · 415

3. 서역 개척 — 장건과 비단길 · 418
    장건 13년 만에 귀국하다 · 418 | 피땀을 흘리는 말 · 421 | 대제의 꿈 · 423 | 장건, 다시 사자로 떠나다 · 425 | 장건의 죽음 · 428 | 서극과 천마 · 430 | 꿈을 향해 몰려드는 개미 떼 · 431

V 맹자 열전
    용납되지 않은 유세 · 435 | 추연의 학설 · 437 | 직문의 학파 · 440

■일 러 두 기■

1. 누구나 읽기 쉽게 의역하였으나, 원저의 기전체적 특색을 살리면서 편년체적 요소를 가미하고, 전3권(제1~6부)으로 요약, 재구성했다.

2. 단락별로 소제목을 붙였으며, 참고문으로서는 원문·역주·촌평 및 해설문 등을 곁들였다. 이들 참고문은 모두 작은 포인트로 처리했다.

3. 독자들의 이해를 돕기 위해서 등장인물의 이름은 될 수 있는 한 한 가지만을 썼다. 때문에 사후에 주어지는 시호를 생전에 쓴 경우도 있다.

4. 《사기》의 각 권말에는 저자 사마천이 평론을 가한 부분이 있다. 본서에 수록한 것은 [태사공평]이라고 구분하거나 해설문에서 밝혀 놓았다.

5. 번역 텍스트로 사용된 것은 중화서국中華書局판 《사기》, 농천귀태랑瀧川龜太郎 저 《사기회주고증》, 덕간德間서점판 《사기》 등이다.

6. 《사기》는 2천 수백 년 전의 중국의 통사이므로 새로운 맞춤법 표기법을 적용치 아니하고 인명·지명 등을 예전의 독음 그대로 표기하였다.

3부 지배의 역학

Ⅰ. 진 제국의 멸망
Ⅱ. 항우와 유방
Ⅲ. 초·한의 결전
Ⅳ. 막하의 군상

해 제

진 시황제秦始皇帝의 죽음으로부터 한 고조漢高祖의 천하 통일에 이르기까지 — 이것이 본권 3부가 취급하는 내용이다. 연대로 따지면 기원전 210년에서 기원전 202년까지로 불과 8년간이다. 그러나 《사기》의 전 1백 30권이 대상으로 삼은 천 수백 년 역사 가운데서, 이 8년 동안만큼 긴장과 파란이 가득찬 시기는 없다. 사상 최초의 통일 제국이 붕괴되는 그 자체가 하나의 장엄한 드라마이거니와, 그 혼란의 무대를 수놓는 갖가지 양상은 실로 보는 이의 시선을 아프게 끌어당기는 바가 있으며, 사마천의 필치도 이 시기를 그리는 데 있어서는 유난히 정채精彩를 더하고 있다.

여기에 등장하는 수백 명의 인물은, 시황제라고 하는 거인의 죽음에 이어, 제각기 무서운 야망에 사로잡혀 지혜와 있는 힘을 다해 중원의 사슴을 쫓았다. 그들은 명문의 귀족으로부터 빈농에 이르기까지 그 출신 성분이 각양각색이었으나, 출발선에 섰을 때에는 아무런 차별도 없었고 그 누구든 이 무대에서 주역을 다툴 수가 있었다. 지위도 재력도 문제가 아니었다. 다만 '인간', 벌거슴이 인간의 매력만이 사람을 끌어당기고 지배할 따름이었다.
그들이 합종연횡合縱連橫, 위계 사모僞計詐謀, 헌신과 반역, 신의와 배신을 되풀이하며 고조 유방의 천하 통일에 수렴되어 가는 과정은 바로 이 '인간'에 의한 지배의 역학을 생생하게 보여 준다.

진 제국秦帝國의 붕괴

시황제가 처음으로 정한 '황제'의 칭호는 천신天神·지신地神을 통합하는 우주의 최고신 '태황泰皇'과 전설상의 성군 '5제五帝'를 합쳐 만든 것이었다. 시황제는 그 자신을 우주와 인간 세계를 지배하는 절대적인 '신'의 지위에 올려놓았던 것이다. 황제가 발휘하는 권위 이외의 여하한 권위도 인정되지 않았다. 전 세계가 하나의 황제에게 복종하지 않으면 안 된다고 하는 것이 '황제' 지배의 원칙이었다. 분서갱유라고 하는 철저한 사상 탄압도, 그리고 전 국토에 군현제郡縣制를 시행하여 모든 백성을 황제의 관리가 직접 지배하는 체제도, 온전히 이 원칙에 근거를 둔 것이었다. 시황제는 이 원칙을 강인하게 관철했다.

그 결과 지방에 남아 있던 씨족 중심의 공동체적 질서는 불도저에 밀려나듯 파괴되어 갔다. 지방 질서의 담당자였던 '사士' 계층 가운데 새 체제로부터 소외당한 사람들의 대부분은, 가령 한신韓信처럼 생업도 없이 유력자의 식객으로 전락하여 칼이나 차고 그날그날 서성거리는 유민으로 변했다. 서민층 가운데서도 혈기 왕성한 젊은이들은 유력자의 부하로 들어가거나, 시중을 배회하며 폭력을 일삼거나 혹은 도적 떼〔野盜〕에 가담한다거나 하였다. 본문 중에 자주 나오는 '젊은이' ─ 원문에는 '소년' ─ 란 이와 같이 '도당을 조직하여 소란을 부리고 변란에 가담하여 사건을 일으키는' 유협遊俠(俠客)의 패거리를 일컫는 말이다.

이와 같이 공동체적 질서를 파괴하는 유민의 대량 출현이야말로 진 제국 붕괴의 근본 원인이 되었다. 중앙에 승상丞相(행정)·태위太尉(군사)·어사대부御史大夫(감찰)를 두고 지방 36군에 수守·위尉·감監을 둔다는 정연한 진나라의 중앙 집권 체제도, 거죽 한 꺼풀만 벗기고 보면 그 안에 무질서가 소용돌이치고 있었던 것이다.

진은 분서갱유로 지식층의 원한을 샀다. 또한 만리장성·아방궁·시황제의 능묘 등 대규모의 조영 공사造營工事를 일으켜 세금과 부역으로 백성들의 기름을 짜낼 대로 짜냈다. 그러나 민중은 그것만으로는 반항의 기치를 들지 않는 법이다. 가난하게는 살지언정, 믿고 의지할 만한 질서가 존재하는 한 백성은 꾹 참고 움직이지 않는다. 그 질서마저 붕괴되고 다시금 가혹한 착취가 가해질 때 백성은 절망적으로 들고 일어서는 것이다.

시황제의 승하와 함께 권력 지배 체제의 동요가 엿보이는 순간, 백성의 원한은 한꺼번에 폭발했다. 진승陳勝과 오광吳廣이라고 하는 이름도 없는 가난한 농군들이 봉화를 높이 들자 천하의 백성들은 대번에 이에 호응하였다. 진나라의 '황제' 지배가 지나치게 경직된 원리에 입각해 있었기 때문에 거기에 균열이 생기자 그 체제는 하잘것없이 무너질 수밖에 없었다. 진 시황제의 통일로부터 불과 10년 만에 천하는 다시 동란의 격랑 속에 휩쓸려 버리는 것이다.

항우項羽와 유방劉邦

이 동란 속에서 구름처럼 모여드는 영웅 호걸을 거느려 양대 세력을 형성하고 대결의 드라마를 백열白熱의 극한 상황에까지 끌어올린 주인공은 모두 초楚나라 출신인 항우와 유방이었다.

항우는 초나라의 장군을 대대로 역임한 명문 귀족의 자손으로서 용맹 무쌍하고 뛰어난 재능을 가지고 있었으며, 부하를 극진히 위하는 반면에 적에 대해서는 단호히 폭력을 휘두르는 격렬한 기질의 소유자였다. 반면 유방은 가난한 농가의 출신으로 관인대도寬仁大度라는 평판을 얻고, 사람을 쓰는 요령을 터득한 현실주의자였다. 두 사람의 성격은 예로부터 많은 논자에 의하여 강剛과 유柔, 동動과 정靜, 직直과 우迂, 힘과 지혜 등의 언어로 비교되고, 그들의 실패와 성공의 원인으로 논란되어 왔다. 그러나 성패의 열쇠는 오히려 성격 자체보다도 그 성격에서 발현되는 인간 지배 형식의 차이점에서 찾아야 할 것이다.

두 사람은 출신에 귀천의 차별은 있었지만, 거사에 임하기까지는 강대한 권력도 경제적인 기반도 갖추고 있질 못했다. 다만 그들 나름의 강렬한 인간적 매력으로 앞서 말한 유협의 무리를 주위에 모아 보이지 않는 세력을 형성하였을 따름이다. 《사기》에서는 이런 자들을 '호협豪俠' 또는 '호걸'이라 부르고 있다.

호협은 생업도 없이 부랑하는 유협들을 규합하여 그들의 의식衣食을 해결하고, 법을 어기면서라도 그들의 위난危難을 구제해 주어야 한다. 유협은 이 은의恩義에 보답하기 위하여 호협이 하는 일에 생명을 건다. 그러나 그들 사이를 묶는 줄은 단순한 '기브 앤 테이크Give & Take'가 아니다. 어떠한 지배 관계도 재력이나 권력만으로는 유지되지 않는 법이다. 지배당하는 자의 자발적인 충성심을 유도하고 또한 지배·피지배의 관계를 망각케 하는 무엇인가가 존재하지 않으면 안 된다. 더욱이 항우나 유방처럼 재력도 권력도 없는 자들에게 있어서는 '어떤 무엇' 즉 인간적 매력이 최대의 요소가 되는 것이다. 인간적 매력이란 구체적으로 다음과 같이 표현되어 있다.

> 그 행위는 설사 정의正義(체제 쪽의 원리)에 위배되더라도 그 말[言]은 반드시 신의로워야 하고, 그 행동은 반드시 이루어져야[果] 하며, 한번 약속[諾]한 일은 반드시 지켜져야[誠] 하고, 제 몸을 돌보기 전에 '사士'의 곤액困厄을 떠맡아 생사를 초월하여 행하되 자기 재능을 자랑하지 말 것이며, 또한 자기의 덕을 과시(은혜를 입히는 것)하기를 부끄러이 여긴다.
>
> 〈유협 열전遊俠列傳〉

이렇듯 협기가 온몸에 가득 찬 자가 '장자長者'로 불리며 많은 유협의 패거리를 장악하여, 그들이 기꺼이 사지에 나아가도록 한다. '계집은 저를 알아 주는 이를 위해 얼굴을 다듬고, 선비는 저를 알아 주는 이를 위해 목숨을 내놓는다(〈자객 열전刺客列傳〉)'고 하는 기풍이 그것이다. 항우의 숙부 항량項梁은 망명처인 오吳나라에서 이와 같은 '죽음의 선비[死士]'들을 90명이나 부양하고 있었다고 한다. 유방도 또한 패沛에서 많은 도당을 모으고 있었다.

이들 호협 가운데는 지방 통치의 말단 관리인 정장亭長이 된다든가, 연掾이나 이吏 등 군·현의 하급 관리와 짜고 관청 내부에서 자기 세력을 편다거나 하는 자들이 있었다. 그들은 진나라의 지배 체제를 최말단에서부터 침식해 들어가고 있었던 것이다.

 진승과 오광의 반란을 전해 듣고 각지에서 일제히 들고 일어선 것은 대부분이 이런 호협들이었다. 그들은 진나라의 탄압 정치에 반항하는 민중을 배경으로 하여, 이제까지 부양해 온 부하들을 이끌고 깃발을 올린 다음, 하급 관리의 안내로 관청을 습격하여 그 군사력을 손에 넣었다. 그리고는 차례차례로 군소 봉기 세력을 산하에 편입시켜 마침내 대세력을 구축하기에 이른다. 항우·유방에게 귀속한 주요 인물들의 출신과 향배를 정리해 보면 다음과 같다. 화살표(→)는 귀속한 경위를 뜻한다.

항우 집단項羽集團

계포季布 초나라 호걸로서 항우와 함께 거사 ― 항우 패전 → 유방 ― 중랑장中郎將

조구曹咎 기현蘄縣의 옥리獄吏로서 항량의 석방에 진력 → 항우 ― 대사마大司馬(戰死)

진영陳嬰 동양현東陽縣의 영사令史로서 유협들의 추대를 받아 2만 창두군蒼頭軍의 수령이 됨 → 항우 → 유방 ― 당읍후堂邑侯

진평陳平 양무현陽武縣의 빈농이었는데 널리 호협들과 사귀고 젊은 이들을 모아 거사 → 위왕魏王 구咎 → 항우 → 유방 ― 승상

범증范增 거소居鄛의 재야 전략가 → 항우 ― 아부亞父(항우와 작별한 뒤 급사)

경포黥布 육六 지방의 죄수로 도둑의 수령. 병력 수천을 이끌고 반란 → 항우 ― 구강왕九江王 → 유방 ― 회남왕淮南王(그 후 반역하여 주살됨)

한신韓信 회음淮陰의 유협 → 항량 → 유방 — 독립하여 제왕齊王 — 초왕楚王 — 회음후淮陰侯(반역하여 주살됨)

장이張耳 대량大梁의 호협으로 젊은 유방을 보좌 → 진승 → 조왕趙王 → 항우 → 유방 — 조왕趙王

유방 집단劉邦集團

소하蕭何 패현沛縣의 연연掾에서 유방과 함께 거사 — 승상 — 상국相國

조참曹參 패현의 옥연獄掾에서 유방과 함께 거사 — 상국

번쾌樊噲 패현의 유협으로 유방과 함께 거사 — 상국

왕릉王陵 패현의 호협으로 유방과 오랜 교제가 있어 유방이 거사할 때 수천 명의 병력을 이끌고 지원 원조 — 우승상右丞相

장량張良 한韓나라의 귀족으로 하비下邳에서 유협이 되고, 젊은이 백여 명을 거느리고 봉기 → 유방 — 유후留侯

이것을 보면, 양 집단에서 모두 최초의 봉기에 참여한 자는 최후까지도 행동을 함께 하고 있음에 반하여 처음에 독자적으로 거병했다가 뒤에 산하에 들어온 자들은 그 이합집산이 무상하며, 항우의 편에서 유방 쪽으로 넘어간 자도 많다는 것을 알 수 있다. 이것은 무엇을 뜻하는가. 물론 형세가 강한 편으로 움직이려 한다는 경향은 부정하지 못한다. 그러나 한신이나 경포의 예에서 보듯이 원인은 결코 그것만이 아니다.

일상적으로 상대하는 범위 이내에 국한시켜 양자의 인간적 매력을 비교한다면, 거칠고 당장 상대에게 욕을 퍼붓는 유방보다는, 부하를 사랑하고 인재를 예우하는 항우 편이 훨씬 강했었다.

이것은 유방의 신하들 쪽에서 곧잘 지적하는 사실이기도 했다. 그 대신 닥치는 대로 끌어다 모은 오합지졸 격인 집단에 있어서는 사정이 정반대로 되기 마련이다. 항우는 본디 뛰어난 재주를 지녔을 뿐만 아니라 그것을 자부하고 있었다. 따라서 부하들이 하는 일에 전폭적인 신임을 주지 못하였고, 그들의 공적도 하찮게밖에는 여기지 않았다. 그 하나하나가 호협으로서 이름을 떨쳤던 장군들의 입장에서 볼 때에는 참을 수 없는 굴욕이었다. 이에 반하여 유방은 부하의 충고에 늘 귀를 기울이고 그들에게 대권을 맡겨 그들의 사기를 고무하였으며 공적을 세운 자에게는 즉석에서 막대한 은상을 내렸다. 신참자의 경우에 있어 상관의 인간적 매력이란 일상적인 접촉 가운데서 막연히 느껴지는 것이 아니라 눈에 보이는 유형적인 것에 의하여 구체적으로 뒷받침되지 않으면 안 된다. 작은 집단을 통솔해 왔던 인간적 매력이 보다 큰 집단을 통솔하는 데에도 유효 적절하게 발휘되어 구성원의 자발적 충성심을 환기시키기 위해서는, 그 표현 방식에 커다란 전환이 있지 않으면 안 된다. 항우는 그 전환에 실패했고, 유방은 성공했다고 할 것이다.

지배의 완성과 그 모순

그렇기는 하나 유방도 천하 통일 직후부터는 잇달아 일어나는 반역에 골머리를 썩이지 않으면 안 되었다. 그의 황제 즉위는 부하들과의 관계를 이전의 임협적任俠的(체면을 소중히 여기고 신의를 지킴) 결합에서 '절대 군주에의 신종臣從'으로 바꾸어 놓았다. 신의에 의하여 맺어졌던 관계가 에누리 없는 지배·피지배의 관계로 변모했던 것이다. 호협을 자부하고 어디까지나 임협적인 결합이기를 갈망하는 사람들은 이런 변모를 감당해 내지 못한다. 그 알력의 결과가 연달아 일어나는 반역 사태로 발전된 셈이었다. 반란이 일어날 때마다 고조 유방은 스스로 군사를 이끌고 진압에 나서야 했다. 어쩌면 그의 가슴속에는 부하들 사이에 뿌리 깊이 퍼져 있는 임협적 결합에 대한 향수에 불안이 있었으리라. 직접 나서지 않고 반란 진압을 다른 부하에게 맡겼다가는 그도 또한 반란군 쪽으로 넘어갈 가능성이 충분했던 것이다.

한 왕조漢王朝의 체제가 정비됨에 따라 임협적 기풍은 차츰 무너져 갔다. 그러나 그러한 것은 완전히 무너지지 않는다. 그리고 체제 그 자체의 존립을 위협할 수도 있다. 한 왕조가 실질적으로는 진나라와 마찬가지로 관료제를 정비하여 법가적인 권력 지배의 경향을 강화해 나가면서도 표면적으로는 유가적인 덕치주의를 내세우지 않을 수 없었던 것은, 이 점에도 이유가 있었다. 그러나 그 경위는 후속편에서 다룰 것이다.

여기서는 항우와 유방이 천하 제패를 다투는 투쟁의 역사에서 사마천이 활기 있게 묘사한 지배의 역학을 구체적으로 살펴 보기로 한다.

Ⅰ. 진 제국秦帝國의 멸망

1. 2세 황제 즉위의 내막 — 호해胡亥와 조고趙高

― 중국의 역사가 시작된 이래 최강의 통일 국가인 진秦은 멸망 과정에 있어서도 일찍이 그 예를 찾아볼 수 없는 엄청난 스케일을 보였다.

즉, 독재자 시황제가 죽은 뒤 햇수로 3년, 정확히 계산하면 27개월 만에 진나라의 판도는 흔적도 없이 사라져 버린 것이다. 그 원인은 시황제의 생전에 이미 배태된 것이라고 하겠지만, 그가 죽은 후 진나라가 멸망하기까지의 경과는 지배의 역학이 갖는 마이너스적인 요소를 생생히 드러내고 있다고 할 수 있다.

진나라가 멸망하는 이 대목은, 예로부터 '후계자 결정'이나 '정권 지속책'을 생각할 경우에 참고 자료로서 자주 인용해 온 것으로, 이를테면 제왕학의 커다란 포인트가 되어 왔다.

시황제始皇帝의 유촉遺囑

시황제는 37년(기원전 210년) 10월부터 관하 여러 나라를 순행하고 있었는데 남방의 회계會稽까지 갔다가 귀로에 올라 해안을 따라 북상하여 낭야에 이르렀다. 이때에 승상 이사李斯와 중거부령中車府令 조고趙高 등이 수행했다. 순행중에 조고는 부새령符璽令(割符와 玉璽를 관장함)을 겸하고 있었다.

시황제에게는 아들이 20여 명 있었는데 맏아들 부소扶蘇는 황제가 하는 일에 여러 차례에 걸쳐 간하였기 때문에 노여움을 받아 멀리 북녘의 상군上郡으로 쫓겨나서 변경 수비군을 감독하고 있었다. 당시에 상군의 군사를 지휘하던 자는 명장 몽염蒙恬이었다.

공자들 가운데서 특히 시황제의 총애를 받고 있었던 것은 막내인 호해胡亥로서, 그는 이번 순행에도 자원하여 동행을 허락받고 있었다. 순행에 동행한 공자는 그뿐이었다.

37년 7월[1] 순행중인 시황제는 사구沙丘 땅에 이르러 중병을 얻었다. 죽음이 가까워진 것을 깨달은 황제는 조고에게 명하여 맏아들 부소에게 보내는, 다음과 같은 편지를 쓰게 했다.

"군대는 몽염에게 맡기고 함양咸陽으로 돌아와 짐의 유해를 맞이하여 장례를 거행하라."

편지는 봉인되었으나 사자를 파견하기 전에 황제가 승하하고 말았다. 이리하여 황제의 서한은 옥새와 함께 조고의 손에 남게 되었다.

시황제의 죽음은 비밀리에 붙여졌다. 알고 있는 사람은 공자 호해와 승상 이사, 그 밖에 시황제의 총애를 받던 환관 5, 6명뿐이었다. 이것은 승상 이사가 취한 조처였다. 여행중에 승하하였을 뿐만 아니라 황태자도 정식으로 책봉되어 있지 않았으므로 아

---

[1] 순행을 떠난 것이 10월이므로 여기서 7월이라 하면 앞뒤가 엇갈리는 것 같지만, 시황제의 연호로는 10월이 정월이다. 따라서 시황제 37년은 10월에 시작되어 9월에 끝난다.

직 공표할 수는 없다고 생각했던 것이다. 유해를 온량거輼輬車[2)]에 안치하고, 순행을 계속하였다. 평상시와 마찬가지로 관리들은 주품奏稟을 행하였고, 식사 때에는 황제의 수라상을 온량차로 날랐다. 주품의 재가裁可는 온량차로부터 환관이 전하는 형식을 취하였다.

조고의 음모

조고는 조趙나라 왕족의 먼 일가였으나, 그의 형제들은 모두 환관으로 끌려갔고 모친 또한 형벌을 받아 비천한 신분으로 몰락하였다. 그러나 시황제는 그가 노력가이며 형법刑法에 정통하다는 평판을 듣고 중거부령으로 등용하였다. 조고는 등용되자 곧 공자 호해에게 접근하여 소송 및 재판의 진행 방법을 가르쳤다.

그 조고가 중죄의 혐의를 받은 일이 있다. 황제는 몽의蒙毅(몽염의 아우)에게 명하여 법에 따라 판정하도록 했다. 몽의는 엄격한 적법 조처를 취하여 사형 판정을 내리고 조고의 관적官籍을 박탈했다. 그러나 황제는 조고의 근면과 성실성을 참작하여 죄를 용서하고 관위와 작위를 복귀시켰다.

그런데 조고는 시황제가 승하했을 때 평소에 자기를 총애하는 호해를 태자로 옹립하고 싶어했다. 또한 몽의에 대해서는 자기가 취조를 받을 당시 인정 사정 없이 혹독하게 당했던 일에 앙심을 품고 기회만 있으면 없애 버리려고 마음먹고 있었다.

조고는 이에 시황제의 서한과 옥새를 장악하고, 공자 호해에게 다음과 같이 흥정을 걸었다.

---

2) 와거臥車라고도 함. 영구차로 사용되기도 하나, 여기서는 시황제 전용의 수레로 해석해야 옳을 듯하다.

"폐하께서는 승하하셨습니다만 장자인 부소에게 서한을 내리셨을 뿐이고 어떤 공자를 왕으로 봉한다는 조칙은 없었습니다. 그대로 사태가 진전된다면 부소가 돌아와서 황제가 될 겁니다. 그렇게 되면 공자님에게는 한 치의 땅도 주어지지 아니할 것인데 그래도 무방하시겠습니까?"

"좋고 나쁘고가 어디 있겠소. 어진 임금은 신하를 알고, 어진 아비는 아들을 안다고 하지 않소. 부왕께서는 돌아가실 때까지 공자들에 대해 아무런 조처도 취하지 아니하셨으니 그에 대해 이러쿵저러쿵 따질 까닭은 없을 것이오."

"아닙니다. 그렇게 할 수는 없습니다. 지금 천하의 권력을 얻느냐 잃으냐 여부는 공자님과 저 그리고 승상, 이렇게 세 사람이 하기에 달려 있습니다. 이 점을 잘 생각해 주십시오. 남을 신하로 삼느냐 남의 신하가 되느냐, 남을 지배하느냐 남에게 지배를 받느냐, 어느 쪽을 택하느냐에 따라 천지의 차이가 생기는 것입니다."

"천부당만부당한 소리요. 형을 폐하고 아우가 그 자리에 올라가다니. 부왕의 조칙을 무시하고 제위에 올라 형사刑死의 공포를 스스로 초래하다니. 재능도 없는 주제에 남의 농간에 좌우되어 높은 자리를 넘보는 짓, 이런 불의, 불효, 분에 넘치는 역덕逆德을 쌓아 가지고 천하가 굴복하리라 생각한다면 큰 오해일 것이오. 머지않아 이 몸은 위기에 처하게 되고 진나라의 사직社稷[3]도 끊어질 것이오."

---

3) 사社는 토지의 신, 직稷은 오곡의 신. 임금이 궁성을 지을 때 이 두 신을 왕궁의 오른쪽에, 종묘는 왼쪽에 모신다. 사직을 관장하는 자는 군주이므로, 사직은 곧 국가를 상징하는 뜻으로 쓰인다.

"그러시다면 은殷의 탕왕湯王, 주周의 무왕武王은 어땠는지 생각해 보십시오. 그분들도 군주를 시해하였습니다만 천하의 인심은 그분들을 불충이라고 비난하기는커녕 옳은 일이라고 칭송하지 않았습니까? 또한 위군衛君은 부친을 죽였습니다만 위나라에서 그는 덕망 높은 임금으로 칭해졌으며, 공자孔子도 이때의 사건을 기록했을 때, 불효라고 하지는 않았습니다.[4] 대사를 도모하려는 자는 작은 예에 구애되지 말아야 하며, 큰 덕을 갖춘 자는 사소한 습속 따위에 속박되지 말아야 하는 법입니다. 가령 작은 촌락만 해도 제각기 그 관습들이 다르며, 관리들도 각자의 직책이 다르지 않습니까. 언제까지나 같은 길만 갈 필요는 없습니다. 작은 일에 얽매어 큰일을 잃는다면 반드시 화를 초래합니다. 어물어물하다가는 나중에 뉘우칠 일이 생길 것입니다. 결단을 내려 행하면 귀신도 피해 갑니다. 그렇게 함으로써만 성공이 약속됩니다. 아무쪼록 결단을 내리시도록……."

호해는 땅이 꺼지게 한숨을 내쉬었다.

"아직 제왕의 승하도 공표되지 않았고 장례도 거행되기 전인데, 어찌 이런 일을 승상에게 의논하겠소."

"아니옵니다. 그러기에 오히려 일초 일각을 다투는 일입니다. 이것저것 따지고 있을 여유가 없습니다. 달리는 말에 채찍을 가하여 오직 매진할 따름입니다."

마침내 호해는 고개를 끄덕였다. 조고는 즉시 이렇게 말했다.

"승상과의 합의가 없이는 일이 성취되기 어렵겠죠. 공자님을 대신하여 제가 승상과 얘기하고 싶습니다."

---

4) 그런 사실은 없었던 것 같다. 아마 조고가 멋대로 지껄여댄 말일 것이다.

승상 이사의 향배向背

조고는 즉시 이사를 만나 설득하기 시작했다.

"승하하신 폐하께서는 장자 부소에게 서한을 내리시어 당신의 유해를 함양으로 모시도록 하라고 명령하셨고 또한 부소를 후계자로 세울 것도 명백히 하셨습니다. 그런데 그 서한 말입니다만, 실은 아직 발송하지 않았습니다.

황제께서 돌아가신 일은 지금 아무도 모릅니다. 그리고 서한과 옥새는 호해 공자가 가지고 있습니다. 그렇다면 승상과 제가 어떤 행동을 취하는가에 따라 태자가 결정된다는 것인데, 승상께서는 어찌 생각하시는지······."

"무슨 소리를 하는 거요? 신하 된 자, 모름지기 해서 옳은 말과 해서는 안 될 말이 있는 것을."

"승상님과 몽염을 비교한다면 어느 쪽이 강자라고 생각하십니까? 능력의 면에서는? 공적의 크기에서는? 장래에 대한 투시력의 정확성에 있어서는? 천하의 인망을 얻고 있는 점에서는? 또 장자 부소의 신용을 받고 있는 점에서는? 말씀해 보십시오."

"그렇게 따지자면 나는 몽염을 당할 수 없소. 하지만 그게 어쨌다는 거요?"

"저는 원래 환관이며 비천한 출신입니다. 다행히 문서 기록의 직에 처음으로 등용되었습니다. 그로부터 20여 년 동안 이 일을 맡아 보고 있습니다만, 그동안에 한 가지 깨달은 것이 있습니다. 그것은 승상이나 공신이 일단 파면을 당하면 그 녹봉이 자손의 대에까지 인계된 예가 없었다는 사실입니다. 결국은 모조리 주살되어 집안이 망해 버리는 것입니다.

승상께서는 황제의 아들 20여 명 전원에 대해 속속들이 알고 계실 것입니다. 장자 부소께서는 호쾌한 성격이면서 무용이 뛰어나신 분입니다. 신하를 신뢰하고 또한 신하를 고무하실 줄 아시는 그런 인품입니다. 만일 그분이 즉위하신다면 몽염을 새로이 승상에 앉힐 것은 분명합니다. 그렇게 될 경우, 승상께서 열후列侯의 인수印綬를 간직한 채 무사히 고향에 돌아가실 수 있으리라고는 도저히 생각되지 않습니다.

저는 황제 폐하의 명에 의하여 호해 공자님의 교육을 맡아서 수년 동안 법률을 강의하여 왔습니다만 일찍이 그분이 과실을 범하는 것을 본 적이 없습니다. 인애仁愛를 타고난 겸허한 인품으로 재물보다는 인재를 중히 여기십니다. 또한 총명을 속에 감추고 경솔히 표현하질 않고, 공이 있는 인물에게는 예를 갖추어 경의를 표합니다. 여러 공자님들 중에서는 으뜸이라고 할 것입니다. 후계자가 되실 분으로서 아무 손색이 없으시니 아무쪼록 현찰賢察하시어서 결정을 내려 주십시오."

"삼가도록 하시오. 어찌 그런 엄청난 이야기를 꺼내시오. 나는 폐하의 조칙을 받들어 천명에 따라 거행할 생각이오. 결정은 내가 내릴 일이 못 되오."

"아닙니다. 세상을 변하게 하는 것은 사람입니다. 태평 천하를 이룩하는 것도, 난세를 초래하는 것도, 모두 인간이 할 탓입니다. 태평 성세를 이룩하는 자가 비로소 만인의 존경을 받게 되는 것입니다."

"나는 본래 상채上蔡의 시골 구석에 태어난 일개 서민에 지나지 않았소. 그러다가 요행히 폐하에게 발탁되어 승상이 되었고, 열후에 봉해져서 자손들에 이르기까지 과분한 작록爵祿을 약속받은 것이오. 더구나 폐하는 진나라의 존망 안위를 내게 맡기고 돌아가셨소. 그럴진대 그 신뢰를 저버리는 짓을 내가 어찌 생각이나 해보겠소. 대저 충신이란 목숨을 바쳐서 임금을 모시는 법, 이해 득실에 마음을 빼앗겨서는 안 되오. 또한 효자라면 책모에 가담하여 위험 속에 뛰어드는 따위의 짓은 하지 않는 법이오. 신하인 이상 직분을 지키는 일 이외에 또 뭐가 있겠소. 그대는 나를 범죄 속에 끌어들이려고 애쓰는 모양인데 이 이야기는 그만둡시다."

그러나 조고의 설득은 집요하게 계속되었다.

"예컨대 성인聖人에 관해선 이런 이야기가 있습니다. 성인은 그 어떤 것에 대해서도 고집하지 않고, 융통성 있게 매사를 처리하기 때문에 변화에 응하고, 때를 따르며, 끝을 보면 처음을 알고, 시초를 보면 이미 종말을 통찰할 수 있다고 말입니다. 이 말은 모든 경우에 해당되는 것. 애당초 일정하고 불변하는 절대적인 법칙 같은 것은 존재하지 않습니다. 바야흐로 천하의 귀추는 호해 공자의 태도 여하에 달려 있습니다. 그분의 심중을 저는 이 손에 쥐고 있는 것입니다.

어떠십니까, 변방에 있던 신하가 돌아와 궁중을 제압하고 또한 신하가 군왕을 제압하고 주살하는 것이 불손임을 모르지 않습니다만 이미 대세는 결정돼 있습니다. 서리가 내리면 초목이 시들고 얼음이 풀리면 만물이 소생하는 법. 이건 필연의 이치입니다. 승상께서는 이 이치를 아직도 깨닫지 못하고 계십니까?"

"그건 그렇지만 또한 이런 전례도 있소. 진晉나라의 헌공獻公은 태자를 폐적廢嫡했기 때문에 그 나라가 3대에 걸쳐 혼란을 거듭했소. 제齊나라에서는 공자들이 형제 싸움으로 자리 다툼을 했기 때문에 환공桓公이 승하한 뒤에도 장례를 거행하지 못하고 방치했었소. 은나라의 주왕紂王은 친척들을 죽이고 간언을 듣지 않았기 때문에 국가를 폐허로 만들고 사직의 위험을 초래하였소. 그들은 모두 하늘의 뜻을 거역한 탓으로 자손이 끊기고 말았던 것이오. 나는 인간으로서 온전한 태도를 취하겠소. 하늘의 뜻을 거역하는 책모에는 동조할 수가 없소이다."

"위와 아래가 협력만 해나가면 실패할 염려가 없으며, 안과 밖이 일치하면 의혹이 생길 까닭이 없습니다.

저의 계획에 찬성만 해주시면 승상께서는 길이 봉후封侯의 지위를 누릴 것이며 자손들까지도 고孤(王侯의 겸칭)의 칭호를 보전할 것입니다. 반드시 왕자교王子喬나 적송자赤松子(둘 다 전설상의 仙人)와 같은 장수를 얻을 것이며, 공자나 묵자 같은 성인의 슬기를 얻으실 것입니다. 만일 거절하시면, 그 화는 자손에게까지 미치겠지요. 어떤 사태가 발생할 것인가……. 현명한 자는 화를 바꾸어 복으로 하는 법. 화냐 복이냐, 승상께서는 어느 쪽을 택하시겠습니까?"

이사는 하늘을 우러러보며 한숨을 내쉬었다. 눈물이 뺨을 적셨다.

"아아, 난세에 태어나 이런 치욕을 겪어야 한단 말인가. 도대체 나는 어찌 해야 좋을 것인가?"

이사는 마침내 조고의 뜻에 동의하고 말았다.

조고는 돌아가 호해에게 보고했다.

"태자님의 영지令旨를 받들어 승상에게 전달하고 왔습니다. 승상도 반대하진 않더군요."

배덕背德의 동기 조고의 논리적 설득만으로는 결코 이사를 움직일 수 없었다. 그러나 정보를 조작해서 실권을 장악한 조고의 위협은 성공을 거두었다.

  이성을 신조로 살던 이사 같은 당대 최고의 학자가 위협에 굴복하고 만 것은, 지식인의 일면을 보여 주는 것이 아닐까.

부소扶蘇의 비극

이리하여 호해·조고·이사 세 사람은 서로 모의하여 시황제의 조칙을 받았노라고 속여, 승상의 이름으로 공자 호해를 태자로 받들 것을 발표했다. 동시에 장자 부소에 대해서는 다음과 같은 허위 조서가 작성되었다.

"짐은 천하를 순행하며 명산 제신名山諸神을 제사지내며 장수를 빌고 있다. 그런데 장자 부소는 몽염과 더불어 수십만의 대군을 이끌고 변경에 머물기 10여 년, 한 발자국도 전진하지 못한 채 수많은 병사만을 잃었을 뿐 털끝만한 공적조차 세운 바가 없다. 그럼에도 불구하고 빈번히 글을 보내어 짐이 하는 일에 불손한 비방을 일삼아 왔다. 게다가 궁성에 돌아와 태자로 책봉되는 것을 허락받지 못한다 하여, 주야로 짐을 원망하고 있다고 하니 불효 막심하다 할 수 있다. 이에 검을 내리니 자결토록 하라. 또한 장군 몽염은 부소와 함께 지내면서 부소의 행적을 바로 잡지 못했다. 그 음모를 미루어 짐작할 만하거니와 신하로서 불충을 범한 것이다. 따라서 자결을 명한다. 군의 지휘는 부장副將 왕리王離에게 위임한다."

  이 서한을 황제의 옥새에 의하여 봉인하고, 호해의 식객인 자를 사자로 파견하여 상군에 있는 부소에게 전달시켰다. 서한을 받아 읽은 부소는 왈칵 울음을 터뜨리며 내실로 달려가서는 그 자리에서 자살을 도모했다. 몽염이 그 손을 잡아 누르며 말했다.

"폐하께서는 현재 도성에서 떠나 계신데다 태자를 결정하신 바도 없습니다. 그리고 폐하께서는 저에게 30만의 군사를 주어 변경을 지키게 하셨고 공자님을 감독으로 임명하셨습니다. 공자님은 이렇듯 중책을 맡고 계십니다. 사자가 한 사람 왔다고 해서 곧 자살해 버리다니 될 말입니까. 사자가 가짜가 아니라고 누가 보증합니까. 제발 황제께 한번 사면을 청하여 보십시오. 자결은 그런 후에 하셔도 늦지 않을 것입니다."

사태가 심상치 않게 되었음을 깨달은 사자가 집요하게 자결을 강요했다. 부소는 성격이 고분고분한 사람이었다.

"아버님께서 아들에게 죽음을 명령하신 것이오. 이제 와서 조명助命을 청하다니 부당한 얘기요."

부소는 몽염에게 이 말을 남기고는 자결하고 말았다. 몽염은 자살하기를 결단코 거절했다. 사자는 그를 관리에게 인계하여 양주陽周의 감옥에 가두고 돌아와 사건의 경위를 호해·이사·조고에게 보고했다. 세 사람은 크게 기뻐하고 함양으로 귀환하여 비로소 시황제의 상喪을 공표했다.

시황제의 능묘

9월, 시황제의 유해를 역산酈山에 장사지냈다. 역산은 시황제의 즉위 당시부터 묘소로 책정되어 그때부터 공사가 시작되어 왔던 곳으로서, 천하 통일 이후에도 도형수徒刑囚 70여만 명을 동원하여 공사를 계속했다.

땅 속 깊이 3층의 수맥을 파고 들어간 자리에 묘실이 마련되고, 동판을 두껍게 깐 위에 관이 안치되었다. 묘의 내부에는 궁전을 만들고 제관諸官의 자리도 마련했다. 또한 궁중의 보물 창고에서 진기 기보珍器奇寶를 날라다가 그 속에 진열하고, 이를 훔치려는 자가 접근하지 못하도록 하기 위해서 기술자에 명하여 자동 발사 장치로 된 활을 만들게 하고, 침입자가 있을 경우에는 이것이 화살을 발사할 수 있게 장치하였다. 또한 수은으로 수많은 내와 강, 바다를 만들어 기계 장치에 의하여 자동적으로 그 수은의 줄기가 돌아 흐르도록 했다.

천장에는 천문天文을, 바닥에는 지리地理를 그려 넣었다. 묘실을 밝히는 불의 연료로는 오래 꺼지지 말라는 뜻으로 인어의 기름을 사용했다.

2세 황제 호해는,

"선제先帝의 후궁 가운데는 아이를 낳지 않은 여인들이 많다. 이들을 그대로 궁중에서 내보낼 수는 없다."

하여 모조리 자결할 것을 명령했다.

한편,

"기술자들은 기계를 장치했고, 보물들도 매장했습니다. 이 중대한 사실이 만에 하나라도 세상에 알려지면 큰일입니다."

하고 진언하는 자가 있었다.

이에 매장이 완료된 후, 묘도墓道의 중간문을 닫을 때 바깥문도 닫아 버려 기술자들이 한 사람도 남김없이 그 속에 갇혀서 생죽음을 당하게 만들었다. 또한, 묘소에는 초목을 심어 외관상으로는 보통 산과 다름없이 보이도록 위장했다.

이리하여 2세 황제 원년元年이 되었다. 황제는 스물한 살이었다. 조고는 낭중령郎中令(총무처 장관)의 요직에 앉아 황제의 신임을 독점하고 정사의 모든 것을 관장하기에 이르렀다.

멸망의 상징 음모에 의해 즉위한 2세 황제의 최초의 사업은 선제의 권위를 최대한으로 이용하려는, 묘소의 건립이었다. 최초이며 동시에 유일한 정사政事가 되었다고 할 수 있다.

기성의 권위를 이용해야만 했었다는 그 자체가 이미 지배의 종말을 의미하는 것이려니와, 이 거대한 능묘야말로 진 제국 멸망의 상징이었다.

2. 음모와 반란의 소용돌이 — 이사李斯의 최후

― 즉위한 2세 황제는 선제의 능묘 완성을 서두르는 한편 전국 각지를 순행하여 강력한 권위를 과시하고 그 위력에 복종시키려 했다. 그러나 이 순행은, 시황제에 비하여 너무나도 담력이 작은 2세 황제의 모습을 드러내는 결과를 가져왔으며 신하들의 경멸적인 시선은 젊은 2세 황제의 마음을 불안하게 만들었다.

지배의 종말을 예고하는 그 제2단계가 다음에 생생히 제시된다.

공포정치

2세 황제는 비밀히 조고를 불러 상의했다.

"대신들은 짐을 우습게 보는 모양이고 관리들도 뜻대로 움직여 주지 않는 것 같소. 형제들도 제각기 옥좌를 넘보고 있을 것이오. 적당한 대책이 없겠소?"

"그렇습니다. 소신도 진작부터 그걸 생각하고는 있었습니다만 감히 아뢰지 못했습니다. 선대로부터의 대신들은 누구나 천하에 떳떳한 명문의 출신으로 여러 대에 걸쳐 공적을 쌓아 온 사람들입니다. 그런데 여기 있는 저로 말씀드리자면 그 사람들과는 도대체 상대가 되지 않는 비천한 출신이온데 그런 제가 폐하의 발탁을 받아 대신들의 위에 앉아 궁중의 일을 총관하고 있습니다. 그러니 대신들은 몹시 불만스러울 것이며, 표면상으로는 어쨌든 내심으로는 결코 복종하고 있지 않습니다.

폐하께서는 지금 각지를 순행하고 계십니다만 이때가 좋은 기회가 아닐까 생각합니다. 이 계제에 각 군·현의 수守·위尉들을 엄격히 다스려서 죄 있는 자는 처벌하실 일입니다. 그렇게 함으로써 폐하의 권위를 천하에 미치도록 하고, 평소에 폐하의 심기를 상하게 한 자들도 제거할 수 있을 것입니다.

문文의 시대는 이미 지나갔고 지금은 무武가 모든 것을 결정하는 시대입니다. 이러한 시대의 흐름을 간과하시면 안 됩니다. 제발 망설이지 마시고 단행하여 주십시오. 그렇게 하시면 신하들이 불손한 책모를 도모할 여지가 없어집니다.

대체로 명군名君은 인재를 등용하고, 천한 신분인 자를 발탁·육성하며, 가난한 자를 부유하게 하고, 멀어진 사람도 가까이 오게 합니다. 이것들을 실천하실 때, 위아래가 한덩어리로 뭉치고 나라는 안정됩니다."

2세는 즉시 이 진언을 실행에 옮겼다. 죄를 뒤집어 씌워서 대신이나 공자(2세의 형제)들을 차례차례로 주살했다. 더구나 이에 연좌해서 측근의 신하나 삼랑관三郎官까지도 용서 없이 체포하였기 때문에 필경 조정에는 죄를 모면할 자가 한 사람도 남지 않을 형편이었다.

두杜 땅에 가 있던 6명의 공자는 주살되었으나 공자 장려將閭와 다른 두 형제는 내궁에서 잡혔다. 그 때문에 이 세 사람에 대해서는 죄상 심의가 오래 끌어 좀체로 결론이 나지 않았다. 감질이 난 2세는 사자를 파견하여 장려에게 언도했다.

"그대는 신하로서의 신분을 망각하였으니, 그 죄는 사형에 해당한다. 이에 형리를 파견하여 형을 집행한다."

장려는 승복하지를 않았다.

"터무니없는 말이다. 나는 조정의 의식이 있을 때에는 언제나 의례관을 따라 행동하였고, 조묘祖廟의 의식에 있어서도 신분을 망각하여 순위를 다툰 적이 없었다. 또한 명령에 의하여 빈객을 접대하는 자리에서도 말과 행동을 함부로 하여 명령을 위반한 일이 한 번도 없었다. 명령대로만 한 것이 어째서 분수를 망각한 일이 된단 말인가? 죄명을 알기 전에는 죽을 수 없다."

그러나 사자는 아랑곳하지 않고 말하는 것이었다.

"저는 조의朝議에 참석하지 않았습니다. 다만 조칙을 받들어 집행할 따름입니다."

장려는 하늘을 우러러 세 번 외쳤다.

"하늘이시여! 나에게는 아무 죄가 없습니다."

3형제는 눈물을 흘리며 함께 칼을 뽑아 자결했다. 이 사건은 왕족들의 간담을 서늘하게 했다. 황제에 대하여 섣불리 간언이라도 했다가는 용서 없이 비방죄에 적용되었기 때문에, 고관들도 봉록을 보전하는 일에만 급급하여 듣기 좋은 말밖에는 하지 않게 되었다. 그리하여 백성들이 공포에 떠는 시대가 닥쳐 온 것이었다.

학정과 반항

이 해의 4월, 순행을 마치고 수도 함양으로 귀환한 2세 황제는 "선제께서는 대궐이 협소하여 아방궁의 건축에 착수하셨는데 준공을 보시기 전에 붕어하셨소. 그래서 짐은 공사를 일단 중지하고 역산의 능묘부터 완공시켰소. 그것이 완공된 지금 아방궁의 건축을 미완성인 채로 방치해 둔다면 이는 선제의 사업을 비판하는 것처럼 보일 우려가 있소."
라고 선언하고 아방궁의 공사를 다시 시작했다.

 또한, 변경의 오랑캐를 토벌하는 일에도 시황제의 적극적인 정책을 답습하기로 했다. 그래서 전국에 대동원령을 발동하여 힘센 남자 5만 명을 징집하고 이를 함양의 둔영에 상주시켜 활쏘기 등의 사격 훈련을 연마케 했다. 이렇게 되면 말을 비롯해서 군용 가축들에 대한 수요가 급격히 늘어나기 때문에, 그 사료를 확보하기 위해서 각 군·현에 징발령을 내려 콩·조·사초 따위를 함양으로 보내 오도록 했다. 게다가 이 수송에 징발된 농민들에게는 식량을 스스로 부담토록 했다. 그 결과, 함양을 중심으로 한 주위 3백 리 이내의 농촌은 심각한 식량난에 빠졌는데 그럼에도 불구하고 법령은 더욱더 가혹하게 집행되고 있었다.

 7월에 들어서자 마침내 초나라 지방에서 반란이 터졌다. 변경 수비에 동원된 진승陳勝 등이 군사를 일으킨 것이다. 그들은 '장초張楚'란 국호를 내세우고 진승 스스로가 초왕楚王을 자칭하고, 진陳에 거점을 두어 각지의 장병을 규합하며 세력을 넓혀 갔다. 진秦나라의 학정에 시달림받고 있던 산동山東(태행산 동쪽)의 각 군·현에서는 젊은이들이 차례차례 반란을 일으켰다. 그들은 고을의 수守·위尉·영令·승丞 등을 죽이고 진승에게 호응하여 제각기 후侯 혹은 왕을 자칭하며, 진나라를 토벌하자는 기치 아래 연합했다. 그리고 이 연합 세력은 서진을 개시했다.

 한편 진나라 조정에서는, 알자謁者(궁중에서 빈객을 접대하거나 사자로서 파견되는 관리)의 한 사람이 동쪽에서 돌아와 반란의 실정을 보고했다. 그러나 2세 황제는 신용하려 들지 않고 오히려 그를 옥리에게 넘겨 버리고 말았다. 곧 전선으로부터 정식으로 사자가 도착했다. 2세가 실정을 묻자 사자는 꾸며댔다.

"한낱 떼도둑에 지나지 않습니다. 군의 수·위 등이 모조리 잡아들이고 있었으니 지금쯤은 완전히 소탕되었을 것입니다. 심려를 놓으십시오."

이로써 2세는 기분이 회복되었다. 그러나 실정은 이와 정반대였다. 조趙에서는 무신武臣이 일어나 왕이 되었다. 위魏에서는 위구魏丘가, 제에서는 전담田儋이 왕을 자칭했다. 다시 패沛에서도 패공沛公5)이 일어나고, 회계군에서는 항량項梁이 군사를 일으켰다.

진압정책

2세 황제 2년째의 겨울, 진승의 부하 주장周章이 거느리는 반란군이 함곡관函谷關을 넘어 희戲 땅까지 진출하여 수도 함양을 위협했다. 그 병력은 실로 10만 명을 헤아렸다.

꿈에도 생각지 못했던 사태에 크게 당황한 2세 황제는 대책을 하문했다. 소부小府 장한章邯이 진언했다.

"적도賊徒는 이미 인근까지 쳐들어 왔습니다. 수효도 많고 무서운 놈들입니다. 이제 와서는 가까운 현의 장병에게 동원령을 내린들 때를 맞춰 오지 못할 것입니다. 다행히 역산에는 노역에 동원되었던 죄수들이 다수 남아 있습니다. 그들을 석방하여 무기를

---

5) 유방劉邦. 뒷날의 한 고조. 처음 패 지방에서 사람들로부터 그곳 지사知事로 추대되었기 때문에 그런 칭호가 붙었다.

주고 싸우게 하심이 어떻습니까?"

2세는 이 방법을 채택하여 대사령을 내리고, 장한에게 죄수 부대의 지휘를 맡겼다. 장한은 주장의 군대를 맞아 싸워 이를 격파하고 패주하는 주장을 추격하여 마침내 조양에서 잡아 죽였다.

2세는 다시 장한의 보좌로서 장사長史 사마흔司馬欣과 동예董翳를 파견하여 반란군을 공격케 했다. 반란군은 패주하여 진승은 성보에서 죽음을 당했으며 항량은 정도에서 패하였고 위구는 임제에서 죽었다. 초나라 지방에서 봉기한 반란군이 유수한 지도자들과 함께 이렇게 토벌당하자 장한은 북상하여 황하를 건너, 조왕趙王 헐歇등이 할거하는 거록 지방을 공격하려 하였다.

귀머거리 군주君主

소동이 일단락된 후에 조고가 2세에게 진언했다.

"선제께서는 오랫동안 천하에 군림하셨기 때문에 그 위광威光 앞에서는 신하들 누구 한 사람 법을 어기지 못하였고 사악한 말을 진언하지도 못하였습니다. 그러나 폐하께서는 아직 젊으시고 즉위하신 지도 얼마 되지 않습니다. 공경公卿들과 더불어 조정에서 정사를 보시는 일이 과연 어떤지 모르겠습니다. 만일 결재하시는 일에 어떤 착오라도 생기는 경우에는 폐하의 단점을 신하들 앞에 드러내는 결과가 될 듯합니다. 원래 천자天子가 짐朕이라고 칭하는 것은 징조만을 보인다는 뜻에서입니다. 그러므로 폐하께서는 모습도 나타내지 않음은 물론 음성도 들려주시지 말아야 되겠습니다."

그로부터 2세는 궁중에 틀어 박힌 채 오직 조고만을 상대하여 정사를 집행하게 되었다. 이로써 공경이라 할지라도 조정에서 그의 모습을 보기 어렵게 되고 말았다.

군주君主의 권위 과시와 측근 정치 정체를 드러내지 않음으로써 권위를 유지하는 수법은, 자신이 없는 지배자에게는 매력적이며, 근대 사회에서도 이에 유사한 수법을 흔히 볼 수 있다. 다만 이 경우에는 정보와 회로가 일방 통행적이어서, 지배자는 그 회로를 장악한 측근에게 조종될 수밖에 없다.

조고의 위계僞計
조고는 승상 이사가 2세에게 상주上奏하고 싶어 한다는 이야기를 듣고 이사를 만나 이렇게 말했다.

"관동關東(함곡관 동쪽)에는 난적들이 창궐하고 있습니다. 그런데도 폐하께서는 백성들을 가혹하게 노역에 동원하여 아방궁의 조영을 진척시키고 계실 뿐만 아니라 개나 말 같은 부질없는 애완 동물을 모아들이고 계십니다. 저도 간하는 말씀을 올려 보고 싶습니다만 도대체가 비천한 출신이 되어 송구스럽기만 할 뿐입니다. 이런 문제는 아무래도 군후君侯 되시는 분께서 맡아 주실 일이오니 승상께서 충간해 주십시오."

"옳은 말이오. 나도 진작부터 그런 생각은 하고 있었지만 요즘 폐하께서는 조정에 나오시질 않고 늘 궁중에만 계시니 어찌 하겠소. 말씀드리고 싶은 일이 있어도 알현할 기회가 없구려."

"그러십니까. 그러시다면 제가 폐하께서 한가히 계실 때 승상께 알려 드리겠습니다."

이런 이야기를 미리 건네고 나서 조고는, 2세가 하필이면 술자리를 벌이고 계집들과 어울려 놀고 있을 때 승상에게 통보했다.

"지금이 마침 한가하실 때입니다. 상주하실 기회입니다."

이사는 부랴부랴 달려와서 배알하려 했다.

이런 일이 여러 번 되풀이되자 2세는 분통을 터뜨렸다.

"짐은 늘 한가하오. 그런데 승상은 그런 때에는 나타나지 않고, 어쩌다 재미 좀 보려고 하면 엉금엉금 찾아와서는 이러쿵저러쿵 잔소리를 늘어 놓지 뭔가. 짐을 바보 병신으로 아는가?"

조고는 기다렸다는 듯이 이렇게 초를 쳤다.

"이것은 위험한 징조입니다. 지난날 사구에서 모의를 가졌을 때에는 승상도 가담했었습니다. 폐하께서는 이제 황제가 되어 계십니다만 승상의 지위는 전혀 변동이 없습니다. 그 불평이 아닐까요? 폐하께 성가시게 구는 것도 필경 영토를 할양받아 왕이 되려고 하는 속셈이 있는 탓일 겁니다.

그뿐이 아니라, 실은 하문이 없으셔서 그동안 잠자코 있었습니다만, 승상의 장남 이유李由의 일 말입니다. 이유는 현재 삼천군 三川郡의 군수를 지내고 있습니다만, 초나라 진승이 공공연하게 삼천군을 통과할 때에도 성 안에 처박혀 출격하려고 하지 않았습니다. 더구나 진승의 출신이 바로 승상의 고향과 이웃한 곳이어서 봐주었다는 소문입니다. 이유가 적도들과 문서를 주고받은 사실도 있다고 들립니다만, 자세한 내막은 알지 못하기에 폐하께는 말씀드리지 않았던 것이옵니다.

또 한 가지, 지금 조정에서는 승상의 권세가 폐하를 능가할 정도입니다."

2세는 고개를 끄덕였다. 즉각 이사의 죄상을 취조하기 시작하였는데, 이는 만족할 만한 결과를 얻기가 좀체로 어려운 문제여서, 그 대신 삼천 군수 이유가 난적과 내통한 사실 여부를 조사하게 했다.

 이 사실을 전해 들은 이사는 즉시 2세를 배알코자 하였으나 마침 이때 황제가 감천궁에서 씨름과 연극 등을 구경하고 있는 중이어서 뜻을 이루지 못하였다.

사람을 이간시키는 법 중국 고대의 고사故事에는 이간책의 패턴이 몇 가지 제시되어 있다. 조고가 2세와 승상을 이간질한 고사와 함께 유명한 또 한 가지는 전국 시대 초나라 회왕懷王 때의 이야기이다.

 회왕이 이웃 왕국에서 선사받은 미녀에게 홀딱 빠졌다. 그러자 회왕의 애첩인 정수鄭袖가 이를 질투했다. 정수는 시치미를 떼고 예의 미녀에게 권하였다.

 "왕은 당신을 무척 좋아하시는데 다만 한 가지 당신의 코가 보기 흉하다고 하십니다. 왕 앞에서는 코를 가리고 있도록 해보세요."

 그로부터 미녀는 왕 앞에선 으레 손으로 코를 가렸다. 이상하게 생각한 왕이 정수에게 그 연유를 묻자 정수는 제법 망설이는 투로 대답했다.

 "그 여인은 임금님의 냄새가 역하다는 거에요……."

 왕은 곧 미녀를 코를 짜르는 형에 처했다.

 이런 심리 작전은 뒤에 나오는 진평陳平의 계책에서도 보인다.

간신諫臣의 분사憤死

 ― 이사는 하는 수 없이 글을 올려 조고가 위험 인물임을 호소하였으나 결과는 2세의 분노에 기름을 친 격이 되고 말았다.

 〈이사 열전〉에는 이사의 상서에 노한 황제가 그의 투옥을 명령한 것으로 되어 있으나, 〈진시황 본기〉에는 다음과 같이 기록되어 있다.

반란군의 세력은 점점 커졌다. 이를 진압하기 위해 조정에서는 관중關中의 주력 부대까지도 관동으로 계속 투입하지 않으면 안 되었다.

우승상 풍거질馮去疾, 좌승상 이사, 장군 풍겁馮劫 등은 보다 못해 2세에게 진언했다.

"관동에서는 도적 떼가 일제히 봉기하고 있습니다. 조정에서도 토벌군을 보내어 상당한 전과를 올리고 있습니다만 아직 치안은 회복되지 못한 상태입니다. 이처럼 도적들이 창궐하는 것은 백성들이 변경 수비, 물자 수송, 노역 등의 혹사를 견디어 내지 못하는 데다가 세금 또한 과중하기 때문입니다. 제발 당분간만이라도 아방궁의 건축 공사를 중지하시고 병역 및 노역을 경감해 주시기를 바랍니다."

2세의 대답은 다음과 같았다.

"한비자韓非子가 이렇게 말했소. '요堯 임금과 순舜 임금은 초라한 통나무 초가집에 거처하면서 질그릇으로 식사를 했다. 문지기가 오히려 무색해할 지경으로 극히 검소한 생활을 했다. 또한 우禹 임금은 용문산을 뚫어 대하의 수로를 만들고 황하에서 범람하는 물을 바다로 뽑는 등 치수 공사를 하면서 임금 자신이 손수 흙을 만지고 절굿공이와 괭이를 잡고 무릎이 벗겨지도록 노동을 했다. 노예보다도 더한 노동이었다.' 그러나 애당초 천하를 손에 넣을 때의 목적은 무엇이오? 천하를 손에 넣으면 하고 싶은 일을 모두 마음대로 하고 어떤 욕망이라도 충족시킬 수가 있기 때문이 아닌가. 천자가 된 몸으로서 스스로 노동을 해야 할 까닭은 없는 것이오. 법이라고 하는 것은 잘 활용하기만 하면 백성의 반항을 겪지 않고도 능히 세상을 다스려 나갈 수가 있소. 그럼에도 순

임금이나 우 임금은 천자라고 하는 존귀한 자리를 차지하고서도 스스로 가난한 생활을 택하여 백성에게 모범을 보이려고 했소. 그러나 그런 방식은 본받을 필요가 없소.

 짐은 천자의 존위에 앉기는 하였으되 아직 그 실을 거두지 못하고 있소. 그러기에 명실 공히 천자다운 풍모를 갖추기 위하여 1천 승乘의 마차를 비롯한 여러 가지 격식을 정비하고 있는 것이오.

 더구나 이것은 선제의 유지이기도 하오. 선제께서는 제후로부터 입신하셔서 천하를 통일하셨소. 천하를 평정하신 연후에는 외부의 만족蠻族들을 무찔러서 변경을 안정케 하셨고, 이번에는 궁궐을 건설하여 진나라가 전성全盛하는 모습을 과시하려고 하신 것이오. 이러한 선제의 대업이 지금도 진행중이라는 사실은 경들도 잘 알고 있는 일이 아니겠소.

 한데 짐이 즉위한 이래 이 2년 동안 도적들이 다투어서 봉기하고 있건만 경들은 이를 진압하지 못하고 있소. 하물며 선제께서 착수하신 사업을 중지하라고 간하다니 그게 될 말이오? 첫째로는 선제께 대한 망은忘恩이며, 둘째로는 짐에 대한 불충이오. 경들의 직위에 비쳐 스스로가 부끄럽지 않소!"

 그리하여 풍거질·이사·풍겁 등 세 사람을 옥리에게 인계하여 그들의 죄를 규명케 했다. 풍거질과 풍겁은,

 "일국의 승상과 장군이 이런 수치를 겪어야 하다니!"

하며 통분하여 자결했다. 이사는 투옥된 후 5형刑에 처해지게 되었다.

이사의 실각失脚

사지가 결박된 채 옥에 갇힌 이사는 하늘을 우러러보며 탄식했다.

"아아, 이 어인 일인고. 무도한 임금을 위해서는 제아무리 충성을 다해 본들 헛수고라는 뜻인가. 옛날에 걸왕桀王은 관용봉關龍逢을 죽였고, 주왕紂王은 왕자 비간比干을 죽였고, 오나라의 왕 부차夫差는 오자서伍子胥를 죽였다. 죽은 그 세 사람은 모두가 참된 중신들이었는데 결국은 죽음을 면치 못하였다. 그것은 상대가 충성을 바칠 만한 인물이 못 되었기 때문이다. 내 경우는 어떤가. 나는 지혜로 따져도 그들 세 사람에게는 미치지 못하거니와 그 대신 2세의 무도함은 그쪽의 세 임금을 능가한다. 내가 충성으로 말미암아 죽음을 당하는 것도 이런 면에서는 당연할지 모른다. 생각건대, 2세 황제의 치세가 순탄할 리는 없다. 애당초 형제를 죽이고 제위에 올랐으며, 지금에 와서는 충신을 물리치고 조고 따위의 비천한 자와 결탁하여, 아방궁 조영을 위해 천하에 중세重稅를 과하고 있지 않은가.

나는 간하지 않았던 것이 아니다. 2세가 귀를 기울이지 않았을 뿐이다.

옛날 성군聖君들은 음식이나 거기車器, 대궐의 온갖 것에 이르기까지 절도를 지켜, 사업에 착수할 경우에도 여분의 비용을 들여 백성의 부담을 늘리는 일은 절대로 피했다고 한다. 그렇게 하였기에 안락과 태평을 오래도록 누릴 수 있었던 것이다. 그에 비

---

6) 이마에 문신을 새기는 형, 코를 자르는 형, 발뒤꿈치를 절단하는 형, 효수梟首의 형, 시체를 소금에 절이는 형, 이 다섯 가지를 차례차례 행하는 형벌.

할 때 2세는 어떠한가. 형제들에게는 포악하게 굴었으면서도 하등 반성하는 빛이 없고, 충신을 불법적으로 제거하면서도 그 화를 깨닫지 못하고, 천하에 중세를 과하여 아낌없이 대궁전의 건축에 쏟아 넣고 있지 않은가. 이만큼 무도한 짓을 거듭한 이상, 천하가 그를 따를 리는 없다.

반란군은 이미 천하의 절반을 점령했다. 그럼에도 2세는 아직 눈을 뜨지 못하고 조고 따위만을 믿고 있는 것이다. 틀림없이 난적은 함양까지도 쳐들어오고야 말 것이며 마침내 궁전은 폐허로 변하고 사람 없는 옛터에는 사슴이 걸어다니게 될 것이다."

2세는 조고에게 명하여 이사의 죄상을 취조하게 했다. 조고는 이사가 아들 이유와 함께 모반을 꾀하였다 하여 일족과 식객들을 모조리 잡아들였다. 조고는 이사를 가혹한 고문에 붙였다.

태장笞杖 천여 회에 이사는 없는 죄를 자백했다. 이사가 자살을 하지 않은 것은 자기의 언변과 공적을 믿었던 탓이며, 또한 그에게 모반의 의사 같은 것이 전혀 없었기 때문이었다. 그는 해명이 되기만 하면 황제도 뉘우치고 풀어 주려니 했던 것이다. 그는 그렇게 믿어 의심치 않았기 때문에 옥중에서 다음과 같은 상서를 올렸다.

"소신은 승상으로서 정무를 보좌하옵기 30여 년, 진나라의 영토가 아주 보잘것없었을 때부터 섬겨 왔습니다. 선제께서 아직 진왕으로 계셨을 무렵 진의 영토는 고작 사방 천 리, 군사도 수십만에 지나지 않았습니다. 소신은 비재非才를 다하여 법령의 적절한 집행을 기하였습니다. 모신謀臣에게 금전을 주어 널리 제후에게 유세를 시키는 한편, 은밀히 군비를 충실하게 하고 정교政敎를 정비하고 병사를 포상하고 공신을 받들고 작록을 후하게 베풀었습니다. 그리하여 한韓을 위협하고 위를 약화시키고 연燕과 조를 격파하고 제와 초를 평정하여 마침내 이들 다섯 나라를 병합함으로써 그 왕들을 포로로 하는 동시에 진왕을 천자로 옹립했던 것입니다. 이것이 소신이 범한 죄의 첫째입니다.

진의 영토는 꽤 넓어졌다고 하나, 북의 만족과 남의 백월百越을 평정함으로써 진나라는 천하의 강대국으로 정립되었습니다. 이것이 죄의 두번째입니다.

대신을 존대하고 그 작위를 높여줌으로써 그들의 충성심을 공고히 하였습니다. 이것이 죄의 세번째입니다.

사직을 모시고 종묘를 정비하여 주군의 현덕을 과시하였습니다. 이것이 죄의 네번째입니다.

도량형을 통일하고 문물 제도를 천하에 고루 미치게 하여 진나라의 이름을 불후의 것으로 다져 놓았습니다. 이것이 죄의 다섯번째입니다.

행행로行幸路를 정비하고 순행 유람을 성대하게 갖추어 주군이 전성하심을 천하에 떨치게 하였습니다. 이것이 죄의 여섯번째입니다.

형벌을 부드럽게 하고 과세를 가볍게 하고 민심 파악에 힘썼으며, 만민이 주군을 우러러 모시게 하여 죽을 때까지 은덕을 잊지 않도록 하였습니다. 이것이 죄의 일곱번째 것입니다.

소신과 같은 사람은 훨씬 전에 사죄死罪를 받아야 마땅하였습니다. 그런데도 황공하옵게도 폐하께서 소신에게 능력의 최선을 다할 기회를 주셨던 것이며, 덕분에 오늘날까지 목숨을 부지해 올 수 있었던 것입니다.

아무쪼록 이상과 같은 사정들을 하찰下察해 주시도록 소청 드리는 바입니다."

그러나 상서가 올라가자 조고는,

"죄수가 감히 무슨 상서냐!"

하고 계원을 시켜 찢어 없애게 하였다.

그뿐만 아니라 자기의 식객 10여 명을 어사御史·알자·시중侍中 등의 관리로 등용하여 계속 옥중에 들여보내서 이사를 심문케 했다. 이사가 사실을 굽히지 않고 대답하면 그때마다 무시무시한 태장으로 닦달했다. 그리하여 마침내 2세 황제가 사자를 파견하여 최종적인 취조를 하는 자리에서 모든 희망을 버린 이사는 변명도 체념하고 상대가 부르는 대로 죄를 인정하고 말았다.

"조고가 손을 써 주지 않았더라면 짐은 자칫 승상에게 속아 넘어갈 뻔했었군……."

이사에 관한 죄상서가 올려지자 2세는 기뻐서 이렇게 말했다.

앞서 2세는 적군과 밀통했다는 혐의로 삼천군 태수인 이유에게 조사관을 파견했었는데 조사관이 현지에 도착했을 때에 이유는 이미 반란군의 항량에게 살해되어 있었다. 이 사실을 보고하기 위하여 조사관이 돌아왔을 때는 이사가 옥중에 잡혀 들어간 후였다. 이에 조고는 마침 잘 됐다면서 이유와 이사의 모반 공술서를 멋대로 조작했던 것이다.

2세의 2년 7월, 이사는 함양의 장터에서 5형을 병행하는 요참腰斬[7]의 형에 처해지기로 결정되었다. 이사는 옥에서 끌려나와 둘째 아들과 함께 묶여 형장으로 끌려갔다.

도중에 그는 둘째 아들을 돌아다보며 푸념을 했다.

"상채(이사의 고향)에 살 때, 너와 함께 사냥개를 데리고 나가 동문 교외에서 곧잘 토끼 사냥을 했었지. 이젠 그것도 옛 이야기구나."

부자는 소리를 내어 울었다. 그리고 일족은 몰살을 당하였다.

이사의 생애 이사는 시황제를 보좌하여 그의 천하 통일에 지대한 역할을 하였으며, 학자로서나 정치가로서나 빛나는 생애를 보냈지만, 그에 비해 말로는 지나치게 비참했다. 당시의 기록에 의하면 이사의 비극적 생애를 동정하는 견해가 많았던 것 같다. 그러나 사마천은 이들 속론에 도전하여 이사를 통렬히 비난했다. 〈이사 열전〉의 마지막 부분에 그는 '이사는 깊은 학식을 갖추었으면서도 불공평한 정치를 했고, 높은 자리에 앉아 있으면서도 권력과 영합했다'는 뜻의 비평을 가하고 있다.

---

7) 진나라 때의 사형 제도에 (1)거열車裂, (2)요참, (3)효수, (4)책磔 (5)기시棄市의의 다섯 가지 등급이 있었다. 요참(허리를 잘라 두 동강 내는 것)에는 반드시 6형六刑이 병행됐다고 한다.

3. 멸망, 또 멸망 — 자영子嬰의 비극

전선부대前線部隊의 이반離反

2세 황제 3년, 진나라 장수 장한 등이 거느리는 군사는 황하의 북쪽 거록을 포위했으나 군을 이끌고 북상한 초의 상장군上將軍 항우項羽의 공격을 받아 포위망이 무너졌다. 조고가 승상에 오르고 이사가 처형된 것은 이 해 겨울의 일이다.

여름이 되었다. 장한의 군사는 매번 전투에 패배를 거듭하고 있었다. 2세는 연락관을 파견하여 장한의 책임을 추궁했다. 장한은 처벌을 두려워하여 장사 사마흔을 대리로 수도에 보내서 지시를 받도록 했다. 그러나 조고는 상대하지도 않고 만나 주지도 않았다. 사마흔은 겁을 집어먹고 몰래 도성을 빠져 나왔다. 이에 조고가 급히 추격병을 보냈으나 그는 요행히 도망칠 수가 있었다.

전선으로 도망쳐 온 사마흔은 장한에게 보고했다.

"조고가 궁중에서 정무를 독재하고 있습니다. 장군께서 공을 세우지 못하실 경우는 물론이요, 공을 세우신 경우에도 나중에 처벌당하실 것입니다."

때마침 항우가 진군을 급습하여 진나라 장수 왕리를 사로잡았다. 이를 본 장한 등은 결국 군사를 수습하여 반진反秦 제후측으로 넘어가고 말았다.

말이냐 사슴이냐

조고는 진작부터 모반을 기도하고 있었는데 신하들이 동조할지 어떨지 확신을 가질 수가 없어 이를 타진하는 하나의 계략을 생각해 냈다. 8월 기해일, 조고는 2세에게 사슴 한 다리를 바치고 이렇게 말했다.

"폐하, 말이옵니다."

2세는 껄껄 웃으며 측근들을 돌아다보고 지껄였다.

"승상이 돌지 않았나. 사슴을 보고 말이라니."

측근들의 반응은 세 갈래로 나뉘어졌다. 한 패는 입을 다문 채 끼어들지 않았고 한 패는 조고에게 아첨하여 '아니올시다, 분명히 말입니다' 하고 맞장구를 쳤다. 또 한 패는 "사슴입니다" 하고 대꾸했다.

조고는 은밀히 손을 써서 사슴이라고 대꾸한 자들을 처형해 버렸다. 죄를 만들어 씌운 것이다. 그로부터 신하들은 조고의 이름만 듣고도 벌벌 떠는 형편이 되었다.

조고는 항상 관동의 도적 따위는 두려워할 필요가 없다고 큰소리치고 있었다. 그러나 항우가 거록의 교외에서 왕리를 사로잡고 다시 진격해 오는 사태에 접하자 정세는 급변했다. 장한 등의 주력 부대는 퇴각을 거듭하며 조정에 대해 증원병을 요청해 왔다. 연燕·조·제·초·한·위魏의 제후들은 제각기 독립하여 왕을 칭했다. 함곡관 동쪽 지역의 백성들도 도처에서 이들 제후에 호응하여 진의 정사에 반기를 들고 일어섰다. 제후들은 봉기한 민중을 거느리고 서진을 계속하고 있었다. 그중에서도 패공은 벌써 수만의 군사를 몰아 함양에서 가까운 무관武關을 함락시키고 조고에게 밀사를 보내어 협상을 제의해 왔다.

사태가 이쯤 되고 보니 조고도 황제의 책임 추궁이 무서워지지 않을 수 없었다. 처벌을 두려워한 그는 병을 칭하고 출사하지 않았다.

2세 황제의 최후

이 무렵 2세는 묘한 꿈을 꾸었다. 황제의 어거御車를 끄는 좌편 부마副馬가 백호의 습격을 받아 물려 죽는 꿈이었다. 2세는 기분이 언짢아 술가術家에게 물었다.

"경수涇水의 귀신이 조작을 부리는 것이옵니다."

이에 황제는 경수의 강변에 있는 망이궁으로 자리를 옮겨, 거기서 목욕재계하고 수신水神에게 제사지내되 네 마리의 백마를 제물로 바치기로 했다. 이와 동시에 2세는 조고에게 사자를 보내서 난적들을 토벌하지 못한 책임을 추궁했다. 사태가 심상치 않다고 본 조고는 사위인 함양령咸陽令(수도의 장관) 염락閻樂과 아우 조성趙成을 불러 밀의했다.

"폐하는 우리의 충간을 그동안 묵살해 오다가 사태가 급박해지니까 그것을 우리 일족의 책임으로 돌리려 하는 모양이다. 이 계제에 황제를 공자 자영子嬰으로 갈아치우면 어떻겠는가? 자영은 민생을 중히 여기고 사치를 멀리하는 위인이니까, 그가 제위에 오르면 민심도 그를 따를 것이다."

모의의 결과, 면밀한 계획이 세워졌다. 우선 낭중령(궁전의 수문장)을 포섭하여 내부에서 호응케 하고. 적이 궁전에 침입했다고 소동을 벌이게 한 다음 그 적을 뒤쫓아왔다고 속여 염락이 군사를 이끌고 궁전에 들어간다는 계획이었다. 조고는 염락이 변심하는 경우를 염려하여 그의 어미를 인질로 자기 집에 잡아 두었다.

거사의 날. 염락은 천여 명의 군사를 이끌고 망이궁의 위령衛令(수문장)과 복야僕射(근위대장)를 결박해 버렸다.

"적들이 이 문으로 침입했는데 왜 저지하지 않았느냐?"

위령은 이에 대답하여 말했다.

"궁전 주변은 위사衛舍에서 경비병을 배치하여 엄중히 경계하고 있습니다. 적이 이곳을 통과하였다니 대체 무슨 말씀입니까?"

염락은 위령을 베어 버리고 지체 없이 병사를 몰아 궁전으로 난입하여 활을 쏘아대면서 안으로 안으로 돌진했다. 근시近侍 및 환관들은 허둥지둥 도망쳤는데 그중의 일부는 반항했다. 반항하다 죽은 자는 수십 명에 달했다.

낭중령은 염락과 결탁하여 내전에 침입, 2세의 거처에 활을 쏘아댔다. 2세는 대로하여 측근을 불렀으나 겁에 질린 그들은 아무도 나와 싸우려고 하지 않았다. 오직 1명의 환관만이 2세의 곁을 지키고 떠나지 않았을 뿐이었다. 2세는 궁지에 몰려 그 환관에게 물었다.

"이렇게 되기 전에 왜 진실을 알려 주지 않았느냐?"

환관은 대답했다.

"아무래도 말씀드릴 수가 없었습니다. 그러기에 오늘날까지 목숨을 부지해 온 셈입니다. 진작 말씀드렸더라면 저는 그 자리에서 폐하의 노여움을 사서 처형되었을 것입니다."

염락이 2세의 앞을 가로막고 이렇게 선고했다.

"당신은 오만 횡포하여 무도한 처형을 수없이 자행하여 왔소. 이에 천하는 모두 일어나 당신을 배반한 것이오. 이번엔 당신이 자결할 차례요."

2세는 애원하기 시작했다.

"승상을 만나게 해주게."

"안 됩니다."

"그렇다면 하다 못해 일개 군의 왕이라도 시켜 준다면 물러나겠네."

"그것도 안 되오."

"그럼 만호후萬戶侯(一萬戶의 영주)라도 시켜 줬으면······."

이것마저 거절당하자 2세는 최후로 애원했다.

"나와 내 처자를 서민으로 강등하여 내몰아도 좋네. 죽는 것만은······."

"나는 승상의 명을 받들어 천하를 위해 당신을 주살하려 하는 것이오. 여러 소리 할 것 없소."

염락은 부하를 시켜 2세를 협박했다. 2세는 마침내 자결했다. 염락은 조고에게 돌아가 결과를 보고했다.

간신 조고의 말로

조고는 공자와 대신을 전원 소집하고 2세 주살의 전말을 알린 다음 이렇게 말했다.

"진나라는 원래 왕국이었으나 시황제께서 천하를 통일하여 그 후로 제국이 된 것이오. 그런데 지금은 어떻소? 연·조·제·초·한·위 여섯 나라가 되살아나 자립하고 진나라의 영토는 계속 침식되고 있는 형편이오. 실체가 없어졌는데 제왕을 칭한다는 것은 온당치 못한 일. 본래의 왕국으로 돌아가야 하오."

이렇게 말하고, 2세 황제의 형의 아들인 공자 자영을 세워 진왕秦王이라 칭하게 했다. 또한 2세 황제는 일반 서민의 격식에 따라 두현杜縣 남쪽의 의춘원에서 장사지냈다. 그리고 자영에게는 목욕재계하고 종묘에 나아가 의식을 갖추고 왕의 옥새를 받도록 조처했다.

자영은 재궁에 앉아, 닷새 후 두 아들을 불러 의논했다.

"승상 조고는 2세 황제를 망이궁에서 주살했다. 그 때문에 군신으로부터의 보복이 두려워 일시 호도책으로 나를 왕의 자리에 밀어 올린 것이다. 들리는 말로는 그놈이 초와 밀통하여 진나라의 종실을 멸하고 스스로가 관중의 왕으로 들어앉을 배짱이라고 한다. 그놈은 지금 나더러 종묘에서 의식을 올리라고 말하고 있지만 이건 필경 의식 도중에 나를 제거하려는 흉계임에 틀림없다. 나는 꾀병을 앓을 생각이다. 앓아 누워서 의식에 나가지 않으면 그놈이 결국은 나를 부르러 올 것이다. 그놈이 나를 부르러 왔을 때 처치해 버리는 도리밖엔 없겠다. 그렇게 하자."

이 말대로 자영은 의식에 참여하지 않았다. 조고는 재삼재사 사람을 보내서 의식에 출참할 것을 재촉하다가 자영이 끝내 재궁에서 버티자 과연 그 자신이 직접 독촉하러 찾아왔다.

"종묘의 의식은 중대합니다. 어찌 출좌出座하시질 않는 것입니까?"

자영은 그 자리에서 조고를 찔러 죽이고, 곧 이어 그의 부모 형제 처자를 모조리 처형하여 함양 장터에 효수해 버렸다.

진秦의 멸망

자영이 진왕으로 들어앉은 뒤 46일째, 초나라 장군 패공(뒤의 한 고조)이 진군을 무찔러 마침내 무관을 돌파하고 내쳐 패상覇上에까지 진출했다. 그리고 사자를 보내어 진왕에게 항복을 약속받았다.

자영은 의식을 갖추어 지도정軹道亭(함양의 동북)에 나아가, 목에 끈을 걸고 상복을 걸치고 옥새를 받드는 모습으로 항복했다.

이리하여 패공은 함양에 입성했다. 그는 궁정과 창고에 봉인을 하고 일단 군대를 패상으로 철수했다. 제후들의 군사가 도착한 것은 그로부터 한 달쯤 뒤의 일이었다. 이들 제후 연합군의 맹주는 항우였다.

항우는 자영 및 진나라의 여러 공자와 일족을 몰살하고 파괴 살육의 온갖 짓을 함양에서 자행했다. 궁전을 불태우고 후궁의 계집들을 잡아들이고 보물과 재화를 약탈하여 제후와 분배했다.

진나라가 멸망한 뒤 관중은 셋으로 나뉘어 옹왕雍王·새왕塞王·적왕翟王이 나섰다. 이를 3진三秦이라 한다. 항우는 서초西楚의 패왕覇王이 되고, 맹주로서 천하를 분할하여 제후들을 각지의 왕으로 봉했다.

진나라는 이렇게 멸망했다. 그로부터 5년이 지나 천하는 한漢나라의 것이 된다.

4. 반역의 원점 — 진승陳勝과 오광吳廣

― 진나라의 학정에 대항하여 최초로 반역의 봉화를 든 것은 가난한 농민이었던 진승과 오광이다. 그들의 봉기는 삽시간에 요원燎原의 불길처럼 천하에 퍼져, 절대 지배를 자랑하던 진 제국을 멸망으로 이끌었던 것이다. 그로부터 2천 년에 걸쳐 중국의 역사는 어지러운 왕조 교체를 거듭하는데, 그 원동력은 언제나 대규모의 농민 반란이었으며, 진승과 오광의 봉기는 그 선구로서 역사적으로 중요한 뜻을 갖는다.

"왕후장상의 씨가 따로 있단 말이냐"라는 진승의 부르짖음에는 농민의 불굴의 기백이 서려 있다고 할 것이다. 그러나 이런 반역도 원점에서 자칫 한 발자국 잘못 내디디면 실패로 끝나기 마련이다.

홍곡鴻鵠의 큰 뜻

진승은 하남河南 양성陽城 사람으로 자字를 섭涉이라 했다. 오광은 하남 양하陽夏 사람으로 자는 숙叔이었다.

진승은 젊었을 때 남의 집에서 머슴〔被雇傭農夫〕[8]을 살았다. 어느 날 주인집 밭에서 일을 하다가 밭둑에 나와 잠시 쉬고 있을 때 갑자기 진절머리가 난다는 듯이 한숨을 토하고 나서 이렇게 뇌까렸다.

"아무리 출세를 하더라도 옛 친구는 잊지 말도록 해야지……."

옆에 있던 사내가 이 말을 듣고 코웃음을 쳤다.

"웃기는 소리 좀 그만 해. 머슴을 사는 주제에 무슨 출세를 한다구."

진승은 개탄했다.

"참새가 어찌 홍곡의 뜻을 헤아리겠느냐."

어차피 한번 죽을 바에야

2세 황제 원년 7월, 평시에는 부역에서 제외되었던 극빈자까지도 동원되어 멀리 북방의 어양漁陽으로 국경 경비를 위해 떠나게 되었다.

총원 9백 명이 어양으로 향해 가던 도중, 대택향大澤鄕이라는 곳에서 숙영宿營할 때 큰비가 왔다. 그 속에 진승과 오광도 끼어 있어 분대장 격의 역을 맡고 있었다. 큰비로 길이 물에 잠겨 행군이 중지되고, 그럭저럭 하는 사이에 날짜도 지연되어 기한 내에 어양에 당도한다는 것이 불가능하게 되고 말았다. 기일 내에 당도하지 못하면 전원 목이 잘린다. 진승과 오광은 각오를 굳혔다.

"도망쳐 봤자 머지않아 잡혀서 죽는다. 반란을 일으켜 봤자 역시 끝장은 뻔하다. 이래 죽으나 저래 죽으나 매일반일 바에야 한

---

8) 그 당시는 자기의 농토를 갖지 못한 농부를 일반 평민보다도 아래인 천민으로 쳤다.

번 온 나라가 뒤집힐 만한 짓을 저질러 보고 죽는게 어떻겠나?"
진승이 의견을 말했다.
"이 나라의 폭정은 누구나가 원망하고 있어. 현재의 2세 황제는 공자 중에서도 막내로, 제위에 오를 자격이 없는 사내였거든. 맏아들인 부소야말로 선제의 뒤를 이을 사람이었어.

이 부소라는 사람은 선제에게 늘 간언을 했기 때문에 변경의 군대로 쫓겨났다가 2세가 즉위할 무렵에 사실 무근인 죄명으로 처형당했다는 얘기야. 그런데 세상 사람들은 그가 훌륭한 분이라는 것은 알고 있지만 처형됐다는 사실은 잘들 모르는 모양이야.

이런 일은 항연項燕에 관해서도 마찬가지일 거야. 그는 초나라의 장수로 여러 번 전공戰功을 세웠고 부하도 사랑하였기 때문에 인기가 대단했는데 초가 멸망한 뒤로는 행방 불명이라고 하더군. 죽었다고도 하고 어딘가에 숨어 있다고도 하지. 그러니까 우리가 한번 들고 일어서면 천하의 백성들이 따라서 호응할 것이 아닌가?"

오광도 이 의견에 찬성했다.

두 사람은 점쟁이를 찾아갔다. 이들의 야망을 눈치챈 점쟁이는 다음과 같이 말해 주었다.

"지금 모의하고 있는 일은 틀림없이 성공한다. 그러나 그것도 귀신의 의향을 잘 섬겨야만……."

크게 용기를 얻은 두 사람은, '귀신의 의향'이란 무슨 뜻일까 머리를 조아리고 생각하다가

"이건 귀신의 힘을 빌어서 사람들을 위복威服케 하라는 뜻이겠지……."

하고 결론을 내렸다. 그래서 그들은 '진승왕陳勝王'이라 붉게 쓴

헝겊 조각을 어부의 그물에 걸린 물고기 배 안에 슬쩍 넣어 두었다. 이 물고기를 어느 병사가 사 갔다. 그리고 요리해서 먹으려 하다가 배 안에서 나온 그 헝겊을 보고 질겁을 했다. 더구나 거기 쓰인 사연은 실로 해괴한 것이었다.

한편 진승과 오광은 또 계략을 꾸몄다. 숙영하고 있는 근처 숲 속에 있는 사당 안에 오광이 잠복하여 밤이 되면 도깨비불을 피우고 여우 목청을 흉내내어,

초楚나라가 일어난다 진승이 왕
초나라가 일어난다 진승이 왕

하고 외쳤다. 이 소리를 들은 병사들은 밤새 전전긍긍하여 잠을 못 이루다가 날이 새면 서로 모여 앉아서는 진승이 있는 쪽을 흘끔흘끔 보며 저희끼리 수군거리는 것이었다.

거사

오광은 평소에 동료를 돕는 일에 열성이어서 그를 위해서라면 기꺼이 협조하겠다고 나서는 병사들이 많았다. 그날 그들을 인솔하던 장위將尉(장교) 두 사람이 술에 취했다. 오광은 그 장위들 앞에 나아가 나는 도망칠 테다, 하고 여러 번 소리쳤다. 화가 난 장위들이 그를 처벌하려 하도록 일부러 수작을 붙인 것이었다.

과연 장위 한 사람이 오광에게 매질을 했다. 그러다가 장위의 칼이 뽑혀서 땅에 떨어졌다. 재빨리 그 칼을 집어든 오광은 불끈 일어서며 상대를 베어 버렸다. 진승도 가세하여 또 하나의 장위를 죽여 버렸다.

진승은 일동을 소집한 자리에서 부르짖었다.

"우리들은 비 때문에 길이 막혀 기일 내에 어양에 당도하기는 이미 글렀다. 늦게 당도하면 목이 날아간다. 설사 처형은 당하지 않을지언정 국경의 경비에 배치되면 우리들의 절반 이상은 살아서 돌아오질 못한다. 사내 대장부로 태어나 개죽음을 당하다니 말이 되는가. 어차피 죽을 바에는 세상을 한번 깜짝 놀라게 해주자. 다 같은 인간이지, 왕후 장상의 씨가 따로 있나. 우리도 될 수 있다!"

병사들은 일제히 외쳤다.

"대찬성이요! 명령대로 따르겠소."

여기서 진승과 오광은 민중의 기대를 더욱 북돋을 겸 부소와 항연으로 자칭했다. 초나라의 풍습을 따라 오른쪽 어깨죽지를 드러내고, 제단을 마련하여 장위의 목을 올려놓고 그 앞에서 서약의 의식을 가진 뒤, 국호를 '대초大楚'라 정했다. 진승은 스스로 장군이 되고, 오광은 도위都尉가 되었다.

그들은 우선 대택향을 점령하여 무기와 병력을 확보하고, 이어서 기현蘄縣을 공략했다. 진승은 부리符離의 갈영葛嬰에게 명하여 기현으로부터 동쪽의 질銍·찬酇·고苦·자柘·초譙 등 여러 고을을 차례로 공략케 하여 이를 장악했다. 진승의 군사는 전진함에 따라 점점 병력이 늘어 진陳나라 땅에 이를 즈음에는 병거兵車 6, 7백, 기병騎兵 1천여, 병졸 수만 명의 대세력으로 불어났다. 진陣 지방을 공격했을 때 그곳 군수와 현령은 벌써 도망쳐 버리고 겨우 부관만이 남아 성을 지키고 응전하다가 곧 패하여 전사했다. 진승의 군은 이곳을 점령하여 근거지로 삼았다.

며칠 후 진승은 그 세 지방의 삼로三老[9]와 유력자들을 한곳에 모아 놓고 그들의 의견을 타진했다. 그들은 말했다.

"장군께서는 몸소 칼을 잡고 나서서 천하의 무도를 내몰고 폭정을 벌하여 초나라를 부흥시키셨습니다. 그런 공적으로 보더라도 왕위에 오르시는 것이 마땅합니다."

진승은 곧 왕위에 올라 국호를 '장초張楚'라 하였다.

진격, 그리고 좌절

당시 진秦나라의 폭정에 시달리고 있던 각 군·현의 백성들은 제각기 군수와 현령을 죽이고 진승의 세력에 호응했다. 이런 정세에 힘을 입은 진승은 오광을 '임시의 왕[假王]'으로 내세워 여러 장수를 거느리고 서진하여 형양滎陽을 공격케 했다. 진陳 지방의 무신武臣·장이張耳·진여陳餘 등은 북상하여 조趙 지방을 평정하게 하고 여음의 등종鄧宗은 남하하여 구강군九江郡을 공략케 했다.

당시 초나라에는 수천 명의 집단이 여기저기서 봉기하여 이루 헤아릴 수 없을 지경이었다. 초나라로 가던 갈영은 동성에 도착하자 양강이라는 자를 초왕으로 내세워 이들 집단을 통괄케 하였으나, 진왕陳王(진승)이 즉위하였다는 소식을 듣고는 내세운 지 얼마 안 되는 양강을 죽이고 진왕에게 와서 그 사실을 보고했다. 그러나 진왕은 갈영의 월권을 책하여 그를 주살해 버렸다.

위魏 지방 방면으로는 그곳 출신인 주불周市이 파견되어 평정에 임했다.

---

9) 진秦나라의 제도로서 10리를 1정亭, 10정을 1향鄕이라 하는바, 이 향 단위로 교화를 책임지는 50세 이상의 장로를 뽑아 삼로라 칭했다. 이를테면 농촌 자치 단체의 책임자에 해당한다.

한편, 오광은 형양을 포위했으나 좀체로 함락시키질 못하였다. 승상 이사의 아들 이유가 삼천군의 군수로 있어 방비를 굳건히 하고 지켰기 때문이다.

진왕은 다시금 국내의 유력자들을 모아 협의한 끝에 상채의 방군房君인 채사蔡賜를 상주국上柱國(재상)으로 임명하고 국가의 체제를 굳게 했다.

주장周章(周文)이라는 현명한 사람이 있었다. 그는 진陳나라에서 평판 높은 사나이로 항연의 군중에서는 시일視日(日時의 길흉을 점치는 관리)을 맡았었고 춘신군春申君을 섬긴 일도 있었다. 군사에 형통해 있다고 자부하는 사람이었으므로 진왕은 그에게 장군의 인수를 주고 서쪽으로 진격하여 진秦을 치라고 명령했다.

주장이 행군하는 도중 병력을 증강하여 함곡관에 이르렀을 때는 병거 1천, 병졸 수십만으로 불어났다. 단숨에 함곡관을 돌파하여 희戱에 진을 치고 전투 태세를 갖추었다.

진나라 편에서는 소부인 장한이 장군이 되어 역산의 죄수 및 노예들로 구성된 혼성 부대를 이끌고 나와 초나라 군사를 맞아 싸웠다.

결과는 진秦의 완전한 승리로 돌아갔다. 패한 주장은 겨우 목숨을 부지하여 함곡관을 빠져 나와서는 조양에 이르러 재차 포진했다. 그러나 그것도 2, 3개월을 겨우 지탱하였을 뿐이고, 추격해 오는 장한의 군사에 쫓겨 다시금 면지까지 패주했다. 거기서도 10여일간 장한의 군사에게 맹공격을 받아 대패하고 말았다. 주장은 스스로 목을 찔러 죽고, 이에 초군은 전의를 잃고 말았다.

각지의 독립

 조趙를 평정한 무신은 한단邯鄲에 입성하자, 진왕의 허락도 없이 무단히 조왕이라 자칭하고 진여를 대장군에, 장이·소소召騷를 좌우 승상에 임명했다. 이 소식을 들은 진왕은 대노하여 무신 등의 가족을 잡아 처벌하려고 했다. 상주국(재상) 채사가 그것을 만류했다.

 "당면의 적인 진秦을 아직 무찌르지 못한 터에 조왕이나 그 가족을 주살한다는 것은 적을 또 하나 새로 만드는 것밖에 되지 않습니다. 그보다도 차라리 승인해 주는 편이 득책得策입니다."

 이 말에 따라 진왕은 사신을 파견하여 조왕의 즉위를 축하하고 한편으로는 무신의 가족을 궁중에 맞아들여 가까이 두고, 또 장이의 아들 장오張敖를 성도군成都君으로 봉했다. 이런 우대책을 강구한 연후에 진왕은 조왕에게 즉시 함곡관으로 진격할 것을 독촉했다. 독촉을 받은 조왕은 휘하의 장상將相과 머리를 맞대고 대응책을 깊이 논의했다.

 "전하께서 즉위한 것을 초에서는 결코 달가와하지 않습니다. 진나라를 친 후에는 반드시 군사를 이쪽으로 보낼 것입니다. 그렇다면 이 계제에 서진을 중지하고 북방으로 진출하여 연燕을 평정함으로써 세력의 확장을 꾀하는 것이 득입니다. 그리하여 남쪽은 황하를 경계로 하고 북으로 연·대代를 영유하면 비록 초가 진나라를 정벌한 다음이라도 우리나라를 제압하려 들지는 못할 것입니다. 만일 진나라를 토벌하지도 못한다면 싫건 좋건 우리나라의 존재를 존중하는 수밖에 없으리라 봅니다. 그뿐 아니라 진나라의 약세에 편승할 수만 있다면 우리 조나라가 천하를 장악하는 일도 불가능한 것은 아닙니다."

조왕은 이 의견을 취하여 서진을 중지하고 애초에 상곡의 졸사 卒史(사무관)였던 한광韓廣에게 군사를 주어 북방의 연나라를 평정시켰다.

연에서는 또한 귀족과 유력자들이 한광에게

"초에도, 조에도 이미 왕이 섰습니다. 우리 연나라도 작기는 하지만 만승국萬乘國입니다. 제발 장군께서 연왕으로 즉위하십시오."

라고 간청했다. 한광은 조나라에 어머님을 남겨 두고 왔으므로 그건 안 되겠다고 대답했다.

"그런 걱정은 안 하셔도 됩니다. 지금 조는 서쪽의 진秦과 남쪽의 초의 위협을 받는 형편입니다. 초가 그만큼 강대한 세력을 가졌으면서도 조왕이나 장상의 가족들을 섣불리 건드리지 못하고 있지 않습니까. 하물며 어찌 조나라가 장군의 가족에게 위해를 가할 수 있겠습니까."

한광은 옳은 말이라 생각하고 연왕이 되었다. 과연 수개월 후에 조나라에서는 한광의 어머니와 가족들을 연나라에까지 정중하게 모셔다 주었다.

당시 수많은 장수들이 서로 앞을 다투어 각지를 공략하고 있었다. 주불은 북방을 공략하여 적狄에까지 진출했다. 그런데 적 땅에서는 전담이 현령을 죽이고 스스로 제왕齊王이 되어 있어, 주불의 군사는 거국적인 반격을 받아야 했다. 싸움에 패한 주불의 군사는 지리멸렬되어 위로 도망쳐, 그곳에서 본래 위왕의 후손인 영릉군寧陵君 구咎를 왕으로 옹립하려고 했다. 마침 그는 진왕陳王 밑에 있어 위나라로 돌아올 수가 없었다. 그동안에 주불은 위를 완전히 평정했다. 그러자 주불을 위왕으로 옹립하려는 운동이 그곳에서도 일어났다. 주불은 단호히 거절했다. 그 때문에 사자가 위나라와 진왕 사이를 다섯 번이나 왕래해야 했다. 결국 진왕이 구를 위왕으로 세울 것을 결정하고 그를 보내 주었다. 주불은 그대로 위나라에 눌러 앉아 재상이 되었다.

진승과 오광의 죽음

이 무렵, 오광의 부하 전장田藏을 비롯한 장수들은 음모를 꾸미고 있었다.

"주장의 군사가 패배했다. 진군秦君은 내일 중에라도 이리로 쳐들어 올 거다. 지금 우리가 포위하고 있는 형양조차 좀체로 함락되질 않는데 여기에 진군이 나타난다면 우리의 패배는 뻔한 거다. 우선은 형양을 포위할 병력만을 여기 남기고 나머지 정병精兵은 모두 진군을 공격하는 데로 돌리자.

그런데 문제는 임시 왕인 오광이다. 욕심만 태산 같을 뿐이지, 이런 임기의 전법에는 캄캄해서 도대체 우리의 이야기가 통하지 않을 것이다. 우선 오광부터 없애 버리지 않으면 우리의 계획도 수포로 돌아가고 말 것이다."

합의가 이루어지자 그들은 왕의 명령이라 사칭하여 오광을 죽이고 그 머리를 진왕陳王에게 헌상했다. 진왕도 하는 수 없이 사신을 파견하여 전장에게 초나라 영윤令尹의 인수를 내리고 상장군으로 임명하였다.

전장은 이귀李歸 등의 여러 장수에게 형양성의 포위를 맡겨 두고 자신은 정병을 거느리고 나가 오창에서 진군을 맞아 싸웠다. 그러나 결과는 형편없는 패전이었고, 전장 자신도 전사했다.

장한이 거느리는 진나라 군사는 파죽지세로 진격을 계속했다. 형양성 밑에서는 그곳을 포위하고 있던 초군을 격파하여 이귀 등 여러 장수를 전사케 했고, 담郯에서는 양성 출신의 등열鄧說의 군사들이 포진하고 있었으나 장한의 지대支隊가 이를 분쇄해 버렸다. 등열의 군사는 지리멸렬하여 진陳으로 패주했다. 허許에는 질銍의 오서伍徐가 포진하고 있었으나 장한의 주력 부대가 이를 격파했다. 궤멸한 오서군의 패잔병도 진으로 도망쳤다. 진왕은 등열을 주살하고 말았다.

그런데 진왕이 갓 즉위했을 무렵, 동방에서는 능의 진가秦嘉, 질 지방의 동설董緤, 부리 지방의 주계석朱雞石, 취려 지방의 정포鄭布, 서徐 지방의 정질丁疾 등이 제각기 봉기하여 동해 군수 경慶을 담에서 포위했다. 진왕은 무평군武平君 반畔을 장군으로 파견하여 담성을 포위하고 있는 그 장수들을 통솔하게 했다. 그런데 진가만은 진왕의 명령을 듣지 않고 멋대로 대사마大司馬를 칭하여 무평군의 지휘하에 들기를 거부했다. 그뿐만 아니라 그의 부하에게 명령했다.

"피라미 같은 무평군 따위가 병사를 어찌 안단 말인가. 절대로 복종하지 말라."

그리고 한술 더 떠서 왕명을 사칭하고 무평군을 죽여 버렸다.

이제 장한은 오서의 군사를 격파하자 진陳나라에 대한 본격적인 공격에 착수하여 우선 초의 재상인 채사를 전사케 했다. 다시 장한은 진의 서쪽에 포진한 장하張賀의 부대를 공격했다. 이 싸움에는 진왕 자신도 출진하여 독전督戰에 임했으나 전세는 이미 기울어 장하도 전사하고 말았다.

12월에 접어들어 지탱 불능의 상태에 빠진 진왕은 여음으로 피했다가 다시 하성보까지 퇴각했다. 마부인 장가莊賈라는 사나이가 진왕을 죽여 진秦에 항복했다. 진왕은 탕碭에 매장되고 은왕隱

王이라 추증되었다.

그 후 진왕의 시신侍臣이었던 장군 여신呂臣이 창두군蒼頭軍(모두 검은 두건을 썼음)을 조직하여 신양新陽에서 봉기하였는데, 이들은 진陳을 공략하고 장가를 주살한 후 다시금 진陳을 초국楚國이라 칭했다.

후일담

이보다 앞서 진왕은 진陳에 입성하자 곧 질의 송유宋留에게 군사를 거느리고 남양南陽을 평정한 다음 무관으로부터 진秦에 진격할 것을 명령하고 있었다. 송유는 명령대로 남양을 평정하였으나 이때 진왕의 죽음이 전해졌다. 남양은 도로 진秦나라에 넘어갔다. 무관 침입을 단념한 송유는 군사를 동으로 되돌려 신채까지 왔는데 여기서 진군秦軍과 만나 전 군이 항복하고 말았다. 진은 송유를 역전거驛傳車로 함양에 급송하여 본보기로서 거열형車裂刑[10]에 처했다.

당초부터 진왕에게 불복했던 진가 일당은 진왕이 패했다는 소식에 접하자 즉시 경구景駒를 옹립하여 초왕으로 삼고 방여로 진군하여 정도성 밖에 포진한 진군秦軍을 공격하려 했다. 출발하기에 앞서 그는 공손경公孫慶을 제왕 전담에게 파견하여 양군이 합동하여 진군하기를 제의했다. 그러나 제왕은 거절했다.

"과연 진왕은 패배했다는 소문이지만 그 생사는 아직 확실치 않소. 그런데 어찌 자기 멋대로 신왕新王을 세우느냔 말이오?"

공손경은 이를 반박했다.

---

10) 형벌의 한가지. 죄인의 다리를 2대의 마차에 묶고 끌어서 찢어 죽임.

"그렇게 말씀하신다면 제나라야말로 초나라에 무단히 왕을 세운 것이 아닙니까. 초가 신왕을 세우는 데 어째서 제왕에게 사전 양해를 구해야 된다는 것입니까. 그뿐이 아닙니다. 최초로 거사를 한 것은 초나라였습니다. 그 초가 천하에 호령하는 것은 당연합니다."

노한 제왕은 공손경을 죽여 버렸다.

그 후 진秦의 좌우 교위校尉가 거느리는 군사가 장군 여신이 탈환한 진陳에 재공격을 가하여 이를 함락시켰다. 여신은 일단 패주하였으나 다시 병력을 수습했다. 파鄱의 군도群盜를 거느리고 있던 당양군當陽君 경포黥布가 여신의 군사와 합류하여 진군에 반격, 청파에서 이를 격파하고 진陳을 회복하여 또 한번 초나라를 세웠다. 이때 왕으로는 원래의 초왕이었던 손심을 세웠는데, 이를 주선한 사람이 항우의 숙부 항량이었다.

옛 친구

진승이 왕위에 있었던 것은 겨우 6개월 정도에 불과했다.

즉위하여 진에 군림할 때의 일이다. 일찍이 머슴살이를 할 때에 함께 일하던 친구 하나가, 진승이 왕이 된 것을 전해 듣고 진나라까지 찾아왔다. 그는 궁성의 문을 두들기며,

"섭(진승)을 만나고 싶다."

라고 청했다. 웬 놈이냐 하고 포박하려고 하는 수문장에게 그는 진승과의 관계를 마구 떠벌려댔다. 수문장은 그대로 방면했을 뿐 진왕과의 접견을 알선하지는 않았다. 그 자는 진왕의 외출을 기다렸다가 결국 뜻을 이루었다. 그는 "섭!" 하고 외쳤다. 진왕은 곧 그를 알아보았다. 진왕은 그를 자기의 수레에 태워 궁중으로

데리고 갔다. 궁전이라는 곳에 처음 와 본 그 사나이는 눈이 휘둥그래져서 소리쳤다.

"이거 진짜 엄청나구먼〔夥頤〕. 섭이도 출세했어. 이 집은 도대체 어디까지 뻗쳐 있는 거야?"

초나라의 방언으로는 다多를 과夥라고 한다. 이 이야기는 곧 세상에 퍼져 과夥가 유행어로 되었다. 각지에 왕이 난립하는 상태를 '과섭夥涉'이라고 말하는 것도 이 이야기에서 나온 것이다.

그로부터 그 사나이는 궁중에 출입하며 방자한 행동을 멋대로 하고, 아무나 붙잡고는 진왕의 옛날 일(머슴살이 따위)들을 주책없이 지껄여댔다.

"그 시골 사람은 정말 문제입니다. 되는 소리 안 되는 소리 마구 떠벌리면서 전하의 위엄을 손상시키고 있습니다."
하고 진언하는 자가 있어, 진왕은 결국 그 자를 잡아 죽여 버렸다. 그렇게 되자 진왕의 옛날 친구들은 모두 궁중에서 자취를 감추고, 진왕은 그만큼 외로운 처지가 될 수밖에 없었다.

한편 진왕은 신하들을 감찰하기 위해 주방朱房과 호무胡武라는 두 사람을 각각 중정中正과 사과司過의 직에 임명했다. 그런데 이 두 사람은 여하한 일이든 엄격하게 감찰하는 것만이 충성이라고 생각하였다. 가령 장수가 적지를 평정하고 돌아온 경우에도 진왕의 명령대로 평정하지 못한 자는 죄인이라 하여 포박하려고 덤볐다. 그런가 하면 상대가 아니꼬운 자일 경우 부하에게 맡기지 않고 그들 자신이 나서서 심문하기도 했다. 그런데 진왕은 그들을 무조건 신임했다. 그 때문에 장군들은 진왕과의 정신적인 유대가 멀어질 수밖에 없었다. 진왕이 실패한 이유는 여기에 있었다.

그러나 비록 실패하였다고는 하지만 그가 임명하여 각지에 파견했던 왕후장상은 끝내 진秦나라를 멸망시키고야 말았으니 진나라 패망의 단서를 만든 사람은 역시 진승이었다.

　한 고조는 진승의 영혼을 지키기 위해 묘지기 30호를 탕에 두었다. 그 묘에는 지금도 제물이 바쳐지고 있다.

II. 항우項羽와 유방劉邦

1. 항우項羽의 생장

― 기전체紀傳體라고 하는 독창적인 형식을 채택한 《사기》는 당초부터 개인을 중심으로 하여 역사의 전체를 이야기하고 있다. 다음에 이야기될 항우와 유방, 그들의 강렬한 개성과 그 충돌의 경과는, 사마천이 대상으로 한 2천 수백 년의 역사 가운데서도 특히 광채를 발산하는 부분이다. 사마천에 의하면, 그것은 현실의 체제를 결정 지은 중국 사상中國史上의 일대 사건이었다.

역사의 필연성을 이야기하기는 쉽다. 그러나 이 두 사람이 걸어간 발자취를 볼 때, 역사란 그 필연성 이상으로 개인의 소산이라는 것, 개성이 발휘하는 이상한 에너지야말로 역사의 필연성을 가져오는 근원이라는 것을 통감하게 한다.

항우와 유방은 두 사람 다 지금의 강소성江蘇省에서 태어났다. 항우는 전국 시대 이래의 대국인 초의 명문의 자제로 태어났고, 유방은 패현의 이름도 없는 농민 출신이다. 이 양자는 상호 의존과 대결을 거듭하며 결국 진秦을 멸망으로 이끌어 간다. 어느 쪽이 빠지든 이 장대한 역사의 드라마는 성립되지 못하였을 것이다. 우선 그들의 생장 과정부터 살피기로 한다.

이왕 배울 바에는

항우는 하상현下相縣 출신으로 본명은 적籍, 자는 우羽라고 했다. 거사한 것은 스물 네 살 때다.

우의 막내 숙부는 항량項梁이다. 항우는 이 숙부의 영향을 받으며 자랐다. 항량의 부친은 조나라 장군 항연項燕이었는데 진秦나라 장군 왕전王翦과 싸우다 죽었다. 항씨는 대대로 초나라의 장군을 지낸 집안으로 영지의 이름을 따서 항씨가 되었다.

항우는 소년 시절에 글공부를 하였는데 도대체 신통치가 못했다. 그럼 무술은 어떨까 하여 숙부가 그것을 시켜 보았으나 검술도 마찬가지였다. 보다못해 숙부가 꾸중을 했다. 그러자 항우는 태연히 이렇게 대답하는 것이었다.

"글공부 따위는 제 이름이나 적을 줄 알면 충분합니다. 검술도 결국은 한 사람의 적을 상대하는 것일 뿐, 그까짓 것 배워 봤자 뭘 하겠습니까. 이왕 배울 바에야, 만인을 상대로 싸우는 법이라야죠."

이 말을 들은 항량은 이번에는 병법을 가르쳐 보기로 했다. 그랬더니 이것은 항우도 열심히 공부하려고 했다. 그러나 오래 가지는 않아, 대강 요점만을 터득하더니 집어치우고 말았다.

항우의 기개氣槪

항우의 숙부 항량은 그 옛날 역양현櫟陽縣에서 어떤 사건에 연루되어 체포당한 일이 있었다. 그때는 기현의 옥리 조구曹咎에게 부탁하여 그의 주선으로 역양현의 옥리 사마흔이 손을 써 주어서 무사하게 될 수 있었다. 그러나 그 후에 또 사람을 죽여 쫓기는 몸이 된 항량은 조카를 데리고 오중吳中으로 피했다.

그럭저럭 하는 동안에 오중의 유력자들이 항량의 사람됨과 능력에 감복하게 되어 그를 지도자로 받들기에 이르렀다. 고을 안에 대규모의 공사나 장례 행사가 있을 때마다 사람들은 으레 항량에게 청하여 주재하게 하였다. 이런 때 그는 병법을 활용하여 유력자들의 식객이나 자제들을 요소요소에 배치하고 은밀히 그들의 능력을 관찰해 두었다.

진의 시황제가 회계군을 순행하다가 절강을 건널 때의 일이다. 항량은 조카 항우와 함께 그 행렬을 구경하러 갔다.

"머지않아 내가 저놈을 대신하게 된다······."

항우가 이렇게 중얼거렸다. 항량은 이 말을 듣고 당황하여 조카의 입을 틀어막고는,

"함부로 지껄이지 마라. 일족 몰살을 모르느냐."

했다. 이 일로 말미암아 항량은 이 조카가 보통 녀석이 아니라는 것을 깨달았다.

항우는 신장이 8척을 넘고 힘은 무쇠솥을 가볍게 쳐들 만큼 세고 재능도 탁월하여 이미 고을 안의 젊은이들 사이에서 한몫 잡는 존재가 되어 있었다.

숙질叔姪의 거사

진의 2세 원년 7월, 진승 일당이 대택향에서 봉기했다. 그로부터 두 달이 지난 후 항량은 회계군의 수령 은통殷通의 요청으로 그와 면담하게 되었다.

"반란은 현재 장강長江의 서북 일대에 퍼져 있소. 이제 진나라는 천운을 잃은 것이요. 이 기회를 놓치면 안 되겠소. 선수를 치면 제압할 수 있으나 뒤처지면 제압당한다고 들었소. 이 계제에 나도 거병할 생각이오. 귀공과 환초桓楚가 내 막하에 들어와 주었으면 하는데 의향이 어떠신지?"

이때 환초는 택중으로 도망쳐 있었다. 항량은 문득 계략을 생각해 냈다.

"환초는 도주중인데 찾을 길이 막연합니다. 다행히도 그가 있는 곳을 제 조카가 알고 있습니다."

잠깐 시간을 얻어 밖으로 나온 항량은 조카 항우를 불러 귓속말을 했다. 항우는 대검을 차고 군청 밖에 대기하였다. 항량은 다시 자리로 돌아왔다.

"제 조카녀석을 불러서 환초를 찾아오게 하시죠."

"불러오시오."

항량이 항우를 불러들였다. 잠시 후 그는 항우에게,

"해치워라!"

하고 눈짓했다. 항우는 칼을 뽑아 달려들어 수령의 목을 베어 버렸다. 항량은 그 목을 쳐들고 수령의 인수를 몸에 걸친 채 관리들 앞에 나타났다. 군청 안은 삽시에 수라장이 되었다. 그 속으로 항우가 뛰어들어 수십 명을 처치했다. 관리들은 넋을 잃고 모두 두 사람 앞에 꿇어 엎드렸다.

항량은 군청을 제압한 다음 고을의 유력자들을 소집하여 거사의 이유를 설명하고 협력을 요청했다. 이리하여 항량과 항우는 오중의 병력을 장악하고 반란을 일으켰다.

우선 각지에 사람을 파견하여 군내의 각 현을 지배하게 하였고 정병精兵 8천을 장악했다. 이어서 항량은 전부터 보아 두었던 오중의 호걸들을 교위·후·사마 등의 요직에 고루 배치했다. 그런데 그중에 딱 한 사람이 누락되었다. 왜 자기만 빠뜨렸느냐고 그 사람이 항량에게 묻자, 항량의 대답은 이러했다.

"전에 어떤 장례를 거행할 때, 내가 귀공에게 어떤 일을 책임지운 일이 있소. 그때 귀공은 그 일을 해내지 못했소. 귀공의 능력은 거기서 판정된 것이오. 그래서 이번에 귀공을 등용하지 않은 거요."

그로부터 항량에게 불평을 말하는 사람은 하나도 없게 되었다.

항량은 회계군의 수령이 되고, 항우는 그 부장이 되어 관하 여러 현을 지배하였다.

이 무렵 광릉廣陵에서는 소평召平이라는 자가 진왕(진승)에게 호응하여 봉기했다. 그런데 광릉을 완전히 장악하기 전에 진왕의 패배 소식이 전해졌고, 게다가 진秦나라 군이 바로 근처까지 육박한 모양이었다. 이에 소평은 계획을 변경하여 장강을 건너 항량의 지역으로 달려왔다. 그리고 그는 진왕의 사신을 가장하여 왕명을 사칭하고는 항량을 초나라의 상주국으로 임명한다는 말과 함께 이렇게 전했다.

"장강의 동부 일대는 이미 평정되었으니, 즉각 서진하여 진秦을 토벌하시오!"

이에 항량은 군사 8천을 이끌고 장강을 건너 진을 타도하기 위해 서진을 개시했다.

청년 2만의 합세

도중에 정보가 들어왔다. 진영陳嬰을 지도자로 하는 젊은이들이 동양현東陽縣을 장악했다는 것이다. 항량은 곧 사자를 파견하고, 연합해서 서진할 것을 제의했다.

진영이라는 자는 그때까지 동양현의 말단 관리에 지나지 않았으나 평소의 그의 성실성과 겸허함이 현에서 신망을 모으고 있었다. 때마침 동양현 청년들이 현령을 처치하고 반란을 일으켰는데, 이들 수효는 수천 명에 이르렀다. 그들은 자기네 동료 중에서 지도자를 뽑으려고 하였으나 적당한 인물이 없었다. 결국 신망 높은 진영을 두령으로 받들기로 하였다. 진영은 그 요청을 거절하였으나 청년들이 강요하고 나섰다. 그 결과 현내의 반란군은 2만 명으로 늘어났다. 세력에 편승한 젊은이들은 진영을 아예 왕위에 올려놓으려 하며 창두군을 편성했다. 그리하여 별안간 흑두건을 쓴 이색적인 군대가 출현했다.

그러나 진영의 어머니가 아들에게 달려와 설득했다.

"우리는 비천한 집안이다. 출세해서 높은 자리에 앉았던 사람이 우리 조상 중에 한 사람이나 있었더냐. 이 집에 시집을 온 이래 나는 여태 그런 이야기를 한 번도 들어 본 적이 없다. 그런데 네가 별안간 왕이 된다니, 도대체 어림도 없는 소리지 뭐냐. 우리는 다른 사람의 밑에 붙어서 일을 하면 되는 거야. 그렇게 해서 그분이 천하를 얻으면 너도 왕후王侯의 자리를 얻을 것이고, 만일 실패를 하더라도 너는 책임을 면할 수 있는 거란다. 분수를 지켜야지."

이런 소리를 들으니 진영의 마음은 다시 흔들렸다. 진영은 창두군을 소집하여 이렇게 말했다.

"항씨 가문은 대대로 장군을 지낸 명문이며 초나라에서도 잘 알려진 집안이다. 대사를 행하는 마당에 있어서는 역시 항씨 같은 분을 장수로 받들지 않으면 안 될 것이다. 목적은 어디까지나 진나라를 타도하자는 데에 있지 않은가. 그러자면 역시 우리는 씨가 있는 집안의 인물을 따라야만 될 줄 안다."

결국 청년들은 진영의 의견을 받아들여, 전 군이 항량의 지휘를 받기로 결정하였다.

항군項軍의 세력 증대

서정군西征軍이 회하淮河를 건너자, 그 무렵 이미 반진反秦의 장군으로 알려졌던 경포黥布[11]와 포蒲의 군사가 새로이 항량이 지휘하에 들어왔다. 이리하여 총 6, 7만의 대군으로 증강된 서정군은 하비下邳에 포진했다.

이 무렵 역시 진에 반기를 든 진가가 진의 장군 경구를 초왕으로 내세우고 팽성현彭城縣의 동쪽에 포진하고 있었다. 이 진가가 항량군의 진로를 저지하려고 했다.

항량은 장수들을 소집했다.

"반진의 기치를 가장 먼저 든 것은 진왕이다. 그러나 불행히도 싸움에 패배하여 지금은 행방 불명의 몸이 되었으며, 진가는 그 진왕을 배반하여 경구 따위를 왕으로 세워 놓았다. 이런 대역무도가 또 있겠느냐."

항량은 즉시 출격하여 진가를 쳤다. 진가의 군대는 패주하여 호릉胡陵으로 피했다. 진가는 다시 한 번 반격을 시도하였으나

---

11) 경포는 별명이며, 성은 영英씨. 경黥이란 죄인의 얼굴에 자청刺靑을 들이는 형벌을 뜻한다. 경포는 남의 죄에 연좌되어 이 형에 처해진 일이 있었다. 그래서 얻은 별명이다. 병력 수천을 이끌고 진秦에 반기를 들었다가, 그 후 초의 회왕懷王이 항우를 상장군에 임명하자 그 지휘하에 들어갔다.

고작 하루도 견디지 못하고 죽음을 당하고 말았다. 진가의 패잔병은 항량에게 투항했다. 경구는 용케 도망치기는 하였으나 결국 양 지방에서 죽었다.

항량은 항복한 진가의 군사들을 자신의 군사와 병합하고 호릉에 진을 쳤다. 그리고 다시 서정의 길에 오를 예정이었는데 진의 장군 장한이 근처인 율에서 진격해 왔다. 항량은 지대支隊의 부장 주계석朱雞石과 여번군餘樊君을 내세웠다. 그런데 여번군은 전사하고 주계석의 부대도 진나라 군대에게 패하고 호릉으로 도주해 왔다. 항량은 일단 동쪽의 설薛로 퇴각했다. 주계석은 이곳에서 처형되었다.

이에 앞서 항량은 조카 항우에게 양성현襄城縣의 공략을 명령한 일이 있다. 그런데 양성현의 수비가 의외로 견고하여 항우는 여간 애를 먹지 않았다. 그 때문에 가까스로 공략을 끝낸 항우는 그 보복으로 적병을 한 사람도 남김없이 모조리 땅에 파묻어 버리고 귀환하여 항량에게 보고 했다.

이윽고 항량은 진왕의 죽음이 확실하다는 정보를 얻었다. 그는 각 지대의 부장들을 설에 소집하여 선후책을 협의했다. 이 회합에는 패공도 참가했다. 패공은 설에서 가까운 패현에서 봉기했던 것이다.

지혜 주머니 범증范增의 등장

거소居鄛 출신으로 범증이란 사람이 있었다. 이미 나이 70세, 단 한 번도 벼슬을 하지 않았던 재야의 인사로 남의 허점을 찌르는 책략에 능한 사람이었다. 그 범증이 항량을 찾아와 이렇게 설득했다.

"진승의 패배는 극히 당연하였습니다. 애당초 진에게 패망한 여섯 나라 중에서 가장 동정받을 사람은 초나라의 왕이었습니다. 이렇다 할 적대 행위도 하지 않았는데 진은 그곳을 방문한 회왕 懷王을 유폐하고 평생 귀국하지 못하게 하였습니다. 초나라 사람들은 그 일을 지금도 애석하게 생각하고 있습니다. 초나라의 예언자 남공南公이, 가령 초나라에 세 집밖에 남아있지 않다고 할지라도 장차 진나라를 쳐 없앨 것이라고 말한 것도 초나라의 민심을 파악하고 있었기 때문입니다.

진승은 모처럼 반진 대열의 선수를 잡았으면서도 초왕의 자손을 세우지 않고 자기 스스로가 왕이 되었습니다. 이래서는 단명으로 끝나는 것도 무리가 아닙니다. 한편 당신이 강동에서 거병하자 초나라의 각지에서 궐기한 부장들이 다투어 몰려왔습니다. 그것은 당신이 초나라 대대의 장군의 집안에서 태어난 사람인데다가 초나라 왕가를 재건시켜 주리라고 사람들이 기대하는 탓입니다. 장군께서는 이 점을 잊지 않도록 하셔야 합니다."

항량은 이를 받아들였다. 회왕의 손자인 심心이 시골의 양치기로 고용되어 있는 것을 수소문하여 찾아내고 여론의 기대에 호응하여 그를 초왕으로 옹립하여 회왕이라고 했다.

그리고 진영을 재상에 임명하면서 영지로 5개 현을 주어, 회왕과 함께 우이盱台에 도읍을 정하도록 하였다.

항량 자신은 이때부터 무신군武信君이라 칭했다.

2. 유방劉邦의 생장

― 항우의 라이벌인 유방은 항우보다 15세 연상이다. 게다가 항우가 궐기한 것은 24세의 젊은 나이 때였는데 유방은 40세로 비교적 많은 나이였다. 직정 경행直情徑行인 항우에 견주어 유방은 한 수 더 보는 유연성을 지닌 사람이다. 행동도 의도도 직선적이 아닌 우회적인 일면을 보이며, 항우와는 대조적으로 때와 상황에 따라 변화하는 생활 방식을 취한다. 그의 인간적 매력 중 한 가지가 그것이었다.

사내로 태어난 바에야

한漢의 고조高祖 유방은 패현의 풍읍 중양리 태생으로, 성은 유씨, 자는 계季이다. 그의 부친은 태공太公, 모친은 유오劉媼[12]라 불리었다.

---

12) '계季'는 동성간의 형제의 순위를 말한다. '백伯·중仲·숙叔·계季'의 막내를 가리키는 칭호. 그리고 '태공太公'이라든가 '오媼'라든가 하는 것은 노령의 세대에 대한 경칭으로 사용된다. 《史記》에는 유방劉邦이라고는 쓰여 있지 않다.

고조의 출생에 관해서는 이런 이야기가 있다. 어느 날 유오가 큰 호숫가에 앉아 쉬고 있다가 깜빡 잠이 들어 용신龍神을 만나는 꿈을 꾸었다. 이때 호수 주변에는 천둥 번개가 치고 한때는 어둠에 싸이기조차 했다. 태공이 달려갔다. 그는 마누라가 앉아 있는 근처의 상공에서 교룡蛟龍이 꿈틀거리는 것을 보았다. 그렇게 하여 잉태된 것이 고조였다.

고조는 태어났을 때부터 코가 우뚝 솟았고, 용을 닮은 얼굴(천자의 얼굴을 '용안'이라고 하는 것이 여기서 유래했다고 함)이었으며, 멋진 수염을 기르고 있었다. 그리고 왼쪽 넓적다리에 점이 일흔 두 개 있었다. 그는 정이 많고, 시원시원하고, 째째한 구석이 없었다. 항상 여유있게 행동하고, 먹고 살기 위해 악착같이 일하는 법도 없었다.

서른 살 때는 관리로 채용되어, 사수 지방의 정장亭長으로 임명되었다. 그러나 본인은 관청의 일 따위는 안중에도 없었고 동료나 상사들을 우습게 여기고 있었다.

한편, 술과 여자 앞에서는 정신을 못차리는 성미였다. 왕王 노파네 술집 혹은 무武 노파네 술집에 처박혀서 외상술로 소일했다. 취하면 그 자리에 곯아떨어지고 그러면 그 위에 으레 용이 모습을 드러냈다. 무 노파나 왕 노파는 몹시 이상하게 생각했다. 그뿐인가, 고조가 죽치고 앉아 술을 퍼마시면 그날은 매상이 맡아 놓고 몇 배로 뛰는 것이었다. 이 때문에 그 두 술집에서는 섣달 그믐날이 되어도 고조에게 외상값을 독촉하기는커녕 오히려 장부를 없애 버렸다.

고조가 노무 감독으로 함양에 갔을 때, 마침 시황제의 행렬을 구경할 기회가 생겼다. 고조는 그 행렬을 보고 장탄식을 하였다.

"아아, 사내로 한번 태어난 바에야 마땅히 저렇게 돼야겠지."

2개의 개성 시황제의 행렬을 보고 항우는 "내가 저놈을 대신해야 한다"고 뇌까렸고 유방은 "마땅히 저렇게 되어야 한다" 하고 탄식을 했다. 똑같은 광경인데도 전자가 천하를 취할 결의를 표명하였음에 반하여 후자는 누구나가 생각할 만한 일반적 감정을 표현했을 뿐이다. 유방의 경우, 천하를 취하리라 하는 결의는 분명히 나타나 있지 않다. 항우라고 하는 강렬한 개성의 빛에 비추어져, 그와의 대항 관계로 인해 저절로 두각을 나타내게 된 사람이 유방인 셈이다. 유방은 항우 없이 존재할 수 없었던 것이다.

여씨呂氏의 딸

선보현의 여공呂公이라는 사람은 패현의 지사와 가까운 사이였다. 그 여공이 적에게 쫓기는 몸이 되자 지사의 보호를 받으려고 패현으로 왔다. 지사의 귀한 손님이었기 때문에 그곳 유력자와 관리들이 떼지어 인사를 하러 왔다.

조역助役 소하蕭何는 하객들이 진상하는 물건들을 접수하며 이렇게 지시했다.

"진상품이 천 전錢 미만인 분은 말석 쪽으로 앉아 주십시오."

고조는 일개 정장에 지나지 않았지만 관리 따위는 우습게 알고 있었다. 이때도 그는 제 몸에 한 푼도 지니지 않았으나 명함에다 '축의祝儀, 1만전야─萬錢也'라고 써서 내밀었다. 명함을 전해 받은 여공은 깜짝 놀라 몸소 현관까지 마중을 나왔다.

여공은 관상학에 통달한 사람이었다. 그는 고조의 용모를 보더니 태도를 바꾸어 정중하게 안으로 모셔 들였다.

소하가 옆에서 귀띔했다.

"허풍입니다. 늘 그렇죠. 액면 그대로 받아들이시면 안 됩니다."

고조는 관리들이 모이는 이런 자리쯤 우습게 보는 사람이었기에 상좌에 가서 앉아 태연히 버티었다.

이윽고 주연이 파할 무렵, 여공은 눈짓으로 고조에게 자리에 남아 있도록 했다. 고조가 혼자 남아 술을 마시고 있으려니, 손님들을 배웅하고 난 여공이 돌아왔다.

"저는 소시적부터 관상을 좋아하여 오늘날까지 참 많은 사람을 보아 왔습니다만 당신과 같은 인상을 보기는 처음입니다. 당신은 귀하신 몸입니다. 스스로 아끼고 자중하시도록 하십시오. 그런데 저에게 딸년이 하나 있습니다. 데려다가 종년으로라도 부리십시오. 어떻습니까?"

나중에 이 말을 들은 여공의 부인이 펄펄 뛰었다.

"이봐요, 영감! 영감도 저 딸아이는 귀여워하셨습니다. 지체 높은 사람에게 시집 보내겠다고 늘 말씀하셨지요. 우리가 지금 은혜를 입고 있는 지사님께서 소망을 하셨을 때도 당신은 거절하지 않으셨나요. 그런 딸을 왜 하필이면 아까 왔던 그런 사내에게 내 주겠다는 말씀입니까?"

"이건 아녀자들이 알 일이 못 되오."

여공은 고집을 세워 딸을 고조에게 시집 보냈다. 이 딸이 후일의 여후呂后인 것이다. 여후는 효혜제孝惠帝와 노원 공주魯元公主를 낳았다.

유씨劉氏의 갓

고조가 아직 정장을 지낼 때의 일이다. 그는 휴가를 얻어 집으로 내려갔다. 그날 여후는 두 아이를 데리고 논에서 김을 매고 있었는데 웬 노인이 지나가다가 그들 옆으로 와서 물 한 그릇을 청했다. 여후는 딱하게 생각하여 밥을 대접했다. 그러자 노인은 여후의 얼굴을 찬찬히 뜯어 보고 나서 이렇게 말했다.

"부인은 천하의 귀인이 되실 거외다."

아이들을 보이자, 노인은 우선 효혜제를 관찰하고,

"부인이 귀하게 되시는 것은 이 아드님 덕택이군요."

했다. 노원 공주에 대해서도 귀인의 상이라고 말했다.

노인이 떠난 뒤 고조가 근처에 있던 집에서 나왔다. 여후는 고조에게 노인의 이야기를 자세하게 말했다.

"그 노인 지금 어디 있소?"

"아직 멀리는 못 갔을 거예요."

고조는 곧 뒤쫓아 가서 자기의 얼굴도 점쳐 달라고 했다.

"아까 부인이나 자제님들의 귀상이 모두 당신의 그늘이었군요. 당신은 보통 귀상이 아니올시다."

"노인의 말씀이 사실이라면 언젠가 꼭 사례를 하겠습니다."

고조는 노인에게 심심한 사의를 표하고 작별했다.

그 후 고조가 천자로 등극했을 때 이 노인을 수소문했으나, 노인의 행방을 알 길이 없었다.

고조는 정장으로 지낼 때 죽순 껍질로 갓을 만들었다. 갓 만드는 본고장인 설까지 부하를 보내서 만들어 오게 한 것으로, 언제나 이것을 쓰고 다녔고 천하를 얻은 뒤에도 이것을 썼다. 속칭 '유씨의 갓'이 바로 이것이다.

백제白帝의 아들과 적제赤帝의 아들

진이 대규모의 공사를 일으키자, 고조는 현의 명령으로 죄수들을 역산까지 인솔하게 되었다. 그런데 죄수들은 가는 도중에 기회만 있으면 도망쳤다. 이대로 가다가는 역산에 도착하기 전에 한 놈도 남아 있게 될 것 같지 않았다. 그렇게 판단한 고조는 풍서의 늪 지대에 이르렀을 때 전진을 중단하고 그 자리에 주저앉아 술을 마시기 시작했다. 그러다가 주위가 어두워졌을 때, 죄수 전원을 풀어놓고 말했다.

"너희들은 어디로든지 가 버려도 좋다. 나도 여기서 도망치겠다."

그러자 혈기 왕성한 청년 10여 명이 그 자리에 남아 고조와 행동을 함께 하겠노라고 자원하고 나섰다.

고조는 그날 밤 술에 취한 채 늪 지대의 작은 길을 행군하고 있었다. 부하 한 사람을 선두에 내보내어 길을 살피게 했는데 그 사나이가 되돌아와서 당황한 기색으로 말하는 것이었다.

"저 앞에 큰 뱀이 또아리를 틀고 있습니다. 되돌아가시죠."

고조는 술에 만취되어 있었다.

"장사가 가시는 길이야. 그까짓 것 때문에 물러서다니……."
하고 서슴지 않고 전진하여 뱀을 보자마자 칼을 뽑아 두 동강이를 내버렸다.

다시 몇 리를 전진했는데 취기 때문에 꼼짝도 할 수 없이 되어버린 고조는 길가에 쓰러져 곯아떨어졌다. 뒤처져 따라오던 부하가 뱀이 있던 곳까지 도착했을 때 한 노파가 어둠 속에서 울고 있었다.

"할머니, 왜 그러십니까?"

그 남자가 묻자 노파가 대답했다.

"아들놈이 죽었다우."

"죽다니, 어떻게요?"

"아들놈이 백제의 자식이라우. 그 녀석이 뱀으로 변신하여 길을 막고 있노라니까, 적제의 아들이 나타나 가지고 칼로 두 동강이를 냈지 뭐유. 그게 슬퍼서……."

사나이는 노파가 자기를 놀리는 것이라고 생각하고 채찍을 들어 치려고 했다. 그 순간 노파는 연기처럼 사라져 버렸다.

부하가 달려오는 소리에 고조는 잠을 깼다. 부하의 이야기를 들은 고조는, 이건 어쩌면 진나라를 토벌할 자가 바로 너라고 하는 신의 계시일는지도 모른다 싶어 내심 퍽 기뻐했다. 이 이상한 사건이 생긴 뒤로 고조에 대해 부하들이 공경하고 따르는 마음은 더욱 깊어졌다.

천자天子의 기운

"동남쪽에 천자의 기운이 있다."

진의 시황제는 늘 이렇게 뇌까리며 신경을 쓰고 있다가 마침내 동유東遊하여 그것을 진압하기로 작정했다. 고조는 혹시 자기에게 관계된 일이 아닐까 염려하여 망산과 탕산의 험준한 산악 지대로 도망쳐 몸을 숨겼다.

고조는 그가 숨은 장소를 아무에게도 알려 주지 않았는데 아내 여후가 간단하게 그곳을 찾아왔다.

"어떻게 알고 찾아왔소?"

고조는 매우 놀랐다.

"당신이 계신 곳에는 언제나 운기雲氣(端氣)가 감돌고 있어요.

바로 그 자리를 점 찍은 거예요. 틀림없이 계시니까요."

고조는 기쁘지 않을 수가 없었다. 이 이야기가 전해지자 패현에서는 고조의 부하가 되려는 자가 더욱 늘어났다.

유방, 패현沛縣을 장악하다

진 2세 원년의 가을, 진승의 일당이 기현에서 봉기했다. 진승은 진陣을 점령한 다음 왕을 자칭하고 국호를 '장초'라 했다. 이렇게 되자 주변의 여러 현에서도 현령이나 관리들을 잡아죽이고 앞을 다투어 진승에게 호응하기 시작했다.

패현의 현령도 그런 생각을 했다.

'나도 할 수 있다. 그리고 이왕 할 바에야 진승이 있는 기현까지 갈 것이 아니라 바로 이 패현에서 봉기한 후에 그쪽과 연락을 취하자.'

이렇게 정한 현령은 측근에게 의사를 타진해 보았다.

그런데 연掾(하급관리)인 소하와 주리主吏(옥리)인 조참曹參이 난색을 표했다.

"현령은 뭐니뭐니해도 진秦나라의 관리이십니다. 진나라에 반기를 든다고 해서 패현의 젊은이들이 기꺼이 동조할는지는 의문입니다. 이런 때에는 현령께서 현외로 추방했던 녀석들을 다시 불러들이는 것이 어떨까 생각합니다. 수백 명은 손쉽게 모아지겠지요. 그 자들을 앞세워 공포 분위기를 조성하면 패현의 젊은이들도 현령님을 따르게 될 것입니다."

현령은 이 의견을 받아들여 부하인 번쾌樊噲를 시켜 고조를 불러들이게 했다.

이 무렵 고조는 백 명에 가까운 부하들을 거느리고 있었다. 이를 본 번쾌는 자기도 한패에 끼어들어 일행을 안내하여 패현으로 돌아왔다.

현령은 '아차, 글렀구나' 하고 생각했다. 섣불리 받아들여 그들과 함께 반란을 일으켰다가는 덕을 보기는커녕 오히려 자기의 목숨부터 위태로워질 판이었다. 그는 부랴부랴 성문을 닫아 버리고, 동시에 그 방법을 건의했던 소하와 조참을 잡아죽이려고 생각했다. 이를 눈치챈 두 사람은 재빨리 성을 빠져 나와 고조의 수하로 합세했다.

고조는 현내의 장로들에게 호소하는 다음과 같은 글을 써서 이를 화살에 묶어 가지고 성 안으로 쏘았다.

"우리는 오랫동안 진秦의 학정에 시달려 왔습니다. 여러분께서 만일 현령에게 의리를 지켜 성문의 수비를 공고히 하신다 해도 제후들이 일제히 봉기한 이 마당에 패현의 운명은 결정된 것이나 다름없습니다. 이제 패현의 운명을 구하는 일이라면, 여러분들이 일치 단결하여 현령을 주살하고 우리 젊은이들 가운데서 유능한 자를 지도자로 뽑아 함께 제후들에게 호응하는 길뿐입니다. 이에 반대하면 여러분과 여러분 가족의 몰살이 있을 따름입니다.'

이 글을 본 장로들은 뜻을 모았다. 젊은이들과 합세하여 우선 현령을 죽이고, 성문을 열어 고조의 일행을 맞이해 들였다. 당연히 새 현령에는 고조가 추대될 참이었다. 그러나 고조는 이 제의를 거절했다.

"지금 천하는 뒤죽박죽으로 엉클어져 있고 각지에서 제후들이 봉기하였습니다. 우리도 봉기하기는 하였으나, 우리를 지도할 자가 똑똑치 못하면 실패하고 맙니다. 나는 결코 내 목숨이 아까워서 사양하는 것은 아닙니다. 다만 나로서는 여러분의 장래를 책임질 자신이 없기 때문입니다. 이 일은 중대합니다. 다시 한 번 의논들을 하셔서 더 훌륭한 인물을 지도자로 내세워 주십시오."

그러나 지도자로 선출될 만한 소하나 조참은 둘 다 문관인 데다가 제 몸만 아끼는 사람들이었다. 그들은 이 거사가 실패할 경우 진의 토벌군에 의하여 자신들의 가족이 몰살당할까봐 두려워했다. 그래서 여하한 구실을 대서라도 고조에게 그 일을 떠맡기려고 했다. 한편 장로들도 입을 모아 이렇게 말했다.

"전부터 당신에겐 이상한 일들이 일어나고 있습니다. 그건 당신이 귀인이 될 운명이기 때문입니다. 점을 쳐봐도 당신이 최적임자로 괘가 나옵니다."

고조는 몇 번이나 사양했지만 대신 맡을 자가 나서지 않았다. 결국 고조는 패공(패현의 지사)의 자리를 떠맡을 수밖에 없었다.

그날, 고조는 우선 황제黃帝를 위해 제사를 드렸다. 다시 현청의 대회의실에서 치우蚩尤[13]를 모시는 제사를 지내고, 군대의 북과 깃발에 제물의 피를 발라 무운을 빌었다.

기치旗幟의 색은 적색으로 통일했다. 이왕에 고조가 죽인 뱀이 백제의 아들이라면 고조 자신은 적제의 아들이 된다는 뜻에서 적색을 존중한 것이다.

---

13) 황제는 전설상의 제왕, 5제五帝 중의 하나. 치우는 전설상의 신농씨神農氏 시대의 제후. 최초로 무기를 만든 사람이라고 함.

3. 항우, 천하의 실권을 잡다

항량의 죽음

항량이 거느리는 초나라 군은 동아로부터 서쪽으로 진격하여 정도定陶에 이르기까지 진나라 군을 무찔렀다. 항우의 군대는 또한 진의 군수 이유를 처치하는 전과를 올렸다. 그래서 더욱 진을 얕잡아 보게 되었고, 진나라에 대한 우월감은 결국 안하무인 격인 거만한 마음을 갖게 했다. 보다 못해 송의宋義가 항량에게 충고했다.

"싸움에 좀 이겼다고 해서 장병이 다 같이 우쭐해하기만 하고 해이한 상태로 나가다가는 반드시 화가 닥칩니다. 진나라 군은 바야흐로 병력을 증강하여 대공세로 나오리라는 소문인데 이쪽은 긴장들이 풀려 있습니다. 걱정되는 일이 아닐 수 없습니다."

그러나 항량은 이를 묵살하고 오히려 송의를 제나라에 사신으로 보내 버렸다.

송의는 제로 가는 도중 그쪽에서 오던 사신 고릉군高陵君 현顯을 만났다.

"공은 무신군(항량)을 찾아가는 길이십니까?"

"그렇습니다."

"소생이 보기로는 항량의 군사는 오래 가지 못할 것 같습니다. 여정을 늦추시는 편이 좋을 듯합니다. 저쪽에 닿는 시기를 좀 늦추시면 귀하는 생명을 보전하려니와 이 길로 곧장 가시면 필시 연좌 처벌을 받으실지도 모릅니다."

송의의 예언은 적중했다. 진나라는 장군 장한의 지휘하에 전병력을 동원, 정도에서 초군을 쳐서 괴멸적인 타격을 주었던 것이다. 항량은 이 싸움에서 전사하였다.

초군楚軍의 재편성

장한은 항량의 군사를 격파하자, 더 이상 초나라 군대의 공격은 걱정이 없다고 판단하고 황하를 건너 조를 치기로 했다. 당시의 조는 조헐이 왕, 진여가 장군, 장이가 재상의 자리에 앉아 다스리고 있었는데, 진군의 공격에 밀려나 거록으로 피해 갔다. 장한은 부하인 왕리와 섭간에게 거록을 포위케 하고 자기는 그 남쪽에 포진하여 용도甬道(양편을 방벽으로 막은 보급로)를 구축하고 보급선을 확보했다. 한편 조나라 장군 진여는 병력 수만을 동원하여 거록 북쪽에 포진했는데, 이를 소위 하북군河北軍이라 한다.

그런데 초나라의 회왕은 초나라 군이 정도에서 참패했다는 보고에 접하자 큰 충격을 받았다. 그는 우이를 떠나 전선과 가까운 팽성으로 달려가, 항우 및 여신의 군사를 합병하여 스스로 지휘할 것을 결정하고, 인사를 경질하여 여신을 사도司徒(군수관), 그 아비 여청呂靑을 영윤(재상)에 임명했다. 이때 패공은 탕군을 다스리다가 무안후武安侯에 임명되어 탕군의 지휘를 맡고 있었다.

앞서 송의가 만난 제나라 사신 고릉군이 이때 초군의 진중에서 초왕에게 진언했다.

"저는 지난번에 이곳으로 오던 도중 송의를 만났습니다. 그때 그 사람이 무신군의 패전을 예언했습니다. 과연 며칠 후에 무신군은 참패하였습니다. 싸움이 붙기도 전에 패배를 예상한 그의 안목은 탁월합니다. 훌륭한 전략가임에 틀림없습니다."

초왕은 당장 송의를 불렀다. 그리고 그의 의견을 듣는 순간 초왕은 크게 감복하여 그 자리에서 송의를 상장군에 임명했다. 이어 항우를 노공魯公에 봉하여 차장次將에 임명하고 범증을 말장末將으로 삼았다. 이렇게 하여 조를 구원할 군사의 재편성을 완료했다. 지대의 부장들은 모두 송의의 지휘하에 두고 전군을 경자관군卿子冠軍[14]이라 칭했다.

항우, 송의를 죽이다

경자관군은 팽성을 떠나 안양安陽으로 진격했다. 그런데 안양에 당도한 지 46일이 넘도록, 군사는 그곳에만 머물고 있었다.

항우가 송의에게 따졌다.

"진군이 조왕의 군사를 거록에서 포위했다고 하지 않습니까. 지체 없이 행동을 취하여 황하를 건너야 합니다. 우리가 밖에서 공격하고 조군이 안에서 호응하면 진군은 틀림없이 무너집니다."

그러나 송의는 상대하지 않았다.

"그렇지 않소. 소의 몸뚱이에 달라붙은 등에[蝨]를 털어낸다고

---

14) '경자卿子'는 귀족의 자제, '관군冠軍'은 상장군이 친히 지휘하는 군을 지칭한다. 초군의 최정예 친위대라고도 말할 수 있다.

해서 벼룩이나 이까지 다 떨어지는 법은 아니니까 말이오. 지금 진군은 조를 공격하고는 있으며 설사 이긴다고 하더라도 병사들은 많이 지쳐 있소. 우리 군사는 진군이 지쳐 떨어지는 그때를 노려서 무찌르는 것이오. 진군이 패한다면 일은 다 된 거요. 우리는 북을 치며 서진할 뿐이오. 그때는 틀림없이 진나라가 손을 들 것이오. 우선은 진과 조를 맞싸우게 하는 것, 이것이 최상의 술책이오. 무기를 들고 싸우는 마당에서는 내가 귀공에게 미치지 못하겠으나 그 대신 전략에 관해서는 귀공이 나의 적수가 되지 못하오."

이런 문답이 있은 후 송의는 전 군에 다음과 같은 포고를 발했다.

"호랑이처럼 사납하기만 하고, 염소처럼 제멋대로 하기만 하고, 늑대처럼 탐욕스럽기만 한, 이따위 멋대로 되어먹은 패거리는 모조리 참형에 처하리라."

그날 송의는 자기가 제의 대신으로 임명한 아들 송양宋襄을 위해 무염까지 배웅을 나가 거기서 성대한 송별연을 베풀었다. 그날 따라 마침 큰비가 내리고 한파가 겹쳤기 때문에 병사들은 추위와 굶주림에 허덕이고 있었다.

항우는 그들의 불만에 불을 질렀다.

"총력을 기울여 진을 토벌해야 할 이 마당에 상장군 송의는 딴전만 부리고 있다. 백성은 기아에 시달리고, 군량은 바닥나서 병사들이 감자나 콩으로 연명하고 있는 이 판국에 상장군이라는 사람은 지금 잔치를 벌이고 있는 것이다.

마땅히 황하를 건너 조에게 군량의 원조를 청하고 양자 협력하여 진을 공격해야 하겠거늘, 송의는 진군이 지칠 때를 기다린다느니 뭐니 하며 하품만 하고 있다. 저 강대한 진군이 건국한 지 며칠 안 된 조나라를 본격적으로 공격하면 조나라의 멸망은 명약관화하다. 조나라를 멸망케 하고 동시에 그만큼 진군을 강대하게 만든 연후에 우리가 도대체 무슨 일을 할 수 있다는 것인가!

애당초 우리 군이 고배를 마셨었기 때문에 왕께서 오직 불안한 마음에 사로잡혀 송의를 상장군에 임명하고 전 군의 지휘를 맡겼던 것이다. 나라의 존망이 걸려 있는 이 판국에 그 사람은 장병의 고통에는 아랑곳하지 않고 다만 자기 자식의 일에만 몰두하고 있다. 사직을 지킬 신하가 아니로다!"

다음 날 아침 항우는 송의의 거처로 인사를 하러 갔다가 그가 아직 자고 있는 침소로 뛰어들어 거침없이 그의 목을 베어 버렸다. 그리고 전 군을 소집한 자리에서 이렇게 포고했다.

"송의는 제와 공모하여 초에 반기를 들려고 하였었다. 나는 왕의 밀명에 의하여 그를 처형했다."

겁에 질린 장수들은 아무도 반항할 뜻을 보이지 않았다. 오히려 이렇게 말했다.

"애당초 초나라를 일으킨 것은 귀공의 일족이며, 지금 귀공은 역적을 주살하였습니다. 귀공을 따르겠습니다."

장수들은 뜻을 모아 항우를 임시로 상장군에 추대했다. 송의의 아들 송양은 항우가 보낸 자객에 의해 제나라에서 목숨을 잃었다. 또한 환초가 사자로 파견되어 송의를 주살한 전말이 낱낱이 회왕에게 보고되었다. 이리하여 회왕은 정식으로 항우를 상장군에 임명하기에 이르렀으며 당양군 경포와 포 장군이 그의 휘하로 편입되었다.

경자관군의 송의가 살해된 뒤로, 초에서 항우의 위세는 급속히 높아지고 그의 이름은 제후들 사이에 크게 떨쳐졌다.

거록巨鹿의 전투

 당양군 경포와 포 장군이 거느리는 2만의 군사는 황하를 건너 거록을 구원하러 나섰다. 그런데 전세는 쉽사리 호전되지 못하여, 조나라 장군 진여로부터 항우의 군막으로 재차 증원 요청이 왔다. 항우는 전 군을 이끌고 황하를 건넜다. 도하渡河하는 즉시 타고 온 배를 모조리 물 속에 가라앉히고 가마솥을 때려부수었으며, 병사兵舍인 천막을 불태워 없앴다. 또한 군량도 3일분밖에 준비하지 않았다. 승리 아니면 죽음뿐이라는 지상 명령을 전 장병에게 내린 것이었다.

 거록에 도착한 초군은 왕리의 군을 포위하는 한편, 장한의 군과도 격렬한 공방전을 거듭한 끝에 마침내 용도를 끊어 버리는 데 성공하여 진군에 결정적인 타격을 가하였다. 진군에서는 소각이 전사하고 왕리가 포로로 잡혔으며, 섭간은 항복하는 대신 불 속에 몸을 던져 자결했다.

 이 승전으로 말미암아 초군은 제후들 가운데서도 절대적인 지위를 차지하기에 이르렀다. 당시 거록을 구원코자 달려왔던 제후들의 군사는 근처 십수 개 진영에 성채를 쌓고 각기 그 속에 틀어 박힌 채 한 발자국도 나오질 않았었다. 항우와 진군과의 전투가 개시된 후에도 그들은 성채의 망루 위에서 구경이나 할 뿐, 나와서 함께 싸우려는 자가 없었다. 그럼에도 불구하고 초군의 병사들은 일당백의 분전을 감행했다. 천지를 진동하는 초군의 우렁찬 함성이 메아치렸고, 결사 항쟁의 그 장렬한 모습 앞에서는 제후들도 그저 숨을 죽이고 구경이나 할 따름이었다.

진군을 격파한 뒤, 항우는 제후의 부장들을 소집했다. 초군의 군문을 통과할 때 그들은 모두 무릎걸음〔膝行〕을 걸어야 했으며 아무도 고개를 쳐들지 못하였다.

  이때부터 항우는 상장군으로서 제후들을 완전히 장악했던 것이다.

4. 유방과 항우의 대결

회왕懷王의 약속

진나라의 2세 황제 3년, 초나라 회왕은 항량의 군사가 패한 뒤 송의를 상장군, 항우를 차장, 범증을 말장으로 하여 조나라를 구원하기 위해 북진케 하였었는데, 한편 패공(유방)에게는 서진하여 함곡관에서 관중으로 돌입하라는 명령을 내리고 있었다.

명령을 내리는 자리에서 회왕은 여러 장수에게 이렇게 약속했었다.

"관중을 맨 먼저 평정한 자를 관중의 왕에 봉하리라."

그 무렵만 해도 진군이 압도적으로 우세한 편이어서 집요하게 반란군을 추격해 오는 바람에 장수들은 관중 돌입의 선진先陣에 나서기를 주저하고 있었다. 예외가 있다면 항우 한 사람뿐이었다. 그는 숙부 항량이 진군에게 패한 것을 몹시 분통해 하고 있었다. 그러므로 관중을 공략하라는 명령이 패공에게 떨어지자 자기도 그와 함께 관중으로 향하고 싶다는 뜻을 누차 회왕에게 탄원했다.

그러나 회왕 휘하의 노장들은 이에 반대하여 회왕에게 진언했다.

"항우는 선천적으로 잔인한 인물입니다. 양성을 공략했을 때에도 적군 전원을 땅 속에 생매장하여 아예 씨를 말려 버리지 않았습니까. 그 자가 거쳐 온 땅은 모조리 폐허로 변했습니다. 게다가 초나라 군사들은 도대체가 성급하게만 굴었기 때문에, 진왕(진승)과 항량도 이제까지 실패를 거듭해 온 것입니다.

이번만은 견식이 높고 원만한 인물을 파견하여 선무공작宣撫工作에 중점을 두게 함으로써 이 서정西征이 정의의 싸움임을 관중의 백성들에게 인식시켜야 하리라고 생각합니다.

그곳 백성들은 진나라의 폭정에 오랫동안 시달려 왔으니만큼 우리가 원만한 인물을 파견하여 진군을 눌러 버리면 이의 없이 귀순할 것입니다. 그러니 항우 같은 장수를 보내서는 안 됩니다. 그보다는 차라리 패공과 같은 도량이 있는 인물이 적임이라고 생각합니다."

이런 사정으로 항우의 관중 공략은 끝내 허락되지 않았고 대신 패공에게 명령이 떨어진 것이었다.

역이기酈食其의 호통

— 그리하여 유방의 군사는 함곡관을 향해 출발했다. 도중에 팽월彭越의 군대와 합류하여 진군을 공격한 바 있으나 신통한 성과는 얻지 못했다. 마침내 고양까지 행군했을 때, 유방은 여기서 역이기라는 인물을 만났다.

다음은 〈역생·육가 열전酈生陸賈列傳〉에 의한 당시의 상황이다.

역이기는 진류현陳留縣 고양향高陽鄕 사람이다. 글을 많이 읽었으나 뜻을 이루지 못한 뒤로는 생계조차 막연하여 시골 어느 마을의 관문지기 노릇을 하고 있었다. 현내 유력자들은 그를 '미치광이 학자'로 취급하여 쓸 만한 자리에 채용해 주기를 한결같이 거절했던 것이다.

진승·항량 등이 군사를 일으키자 각지에서 이에 호응하는 장수들이 다투어 일어나고 그중의 여러 장수들은 이곳 고양 땅을 지나갔다. 그때마다 역이기는 그 장수들을 찾아가 면담하곤 하였으나 모두가 실속 없이 형식에만 집착하는 장수들이어서, 웅대한 역이기의 계략에는 귀를 기울일 줄 몰랐다. 몇 번 실패한 뒤로 역이기는 아예 체념하고 초야에 파묻히기로 작정했다.

그런데 패공이 진류의 교외 일대를 공략하고 있다는 소식이 전해졌다. 패공 휘하의 기사 중에 고양 출신의 사람이 있었다. 그 기사는 패공으로부터 혹시 인재가 없을까 하는 타진을 받고 있었다. 그 기사가 고양에 돌아왔다는 이야기를 듣고 역이기는 그를 만나러 갔다.

"들리는 소문으로는 패공이라는 장수가 오만불손하고 상대를 업신여기는 그런 사람이라는데 내가 보기에는 웅대한 꿈을 가지고는 있는 것 같습디다. 전부터 나는 은근히 그분에게 뜻을 두고 있었소. 하지만 면담할 기회가 없었소. 부탁 좀 합시다. 패공을 만나시거든, 우리 고향에 역이기라고 하는 인물이 있는데 나이는 60여 세, 신장은 8척을 넘는 늠름한 기상이며, 사람들에게는 미치광이 학자라는 비방을 듣습니다만 그 자신은 절대로 미치광이가 아니라고 큰소리를 친다고, 이렇게 좀 이야기를 해주시오."

"패공은 학자를 좋아하지 않습니다. 갓 쓴 선비가 찾아오기만 하면 그 갓을 빼앗아 가지고 거기에 소변을 갈겨 버리는 위인이죠. 상대가 선비가 아닐 경우에도 패공은 처음 보는 사람이건 아니건 욕지거리를 퍼붓기가 일쑤입니다. 이런 사람에게 학자를 천거해 봤댔자 괜한 헛수고일 겁니다. 당신의 진언도 소용 없을 겁니다."

"아니오. 내 말대로만 이야기해 주시면 되겠습니다."

기사는 군막에 돌아가 패공을 만난 자리에서 역이기의 말을 그대로 전했다. 패공은 고양의 역사에 이르렀을 때 사람을 보내서 역이기를 불렀다. 역이기가 찾아갔을 때 패공은 마침 발을 씻는 중이었다. 의자에 걸터앉아 두 다리를 내뻗고 계집종들에게 씻기는 중이었는데, 그런 모습을 한 채 역이기를 만나려 했다.

역이기는 그 앞으로 나아가 의례적인 정중한 인사를 갖추는 대신 가볍게 고개만 끄떡해 보이고는 대뜸 입을 열었다.

"귀공은 진나라 편에 서서 제후들을 공격하려는 것인가, 아니면 제후들을 거느리고 진나라를 공격하려는 것인가? 도대체 어느 쪽인가?"

패공은 노성을 터뜨렸다.

"이 얼빠진 놈아! 천하가 모두 진나라의 학정에 시달리고 있기에 제후들과 연합해서 진을 공격하고 있거늘, 진나라 편에 서서 제후들을 공격하다니, 그게 무슨 말이냐?"

"백성을 모으고 의병을 규합하여 진의 무도함을 응징하려는 마당이라면, 어찌 다리를 내뻗은 채로 노인을 인견하는 따위의 탈선을 범한단 말이오!"

이 소리를 들은 패공은 즉시 계집들을 물러가게 하고 의관을 정제한 연후에 역이기를 상좌에 앉히고는 비례非禮를 용서하라고

했다.

그 자리에서 역이기는 예전에 6개국이 합종연횡合從連橫하였던 일에 관하여 얘기했다. 흥미를 느낀 패공은 그와 식사를 함께 하며 물었다.

"그렇다면 현 시국에서는 어떤 술책을 쓰는 것이 좋겠소?"

"귀공이 오합지중을 규합하여 그것을 한덩어리로 뭉쳐 놓는다 해도 병력 1만이 되기는 어려울 것입니다. 1만 명 정도의 병력을 가지고 강대한 진나라를 친다는 것은 스스로 호랑이 입 속에 뛰어드는 것이나 다름없습니다. 그런데 이곳 진류는 천하의 요충이며 모든 길은 이곳을 통과하고 있습니다. 백성들은 현령의 명령에도 잘 따릅니다. 진나라를 공략하기 위해서는 우선 이곳부터 장악하지 않으면 안 될 것입니다. 허락하신다면 제가 사자로서 현령을 찾아가 귀순을 권해 보겠습니다. 만일 현령이 불응하는 경우에는 장군께서 공격을 개시하십시오. 저는 성 안에서 호응하겠습니다."

패공은 승낙했다.

역이기가 사자의 임무를 띠고 성내로 들어가고 얼마 후 패공은 군사를 이끌고 성문에 육박했다. 결국 진류의 현령은 투항하고 말았다. 역이기는 이 공에 의하여 광야군廣野君에 임명되었다. 그 아우 역상酈商도 그의 추천으로 1군의 장수가 되어 수천 병력을 지휘해서 패공을 도와 서남 방면의 공략에 임했다.

역이기 자신은 세객說客이 되어 제후들을 찾아 유세를 하고 다녔다.

장량張良과 진회陳恢의 진언

— 진류현을 손에 넣어 진군의 양도糧道를 빼앗은 유방의 군사는 이어서 개봉을 공격했다. 그런데 개봉은 좀체로 함락되지를 않았다. 하는 수 없이 우회 작전을 써서 북상한 유방의 군사는 백마에 거점을 둔 진나라 장수 양웅楊熊을 쳐 패주케 한 다음, 곡우를 경유하여 영양으로 진군했다.

패공은 남하하여 영양을 공격해서 일거에 함락시켰다. 다시 한韓나라의 명문 출신인 장량張良[15]의 협력을 얻어 한나라의 요충지인 환원을 공략했다. 그런데 공교롭게도 같은 무렵에 조나라 사마앙司馬卬이 이끄는 군사가 역시 관중에 침공하기 위해서 황하를 건너가려 하고 있었으므로 패공은 급히 군사를 북상시켜 평음을 공략하고 황하의 도선장渡船場을 파괴해 버렸다.

그 후 다시 남하하여 낙양 동쪽에서 진군과 충돌하였는데 전황이 별로 신통치가 못했다. 하는 수 없이 군사를 남쪽의 양성으로 일단 전진시킨 다음 군을 재편성했다. 그런 연후에 주犨의 동쪽에서 남양의 군수 기齮가 이끄는 진군과 싸워 이를 격파하고 남양군을 공략했다. 그러자 군수 기는 도주하여 완宛에 농성했다.

패공이 완성의 공략을 보류하고 서진을 서두르려고 하자 장량이 간했다.

"관중 돌입을 서두르시는 의도는 잘 알겠습니다만 진나라는 아

---

15) 뒷날의 유후留侯 장량. 전국 시대 한나라의 재상을 지낸 명문 출신이다. 진승이 거사했다는 소식을 듣고, 그도 백 명 남짓한 군사를 이끌고 그 무렵 초왕을 칭하고 있던 경구景駒를 찾아가다가 도중에 패공과 만나 그대로 그의 밑에 눌러앉은 것이다.

직도 대군을 보유하고 있으며 또한 요해要害 지점을 점거하고 있습니다. 완을 그대로 내버려 둔 채 서진하면 배후가 불안해집니다. 필경 앞뒤에서 협공을 당하게 될 것입니다."

그날 밤 패공은 다른 진로를 취하여 군사를 빼돌렸다. 기치를 새로 갈아 정비하여 새로운 보충 부대가 당도한 것처럼 가장하고 새벽녘에는 본격적으로 완성을 완전 포위했다.

이를 본 남양 군수는 도저히 감당할 수 없으리라 판단하고 자결할 것을 결심했다. 이때 식객으로 있던 진회陳恢라는 자가

"죽기는 아직 이릅니다. 저에게 맡겨 주십시오."

하고는, 성벽을 넘어 패공의 진영을 찾아 왔다. 그는 패공에게 말했다.

"장군의 진영에서는 진나라의 수도 함양에 제일착으로 돌입하는 자가 관중의 왕으로 봉해진다 하는 사전 양해가 있었다고 들었습니다. 장군께서는 지금 완성을 함락시키려고 이곳에 머물러 계십니다만, 완성은 대군大郡의 수도로서 산하의 성시城市만 해도 수십을 헤아리는데다가 인구도 많고 양식도 넉넉히 준비되어 있습니다. 그뿐만 아니라 이곳 사람들은 항복하면 몰살을 당한다는 절박한 생각을 가지고 있어서 전원이 성벽에 달라붙어 사수할 각오로 버티고 있습니다.

만일 장군께서 장기전을 고려치 않고 어디까지나 급전急戰으로 해결 지으려 하신다면 그 희생이 적지 않으리라는 것을 알아 두셔야 합니다. 그렇다고 해서 철수하신다면 이번에는 완성의 군사가 추격을 개시할 것입니다. 그렇다면 함양 돌입 제일착의 기회를 포기하든가, 배후를 완군에게 위협당하든가, 좌우간 사태는 심상치 않습니다.

최선의 방법은, 이 계제에 투항을 조건으로 완성의 군수를 후侯로 봉하는 일입니다. 그리하여 군수에게 이대로 완을 수비하게 하고 장군께서는 완성의 군대를 휘하에 편입시켜 서진하시는 것입니다. 완성이 무사하게 수습되었다고 한다면 산하의 다른 성시들도 제각기 성문을 열고 투항하리라 믿습니다. 그렇게 되면 장군께서는 병력의 소모 없이 서진을 계속 하실 수 있지 않겠습니까."
　"좋소."
　패공은 즉시 완성의 군수를 은후殷侯에 봉하고 진회를 또한 천호후千戶侯에 임명했다. 완성 산하의 여러 성시는 진회가 말한 대로 그 후 모조리 투항해 왔다.

유방, 관중을 제압하다
　관중 돌입에 앞서 패공은 위나라 사람 영창寗昌을 진나라에 사자로 파견했다. 그런데 그 결과를 기다리는 동안 천하의 전국戰局이 크게 전환하여, 조나라에서 초군과 싸우고 있던 진나라 장수 장한이 휘하의 모든 장병을 이끌고 항우에게 투항한 사건이 일어났다.
　애당초 항우는 송의를 보좌하여 조나라를 구원하기 위해 북상하고 있었으나 도중에서 송의를 죽이고 상장군의 지위를 빼앗고, 경포를 비롯한 여러 장수들을 모두 장악했다. 더욱이 그가 왕리를 격파하고 장한을 투항케 한 뒤로는 제후들까지도 모두 그를 따르게 된 것이다.
　한편 진나라에서는 재상 조고가 2세 황제를 살해하고 패공에게 사자를 보냈다. 관중을 둘이서 분할해 지배하자는 제의였다. 패공은 이 제의에 모략이 숨어 있다고 판단했다. 패공은 장량의 계획에 따라, 우선 역이기와 육가를 진나라에 파견하여 진의 부장 部將을 매수하게 했다. 그런 다음 무관을 급습하여 일거에 관중으로 돌입, 남전의 남쪽에서 진군과 싸웠다.

패공은 군의 기치를 많이 만들게 하여 대군처럼 보이게 하는 한편, 물자의 약탈이나 인부의 징발 등 일체의 민폐를 금했다. 그 때문에 진나라 백성의 인심은 돌아서고 진군의 사기는 급속하게 저하되어 맥없이 패퇴하고 말았다. 그 후 진군은 남전의 북쪽에서도 대패하여, 결국 괴멸하고 말았다. 이리하여 한漢나라 원년(기원전 206년) 10월에, 패공은 제후들을 앞질러 함양 근처인 패상에까지 이르렀다.

진왕秦王 자영이 지도정 근처까지 나와 패공을 맞이했다. 백마가 끄는 흰 수레를 타고 나와, 목에 밧줄을 걸고 손에는 황제의 옥새와 부절符節을 넣고 봉인한 상자를 들고 있었다. 이는 항복의 의사를 정식으로 표명한 것이다.

부장들 가운데는 진왕의 주살을 주장하는 자도 없지 않았다. 그러나 패공은 이를 제어했다.

"애당초 회왕이 나에게 서정을 명령한 것은, 나 같으면 적일지라도 관대히 취급하리라는 생각 때문이었다. 더욱이 적은 이미 우리에게 항복하고 있지 않은가. 항복한 자를 죽여서는 좋은 결과를 기대할 수 없을 것이다."

결국 자영을 연금 상태에 두기로 하고 패공은 그 길로 함양에 입성했다.

패공은 궁전을 점거하고 그곳에 본부를 설치하려고 생각하였으나, 장량과 번쾌가 이를 말렸기 때문에[16] 하는 수 없이 진나라의 재물을 모아 둔 창고에 봉인을 해놓은 후 회군하여 패상으로 철수했다.

　패공은 여러 현의 장로와 유력자들을 소집하고 그 자리에서 이렇게 포고했다.

　"여러분은 오랫동안 진의 학정에 시달려 왔습니다. 국정을 비판했다가는 일족이 몰살을 당해야 했고, 길에서 쑥덕거리기만 해도 잡혀 가서 사람들이 많이 모인 거리에서 참수를 당하는 지경이었습니다. 우리는 제후들과의 약속에 의하여 관중에 입성한 자가 왕이 되기로 하였습니다. 그러므로 관중의 왕은 바로 나 자신입니다.

　왕의 자격으로 나는 여러분과 약속합니다. 우선 법은 세 가지만 정합니다. 즉 사람을 죽인 자, 사람을 다치게 한 자, 도둑질을 한 자는 처벌한다는 것입니다. 진나라가 정한 모든 법령들은 모두 이 자리에서 폐지합니다. 앞으로는 관민이 함께 편안하게 지내기를 당부합니다. 애당초 우리가 관중에 들어온 목적은 여러분을 위하여 학정을 제거하자는 데 있었습니다. 결코 난폭한 짓은 하지 않을 것이니 안심하십시오. 또한 우리 군사가 다시 패상으로 철수한 것은 여기서 제후들의 도착을 기다려 그들과 정식으로 협의를 갖기 위한 것일 뿐, 다른 뜻은 없습니다."

　패공은 부하에게 명하여 진나라의 관리를 동행시켜 각지를 순회하게 하여 백성들에게 이 취지를 널리 알리게 했다. 진나라 사람들은 환성을 올리며, 패공의 군사를 대접하기 위해 앞을 다투어 소·양·술·음식 등을 가지고 왔다. 그러나 패공은 정중히 거절

---

16) 〈번쾌 열전〉에 의하면, 진의 궁전을 장악한 패공은 그곳의 보화와 미녀들에게 현혹되어 그 자리에 그만 주저앉으려고 했다는 것. 번쾌와 장양 등이 한사코 말렸기 때문에 패공은 마지못해 일어서서 궁전 밖에서 야영했다고 한다.

했다.

"우리는 군량도 충분하고, 부족한 것은 아무것도 없습니다. 생각해 주시는 것은 고맙지만 사양합니다."

이렇게 되자 패공에 대한 평판은 더욱 높아질 수밖에 없었고 백성들 사이에는 어떠한 일이 있더라도 그를 꼭 왕으로 추대해야 된다고 하는 움직임까지 일기 시작했다. 어떤 사나이가 패공에게 이런 진언을 했다.

"관중은 중원의 10배에 해당하는 부를 지니고 있습니다. 지형도 험준하여 요충지를 이루고 있습니다. 그런데 들리는 소문으로는 장한이 투항했을 때 항우가 그를 옹왕雍王에 임명하여 관중의 왕으로 삼을 조치를 취했다고 합니다. 그 사람들이 만일 이곳에 들어온다면 패공께서 관중을 영유하시기는 곤란하게 될 줄 압니다. 이 계제에 패공께서는 함곡관으로 군사를 급파하여 그곳을 수비함으로써 제후들이 관중에 들어오지 못하도록 하는 것이 좋을 듯합니다. 그리고 한편으로는 관중에서 군사를 징집하여 병력 증강에 힘쓰시면 제후들의 관중 입성도 막아낼 수 있으리라고 생각합니다."

패공은 이 진언을 곧 채택했다.

항우, 함곡관函谷關에 도착하다

— 유방이 혼자 힘으로 진나라의 수도 함양을 손에 넣을 때 항우도 또한 제후들의 연합군을 이끌고 함곡관으로 진군해 오고 있었다. 함양에 들어가기 위해서는 험준하기로 유명한 함곡관을 반드시 통과하지 않으면 안 되었다. 그러나 항우는 유방이 이미 함양을 점령했다는 사실을 꿈에도 생각지 못하고 있었다.

제후들의 연합군은 마침내 함곡관에서 가까운 신안에 이르렀다.
　제후들의 병사들로 말하면, 그들은 옛날 노역이나 변경의 수비에 동원되어 이 관중 땅을 지나갈 때 진나라의 병사들로부터 갖은 천대를 다 받았던 자들이다. 그 때문에 진군이 투항해 들어오자 이번에는 그들을 노예처럼 취급하여 부려먹는 학대를 가했다. 참다못해 진군의 병사들은 저희끼리 모인 장소에서 불만을 털어놓곤 했다.
　"장한은 우리들의 처지는 생각지도 않고 항복을 해버려서 이 꼴이 된 거야. 관중을 공략해서 진을 정복할 수만 있다면 문제는 간단하겠지. 그러나 오히려 패배를 당하고 쫓겨 가는 날엔 어떻게 되겠나. 제후들은 우리를 포로로 하고 돌아갈 것이고, 관중에 남아 있는 우리 가족들은 진나라에 의하여 몰살을 당할 것이 아닌가."
　이들이 쑥덕대는 소리는 항우의 귀에까지 들어갔다. 항우는 즉시 경포와 포 장군을 불러 그들을 처치할 것을 명령했다.
　"진의 병사들은 숫자도 많으려니와 마음속으로는 우리들에게 복종하고 있지 않다. 관중에 돌입한 다음에 그들이 배반하기라도 하면 그땐 중대한 사태가 발생할 것이다. 아예 일찌감치 죽여 없애 버리는 것이 상책이다. 관중에는 장한과 장사 사마흔, 그리고 도위 동예 이렇게 세 사람만 끌고 들어가면 충분하다."
　이 의견은 실천에 옮겨졌다. 초군은 투항했던 진군에게 야습을 가해서, 진나라 병사 20여만 명을 신안 남쪽 땅에 생매장해 버렸다.
　항우의 군사는 진나라의 영지를 공략하면서 이윽고 함곡관에 이르렀다. 그런데 그때는 이미 유방의 군사가 함곡관을 방비하고 있었기 때문에 항우의 군사는 진로가 막혔다. 더구나 패공 유방이 이미 함양을 함락시켰다고 하지 않는가. 항우는 펄펄 뛰었다. 즉시 당양군 경포 등에게 함곡관의 공격을 명령하고 자신은 단숨에 희수의 서쪽까지 말을 몰았다.

범증의 경고

패공은 군사를 패상에 철수시킨 뒤에서 항우와는 직접 연락을 취하지 못하고 있었다. 이 무렵 패공의 좌사마로 있는 조무상曹無傷이 항우에게 밀사를 보내어 패공을 중상하는 말을 건넸다.

"패공은 관중의 왕위를 노려 우선 진왕인 자영을 재상의 자리에 앉혔으며, 진의 보화들을 모조리 손에 넣었습니다."

이 말을 전해 들은 항우는 노했다.

"내일은 병사들에게 진탕 먹고 마시도록 해라. 패공의 군사를 짓밟아 버리겠다."

이때 항우의 군사는 40만으로 신풍의 홍문에 포진했고, 패공은 10만의 병력으로 패상에 주둔하고 있었다.

이날 항우의 진중에서는 범증이 이렇게 경고하고 있었다.

"패공은 산동에 살 때만 해도 욕심장이인데다가 계집질로 소일하는 형편없는 위인이었습니다. 그랬던 자가 지금 관중을 점령한 후로는 재물은 물론 여자도 가까이 하지 않는다는 소문입니다. 그 뜻이 아무래도 심상치 않습니다. 제가 데리고 있는 점복사에게 패공의 기를 점치게 하였던 바, 패공은 오색으로 채색된 용호龍虎의 상을 하고 있다는 것입니다. 이건 천자의 기입니다. 놓치지 말도록 하십시오. 한시라도 빨리 패공을 잡아죽여야 합니다."

유방의 위기

초나라의 좌윤左尹인 항백項伯은 항우의 숙부가 되는 사람인데 일찍이 유후 장량과 친근하게 지냈었다. 그 장량은 지금 패공의 진중에 있다. 항백은 밤중에 패공의 군영으로 말을 달려 은밀히 장량과 만났다. 그는 사태의 진전을 자세히 장량에게 말하고, 위험을 피하라고 충고했다.

"이대로 나가다간 귀공의 목숨도 위태롭게 될 것이오."

그러나 장량은 거절했다.

"나는 한韓나라 왕을 위해서 패공의 서정을 보좌해 온 사람이요. 이제 와서 패공의 위기를 본 체 만 체하고 도망간다는 것은 불의 막심한 노릇이 아니겠소. 내 입장으로서는 이 문제를 패공에게 보고해야만 되겠소."

그리고 장량은 지체 없이 패공의 침소를 방문하여 방금 들은 이야기를 소상히 보고했다.

패공은 대경실색했다.

"어찌하면 좋겠소?"

"항우의 관중 입성을 저지하도록 헌책한 자가 누구였습니까?"

"어떤 하찮은 인물이오. 그 자가 함곡관에서 제후들을 저지하면 진나라 영토가 모두 내 것이 되리라고 말했기 때문에 그만 그 말을 듣고……."

"우리 군사로 항왕項王의 군사를 당할 수 있다고 생각하십니까?"

패공은 얼른 대답을 하지 못했다. 그리고 잠시 후에야, 이렇게 말하였다.

"어렵겠지. 그건 그렇지만 무슨 방법이 없겠소?"

"그러시다면 왕께서 직접 항백에게 항우를 배반할 의사는 추호도 없었노라고 말해 주십시오."

"귀공은 항백과 어떤 사이요?"

"진나라 시대부터의 친구입니다. 일찍이 항백이 사람을 죽이고 잡혔을 때 제가 나서서 구원해 준 일이 있습니다. 그래서 그가 사태의 급변을 알리러 저를 찾아온 것입니다."

"어느 쪽이 연상이오?"

"항백입니다."

"그러면 나도 그 사람을 형님으로 모셔야 되겠군. 이리로 불러 오시오."

장량은 일단 물러나 항백을 다시 만났다. 그리고 곧 패공과의 회견을 주선했다. 패공은 우선 항백의 장수를 빌어 건배하고 인척 관계를 맺는 서약을 주고받은 후, 입을 열었다.

"저는 관중에 먼저 들어오기는 하였으되 무엇 하나 손댄 것이 없습니다. 관민의 명부를 정리했고 부고府庫에 봉인만을 해놓고는 항 장군께서 오시기만을 고대하고 있었습니다. 함곡관에 경비군을 보낸 것도 도적의 침입을 막고 만일의 비상 사태에 대비하기 위함일 뿐이었습니다. 장군께서 하루 빨리 도착하시기만을 마음속으로 빌고 있었던 제가 어찌 배신할 수 있겠습니까? 제발 저의 이 뜻을 장군께 잘 전달해 주십시오."

항백은 그렇게 전하겠다고 승낙했으나 하나의 조건을 붙였다.

"다만, 내일 아침에 공께서 직접 항왕의 군영으로 오셔서 사죄를 하셔야만 합니다."

"알겠습니다."

항백은 그 밤으로 초군의 진지로 돌아가, 패공의 말을 그대로 항우에게 옮기고는 이렇게 덧붙였다.

"패공이 먼저 관중을 격파하지 않았더라면, 귀공의 관중 돌입은 용이치 않았을 것이오. 큰 공을 세운 셈인데도 불구하고 그를 친다는 것은 옳지 못한 일이니, 온당하게 후대를 하는 것이 도리일까 하오."

항우는 과연 그렇겠다 하여 그 의견을 받아들였다.

5. 홍문鴻門의 회합

암살 계획
― 이리하여 역사적인 '홍문의 회합'이 열리는 아침이 되었다.

이튿날 아침, 패공은 백여 기의 경비병을 이끌고 홍문으로 항우를 찾아갔다. 회견 석상에서 그는 사죄부터 한 다음
"항왕과 저는 다 같이 진을 토벌하는 일에 협력하여 항왕께서는 황하의 북쪽을, 저는 남쪽을 공략하면서 싸워 왔습니다. 뜻하지 않게도 제가 먼저 관중에 당도하여 진을 격파하게 되었고 또한 이렇게 항왕을 뵙게 되니, 이 기쁨 비길 데가 없습니다. 그런데 일부 경망한 자들의 비방에 의하여 항왕과 저와의 사이에 균열이 생기려 하는 모양입니다. 참으로 안타까운 노릇입니다."
라고 말하였다.
"그것은 귀공의 좌사마로 있는 조무상이라는 자의 소행이었소. 그런 소리만 들려오지 않았더라면 내가 어찌 귀공을 의심했겠소."
이런 문답이 오고 간 후 항우는 패공을 위해 주연을 마련했다.

항우와 항백이 동쪽을 바라보고 상좌上座에 앉고, 아부亞父가 남쪽을 바라보고 주좌主座에 앉았다. 아부는 바로 범증이다. 한편 패공은 북쪽을 향하여 하좌에 앉았고 장량이 서쪽을 향하여 배석했다.

주연이 진행되는 동안, 범증은 항우에게 눈짓하며 허리에 찬 옥륜玉輪[17]을 쳐들어 '죽이라'고 신호했다. 이 신호는 세 번이나 되풀이되었으나 항우는 잠자코 바라보기만 했다.

범증은 자리에서 빠져 나가 항장項莊을 불렀다.

"우리 왕은 인정이 많으신 분이라 패공을 손수 처치하실 수는 없는 것 같소. 당신이 대신 해주어야겠소. 먼저 패공의 장수를 비는 건배를 하고 그 다음에는 검무를 추면 되오. 춤을 추며 패공의 자리로 접근하다가 죽여 버리는 거요. 알겠소? 만일 실패라도 하는 날에는 장차 우리는 모두 패공의 포로가 되고 말 것이오."

항장은 연회석에 들어와 우선 패공에게 술을 바치고는 이어 항우에게 말했다.

"모처럼 왕께서 패공과 교환交歡하시는 자리인데 진중陣中이고 보니 좌흥을 돋구어 드릴 만한 아무런 준비도 없습니다. 하다 못해 칼춤이라도 추어 볼까 합니다."

"좋아. 어서 추어 보게."

항우가 허락하자 항장은 칼을 뽑아 들고 춤을 추기 시작했다. 그러자 항백이 또한 칼을 뽑아 들고 마주 춤추기 시작했다. 항백이 칼춤을 추며 몸으로 패공을 감싸고 끝내 틈을 주지 않아 항장

---

17) 원문은 '결玦', 결행한다는 '결決' 자와 통한다. 말하자면, 그 구슬 고리로 신호함으로써 패공 살해의 결행을 촉구한 셈이었다.

은 기회를 얻지 못하였다. 사태를 파악한 장량은 자리에서 빠져 나와 군문 밖에 있는 번쾌를 찾았다. 번쾌도 몹시 궁금해 하던 참이라 대뜸 물었다.

"어찌 되어 가오?"

"큰일 났소. 지금 항장이 칼춤을 추고 있는데 노리는 것은 패공의 목숨이오."

"그래? 그럼 나도 함께 들어갑시다. 죽어도 같이 죽어야지, 목숨을 걸고 한번 싸워 봅시다."

과연 장사로다. 한잔 더 하게

번쾌는 지체 없이 칼과 방패를 준비하고 군문 안으로 돌진했다. 위병 두 사람이 그를 저지하려고 하였으나 번쾌의 방패에 밀려 나가떨어졌다. 번쾌는 곧장 안으로 들어갔다.

연회석의 휘장을 젖히고 들어선 번쾌는 정면으로 항우를 노려보았다. 머리칼은 있는 대로 곤두서고 부릅뜬 눈은 당장 찢어질 것처럼 무서운 형상이었다. 항우는 얼결에 칼을 움켜쥐고 상체를 일으켰다.

"웬 놈이냐?"

장량이 대신 대답했다.

"패공의 수행원으로 번쾌라고 합니다."

"대단한 사나이로군. 술잔을 주라!"

큰 잔에 넘치도록 가득 술을 따라 번쾌 앞에 놓았다. 번쾌는 무릎을 꿇고 그 잔을 받았다. 그는 일어서는 길로 단숨에 마셔 버렸다.

"돼지의 어깨살을 갖다 줘라."

항우가 다시 명령하자 큼직한 돼지 다리 한 짝이 그의 앞에 놓였다. 날것이었다. 번쾌는 방패 위에 그것을 얹어 놓고 칼을 뽑아 베면서 말끔히 먹어 치웠다.

"과연 장사로다. 어때, 한잔 더 하지!"

"죽음도 두려워하지 않는 저올시다. 술 한 잔 두 잔 따위를 어찌 사양하겠습니까. 그러나 마시기 전에 대왕께 드릴 말씀이 있습니다.

애당초 진왕秦王은 잔인하기가 호랑을 방불케 하였으며 사람도 수없이 많이 죽여 왔고, 혹형에 우는 자도 부지기수였습니다. 천하가 다투어 반기를 든 것도 그 때문이었습니다. 그런데 회왕께서는 여러 장수들 앞에서 진을 격파하여 함양에 일착한 사람을 관중의 왕에 봉한다고 약속하신 바 있습니다. 그리고 제일 먼저 함양에 입성한 것은 패공입니다. 더구나 패공은 진나라의 재물에는 손도 대지 않았고 궁전을 수비하는 조처만을 취하였을 뿐, 군사를 패상으로 후퇴시켜 대왕께서 당도하시기를 기다리고 있었습니다. 함곡관의 수비를 굳게 한 것은 도적의 침입과 비상 사태에 대비하기 위함이었습니다. 패공의 이런 공로에 대해 은상의 배려가 계시기는커녕 소인배의 중상모략을 믿으시고 도리어 패공을 살해하려 하신다고 들었습니다. 이래 가지고서야 진나라와 다른 것이 뭐가 있습니까. 설마 대왕의 진심은 아니겠지요?"

항우도 이 말에는 대꾸가 없었다. 다만

"자리에 앉도록……."

하고 한마디 했을 뿐이었다.

번쾌는 장량 옆에 앉았다.

잠시 후 패공은 변소에 다녀올 뜻을 말했다. 번쾌도 그를 따라 자리를 떴는데, 나가더니 좀체로 돌아오질 않았다. 항우는 도위 진평陳平에게 명하여 패공을 불러 오도록 했다.

큰일을 앞두고
패공은 군문 밖으로 번쾌를 데리고 나와 말했다.
"항왕에게 작별 인사도 하지 않고 나와 버렸소. 어찌하면 좋겠소?"
"큰일을 앞에 두고 작은 일에 구애될 수는 없습니다. 지금 우리는 도마 위에 오른 생선이나 다름없습니다. 목숨이 위태로운 판에 작별 인사를 어찌 갖추겠습니까."
번쾌의 대답에 패공도 그 길로 도망칠 것을 결심하고 항우에게는 장량이 대신 사과하게 했다.
장량이 패공에게 물었다.
"항왕에게 드릴 선물로 무엇을 가지고 오셨습니까?"
"항왕에게 선물할 생각으로 백벽白璧 1쌍과, 아부에게 선물할 물건으로 옥두玉斗 1쌍을 가지고 왔소. 가지고 오기는 했으나 저 사람들이 워낙 시퍼런 서슬이어서 내놓질 못하고 있었던 것인데 나 대신 귀공이 헌상해 주시겠소?"
이때 항우가 포진한 홍문과 패공이 포진한 패상과의 거리는 불과 40리, 약 20킬로미터였다. 패공은 자기가 타고 온 수레와 경비병들을 그곳에 놓아둔 채 혼자 말을 탔다. 번쾌·하후영夏侯嬰·근강靳彊·기신紀信 등 네 사람이 칼과 방패만을 들고 도보로 뒤따랐다. 일행은 역산 기슭을 거쳐 지양으로 통하는 샛길로 빠져 나갈 생각이었다. 그곳을 떠나면서 패공은 장량에게 부탁했다.
"이 길로 가면 우리 군영까지 불과 20리, 잠깐이면 갈 수 있소.

내가 군영에 도착했을 때쯤 해서 귀공은 항우의 연회석에 되돌아 가도록 하오."

천하는 패공의 것이 되리라

홍문을 탈출한 패공이 무사히 패상에 당도했을 때즈음 장량은 연회석으로 돌아가 항우에게 사죄했다.

"패공은 원래 술에 약한 체질이어서 이제는 작별 인사조차 못 드릴 형편입니다. 명령에 의하여 제가 대신 백벽 1쌍을 대왕께, 그리고 옥두 1쌍을 대장군 아부님께 바칩니다. 받아 주시기 바랍니다."

"그래, 패공은 지금 어디 있소?"

"대왕께서 패공을 책망하시리라 생각하고 혼자 빠져 나갔습니다. 어쩌면 이미 패상의 군영에 돌아가 있을 것입니다."

항우는 백벽을 받아 들고 자기의 방석 위에 놓았다. 그러나 범증은 옥두를 받아 들자마자 땅에 놓고 칼을 뽑아 박살을 내버렸다. 그리고 이렇게 탄식했다.

"이렇게 세상을 모르는 작자(항우를 가리킴)와 무슨 일을 한단 말인가. 항우의 천하는 반드시 패공에게 빼앗기리라. 그리고 우리는 머지않아 패공의 포로가 되고 말 것이다."

한편 패공은 군영에 도착하는 길로 즉각 조무상을 잡아 주살하였다.

원숭이가 갓 쓴 꼴

그로부터 며칠 후, 항우는 군사를 이끌고 함양에 입성하여 대학살을 감행했다. 그뿐만이 아니라, 이미 항복한 진왕 자영을 처형하고 궁전에는 불을 질렀다. 이 불은 그 후 석 달 동안이나 계속 타올랐다.

항우는 궁전의 재물과 여자들을 남김없이 약탈하고 동쪽으로 회군하기로 했다. 이를 본 어떤 사람이 항우에게 진언했다.

"관중은 사방이 물과 산으로 에워싸인 요충이며 또한 토지도 비옥합니다. 도읍으로 정하고 천하를 호령하기에는 다시없이 좋은 곳인데 왜 돌아가시려고 하십니까?"

그러나 항우는 이미 궁전에는 불을 지른 뒤인 데다가 대업을 완수한 탓인지 무작정 고향에 돌아가고 싶은 생각뿐이었다. 그는 대답했다.

"인간은 아무리 위대해질지라도 고향에 돌아가지 않으면 헛수고야. 누가 알아주느냔 말이야. 금의錦衣를 걸쳤으면 환향還鄕을 해야지. 금의를 걸치고 깜깜한 어둠 속을 거닌들 무슨 소용인가?"

이 말을 들은 그 사람은 중얼거렸다.

"초나라 녀석들은 원숭이가 갓을 쓴 꼴[18]이라더니 그 말이 과연 맞군그래."

항우는 대로하여 그 사나이를 가마솥에 넣고 끓이는 형에 처해 버렸다.

이윽고 항우는 군사를 돌이키며 회왕에게 사자를 보내어 관중 평정의 보고를 전했다. 회왕은

"약속한 대로 하라."

---

18) 이 경우 초나라 사람은 항우를 지칭하고 있는데, 예로부터 초나라 사람들은 중원의 국민들로부터 야만인 취급을 받고 있었다. 거칠고 어수선한 성격의 소유자를 헐뜯을 때 이 비유가 자주 쓰이거니와, 초나라 사람들의 자존심을 건드리는 최대의 욕설이기도 하다.

하는 지시를 보냈다. 항우는 우선 회왕을 받들어 의제義帝라 칭하도록 했다. 다음에는 항우 자신도 왕이 되어야 할 차례였다. 그러나 그러기 위해서는 다른 장군이나 대신들도 동시에 왕으로 봉할 필요가 있었다. 항우는 그들을 소집한 자리에서 이렇게 제안했다.

"우리가 처음에 봉기할 당시에는 반진反秦이라는 대의명분도 있었으므로 임시로 제후의 후예들을 세워 왕으로 삼았었소. 그러나 실제로 전쟁터에 뛰어들어 무기를 잡고 싸운 것은 여러 장군과 대신들 그리고 여기 있는 이 사람이었소. 우리는 다 같이 전쟁터에서 목숨을 걸어, 3년 동안에 기어이 진을 무찌르고 천하를 평정하였소. 의제께서는 비록 전공戰功은 없으시지만 대의명분으로 봐서 왕으로 삼는 것이 좋으리라 생각하오. 그 대신 우리 자신들도 왕의 임명을 받아 백 번 마땅하리라고 생각하는데, 여러분의 의견은 어떻소?"

"옳은 말이오. 당연하오."

장군들은 입을 모아 찬성했다. 이에 항우는 즉각 천하를 분할하여 장군이나 대신들을 분할 구역의 왕 및 후의 자리에 고루 앉혔다.

항우와 범증에게 있어 가장 큰 두통거리라면 그것은 장차 패공이 천하를 취하지나 않을까 하는 것이었다. 그러나 피차에 이미 강화는 성립되어 있는 셈이며, 무엇보다도 우선 약정을 위반하면 제후들의 이반 사태가 야기될 염려가 있었다. 이에 범증은 은밀히 계략을 세웠다.

"파巴와 촉蜀은 길이 험하여 교통이 불편하고 게다가 촉나라에는 진의 유배자들이 많이 들끓고 있지 않습니까. 패공에게는 그 땅을 주기로 하시죠."

"좋소. 파나 촉도 관중 땅임에는 틀림이 없으니 회왕의 약정을 위반하는 셈은 아닐 것이오."

이리하여 항우는 패공에게 파·촉·한중漢中의 땅을 제공하여 한왕漢王에 임명하고 남정南鄭에 도읍을 정하도록 했던 것이다.

III. 초·한楚漢의 결전

1. 허물어지는 기반 — 왕들과 제후들의 이반離反

— 진나라를 멸망시키고 명실 공히 천하의 최고 실력자가 된 항우는 제후들을 소집하여 논공행상을 실시했다.

〈항우 본기〉에 기록된 논공행상의 상세한 내용은 다음과 같다.

장한을 옹왕雍王에 임명, 함양으로부터 그 서쪽 지방을 통치케 하며 폐구廢丘에 수도를 정하게 하다.

사마흔을 새왕塞王에 임명, 함양에서 그 동쪽 황하까지 통치케 하다.

동예를 적왕翟王에 임명, 상군을 통치케 하고 고노高奴에 수도를 정하게 하다.

위왕魏王 표豹를 서위왕西魏王으로 좌천, 하동河東을 통치케 하며 평양平陽에 수도를 정하게 하다.

신양申陽을 하남왕河南王에 임명, 낙양에 수도를 정하게 하다.

한왕韓王 성成을 유임, 양책陽翟에 수도를 정하게 하다.

조나라 장수 사마앙을 은왕殷王에 임명, 하내를 통치케 하며 조가朝

歌에 수도를 정하게 하다.

조왕趙王 헐歇을 대왕代王으로 좌천시키다.

조나라 장이를 상산왕常山王에 임명, 조나라를 통치케 하고 양국襄國에 수도를 정하게 하다.

당양군 경포를 구강왕九江王에 임명, 육六에 수도를 정하게 하다.

파군鄱君 오예吳芮를 형산왕衡山王에 임명, 주邾에 수도를 정하게 하다.

의제義帝의 주국柱局 공오共敖를 임강왕臨江王에 임명, 강릉江陵에 도읍을 정하게 하다.

연왕燕王 한광韓廣을 요동遼東으로 좌천시키다.

연나라 장수 장도臧荼를 연왕燕王에 임명, 계薊에 수도를 정하게 하다. 제왕齊王 전불田市을 교동왕膠東王에 좌천시키다.

전도田都를 제왕齊王에 임명, 임치臨淄에 수도를 정하게 하다.

제왕 건建의 손孫 전안田安을 제북왕濟北王에 임명, 박양博陽에 수도를 정하게 하다.

전영田榮은 봉을 받지 못함.

성안군成安君 진여를 3현縣의 영주領主에 임명하다.

파군의 장수 매현梅鋗을 10만호후十萬戶侯에 봉하다.

항왕(항우) 자신은 서초西楚의 패왕霸王을 칭하여 9군郡을 통치하고 팽성彭城에 수도를 두다.

이상과 같이 항왕을 정점으로 하는 새로운 지배 체제가 확립되기는 하였으나 이것은 실상 사상누각에 지나지 않았다. 이로부터 동란이 잇달아 일어났고, 그중에서 함양 공략의 수훈을 세웠으면서도 두메 산골인 파·촉에 밀려난 유방(漢王)은 항우와의 대결 태세를 강화했다. 장장 5년에 걸친 양웅쟁패兩雄爭霸의 드라마가 여기서 막을 올린다.

의제義帝의 최후

한漢의 원년(기원전 206년)[19] 4월, 제후들은 희수의 진영에서 철수하여 각자의 영지로 떠났다.

항우는 관중에서 귀국한 뒤 의제(楚懷王)를 다른 영지로 보내려고 사자를 파견하여 이렇게 전했다.

"예로부터 황제의 영지는 넓이 사방 천리, 그리고 하천의 상류에 있어야 된다고 합니다."

사자는 이런 구실로 의제를 장사의 침현(호남성)에 옮기기로 결정하고 거의 내몰다시피 하여 수도에서 떠나도록 했다. 이렇게 되자 그때까지 황제를 섬기고 있던 신하들도 하나씩 둘씩 자취를 감추어 의제는 처량한 신세로 전락하고 말았다. 결국 의제는 항우의 밀명을 받은 형산왕 오예와 임강왕 공오에 의하여 장강을 건너는 도중[20]에 살해당하고 말았다.

한왕漢王, 촉蜀에 들어가다

한왕 유방도 제후들과 마찬가지로 자기에게 배당된 영지를 향해 출발했다.

이때 항우는 유방에게 병력 3만의 수행을 허락하였는데 초나라의 지원병들을 비롯한 제후들의 병사들 수만 명이 삽시에 한왕의 휘하로 모여들었다.

한왕은 두현의 남쪽을 경유하여 진군하였는데 계곡 지대인 식

---

19) 이하의 연대는 한 왕조를 기준으로 기록되어 있다. 한 왕조의 시작은 항우를 타도한 후부터가 아니라 유방이 관중왕關中王으로 봉해졌을 때부터이다.
20) 〈고조 본기〉에는 강남이라 기록되어 있고, 〈경포 열전〉에는 경포가 항우의 밀명을 받고 동년 8월 부하를 시켜 의제를 침현에서 살해한 것으로 나와 있다.

중에서부터 그들이 통과한 뒤의 잔도棧道[21]를 모조리 불태워 없앴다. 제후의 소속이었다가 한왕의 휘하로 모여든 병사들의 탈주를 방지하자는 목적도 있었지만, 또 한 가지는 잔도를 없애 버림으로써 동쪽으로 회군할 의사가 추호도 없음을 항우에게 알려 두려는 것이었다.

드디어 한군은 수도인 남정南鄭에 도착하였으나, 도중에 도망병이 많았다. 낙오하지 않은 자들도 제각기 향수에 사로잡혀 제 고향의 민요를 흥얼거리는 형편이었다.

이에 한신韓信[22]이 한왕에게 진언했다.

"항우는 공을 세운 여러 장수를 각지의 왕으로 봉하였습니다만 우리 왕에 대해서만은 이런 벽지에 몰아넣어 유형과 다름없는 대접을 하고 있습니다. 장교나 병사들이 모두 동쪽 지방 출신들이기 때문에, 낮이나 밤이나 항상 고향 생각뿐입니다. 이들의 절박한 망향심을 요령껏 이용하면 어떠한 대사라도 성취할 수 있을 것입니다. 그러나 천하의 대세가 결정되고 인심이 안정된 연후에는 때가 이미 늦습니다. 이 기회를 놓치지 말고 군사를 동쪽으로 되모는 단호한 조처를 취하여 천하의 패권을 놓고 다투어야 할 것입니다."

— 8월에 한왕은 한신의 계략을 채택하여, 구도舊道를 우회하여 군

---

21) 계곡의 절벽 사이에 나무로 엮어 만든 사다리 같은 다리. 한시漢詩에서 흔히 노래되는 '촉의 잔도'가 이것이다.
22) 처음에는 항우를 섬겼으나 인정받지 못했다. 한왕이 촉에 들어갈 때 항우를 버리고 유방에게 귀속했다. 뒷날 상국인 소하에게 인정받고, 그의 천거로 한군의 대장군(최고 사령관)에 발탁되었다.

사를 돌려서 우선 옹왕 장한을 급습했다. 장한은 한군을 진창(섬서성 보계)에서 맞아 싸웠다. 그러나 패퇴하고, 한때는 호치에 포진하여 한군의 공격을 제지하려 하였으나 역시 실패했다. 이에 장한은 폐구로 도망쳤다. 한왕은 옹나라의 평정을 계속하는 한편 군사를 동쪽의 함양으로 진격시켜 옹왕이 농성하는 폐구를 포위했다. 이와 동시에 장수들에게 명하여 농서(감숙성 동남지역)·북지北地(감숙성 동북지역)·상군上郡(섬서성 북부지역)의 3개 지역을 공략하게 했다.

또한 한왕은 장량을 파견하여 한왕의 귀순 공작을 도모하는 한편, 항우에게 다음과 같은 서한을 보냈다.

"한왕은 너무나 소홀한 대접을 받았습니다. 그 때문에 관중을 차지하려는 것입니다. 애당초의 약정대로만 이행해 주신다면 지금이라도 군사 행동을 중지할 수 있습니다. 부득이하여 동진한 것이니 양찰하여 주시기 바랍니다."

그 후에 다시 제나라와 조나라가 주고받은 기밀 문서를 입수하여 항우에게 보내며 이렇게 덧붙였다.

"제나라는 조나라와 손을 잡고 초나라를 공격하려고 책모하고 있습니다."

이에 당황한 초나라는 관중에 진격할 의사를 포기하고 북방의 제나라부터 공격하기로 했다. 이때 항우는 구강왕 경포에게 군사 동원령을 내렸는데, 경포는 병을 핑계 삼아 스스로는 출진하지 않고 부하 장병 겨우 수천 명을 대신 출동시켜 항우를 도우라고 했다. 이것이 발단이 되어 항우는 경포를 눈의 가시처럼 여기기 시작했다.

전영田榮의 반란

― 항우의 논공행상에 불만을 품은 자는 비단 유방만이 아니었다.

항우는 제왕 전불을 교동(산동성 평도 일대)으로 좌천하고 제나라의 장군 전도를 대신 제왕에 임명한 바 있었다. 이 일방적인 인사에 분노한 자가 제나라의 재상 전영[23]이었다. 그는 제왕의 교동행을 저지하기 위하여 거국적인 반란을 일으켜 전도의 왕위 취임을 방해했다.

전도는 초나라로 망명했다. 그런데 이번에는 당사자인 제왕 자신이 항우의 보복을 두려워하여 몰래 나라를 빠져나와서는 교동으로 달려가 항우가 임명한 자리에 취임하고 말았다. 화가 치민 전영은 추격대를 보내어 제왕 전불을 즉묵에서 살해한 후 스스로 왕위에 올랐다.

그 후 계속하여 군을 서진시킨 전영은 제북왕 전안도 살해함으로써 3제三齊(齊 · 齊北 · 膠東―지금의 산동성 전역)를 장악하기에 이르렀다. 또한 그는 팽월彭越[24]에게 장군의 인수를 부여하고 양梁(魏의 다른 이름, 하남성 중남부 일대)에서 반기를 들게 했다.

조나라의 장군이었던 진여도 동요를 나타냈다. 그는 제나라의 중신인 장동과 하열을 찾아가, 제왕 전영에게 자기의 포부를 개

---

23) 제왕은 전씨田氏의 일족으로 제의 실력자. 진승에 호응하여 반란을 일으켰었는데 그때는 사촌형인 전담田儋을 왕위에 앉혔었다. 그 후 전담은 진秦의 장수 장한에게 주살되었고, 제왕 전건田建의 아우 전가田假가 왕위를 계승했으나, 전영은 이 전가를 내쫓아 초나라로 망명케 하고 전담의 아들 전불을 왕위에 앉혔다. 자신은 재상이 되었다.
24) 항우가 함곡관에 들어가 제후들을 왕에 봉했을 때 다른 왕들은 제각기 영지로 돌아갔으나 팽월은 중병 1만을 거느리면서도 귀속할 곳이 없었다. 이에 전영이 장군의 인수를 주고 반란을 선동한 것이다. 그러나 〈위표 · 팽월 열전〉에 의하면, 팽월에게 장군의 인수를 주고 반란을 선동한 자는 한왕으로 되어 있다.

진할 수 있도록 주선해 달라고 부탁했다. 그 자리에서 진여는 말하였다.

"항우는 천하의 지배자이면서도 하는 짓은 불공평하기 짝이 없습니다. 진 타도의 공적을 세운 제왕에게는 쓸모 없는 땅이나 내주고, 좋은 영토는 모두 자기의 직속 부하와 심복 장군들에게 분배하여 그곳에 있었던 군주를 내쫓는 횡포를 저질렀습니다. 저의 군주님만 하더라도 북방의 변경 지대인 대代로 내몰렸습니다. 이런 조치는 묵과할 수 없습니다. 이런 판국에 군사를 일으키신 대왕의 의지는 불의를 용납하지 않는다는 감연한 의사 표시임에 틀림없습니다. 바라건대, 저에게 대왕의 병력을 나누어 주십시오. 병력을 주신다면 저는 상산왕 장이를 공격하여 내쫓고, 북방으로 몰려난 조왕을 다시 모셔 오겠습니다. 그것이 이루어질 경우 저희 조나라는 귀국의 훌륭한 방벽이 될 것입니다."

제왕은 이 요청을 받아들여 군사를 조나라에 파견했다. 진여는 3현의 병력을 총동원하고 제군과 연합하여 상산왕을 공격, 철저하게 격파했다. 그 결과 장이는 한漢나라로 달아나고 말았다.

진여는 조왕 헐을 대에서 데리고 와 다시 왕위에 앉혔다. 이 공적에 의하여 조왕은 진여를 대왕代王에 봉했다.

전화戰火속에 멍든 우정 장이와 진여는 문경지교刎頸之交라 하여 천하에 알려진 깊은 우정의 친구들이었는데 하북의 전투 때, 즉 진나라 장수 장한이 거록을 공략할 때 진여가 장이의 구원 요청에 응하지 않아 완전히 원수가 돼 버렸다. 진나라가 멸망하자 항우는 조나라를 분할하여, 조왕 헐은 변방으로 좌천시키고 장이를 상산왕에 봉했다. 진여는 고작 3개 현의 봉읍을 받는 데 그치자 그 불공평한 인사와 우정을 배반한 장이에 대한 원한이 함께 폭발한 것이었다.

유방, 3진三秦을 평정하다
　― 항우가 제나라의 평정에 힘을 기울이고 있는 사이에 유방은 부지런히 부국 강병의 체제를 정비하고 있었다.

한漢 2년, 한왕 유방은 동진을 계속하여 각지를 공략했다.
새왕 사마흔, 적왕 동예, 하남왕 신양이 차례로 항복했다. 다만 한왕韓王 정창鄭昌만이 항복하기를 거부했기 때문에 한신을 파견하여 실력으로 굴복시켰다.
한왕漢王은 각지를 공략한 후, 관내에는 농서·북지·상군·위남·하상·중지 등의 현을 설치하고, 관외에는 하남군을 두고 행정 구역을 정비했다. 정창의 후임으로는 한韓나라의 태위 신신을 세워 한왕韓王이라 했다. 그리고 적의 장군으로서 병력 1만이나 1군郡을 거느리고 투항한 자에게는 만호후萬戶侯로 대접했다. 또한 북방 하상의 요충 지대를 수복하는 한편 진나라 황실의 광대한 방목지·이궁離宮·원지園池 등을 모두 농지로 개방했다.
해가 바뀌어 3년 정월, 한韓나라는 옹왕의 아우 장평을 체포했다. 또한 죄수들에 대한 대사면을 실시하였다.
한왕漢王은 함곡관을 출발하여 섬陝을 방문하여 그곳 유력자들의 지지를 다짐받았다. 조왕 장이가 한漢으로 망명해 오자 한왕은 대환영을 했다.
2월달에 접어들자 한왕은 진의 사직을 철거하고 그 대신 한의 사직을 세웠다.
이듬해인 3년, 한왕은 임진에서 황하를 건넜다. 그러자 위왕

표가 전 군을 이끌고 투항해 왔다. 이어서 하내河內(하남성 황하이북의 땅)을 공략하여 은왕을 사로잡고 그곳을 직할 하내군으로 정했다. 그곳에서 다시 남하하여 평음진을 거쳐, 황하를 건너선 한왕의 군사는 낙양에 입성했다. 이때 신성新城의 삼로인 동공董公이 한왕에게 알현을 청하고 의제의 죽음에 관한 진상을 호소하였다(의제는 항우가 죽였음). 진상을 들은 한왕은 옷을 벗고 대곡하며 의제를 추도하기 위해 그 자리에서 상을 발했다. 3일상을 거행한 뒤 한왕은 제후들에게 격문을 돌렸다.

"의제를 옹립하고 그를 섬기는 것은 천하가 일치된 의견으로 약속한 바였다. 그럼에도 불구하고 항우는 의제를 강남으로 추방하고 목숨을 빼앗았다. 이 얼마나 극악무도한 소행인가! 이에 나 한왕은 스스로 상을 발한다. 제후들도 모두 흰 상복을 입도록 부탁하노라. 나 한왕은 관내의 전 병력을 동원하고 하남·하동·하내의 장병을 장악한 후에 장강과 한수를 따라 대군을 이끌고 남하하리라. 이는 제후·제왕의 여망에 부응하여 의제를 살해한 초나라의 극악무도한 자를 벌하기 위함이다."

항우의 과실 의제를 옹립한 것은 항우의 성공에 큰 도움이 되었다. 그러나 항우는 의제를 살해함으로써 스스로 무덤을 판 셈이다. 유방은 재빨리 이 점을 항우 정벌을 위한 구실로 삼았다.

2. 대결 — 한漢의 동정東征과 초楚의 반격

한군漢軍, 대패하다
— 관중 주변의 진영을 굳혀 후환을 없앤 유방은 마침내 초나라 공략의 첫발을 내디뎠다.
그러나 결과는…….

한 2년의 봄, 한왕은 제후 다섯 사람의 군사를 총동원한 56만의 대병력을 이끌고 초나라 공략의 길에 올랐다. 이 사실을 안 항우도 제나라의 공략은 부하 장수에게 맡기고 자신은 정병 3만을 이끌고 남하, 노나라에서 호릉으로 진군했다.

4월, 한군은 벌써 초나라의 수도 팽성에 진격했다. 그들은 성을 점령하고 재물과 미녀를 약탈한 뒤에 연일 축연을 베풀며 승리감에 취해 있었다. 적의 허점을 간파한 항우는 군을 서쪽으로 옮겨 소를 거점으로 삼고 한군을 새벽에 기습했다. 이것은 성공했다.

성 안에서의 싸움은 오후에 이미 대세가 결정되어 한군은 눈사태처럼 일시에 붕괴하고 말았다. 뒤죽박죽이 되어 패주하는 바람에 곡수穀水나 사수泗水에 빠져 죽은 자도 10만여 명을 헤아리게 되었다. 나머지 한군은 남쪽의 산 속으로 도망쳐 들어갔다. 그러나 이들도 초군의 추격을 받아 영벽의 동쪽 수수睢水 부근에서 갇힌 꼴이 되었다. 더구나 강가로 퇴각한 자들도 초군에게 공격 당하여 이곳에서도 엄청난 전사자를 냈다. 10만여 명의 병사가 일시에 물 속에 뛰어들었기 때문에 수수의 흐름이 잠시 멎었을 정도였다. 초군은 한왕에 대하여 3중의 포위망을 쳤다.

그런데 이때 서북방으로부터 돌풍이 불어와 수목과 가옥이 쓰러지고 흙먼지가 하늘을 가리는 변괴가 일어났다. 이 틈을 탄 한왕은 부하 수십 명과 함께 가까스로 포위망을 뚫고 탈출할 수가 있었다. 한왕은 고향인 패에 들려, 가족들을 데리고 관중으로 철수하려고 했다. 항우 쪽에서도 역시 한왕의 가족을 잡아가려고 추격대를 보내고 있었다. 가족들은 벌써 피신한 뒤여서 한왕과는 길이 엇갈리고 말았으나 요행히도 도중에서 효혜와 노원 두 자녀를 만나 수레에 태울 수가 있었다.

항우의 기병대가 한왕의 수레를 추격해 왔다. 한왕은 초조한 나머지 자기의 자식들을 수레 밖으로 집어 던졌다. 수레를 몰던 등공滕公이 뛰어내려 그들을 끌어올렸다. 한왕은 밀어 던지고 등공은 다시 끌어올리기를 세 번이나 되풀이했다. 마침내 등공은 화를 내며 소리쳤다.

"아무리 위급하기로 자기 자식을 버리고 달아나려 하시다니 하늘이 무섭지 않습니까?"

아무튼 그렇게 하여 한왕은 탈출했다. 그 후 한왕은 부친 태공과 부인 여후의 행방을 수소문하였으나 도저히 찾을 수 없었다.

사실은 태공과 여후 두 사람은 심이기라는 경호원과 함께 사잇길로 빠져서 한왕을 찾고 있다가 오히려 초군에게 발각되고 말았다. 초군이 이들을 잡아 항우에게 보고하니 항우는 이들을 인질로 오랫동안 잡아 두었다.

경포를 포섭하려 하다

— 한군은 양(魏)나라의 영내를 통과하여 우 지방으로 후퇴했다. 너무나 비참한 패배를 겪은 한왕은 그 분풀이를 부하들에게 했다. 그러나 항우와는 달라서 유방은 화풀이를 하면서도 마음속으로는 다음에 취할 일을 생각하고 있었다. 다음은 〈경포 열전〉에 의한다.

"도대체 믿을 만한 자가 없어. 이런 사람들과는 천하의 대사를 거론해 봤자 헛수고란 말이다."

이렇게 혼자 중얼거리는 한왕에게 알자謁者(응접을 담당하는 관리) 수하隨何가 말했다.

"폐하, 하명하실 일이라도 계시온지요……."

"회남에 갔다올 자는 없는가. 구강왕(경포)을 설득해서 초나라에 반기를 들도록 사주하는 것이다. 만일 경포가 찬동하여 반란을 일으키고 또한 항우가 앞으로 몇 달 동안만 더 제나라의 반란 수습에 몰두한다면 나는 다시 한 번 천하를 장악할 기회를 얻을 수 있겠는데……."

"신에게 그 일을 하명해 주십시오."

수하는 수행원 20명을 대동하고 회남으로 출발했다. 도착한 뒤, 궁중의 태재太宰(관리의 으뜸벼슬)에게 손을 써 왕과의 알현을 주선해 달라고 부탁했는데, 사흘이 지나도록 허락이 내리지 않았다.

수하는 태재에게 다시 찾아가 이렇게 설득했다.

"왕이 응하지 않는 것은, 현재로서는 초나라가 강대하고 한나라는 승산이 없다고 판단하시는 까닭일 겁니다. 하지만 실은 사정이 그렇기에 우리가 귀국을 찾아온 것입니다. 제발 좀 단단히 말씀드려 주십시오. 우리들이 말씀드리는 바가 타당할 경우에는 왕께서 그것을 취하시면 됩니다. 반대로 황당무계한 소리라고 판단되실 경우에는 우리들 20명을 시장바닥에서 참수에 처하시면 됩니다. 우리를 참수하시면 한나라를 적으로 삼고 초나라를 우방으로 삼는다는 왕의 입장이 더욱 분명히 세상에 알려질 겁니다. 어느 쪽을 택하시든 왕에게는 조금도 손해될 것이 없다는 뜻입니다."

태재가 이 말을 전하자 구강왕 경포는 비로소 알현에 응했다.

수하는 그 자리에서 우선 이렇게 말했다.

"한왕은 저로 하여금 대왕께 삼가 친서를 바치도록 하명하셨습니다. 친서를 올리기 전에 대왕께 몇 말씀 여쭙고 싶습니다만, 대왕께서 초나라와 친선을 유지하지 않으면 안 되는 이유가 무엇입니까?"

"나는 초왕의 신하이니까 그렇소."

이 말에 수하는 정색을 하고 맞섰다.

"애당초 대왕과 항왕은 대등한 제후의 입장이셨습니다. 그런데 지금은 항왕의 신하로 계신다고 합니다. 그것은 현재 초나라가 강대하므로 그 비호하에 들어 있으면 안전하리라고 생각하시는 까닭인가 싶습니다. 그런데 그 초왕으로 말할 것 같으면 지난번 제나라를 공략할 때 스스로 성을 만들기 위한 재료들을 어깨에 메고 병사들의 앞장에 섰던 분입니다. 항왕이 그토록 분전을 하는 마당이라면 대왕께서도 마땅히 회남의 병력을 총동원하여 몸소 지휘를 맡으시고 초군의 선봉에 서셨어야 합니다. 그런데도 대왕께서는 불과 4천 명 정도의 병력을 원군으로 파견하셨을 뿐입니다. 신하로서 과연 그런 행동이 용납되겠습니까.

그뿐이 아니옵니다. 한왕이 지난번 팽성을 공격했을 때만 해도 항왕이 제나라에서 달려오기 전에 회남에 계신 대왕께서 먼저 군사를 이끌고 달려오셨어야 합니다. 그럼에도 대왕께서는 병력 온존책을 취하시어 휘하 장병의 단 한 사람도 회수를 건너게 하시지 않았습니다. 초나라가 이기느냐, 한나라가 이기느냐 하고 태연히 관망하고만 계셨습니다. 이래 가지고서는 형식적인 충성만으로써 상대의 보호를 받으려 한다는 비방을 듣기 알맞습니다. 대왕을 위해 삼가 말씀드립니다만, 앞으로의 문제는 심상치 않을 것입니다."

수하隨何의 기략奇略

"그런데 대왕께서 초나라를 배반하실 수 없는 것은, 초나라의 적인 한나라가 약하다고 생각하시는 탓입니다.

확실히 초나라는 강대합니다. 이 점은 인정하겠습니다. 그러나 초나라에 대한 천하의 평판은 결코 좋지가 못합니다. 맹약을 지키지도 않았고, 의제를 살해하였기 때문입니다. 그런 악덕을 행하였으면서도 군사적으로 강하다는 그 점만을 믿고 자기 과신에 사로잡혀 있습니다. 이에 비한다면 한왕에게는 제후들의 지지가 우선 절대적입니다. 지리적 이점을 따져 보더라도 성고成皐와 형양滎陽의 두 거점을 가지고 있습니다. 우리는 이 두 곳에 많은 식량을 축적했고 호를 깊이 파고 방루를 굳혀 수비 태세를 견고히 하였으며, 국경의 경비에도 힘을 기울여 만전의 태세를 갖추고 있습니다.

초나라는 어떻습니까. 군사를 되돌리려 해도 적중에 너무 깊이 들어와 있는 데다가 중간의 양나라가 또한 만만치 않은 세력으로 버티고 있는 형편이라 현재로서는 진퇴양난이나 다름없습니다. 더우기 지금은 늙은이와 아이들까지 동원하여 멀고먼 길의 식량 운반을 시키고 있는 처지입니다. 초나라가 설사 형양이나 성고를 공격한다 하더라도 저희 한군이 수비만 단단히 하고 있으면 별수 없습니다. 초나라 군사는 믿을 게 못 된다는 풍문의 근거가 바로 여기에 있는 것입니다. 만일 한나라가 불리한 형세에 처한다면 다음에는 제후들이 그런 꼴을 당할 테니 그들이 구원하러 달려올 것입니다. 초나라가 강하다고 하는 것은 그만큼 적을 많이 만들고 있다는 뜻이 됩니다. 결론은 당연히 초나라에게는 도저히 승산이 없다는 것입니다. 그런데 대왕께서는 이처럼 조건이 갖추어진 한나라 편에 서시질 않고 멸망할 것이 뻔한 초나라를 두둔하려고 하십니다. 저로서는 좀체로 납득하기가 어려운 일이올시다.

물론 대왕께서 회남의 병력을 동원하신다고 해도 그 힘이 초나라를 격멸하는 데에 충분하다는 것은 아닙니다. 다만 대왕께서 초나라에 반기를 드시면 항왕이 이 때문에 또한 신경을 써야 합니다. 앞으로 몇 달 동안만 항왕의 입장을 괴롭혀 주신다면 그동안에 한나라는 천하를 취할 수가 있습니다.

원컨대 칼을 잡으시고 한왕에게 귀속해 주십시오. 한왕께서는 대왕의 은의를 중히 여겨, 천하를 취한 연후에는 대왕에게 큰 나라 하나를 할애하실 것입니다. 본디 대왕의 영유인 이 회남은 장래에도 대왕의 영유가 될 것입니다. 저 같은 자를 대왕께 보내어 부질없는 말씀을 드리게 한 것도 이 점을 고려하였기 때문입니다. 통촉하시기 바랍니다."

"알겠소. 그 말을 따르리다."

회남왕은 마침내 초나라에 반기를 들 것을 승낙했다. 그러나 이것은 어디까지나 밀약의 성질이어서, 왕의 입장으로는 외부에 누설할 일이 못 되었다. 더구나 그곳 영빈관에는 초왕의 사신이 머물며 원군을 어서 보내라고 매일같이 왕에게 독촉하고 있는 형편이었다. 그런데 수하는 왕의 승낙을 얻어내자 그 자리에서 곧장 영빈관으로 달려가 초나라의 사신이 앉은 상좌를 점령하고는 이렇게 선언했다.

"구강왕께서는 우리 한나라에 귀순하셨다. 이미 초나라의 명령은 통하지 않는다."

경포는 아차했으나 때는 이미 늦었다. 초나라의 사신은 자리를 떴다. 수하는 지체 없이 경포에게 알렸다.

"일은 결정되었습니다. 이대로 사신을 돌려보내시면 안 됩니다. 즉각 한나라에 투항하시고, 협력하실 따름입니다."

"귀공의 말이 옳소. 이렇게 된 바엔 군사를 거느리고 초나라를 공격할 수밖에 도리가 없겠소."

사신을 처치한 경포는 드디어 초나라 공격의 군사를 일으켰다. 이에 초나라는 항성項聲과 용저龍且 두 장군에게 명하여 회남을 치도록 했다. 그리고 항왕 자신은 한군이 농성한 하읍을 계속 공격하였다.

수개월 후, 회남에 출격한 용저는 경포의 군을 격파했다. 경포는 군사를 거두어 한군이 있는 곳으로 퇴각할까 하다가, 무리를 하면 전체가 괴멸할 우려가 있다고 보고 군사는 그 자리에 둔 채, 수하와 단 둘이서 사잇길로 빠져 나와 한나라로 갔다.

경포가 인사하러 왔을 때 한왕은 걸상에 걸터앉아 여자들에게 발을 씻기고 있었다. 그리고 발을 씻는 자세 그대로 경포를 맞이했다. 경포는 대로하여 귀순한 것을 뉘우치고, 이렇게 된 바엔 자살하는 길밖엔 없다고 생각했다. 그런데 숙소에 돌아와 보니 그곳의 시설이나 장식, 타고 다닐 수레, 식사와 심부름하는 종, 이런 모두가 한왕의 그것과 똑같은 대우였다. 이 융숭한 대접에 경포는 곧 마음이 가라앉았다.

그곳에 정착하자 경포는 곧 부하를 구강에 보냈다. 그러나 초나라는 이미 항백에게 명하여 구강의 경포군을 초군에 편입시켰을 뿐만 아니라 경포의 처자까지도 살해한 다음이었다. 경포의 사자는 경포의 연고자와 경포를 따르려는 신하들을 다수 규합하여 수천 명의 부대를 형성해 가지고 돌아왔다.

형양榮陽의 공방전

— 한왕은 군대를 형양으로 이동시켰다. 여러 장수들의 패잔 부대도 이곳에 집결했다. 또한 관중에 남아 뒷일을 책임진 소하가 병적에 올라 있지 않은 노약자 중에서 가려낸 증원군을 보내 왔다. 이로써 한군은 겨우 세력을 만회했다.

한편 초군은 팽성의 일전에서 공세로 전환한 뒤 승리에 편승하여, 패주하는 한군을 쫓아 형양의 남쪽 경·색 일대에까지 쳐들어왔으나 한군의 반격에 패하여 형양에 머물러 있는 상태였다.

제나라에서는 항우가 팽성을 탈환하고 형양까지 한왕을 추격하고 있는 동안, 전횡田橫이 국가를 장악하고 전영의 아들 전광田廣을 왕위에 앉혔다.

당시 제후들은 한왕이 팽성에서 패퇴한 것을 보고 다시 초군 편으로 돌아가 있었다.

형양에 포진한 한군은 용도甬道(흙담을 양쪽으로 쌓아 올려 만든 길)를 구축하여 황하까지 연결시키고 오창(진나라 때부터 형택 지방 서북쪽에 설치된 식량 창고)으로부터 식량을 보급했다.

한왕의 3년, 초군은 종종 이 용도를 습격하여 식량을 탈취했다. 그 때문에 한나라측은 식량 부족으로 허덕여야 했다. 이대로 나가다간 굶어 죽을 판이었다. 한왕은 아무래도 불안하여 한의 영토를 형양 이서以西에 국한한다는 조건을 내세워 마침내 강화를 청했다.

항왕이 이 조건을 수락하려 하자 역양후歷陽侯 범증이 반대했다.

"한나라는 이제 겁낼 것이 없습니다. 이 기회에 한을 치지 않으면 뒷날 후회하게 될 것입니다."

드디어 항우는 범증과 합세하여 형양을 포위했다.

〈항우 본기項羽本紀〉

한왕은 진평陳平[25]을 불러 상의했다.

"이놈의 동란이 언제까지나 끌 것 같소?"

"항왕은 부하를 사랑하고 겸허하게 행동하므로 그 밑에는 예의를 숭상하는 많은 문무지사文武之士가 모여 있습니다. 그러나 논공행상을 실시하는 마당에 있어서는 몹시 인색하여 그 바람에 많은 사람들이 떠나가기도 하였습니다. 그런데 대왕께서는 오만 불

---

25) 처음에는 항우를 섬기고 있었는데 모종의 주벌誅罰을 피하여 한왕 유방에게 귀순한 사람이다. 호군 중위(장수의 감찰을 맡은 직책)로 발탁되었다. 기계奇計를 써서 한왕의 위기를 여러 번 구출한 바 있으며, 한의 천하 통일 이후에는 승상으로 활약했다.

손한 처신이 많으셔서 염절廉節의 선비들은 모여들지 않습니다만 논공행상에 있어서는 작위나 봉읍을 아낌없이 내주시고 하셨기 때문에 이해利害에 약삭빠른 염치 좋은 인간들이 많이 모여 있습니다. 양자의 단점을 버리고 장점만 합칠 때, 비로소 천하는 대왕의 뜻대로 안정될 것이온데, 대왕께서는 여전히 부하들을 마구 욕하고 계십니다. 이래서는 염절의 선비들이 거들떠보지 않습니다.

물론 상대방인 초나라에도 우리 편에서 비집고 들어갈 틈이 아주 없는 것은 아닙니다. 항왕에게 충성을 바치는 강직한 신하라면 아부(범증)·종리매鍾離昧·용저·주은周殷 등 이렇게 몇 사람밖에 되지 않는다고 합니다. 그렇다면 이 계제에 황금 수만 근의 지출을 각오하시고 첩자를 파견하셔서 상대방의 군신 관계를 이간시키고 서로가 의심을 품도록 공작을 꾸며 보면 좋지 않을까 생각합니다. 감정적이며 또한 중상모략에 잘 넘어가는 항왕의 성격으로 볼 때 반드시 그쪽에 내분이 일어날 것입니다. 이에 편승하여 진격하면 초나라도 틀림없이 무너지리라 생각합니다."

한왕은 이 책략에 동의하고 즉시 황금 4만 근을 준비하여 진평에게 주었다.

"이 돈을 그대 마음대로 써도 좋소. 용도를 일일이 보고할 필요는 없소."

진평은 곧 공작에 착수했다. 황금을 듬뿍듬뿍 뿌리면서 첩자를 초군의 진중에 침투시키고 이런 유언비어를 퍼뜨리게 했다.

"종리매를 비롯한 장수들은 항왕을 받들어 엄청난 공을 세웠다. 그럼에도 항왕이 영토를 할애하지 않았기 때문에 그들은 한나라와 내통하여 항씨를 전복하고 그 영지를 분배받아 왕이 되려고 책모하는 중이다."

과연 항왕은 종리매 등 여러 장수에 대하여 의심을 품기 시작했다. 마침 이런 때 항왕은 한군에 사자를 파견했다.

이 사자에 대하여 한왕은 호화로운 연회석을 마련하고, 왕에게 제공되는 정鼎(세발 솥, 제위의 상징)까지 준비했다. 미리 그러한 준비를 다 해놓은 후에야 비로소 사자를 맞아들여 그 얼굴을 한 번 보고는 몹시 놀란 듯이

"아니, 아부의 사자인 줄 알았더니 항왕의 사자가 아닌가!"

하고는 준비했던 요리를 곧 가져가게 하고 대신 보잘것없는 음식을 내오게 했다.

초나라의 사자는 진지로 돌아가자 그 정황을 자세히 보고했다. 이로 말미암아 아부에 대한 항왕의 신임은 여지없이 무너져 아부가 형양성을 급습할 작전을 제시해도 상대하려 하지 않았다. 항왕이 자기를 의심한다는 것을 깨달은 아부는 화를 냈다.

"이제 천하의 대세는 결정된 것이나 다름없습니다. 앞으로의 일은 대왕께서 몸소 실행하십시오. 저는 쓸모 없는 몸이 되었으니 고향으로 보내 주십시오."

이리하여 항왕과 작별한 범증은 고향인 팽성으로 돌아가다가 도중에 등에 생긴 종기가 악화되어 그만 숨을 거두고 말았다. 일이 그쯤 된 뒤 진평은 기회를 노려 여자로 위장한 2천 명의 병사를 형양성의 동문 밖으로 출격시켰다. 초군이 이들을 상대하는 틈을 이용하여 한왕은 야음을 타고 서문으로 탈출했다.

한왕은 함곡관으로 일단 피신했다가 재차 병력을 집결한 후 동진을 개시했다.

― 형양을 탈출한 한왕은 함곡관을 지나 관중의 본거지로 돌아가자

군을 재편성하여 즉각 동진을 개시하려고 했다.

이에 원생袁生이 진언하기를

"형양을 중심으로 한 공방전은 이미 수년에 걸쳤고 그동안 우리나라는 줄곧 고전을 치러 왔습니다. 이번에는 전략을 변경하여 남쪽의 무관으로부터 출격하도록 하여 주십시오. 항우는 군사를 급히 남쪽으로 돌려야 할 것입니다. 그러면 대왕께서는 무한에서 수비를 견고히 하여 초군을 상대로 시간을 끄십시오. 그동안 형양과 성고 지방에 있는 우리 잔류 부대는 휴식을 취할 수 있습니다. 한편 한신에게 명하여 하북과 조나라를 제압하게 하시고 연나라와 제나라 양국의 동맹도 체결하게 하십시오. 그런 다음에 재차 형양 지구의 공략에 착수하셔도 늦지 않겠습니다. 이렇게 되면 초는 방위선이 확대되어 힘을 분산시킬 수밖에 없습니다. 우리 편은 반대로 충분한 휴식을 취했기 때문에 이번에야말로 초군을 무찌를 수 있을 겁니다"

라고 하였다.

한왕은 이 계략을 채택하기로 하고, 군사를 남쪽의 완 및 섭 지구로 진격시켜 경포와의 협력하에 병력의 증강을 도모했다. 과연 항우는 군사를 이끌고 남하해 왔다. 한왕 쪽에서는 싸움을 걸지 않고 오직 방어 작전으로만 나갔다.

이 무렵, 역시 초나라에 반기를 들었던 팽월의 군사가 수수를 건너, 팽성 동쪽의 하비에 거점을 둔 항성(항우의 아들)과 설공薛公의 초군에 공격을 가하여 큰 타격을 입혔다. 항우는 급히 완에서 철수하여 팽월을 치기 위해 동진했다. 한왕도 군사를 북상하여 성고에 진주했다.

팽월을 격퇴시킨 항우는 한왕이 성고에 진주하였다는 보고를 듣고 급히 군사를 돌려 서쪽의 형양을 함락시키고 어사대부 주가朱苛와 종공樅公을 죽임과 동시에 한왕韓王을 포로로 잡고, 여세를 몰아 성고를 포위했다. 이에 한왕漢王은 당황하여 등공과 단둘이서 성고성의 옥문을 빠져나와 북방으로 수레를 몰았다. 황하를 건너서 조나라의 수무까지 단숨에 달아나고서야 비로소 휴식을 취했다. 그리고 다음 날 아침 한왕의 사자임을 사칭하고 장이와 한신이 방비하는 성으로 들어가 군사를 탈취해 버렸다.

한왕이 형양에 포진했을 당시 그는 장이와 한신에게 위나라와 조나라의 공격을 명령한 바 있었다. 그 결과 식량과 병력의 조달이 손쉬워져서 한군은 초군의 추격을 모면할 수가 있었다. 그 공로에 답하여 장이를 조왕에 봉했고 한신은 장이를 보좌하고 있었다. 그러나 이 두 사람은 초나라와 한나라의 공방전에 대한 전망이 아무래도 불안하기만 하여 아예 조나라에서 '독립 왕국'을 선언하기에 이르렀다.

한왕은 항우에게 쫓겨 도망쳐 온 마당에 그 두 사람을 복종케 할 가망은 없다고 판단하고 꾀를 내어 한왕의 사자라고 꾸며 성 안으로 들어갔던 것이다. 들어가는 길로 그는 두 사람의 침소에 침입하여 인수를 빼앗는 동시에 여러 장수들을 소집, 하루 아침에 인사 이동을 해치워 버렸다. 장이와 한신의 군사를 한왕은 이런 수법으로 장악했다.

한왕은 장이에게 명하여 병력 보충을 추진케 했고, 한신에게는 동쪽으로 진출하여 제나라를 공략하도록 했다.

〈고조 본기〉

두뇌로 싸우긴 해도

— 한신의 부대를 손에 넣은 한왕은 하내에 요새를 구축하고 초군의 저장 식량을 불살라 버림으로써 팽월의 군사를 측면에서 지원했다. 그러나 팽월의 군사가 패주했기 때문에 한왕은 다시 황하를 건너 성고를 탈환, 광무廣武에 진주하여 오창의 식량을 확보했다. 항왕도

군사를 되돌려 광무로 진격해 왔다.

양군의 대치는 수개월을 끌었다.
이 무렵 팽월의 군사는 양나라 지역에서 맹렬한 게릴라 작전을 전개하여 초군의 병참선兵站線을 차단했다.
항왕은 위협을 느꼈다. 초조해진 그는 높다란 누대를 만들어 그 위에 인질인 태공(한왕의 아버지)을 올려놓고 한왕에게 외쳤다.
"당장 항복하라! 그렇지 않으면 너의 아비를 가마솥에 삶아 버릴 것이다."
한왕은 이렇게 응수했다.
"좋도록 하게. 자네와 나는 회왕을 섬길 당시 의형제의 약속을 했네. 그렇다면 내 아버지는 자네에게도 아버지가 될 텐데 자기 아버지를 가마솥에 삶는다는 데야 난들 할말이 있겠나. 삶은 국물이나 한 그릇 보내 주면 좋겠군."
항왕은 화가 머리 끝까지 치밀어서 당장 태공을 처형하려고 했다. 이것을 항백이 말렸다.
"장차 천하가 어떻게 전개될지 예측할 수 없는 지금, 태공을 죽였댔자 별 소득이 없을 것입니다. 천하 제패의 꿈을 가지고 있는 사람이니 자기 가족의 일 따위는 안중에 없을 것입니다. 태공을 처치해 봤자 오히려 소문만 나쁘게 퍼질 뿐입니다."
항왕은 단념할 수밖에 없었다.
양군의 대치 상태는 여전히 계속되고, 승패는 쉽사리 결정되지 않았다. 병사들은 계속되는 전투에 차츰 혐오를 품기 시작했고 무기와 식량의 조달을 맡은 후방 요원들도 이젠 지쳐 버렸다.
항왕은 한왕에게 이런 제의를 했다.

"이 몇 해 동안 천하가 시끄러웠던 것은 순전히 우리 두 사람 때문이다. 그러니 아예 우리 둘이서 1대 1의 승부를 결정지어 버리는 것이 어떻겠나. 우리 때문에 죄 없는 백성들을 두고두고 괴롭힐 수는 없는 일이니까 말이다."

한왕은 능글맞게 웃으며 대답했다.

"나는 두뇌로 싸울지언정 힘으로는 싸우지 않는다."

하는 수 없이 항우는 힘센 장사를 내세워 적의 면전에서 싸움을 걸게 했다. 덤빌 놈이 있거던 나와 보라는 식이었다. 한왕 편에서는 누번족 출신으로 활을 잘 쏘는 병사를 내세웠다. 이 병사는 항왕측의 도전자가 나서는 족족 모조리 활을 쏘아 죽여 버렸다. 항우는 불덩이처럼 노하여 갑옷을 걸치고 극戟(끝이 갈라진 창)을 잡고 스스로 뛰쳐나와 적 앞에 섰다. 한군의 사수는 이번에도 그를 쏘려고 했다. 항우는 두 눈을 부릅뜨고 사수에게 호통을 쳤다. 사수는 그만 눈이 짓무르고 손이 떨려서 도저히 겨냥을 할 수가 없었다. 사수는 요새로 도망쳐 들어가 두 번 다시 밖에 나오질 못하였다.

한왕은 잠시 후에야 이 일을 알았다. 항우 자신이 도전자로 나섰노라는 이야기를 듣고 한왕은 어리둥절했다.

항우의 죄상

그리하여 두 사람의 대치 상태는 광무산의 계곡을 사이에 두고 계속되었다. 항우가 1대 1의 대결을 강요하는 데 반하여 유방은 항우의 죄상을 떠들어댔다.

"애당초 회왕의 명령을 받들어 진 타도의 대열에 섰을 때에는 관중에 선착하는 자가 그곳의 왕이 되기로 약정되어 있었던 것이 아닌가. 네놈은 그 약정을 폐기하고 나를 촉의 벽지에 내몰았다. 이것이 첫번째 죄다.

둘째로, 네놈은 경자관군의 송의를 속임수로 잡아 죽인 연후에 그 자리를 찬탈했다.

셋째로, 네놈은 조나라를 구원한 뒤 귀국하여 회왕에게 보고하는 것이 순서이거늘 이를 어긴 채 제후들의 군사를 협박하여 관중의 침입을 강행했다.

넷째로, 진의 영토를 공략하면 일체의 약탈 행위는 하지 않겠노라고 회왕에게 맹세해 놓고서도 네놈은 진의 궁전을 불태우고 시황제의 능묘를 모독하고 재물을 강탈했다.

게다가 네놈은 투항한 진왕 자영을 죽여 버렸다. 이것이 네놈의 다섯번째 죄다.

신안에서는 진나라 백성 20만 명을 땅 속에 묻어 버리고 그 장수 장한을 왕위에 앉혔다. 이것이 여섯번째 죄다.

일곱번째, 네놈은 봉읍을 분배할 당시 쓸 만한 땅은 모두 네 부하에게만 주었다. 영주가 네 뜻을 거역하면 부하를 선동하여 반역을 도모하고 그 영주를 내쫓는 것만 일삼아 왔다.

너 자신이 의제를 팽성에서 추방하고 그 자리를 빼앗았으며 한왕韓王의 영토까지 탈위하여 양·초 두 나라를 손아귀에 넣었다. 이것이 여덟번째 죄다.

아홉번째로, 네놈은 강남에서 의제를 암살했다.

신하의 몸으로서 감히 군주를 살해하고, 또한 투항자를 죽이고, 게다가 정치는 불공평하기 짝이 없고 스스로 약속한 바를 이행하지 않다니, 도대체 이따위 대역무도한 소행이 용납될 줄 아느냐! 이것이 네 죄의 열 번째이다.

이렇게 말하는 나로 이를 것 같으면, 의병을 일으켜서 제후들과 함께 극악무도한 역적을 처벌하려는 성스러운 입장이다. 그런 내가 어찌 네놈 따위의 도전을 받아야 한단 말이냐. 네놈을 때려눕힐 자는 내가 아니라 따로 있다. 감방에 있는 죄수들을 내보내서 네놈을 혼내 주라고 하겠다."

항우는 약이 오를 대로 올라 숨겨둔 석궁을 사용하여 한왕을 겨냥하고 힘껏 쏘았다. 한왕은 가슴에 상처를 입었으나 짐짓 발끝을 쓰다듬으며 이렇게 외쳤다.

"저런 야만인[26]을 봤나! 어른의 발바닥을 겨누다니."

― 그 무렵 항우는 다음과 같은 정보에 접했다. 회음후 한신이 하북(하남성 황하 이북 지역)을 공략하여 제와 조 양국을 정복하고 마침내 초나라 공격을 개시하려 한다는 것이었다. 이에 항우는 용저를 파견하여 토벌하게 했다. 한신도 이를 맞이하여 기병대장 관영灌嬰의 선전으로 초군을 격퇴했다.

이 결과로 용저는 자살했고 한신은 독립하여 제왕齊王을 선언했다.

항왕은 용저의 패전을 듣고 크게 놀라 우이 출신인 무섭武涉을 파견하여 한신을 포섭하려고 하였으나 실패로 돌아갔다. 이런 판국에 팽월이 또한 준동하여 양나라를 공격하고 초군의 식량 수송을 방해했다.

이에 항우는 대사마인 해춘후海春侯 조구를 불렀다.

"성고의 수비를 부탁하오. 설사 한군이 싸움을 걸어 오더라도 이쪽에선 응하지 말고 수비만 하시오. 지금은 한군의 동진을 저지하는 것

---

26) 항우는 초나라의 명문 출신이므로 결코 그런 욕을 들을 수 없다. 유방은 이를테면 심리전을 꾀한 셈이었다.

만으로 충분하오. 나는 팽월을 죽이고 양을 평정하러 떠나겠소. 보름쯤 후에는 돌아올 것이오."

이렇게 당부하고 군사를 동진시켜 진류陳留와 외황外黃을 공격했다.

외황 공격은 여러 날 걸리지 않았다. 성을 함락하자 항왕은 15세 이상의 남자를 전원 생매장하려고 했다. 이때 외황현 집사의 아들로 열세 살 난 소년이 항왕 앞에 와서 이렇게 탄원했다.

"외황이 팽월의 편에 섰던 것은 무력으로 강요당했기 때문이었습니다. 외황현의 백성들은 불가항력이라 일시 항복하고, 대왕께서 오셔서 구원해 주시기를 기다리고 있었던 것입니다. 그런데 구원하러 와주신 대왕께서 오히려 생매장의 조치를 취하신다면 백성들은 이제 귀순할 마음조차 잃고 맙니다. 외황 동쪽, 양의 10여 개 성시도 모두 대왕을 무서워하여, 투항하지 않고 싸우려 들 것입니다."

기특한 말이라 싶어 항왕은 생매장에 처할 작정으로 잡아들였던 백성들을 전원 석방했고, 이 소문이 퍼져 항왕이 수양에 진격하자 성내의 백성들은 자진해서 항복했다.

한편 성고를 포위한 한군은 계속해서 초군을 유인하려 했다. 초군은 그 꾐에 넘어가지 않았으나 한군이 5, 6일을 계속해서 욕지거리를 퍼붓자 대사마 조구가 마침내 참지 못하고 출동 명령을 내려 범수汜水를 건너게 했다. 이들 초군이 범수의 한복판에 이르렀을 때 한군이 공격을 개시했다. 초군은 대패하고 성고성에 들이닥친 한군은 초의 재물을 마음껏 약탈했다. 대사마 조구를 비롯한 장사 동예, 새왕 사마흔 등의 장군들은 범수의 물가에서 스스로 목을 쳐 자결하고 말았다.

〈항우 본기〉

3. 해하垓下의 싸움 — 항우의 최후

― 중원의 동서에 걸쳐 한과 초의 싸움은 끈질기게 되풀이되었다. 싸울 때마다 한군은 초의 정예 부대에 의하여 여지없이 패하는 것이 상례였다. 그러나 관중이라고 하는 풍부한 보급원을 가진 한군은 항우가 잠시 물러서기만 하면 곧 세력을 회복했다. 팽월·한신 등의 격렬한 저항으로 말미암은 전선의 확대는 항우의 동진서격東進西擊을 강요했고, 그 결과 한군의 전략적 우세는 차츰 굳어지기 시작했다. 이 단계에서 양군의 관계는 순식간에 역전되었다. 정전 협정의 체결과 그 후의 경위를 〈항우 본기〉는 이렇게 기록하고 있다.

『그 당시 한군은 병력도 충분하려니와 식량도 풍부했다. 이와 반대로 항우의 군사는 병력도 많이 소모되어 있었고 식량도 바닥이 나 있었다. 한나라는 육가를 사자로 보내서 인질로 잡혀 있는 태공(한왕의 부친)을 넘겨 달라고 요구하였으나 한왕은 듣지 않았다. 이에 다시 후공侯公을 사자로 보내서 항왕을 설득케 했다.

항왕은 결국 한나라와의 협상에 응하였다. 천하를 양분하여 홍구로부터 서쪽을 한의 영토, 그 동쪽을 초의 영토로 정했다. 항왕은 이 협상을 인정하는 뜻으로 인질로 잡았던 한왕의 부모와 처자를 돌려보냈다.

항우는 협상이 성립한 후 즉시 철수하여 귀국의 길에 올랐다. 한왕도 마찬가지로 귀국하려 하자 장량과 진평 두 사람이 이렇게 진언했다.

"우리나라는 천하의 절반을 차지하였을 뿐만 아니라 제후들의 협력도 얻고 있습니다. 그런데 초군은 병력도 소모되었고 군량도 떨어진 형편입니다. 이것은 하늘이 초나라를 버렸다는 증거입니다. 지금이야말로 초를 무찌를 절호의 기회입니다. 이 기회를 놓친다면 그야말로 호랑이를 길러 후환의 씨를 키우는 격이 될 것입니다."

한 5년(기원전 202년), 한왕은 항우 추격을 개시했다. 작전 계획은 양하의 남쪽에서 일단 전진을 중지하고 거기서 회음후 한신 및 건성후建成侯 팽월의 군사와 합류한 뒤 총공격에 돌입한다는 것이었다. 그런데 한군이 양하의 초입인 고릉에 이르도록, 한신과 팽월의 부대는 나타나지 않았다. 그뿐만 아니라 한군은 초군의 역습을 만나 대패했다.』

〈항우 본기〉

약속 위반의 이유

한왕은 장량을 불러 의견을 물었다.

"제후(한신 및 팽월)들이 약속을 이행치 않고 있소. 어찌 하면 좋겠소?"

"초군의 패배가 확정적이라고 하는 이 마당에 대왕께서는 한신과 팽월에 대한 논공행상의 암시가 없으십니다. 그들이 군사를 이끌고 이곳에 와야 하는데 그렇게 하지 않는 이유는 사후 보장이 없기 때문입니다. 천하를 분배한다는 한마디만 해주시면 그들은 지체 없이 달려올 것입니다. 제후들이 합류하지 않을 경우 사태는 예측 불허입니다. 이 계제에 진현에서 해안에 이르기까지의 동쪽 땅을 한신에게 주고, 수양 이북에서 곡성까지의 지역을 팽월에게 주어 그들로 하여금 이 싸움이 바로 자기들 자신을 위한 싸움임을 깨닫도록 조처하십시오."

"알겠소. 그렇게 합시다."

곧 사자가 한신과 팽월에게 파견되었다.

"초나라 공격에 힘을 합칩시다. 성공하면 진현 동쪽에서 해안에 이르는 지역을 제왕齊王에게 줄 것이며, 수영 이북에서 곡성까지를 건성후에게 줄 것이오."

사자가 한왕의 뜻을 전하자 두 사람은 즉석에서 동의했다.

"지체 없이 군사를 동원하겠습니다."

이리하여 한신은 제나라에서 군대를 일으키고 유가劉賈의 군사는 수춘에서 이에 합류하여 성보를 공략한 다음 해하에 이르렀다. 한편 초의 내부에서도 대사마 주은이 초나라에 반기를 들어 구강의 병력을 장악, 유가 및 팽월의 군사와 합세하여 해하에 집결했다.

사면초가四面楚歌

— 마침내 한·초의 운명을 결정짓는 최후의 전투가 막을 올렸다.

항우의 군사는 해하에서 농성하였으나 이미 전력은 저하되었고 식량도 바닥이 나 있었다. 이런 판국에 성 주위는 한군과 제후들의 연합군에 의하여 물샐틈없이 포위당하였다.

그날 밤 항왕은 적의 야영지에서 흘러나오는 노랫소리를 듣고 가슴이 뜨끔했다. 노래들이 모두 귀에 익은 초나라의 민요였다.
"이거 큰일났구나. 한군에 투항한 초군이 저렇게 많단 말인가. 저놈의 노랫소리가 또 초군을 유혹하고 있구나."
침소에서 뛰쳐 나온 그는 술을 마시기 시작했다.
항왕에게는 한시도 옆에서 떨어지지 않는 애인이 있었다. 이름을 우희虞姬라고 했다. 또한 추騅라는 이름의 애마도 있었는데 그는 항상 이 말을 타고 다녔다.
술기운에 비감해진 항왕은 즉흥시 한 수를 읊었다.

산을 뽑는 힘
천하를 제압하는 기백도
이제는 쓸모가 없네
추여, 너마저 걷지 않으니
아, 우희여 우희여
그대를 어찌해야 할까.

항왕은 이 노래를 수없이 되풀이했다. 우희도 따라서 불렀다. 항왕의 뺨 위에는 몇 줄기 눈물이 흘렀다. 가까이 모시는 신하들도 그 앞에 엎드려 소리 없이 울었다.

하늘이 나를 버렸구나

항왕은 애마에 올라앉았다. 정예 8백 기가 그를 따라 나섰다. 야음을 타고 포위망을 돌파하여 남쪽을 향해 쏜살같이 내달았다. 새벽녘이 되어서야 한군은 항우가 탈주하였음을 확인했다. 기병 대장인 관영이 기병 5천을 이끌고 추격을 개시했다.

항왕은 회수를 건넜다. 수행하는 기병도 이제 백 기에 지나지 않았다. 계속 질주하여 음릉 부근까지 왔는데 거기서부터는 길을 알지 못하여 어느 농부에게 물었다.

"왼쪽으로 가십시오."

그러나 농부의 말은 거짓이었다. 농부의 말대로 왼쪽 길을 간 항왕의 일행은 큰 늪지대에 빠져들고 말았다. 한군의 추격대가 일행을 놓치지 않은 것은 농부의 덕이었다.

항왕은 오던 길을 되돌아나와 진로를 동쪽으로 정하고 동성 까지 달아났다. 이때 수행하는 자는 28기에 불과했다. 이를 뒤쫓는 한군은 수천 기. 탈출은 이미 절망적이었다. 항왕은 부하 기병을 모아놓고 이렇게 선언했다.

"내가 거병한 지 8년, 70여 차례의 전투에 참가하였으나 한 번도 져 본 일이 없다. 지키면 적은 패주했고 공격하면 적은 투항했다. 그러기에 천하의 패권을 장악할 수도 있었던 것이다. 그러던 내가 마지막에는 이 꼴이라니 믿어지지도 않지만, 이것은 하늘이 나를 버린 탓이지 내 전술이 서툴렀기 때문은 아니다.

이제 탈주할 가망조차 희박해진 마당이니 한바탕 최후의 결전을 감행해 볼 생각이다. 적의 포위를 뚫고 적장을 죽이고 군기를 찢어 버림으로써, 내가 망하는 것은 전술이 허술했기 때문이 아니라는 것을 똑똑히 보여 주겠다."

이에 병력을 넷으로 나누어 사방으로 동시에 쳐들어간다는 작전이 정해졌다. 한군은 더욱 더 포위망을 좁혀 오고 있다.

"보라, 내가 저 적장을 단칼에 죽이고 말 테니."

4개의 분대는 돌격을 감행한 후에 산 동쪽 3개 지점에서 집결하기로 했다.

마침내 항왕은 애마에 채찍을 가하고 벼락같이 고함을 치며 적진으로 내달았다. 돌풍에 쓰러지는 풀잎처럼 한의 기병들은 차례차례 거꾸러지고 눈 깜짝할 사이에 대장 한 사람이 나가 떨어졌다. 이때 한의 기병대장인 양희楊喜가 항우의 배후로 육박했다. 이를 본 항우가 두 눈을 부릅뜨고 호령하자 양희는 기겁을 하여 그대로 도망치고 말았다.

항우와 부하 기병들은 예정대로 3개 지점에 집결했다. 이들의 소재를 알아내기 위해 한군은 3개 부대로 나뉘어 다시 포위망을 좁혀 왔다. 항왕은 재차 돌격전을 감행하여 적군의 지휘관을 피로 물들이고 이어서 백 명 가까운 적병을 죽였다. 부하를 소집해 보니 보이지 않는 자는 겨우 두 사람뿐이었다.

"어떤가?"

항우가 큰소리를 치자 부하들은 오직 탄복할 따름이었다.

"과연 대왕께서 말씀하신 그대로입니다."

내가 무슨 낯으로 그들을 대하랴

항우는 장강 연안의 오강烏江으로 향했다. 그곳에서 장강을 건너 동쪽으로 달아날 생각이었다. 도선장에는 오강의 정장亭長이 배를 준비하고 기다리고 있다가 항우의 얼굴을 알아보고는 이렇게 말했다.

"강동의 땅은 넓지는 못합니다만 그래도 사방이 천 리, 인구도 수십만을 헤아립니다. 거길 가시면 다시 한 번 거병하실 수 있을 것입니다. 자, 어서 배에 오르십시오. 배는 이 한 척뿐이니까 한군이 뒤쫓아오더라도 강을 건너지 못합니다."

그러나 항우는 쓴웃음을 지었다.

"아닐세, 그만두겠네. 나는 하늘의 버림을 받은 몸이네. 강을 건넌다고 해서 무슨 수가 있겠나. 강동으로 말할 것 같으면 내가 그곳 젊은이 8천 명을 이끌고 처음으로 거사한 곳이 아닌가. 그 8천 명이 다 죽고 나 혼자 살아남아서 여기까지 언 걸세. 죽은 젊은이들의 가족이 설령 나를 반겨준다고 하더라도 나로서는 그들을 대할 낯이 없네그려. 그들이 나를 용서하더라도 나 자신이 나를 용서할 수 없다네."

다시 정장에게 항우는 부탁했다.

"자네를 사나이로 믿고 부탁하겠네. 이건 내가 5년 동안 타고 다닌 애지중지하는 말일세. 이놈이 내닫는 곳엔 적이 없었고 하루에도 능히 천리를 날았지. 아무래도 내 손으로는 죽일 수가 없으니 자네가 좀 맡아 주게."

항우는 스스로 말에서 내려서고 부하들에게도 말을 버리라고 명령했다. 그리고 전원 칼을 잡고 한덩어리가 되어, 추격해 온 한군을 향해 쳐들어갔다. 항우 혼자서 죽인 한군만 해도 수백 명에 이르렀으며 그 자신도 10여 군데의 부상을 입었다. 싸우다가 문득 한 곳을 보니 한군의 기병대장 여마동呂馬童이 서 있었다.

"여보게, 자네는 내 옛친구가 아닌가."

여마동은 항우와 얼굴을 마주하기 거북했으나 항우가 이렇게 소리쳤으므로 하는 수 없이

"저 사람이 항우입니다."

하고 옆에 있던 왕예王翳에게 말했다. 항우는

"한왕이 내 목에 막대한 상금을 걸어, 나를 잡으면 만호후에 봉하리라고 약속했다더군. 이왕 죽을 바에야 옛친구인 자네에게 공을 세워 주겠네."

이런 소리와 함께 항우는 그의 면전에서 스스로 자기 목을 쳤다. 왕예가 재빨리 달려와 그 목을 움켜 쥐었다. 이를 본 다른 기병들도 한꺼번에 밀어닥쳐 엎치락뒤치락하며 항우의 시체를 놓고 쟁탈전을 벌였다. 그 북새통에 수십 명이 깔려 죽었다. 결국 양희·여마동·여승呂勝·양무楊武 네 사람이 항우의 사지를 하나씩 손에 넣었다. 왕예가 차지한 목과 맞춰 보니 틀림없는 항우였다. 이것이 뒷날 초의 영토가 다섯으로 분봉되는 원인이 되었다. 즉, 여마동은 중수후中水侯, 왕예는 두연후杜衍侯, 양희는 적천후赤泉侯, 양무는 오방후吳防侯, 여승은 열양후涅陽侯로 봉해졌다.

― 장장 5년에 걸친 초·한의 싸움은 한의 승리로 막이 내렸다. 초의 세력 밑에 있었던 왕들은 모두 한나라에 귀순했다. 한왕은 항우의 유해를 노공魯公의 대우로 장사지내고 묘 앞에 애도의 눈물을 뿌렸다. 초나라의 회왕이 항우를 제후에 봉했을 때의 최초의 봉지가 노魯였던 것이다. 또한 한왕은 항씨 일족을 주멸하지 않았다. 오히려 항백(항우의 숙부)을 사양후射陽侯에 봉했으며 그 밖의 친족들도 도후桃侯·평고후平皐侯·현무후玄武侯 등에 임명했다.

항왕項王의 잘못
― 항우의 최후는 일대의 영웅에 손색이 없는 장렬한 모습이었다. 그의 생애를 돌이켜 보면 사마천은 다음과 같은 평가를 내리고 있다.

"옛날 순 임금의 눈에는 눈동자가 2개씩 있었다."
언젠가 나는 이런 이야기를 주생周生[27]에게서 들은 일이 있다.

항우의 눈도 동자가 둘이었다는 이야기가 전해진다. 그렇다면 그는 순 임금의 자손이란 말인가. 그가 세상에 나와 떨친 세력이 그처럼 격렬했던 것도, 어쩌면 이유 있는 일이었는지 모른다.

진나라가 천하의 통치에 실패하여 진승이 반란의 횃불을 쳐들자, 각지에서 호걸들이 봉기하여 패권을 다투었다. 그런 사례는 일일이 열거할 수조차 없을 정도였다.

항우의 경우, 이렇다 할 기반이 따로 있었던 것은 아니다. 그는 시대의 흐름에 편승하여 농민 봉기의 와중에서 두각을 나타냈던 것인데 3년 후에는 연·조·한韓·위·제의 다섯 제후를 거느리고 마침내 진나라를 멸망의 구렁텅이로 몰아붙였다. 그리하여 천하를 분할, 왕·후를 봉하고 자신은 그 우두머리로서 천하에 호령을 하는 패왕覇王의 자리에 오른 것이다. 뜻을 완성하지는 못하였다손 치더라도 과거 수백 년에 걸쳐 이만한 인물이 없었다고 해도 과언이 아니다.

그러나 이런 항우에게도 치명적인 실패는 있었다. 고향인 초를 그리워한 나머지 관중의 경영을 망각했던 점, 의제를 내쫓고 제위를 찬탈한 일, 자기에게 거역하는 왕·후를 용서할 줄 몰랐다는 점들이다.

또한 자기 과신에 사로잡혀 모든 일을 자기 한 사람의 지혜에 의해서만 처리했고, 교훈으로부터 배우려고는 하지 않았다. 패왕이란 무력에 의하여 천하를 정복하는 자라고 믿고 그 스스로 그와 같이 행동했다. 그 결과 5년 후에는 나라를 멸망으로 이끌었고, 자신도 동성東城에서 최후를 마쳤던 것이다. 그럼에도 불구하

---

27) 주나라 때의 현인이라고도 하고 사마천과 같은 시대의 유학자라고도 한다.

고 그는 자기의 실패를 인정하지 않았고 각성할 줄 몰랐다. 하늘이 나를 버렸기 때문이지 전술이 나빴기 때문은 아니라고 죽는 순간까지도 그렇게만 생각하였으니 이 어찌 큰 잘못이 아니겠는가.

Ⅳ. 막하幕下의 군상群像

1. 논공행상論功行賞

군주와 인재

고조 유방은 수도 낙양의 남궁에 제후와 여러 장수들을 모아 놓고 주연을 베풀었을 때 이런 질문을 던진 일이 있었다.

"어느 분이든지 한번 속을 탁 털어놓고 말씀해 보시오ー짐이 천하를 얻게 된 이유는 무엇인가, 또 항씨가 천하를 잃은 이유는 무엇인가를."

고기高起와 왕릉王陵이 발언했다.

"폐하께는 오만하고 상대를 업신여기는 성미가 계십니다. 그러나 항우는 감정에 약하고 부하를 사랑하였습니다. 그 대신 폐하께서는 도성이나 영토를 공략하시면 아낌없이 부하들에게 나누어 주고, 결코 혼자서 다 차지하시는 법은 없었습니다. 그러나 항우는 그러질 못했습니다. 오히려 시기심과 의심이 많아 능력과 수완을 발휘하는 부하를 적으로 생각할 지경이었습니다. 또한 손에 넣은 것은 모두 자기의 공으로 돌려서 나누어 갖기를 꺼렸습니다. 이것이 천하를 잃게 된 동기라고 생각합니다."

고조는 이에 대꾸했다.

"귀공들은 하나만 알고 둘은 모르는구려. 내 말을 들어 보시오. 나는 유장帷帳(진영에 쓰이는 막) 속에서 작전을 세우고 천리 밖에서 승리를 다투는 점은 장량을 따르지 못하오. 내정의 충실, 민생의 안정, 군량의 조달, 보급로의 확보를 도모하는 점은 소하를 당하지 못하오. 백만 대군을 자유자재로 지휘하여 승리를 기하는 능력을 따질 때 나는 한신에 비견되지 못하오.

이 세 사람이야말로 정말 호걸이오. 짐은 이 호걸들을 뒤에서 조정할 수가 있었소. 그러기에 짐이 천하를 얻은 것이오. 항우에게는 범증이라는 호걸이 붙어 있었으나 그는 그 한 사람조차 충분히 써먹질 못하고 말았소. 그래서 나한테 잡힌 것이오."

사라진 자와 살아 남은 자 고조의 천하 평정 후, 각지에 반란이 빈번히 일어나 그때마다 고조는 몸소 군을 이끌고 동분서주하지 않으면 안 되었다. 개중에는 반역자라는 이름으로 숙청당한 자도 적지 않았다. 다 같은 창업의 공신이면서도 공을 이룩한 뒤에 혹자는 처형되고 혹자는 살아 남았다. 예컨대, 고조에 의하여 '호걸' 칭호를 받았던 세 사람 가운데 한신은 비참한 최후를 맞이해야 했으며 장량과 소하는 평화로운 만년을 보냈다. 그 행운과 불운, 희비의 양상이야말로 지배의 역학이 보이는 냉엄한 현실이라고 할 것이다.

이하, 이들 공신의 전기傳記를 펼치기 전에 고조가 천하를 취한 뒤 차례차례 반역자가 나타나는 양상을 〈고조 본기〉에서 초역해 본다.

— 항우가 멸망한 후 천하는 평화를 되찾았다. 고조는 낙양에 수도를 정하고, 제후는 모두 신종臣從했다. 그런데 임강의 옛 왕 관驩이

항우에의 의리를 내세워 한나라에 반기를 들었기 때문에 고조는 노관과 유가에게 명령하여 포위 공격케 하였으나 쉽사리 함락되지 않았다. 수개월이 걸려서야 가까스로 그들을 항복시키고 낙양에서 처형하였다.

한 5년 5월, 병사의 동원을 해제하여 귀향 조처를 취했다.

고조는 낙양을 수도로 정할 생각이었으나 제나라 출신인 누경의 설득과 장량의 진언에 의하여 그날로 수도를 관중으로 옮겼다.

6월에는 대사령을 발했다.

10월, 연왕 장도가 반역하고 대군을 점령했다. 고조는 스스로 군사를 이끌고 공격, 장도를 생포함과 동시에 태위인 노관을 연왕에 임명하고, 재상 번쾌에게 지휘를 맡겨 대군을 공격케 했다.

같은 해 가을, 본디 항우의 부하였던 이기利幾가 모반했다. 고조는 몸소 이를 정벌했다. 이기라는 자는 항우가 패배할 당시 진陳의 영주였으나 항우를 버리고 고조에게 투항했었다. 고조는 그를 영천후潁川侯로 임명했는데 낙양에서 제후들을 소집했을 때 이기는 자기가 혹시 숙청이라도 당하는 것이 아닐까 하여 반란을 꾀했던 것이다.

이듬해 12월, 중대 사건을 밀고하는 자가 있었다. 초왕으로 있는 한신이 반역을 획책한다는 것이었다. 밀고 내용이 내용인 만큼 고조는 측근에게 대책을 물었다. 측근들은 모두 흥분하여 당장 토벌하자고 주장했다. 그러나 고조는 진평의 계략을 채택하여 운몽 지방을 방문한다는 구실 아래 제후들을 진陳나라에 소집했다. 그리하여 한신이 마중 나온 현장에서 그를 체포했다.

한 7년, 흉노가 마읍의 한왕韓王 신信을 공격해 왔다. 한왕은 이때를 이용하여 오히려 흉노와 동맹을 맺고 태원에서 반기를 들었다. 한편, 백토의 만구신과 왕황이 지난날의 조나라 장군 조리趙利를 왕에 옹립하고 반역을 획책했다. 고조는 이번에도 친히 정벌에 나섰다. 때마침 밀어닥친 혹한에 의하여 병사의 2, 3할이 동상에 걸려 손가락을 잘리는 등의 고난을 겪은 끝에 가까스로 평성에 당도했다. 고조는 이 흉노의 정벌을 마치고 돌아온 후 장락궁이 완성된 장안으로 옮겨 그대로 그곳을 수도로 정했다.

한 8년, 고조의 친히 동진하여 동원 부근의 한왕 신의 잔당을 토벌했다. 도중, 백인이라는 곳을 통과할 때 조나라의 대신 관고貫高의 일당이 고조 암살을 기도했다. 고조는 어쩐지 마음이 내키지 않아 그곳에 머물지 않고 곧 떠났기 때문에 화를 면했다. 관고 일당의 음모는 한 9년에 발각되어 이들의 부모 형제 처자가 모조리 처형당했다. 조왕 장오는 선평후宣平侯로 좌천당하였다.

같은 해, 반란의 두목으로 이용당할지도 모른다는 우려 때문에 미리 초나라의 명문 소씨昭氏・굴씨屈氏・경씨景氏・회씨懷氏 등과 제나라의 명문 전씨田氏 등을 수도에서 가까운 관중으로 이주시켰다.

한 10년 8월, 조나라의 대신 진희陳豨가 대에서 반역했다. 9월에 고조가 친히 정벌에 나섰다.

한 11년, 고조는 한단에 주둔하여 진희 토벌에 힘썼으나 용이치 않았다. 진희의 부장 후창이 1만여의 군사를 지휘하여 유격전을 전개했다.

봄, 회음후淮陰侯의 신분으로 격하당한 한신이 관중에서 모반, 부모 형제 처자가 처형되었다.

여름, 양왕 팽월이 반역을 꾀한 죄목으로 촉으로 유배당했다. 그러고도 그가 그곳에서 또 반란을 도모할는지 모른다고 하여 그의 부모 형제 처자를 처형해 버렸다.

가을인 7월, 회남왕 경포가 반역, 동진하여 형왕荊王 유가의 영토를 점령하고 다시 북상하여 회수를 건넜다. 고조 스스로 토벌하고, 공자 장툐을 회남왕으로 봉했다.

그립던 고향에 돌아와서

한 12년 10월, 고조는 경포의 반란군을 회추에서 공격했다. 경포가 패주하자 그 추격은 부하 장군에게 일임하고 고조는 장안으로 개선했다. 돌아오는 길에 그는 고향인 패에 들려 잠시 머물렀다. 머무는 동안 그는 옛친구와 장로, 그리고 젊은이들을 초청하여 성대한 잔치를 벌였다. 잔치가 벌어지기 전에 고조는 패의 어린이 1백 20명을 모아놓고 자작의 노래를 가르쳐 주었다.

잔치가 한창 무르익을 때 고조는 축筑(비파)을 타며 그 노래를 부르기 시작했다.

    바람은 불어치고 구름은 난다
    위세를 천하에 떨치고 나는 고향에 왔다
    모두모두 일어나 이 나라를 지키자

소년 1백 20명의 대합창이 시작되자 고조는 벌떡 일어서서 춤을 추었다. 숨 막히는 감격에 눈물을 흘리면서…….

고조의 유언

고조는 경포 토벌에 출전했을 때 유시流矢에 맞아 상처를 입었었다. 이 상처가 곪더니 자꾸 악화됐다. 여후가 훌륭한 의원을 불러 진찰케 했던바
"이 병은 틀림없이 낫습니다."

하고 의원은 장담했다. 이 말에 고조는 화를 냈다.

"짐은 서민 출신으로 칼을 잡아 천하를 제패했다. 그건 천명을 타고 났기 때문이다. 운명은 하늘이 정하는 것이다. 가령 편작扁鵲 같은 명의가 올지라도 운명을 고쳐 놓을 수는 없다."

끝내 고조는 치료를 받지 않고 황금 50근을 주어 의원을 돌려보내고 말았다.

여후가 물었다.

"폐하께 만일의 일이라도 생기고 상국 소하가 죽었다고 하면, 누구를 후임으로 선택하는 것이 마땅하겠습니까?"

"조참이 좋을 거요."

그 다음의 순위를 묻자.

"왕릉이 좋겠지. 그러나 그는 머리가 트이질 못했소. 진평에게 보좌를 시키도록 해야 될 거요. 진평은 재기발랄한 인물인데 그렇다고 그 자에게 전부를 내맡기면 또 위험하오.

주발周勃은 어떨까. 그는 중후한 인물이지만 문재文才가 없지. 하지만 우리 유씨를 영속케 할 신하라면 역시 주발밖엔 없을 거요. 그를 태위에 임명하면 되겠소."

"주발 다음에는 또 누구를?"

"거기까지는 당신이 알 바가 아니오."

4월 갑진일에 고조는 끝내 장락궁에서 승하했다.

2. 독불장군 — 팽월彭越

— 개성이 너무 강한 인간은 조직원으로서의 자질을 타고나지 못하는 모양이다. 고조 막하의 이색적인 존재인 팽월이 바로 그런 인물이었던 것 같다. 그는 고조를 위해 유격대를 거느리고 항우의 배후를 위협, 한 제국의 창업에 큰 공을 세워 양왕의 작봉을 받기까지 하였으나…….

지각하면 죽여라

팽월은 창읍 출신이다. 자字는 중仲.

겉보기로는 거야의 호수에서 고기잡이를 하는 몸이었으나, 실은 부근의 도적 떼에 가담하고 있었다.

진승과 항량이 봉기했다는 소문이 들려왔을 때 도적 친구놈들이 팽월에게,

"호걸들이 여기저기서 반기를 든 모양이오. 모두가 천하를 취하자는 배짱들이죠. 어떻습니까, 형님. 우리도 한판 붙어 보는 것이……."

하고 구슬렸다. 그러나 팽월은 듣지 않았다.
"두 마리의 용이 씨름을 벌인 셈이야. 아직은 일러. 좀 두고 볼 수밖에."
그로부터 1년쯤 지난 이번에는 백 명도 넘는 젊은이들이 모여들어 "제발 두목이 되어주시오" 하고 팽월에게 간청했다.
"아니, 너희들과 작당할 생각은 없다."
하고 여전히 거절했으나 젊은이들이 끝내 물고 늘어지는 바람에 팽월은 마지못해 승낙했다. 다음 날을 거사 날짜로 정하고 해 뜨는 시각을 집합 시각으로 정했다. 지각하는 자는 그 자리에서 처치해 버린다는 약속도 이루어졌다. 그런데 이튿날 아침에 막상 집합을 하고 보니 지각하는 자가 10명 이상이나 되고 어떤 자는 정오가 가까워서야 코빼기를 내밀기도 했다.
단상에 올라선 팽월은 말했다.
"너희들은 늙은 나를 끌어내어 두목의 자리를 떠맡겼다. 그럼에도 약속을 어기는 자가 이렇게 많이 생기다니 무슨 짓들인가. 이 많은 지각자 전부를 처형할 수는 없는 노릇이니 맨 마지막에 도착한 자만을 처치하기로 한다."
팽월은 두목 격인 사나이에게 명하여 맨 나중에 온 자를 참하라고 했다. 그러나 모두들 피식피식 웃으며
"죽일 것까지야 없지 않소……. 이 다음부터나 주의하면 될 텐데 뭐……."
이 모양을 본 팽월은 다짜고짜 뛰쳐나가 맨 끝에 온 지각자를 끌어내어 한칼에 목을 베어 버렸다. 그리고 제단 위에 그 사나이의 시체를 바치고 일동을 향해 호령했다. 사람들은 그만 간담이 서늘해져 일제히 팽월 앞에 무릎을 꿇었다. 이리하여 거사의 깃

발을 든 팽월은 각지를 공략하며 진군했다. 그리고 제후군의 낙오병이나 패잔병을 편입시켜 천여 명의 대세력을 형성했다.

한왕漢王과 팽월의 제휴

패공(유방)이 탕에서 북상하여 창읍을 공격할 때 팽월은 패공을 도와 공격에 참가했다. 그러나 패공은 창읍 공략에 실패하고 군을 철수하여 서쪽으로 갔다. 이에 팽월은 부하를 거느리고 거야로 되돌아가 위나라의 패잔병을 편입시켜 세력을 확장하였다.

드디어 초나라의 항우가 관중을 정복, 제후들을 각지의 왕에 봉하자 그들은 각기 영지로 돌아갔다. 그런데 팽월은 이미 1만을 넘는 대군을 거느리고 있었음에도 아무런 작봉을 받지 못하였다.

한 원년의 가을, 제왕齊王 전영이 항우에게 반기를 들었다. 한왕(패공)은 팽월에게 사자를 파견하여 장군의 인수를 수여하고, 제나라와 협력해서 제음으로부터 남하하여 초나라를 공격할 것을 요청했다. 이에 초나라는 소공각이 지휘하는 토벌군을 보내 왔으나 팽월의 반격을 받아 격파되었다.

한 2년의 봄, 한왕은 서위왕 표 및 그 밖의 제후들과 연합하여 초를 치기 위한 동진군東進軍을 편성했다. 이때 팽월은 휘하의 3만 대군을 이끌고 외황에 주둔한 한왕을 찾아 달려갔다. 그를 맞이한 한왕은 위나라의 왕위에 관하여 다음과 같이 요망했다.

"팽 장군은 위 땅을 영유하고 이미 10여 성을 장악하고 있소. 그리고 장군은 지금 구왕의 후예 가운데서 신왕을 물색하는 중이라고 들었소. 그런데 현재의 서위왕 표는 위왕 구咎의 사촌동생이므로 위왕의 후예임에 틀림이 없소. 이 사람을 그대로 왕으로 인정해 주면 좋을 것이오."

팽월이 승낙하였으므로 한왕은 그를 위나라의 재상으로 정식 임명하고 위나라의 옛 영토에 대한 분배 문제는 일체 팽월에게 위임하기로 했다. 그러나 패공이 팽성의 전투에서 패하여 허망하게 퇴각하고 말자 팽월도 그의 성읍들을 모조리 빼앗기고 말았다. 팽월은 부하 군사를 이끌고 북상, 독립된 세력을 형성하여 황하의 영안에 할거했다.

한 3년, 팽월은 한의 유격군으로 활약하여, 위 땅에서 초군의 보급로를 차단했다.

한 4년의 겨울, 초왕과 한왕이 형양에서 대치했다. 팽월은 한나라를 도와 수양·외황 등의 17개 성을 공략했다. 초왕은 이 소식을 듣자 조구에게 성고의 수비를 맡기고 스스로 동진하여 팽월이 함락했던 성읍을 모두 탈환했다. 이에 팽월은 북쪽 곡성까지 도망하지 않으면 안 되었다.

공짜가 어디 있나

한 5년의 가을, 초의 항우가 패하여 양하로 남하하자 팽월은 다시 창읍 부근의 20여 성을 수중에 넣었다. 그는 이때 획득한 양곡 10여만 곡斛(1곡은 열 말)을 한왕에게 군량미로 제공했다.

한왕은 전투 상황이 불리해지자 팽월에게 사자를 보내어 연합전선을 펴자고 제의했다. 그러나 팽월은

"위나라 지역을 가까스로 평정하기는 하였으나 아직도 초나라의 위협 아래 놓여 있습니다. 그러므로 지금 이곳을 떠날 수는 없습니다."

하고 거절했다.

한왕은 초군을 추격했으나 고릉에서 초군의 반격을 받아 패하

고 말았다. 한왕은 유후(장량)에게 타개책을 의논했다.

"제후들이 협조를 거절하고 있으니 어찌 하면 좋겠소?"

장량은 대답했다.

"한신이 제왕齊王을 칭했을 때 대왕께서는 좋게 보시지 아니했습니다. 그 때문에 한신은 자기의 지위에 관하여 늘 불안감을 갖고 있습니다. 또한 팽월은 위나라의 땅을 평정하여 다대한 공적을 세웠는데도 대왕께서는 위표가 왕으로 있다는 이유로 팽월에게는 재상의 지위밖엔 주시지 않았습니다. 지금은 위표도 죽었고 후계자도 공석중이며 게다가 팽월이 왕위를 희망하고 있는데도 대왕께서는 위왕에 대한 결재가 여전히 없으십니다.

한신과 팽월 이 두 사람에게 제나라와 위나라를 주어 불만을 해소시킨 연후에 맹약을 체결하는 것이 필요하겠습니다. 수양 이북 곡성에 이르기까지의 전 지역을 팽월에게 주어 그를 왕으로 삼고, 진나라로부터 해안 지대까지 동부 지역을 제왕 한신에게 주십시오. 그 사람은 고향인 초나라 땅을 얻어 차지하는 것이 숙원입니다. 대왕께서는 그 두 지역을 아낌없이 그 사람들에 내주시고 제후 연합군을 형성하셔야만 합니다. 그렇게만 하시면 그 두 사람은 당장 군사를 이끌고 달려올 것입니다.

만일 이 조치를 늦추시는 날엔 우리의 앞날은 막연해 집니다."

이에 한왕은 팽월에게 사자를 파견하여 장량이 헌책한 대로 전했다. 팽월은 지체 없이 전 군을 거느리고 출동하여 해하에서 한왕과 합류하여 결국 초를 무찔렀다.

한 5년에 항우가 죽었다.

이 해 봄에 팽월은 위왕의 자리에 올랐고, 정도定陶에 도읍을 정했다.

한 6년에 팽월은 진나라에서 한왕에게 근참觀參했다.

한 9년과 10년에도 그는 장안에서 한왕에게 근참했다.

역전

한나라 10년의 가을 진희가 대에서 반기를 들었다.

고조는 몸소 군을 지휘하고 한단에 이르러 양왕(팽월)에게 병력을 제공토록 명령했다. 양왕은 이에 병을 핑계 삼아 자기 자신이 출동하지 않고 부하 장군에게 병력을 인솔케 하여 대신 한단에 보냈다. 화가 난 고조는 사자를 보내어 양왕을 힐책했다. 양왕은 처벌이 두려워 자진 출두하여 사죄하려고 했다. 장군 호첩이 말렸다.

"왕께서는 애초에 병을 핑계하시고 부하를 대신 보내셨습니다. 그런데 고조의 힐책이 있었다고 해서 새삼 출두한다는 것은 더욱 곤란합니다. 가시면 틀림없이 붙잡히십니다. 이렇게 된 마당에는 군사를 일으켜 반기를 드는 수밖에 없습니다."

그래서 양왕은 출두하는 문제만은 포기했으나 호첩의 진언을 물리치고, 여전히 병을 핑계하고 누워 있기만 했다.

흔히 있는 일이지만 이 무렵 양왕은 가신家臣 중 태복에게 화를 내어 그를 처형하려고 했었다. 이를 눈치챈 태복이 도망하여 고조에게 갔다. 그리고 양왕과 호첩이 모반을 획책하고 있다고 참소했다. 이에 고조는 사자를 파견하여 느닷없이 양왕을 사로잡아 갔다. 끌려가서 낙양에 유폐된 팽월은 법관의 취조를 받아야 했다. 법관은 고조에게 이렇게 보고했다.

"모반의 형적形跡이 분명합니다. 법에 의하여 단죄하는 것이 가할 줄로 압니다."

그러나 고조는 팽월을 죽이지는 않고 대신 서민으로 격하시켜 역마로 촉나라의 청의현에 유배를 보내도록 조처했다.

팽월을 태운 마차가 서쪽으로 달려 정나라에 이르렀을 때, 마침 장안에서 낙양으로 오는 중이던 여후의 일행이 그곳에 당도했다. 노상에서 알현을 허락받은 팽월은 여후 앞에 꿇어 엎드려 눈물로써 자기의 무죄를 호소하고, 제발 고향인 창읍에 돌아가서 살도록 해달라고 탄원했다. 여후는 그의 소청을 받아들여 일행에 끼워서 낙양으로 데리고 갔다. 그러나 여후는 고조에게 보고할 때 이렇게 말했다.

"팽월은 장사입니다. 만일 촉으로 귀양만 보내어 살려 두시면 틀림없이 장사의 값을 할 것입니다. 화근을 왜 남겨 놓습니까? 차라리 이대로 죽여 버려야 합니다.

신첩은 그렇게 생각했기 때문에 독단적으로 그 사람을 다시 데리고 온 것입니다."

여후는 또한 신하에게 명하여 팽월이 여전히 모반을 꾸미고 있다고 무고케 했다. 이에 정위인 왕염개가 팽월을 일족 몰살의 형에 처할 것을 주청했다. 고조는 재가를 내렸다.

결국 팽월 일족은 모조리 처형되고, 영지는 몰수되었다.

3. 비운의 실력자 — 한신韓信

― 고조의 막하에서 최대의 실력자는 한신이다. 그는 한낱 서민으로부터 몸을 일으켜 지금의 산동성 일대에 걸친 대국 제나라의 왕이 되었고, 이어서 초나라의 왕으로 임명되었으나 끝내는 반역자라 하여 숙청되고 만다. 야심에 불타는 실력자이면서도 결단의 시기를 놓쳤기 때문에 스스로를 멸망시켰던 것이다. 사마천은 한신의 고향에까지 현지 답사하여 그곳 노인들로부터 이야기를 수집했는데(사마천은 한신의 시대로부터 약 반세기 후의 사람이다) 한신이 그의 만절晩節을 온전히 하지 못했었던 것을 무척 아쉬워하고 있다.

바짓가랑이 밑을

회음후 한신은 회음 출신이다. 무명의 서민으로 지낼 때 그는 돈도 없고 윗사람의 눈에 띌 만한 선행도 없어 관리로 발탁되지도 못하였을 뿐만 아니라 또한 장사꾼으로 밥벌이를 할 만한 재간도 없었다. 천상 남의 집의 식객 노릇이나 해야 되는 그를 사람들은 모두 싫어하고 있었다.

한때는 하향현 남창의 정장亭長의 집에서 얻어먹고 있었다. 몇 달째 빈둥빈둥 놀며 밥만 축내는 그를 정장의 아내가 밉살스레 보았다. 하루는 일찌감치 아침을 해먹고 치워 버리더니 한신에게는 밥을 주지 않고 시치미를 떼었다. 속이 빤히 들여다보이는 그 농간에 화를 낸 한신은 그 후로 정장과 발을 끊어 버렸다.

한신은 할 일도 없었으므로 매일 회음성 밖에서 낚시질이나 하며 소일했다. 그 냇가에는 몇 사람의 노파가 나와 무명 빨래를 하고 있었다. 그중의 한 노파가 한신을 불쌍히 생각하고 그에게 식사를 제공했다. 무명 표백 작업이 끝나기까지 수십 일 동안을 노파는 하루도 거르지 않고 한신에게 밥을 주었다. 한신은 크게 감격하여

"이 은혜에는 꼭 보답하는 날이 있을 겁니다."

하고 사의를 표했는데, 이 말에 대한 노파의 힐책이 매서웠다.

"육신이 멀쩡한 사내가 제 입 하나도 못 먹고 사는 주제라니. 하도 불쌍해서 밥 몇 끼니 줘 본 거야. 은혜에 보답해? 그따위 바보 같은 소리는 비치지도 마."

또한 회음의 백정 패거리 중에 평소 한신을 업신여기던 한 젊은이가 하루는 이렇게 시비를 걸어 왔다.

"이봐 덩치 큰 친구, 칼까지 주워 찼으니 꼴은 제법 됐는데 배짱은 빈 껍데기겠지."

구경꾼들이 몰려오자 젊은이는 더욱 기고만장하여

"목숨을 버릴 배짱이 돼 있거든 그 칼로 나를 한번 찔러 봐라. 그게 싫거든 당장 내 바짓가랑이 밑을 기어 나가라."

하고 외쳤다.

한신은 물끄러미 그 자를 지켜 보고 있다가 이윽고 땅에 엎드

려 그 자의 가랑이 밑을 기어 나갔다. 이를 본 구경꾼들은 제각기 한신을 병신 천치라고 놀려댔다.

장사壯士를 왜 버리나

초나라 항량의 군사가 회수를 건너 진격해 왔다. 한신은 무기를 들고 그에게 투신하여 그 산하에서 싸웠는데 이렇다 하게 두각을 나타내지는 못하였다. 항량이 전사한 뒤로는 항우의 부하로 활약하여 낭중에 임명되었다. 한신은 항우에게 여러 번 계책을 올렸으나 도대체 채택되질 않았다. 이에 한왕이 영지인 촉나라로 출발하게 된 때를 틈 타 초나라에서 도망쳐 한나라에 투신했다. 그러나 여기서도 인정을 받지 못하고 연오連敖(손님을 대접하는 관원)라고 하는 보잘것없는 벼슬 하나를 얻었을 뿐이었다. 그뿐인가, 마침 어떤 재수 없는 사건에 연좌되어 참형을 언도받기까지 이르렀다. 죄를 지은 열세 사람이 차례차례 목숨을 잃고 이번에는 한신의 목이 날아갈 판이었다. 그는 머리를 들고 주위를 두리번거렸다. 이때 그의 눈에 띈 자가 등공(하후영)이었다. 지나가는 그를 발견하고 한신이 소리쳤다.

"우리 군주는 천하 제패의 대업에 뜻을 둔 분이 아니었던가요! 유능한 장사를 죽여 버리다니 이 어인 일이오!"

등공이 보니 그의 말투나 용모가 결코 범상치 않았다. 등공은 처형을 중지케 하고 그의 죄를 사했다. 그 뒤 한신을 조용히 불러 이야기를 시켜 본즉 과연 예상했던 대로였다. 등공은 즉시 그를 한왕에게 천거했다.

한왕은 한신을 치속도위治粟都尉(식량을 담당하는 군관)에 임명하였으나 이때는 별로 그를 인정한 것이 아니었다. 정작 그를 인정한 사람이 있다면 재상인 소하였다. 소하는 여러 번 한신과 이야기해 보고 인재를 얻었음을 흐뭇해 하고 있었다.

일약 대장군으로

한왕은 한중왕漢中王으로 임명받아 도성인 남정으로 향하였다. 그런데 도중에서 여러 장수가 잇달아 도망하여 그 수가 수십 명을 헤아렸다. 한신도 또한 소하 등이 여러 번 천거해 주었음에도 도대체 승진이 되질 않자, 이 이상 붙어있어 봤자 어리석을 따름이라 생각하여 도망치고 말았다. 한신이 도망쳤다는 보고를 받은 재상 소하는 한왕에게 미처 양해를 구할 사이도 없이 허겁지겁 한신의 행방을 뒤쫓아 나섰다. 어떤 자가 한왕에게 보고했다.

"승상 소하가 도망했습니다."

한왕을 불길처럼 노했다. 승상이 도망쳤다면 한왕으로서는 양팔을 잘린 것이나 마찬가지였다. 그러나 이틀쯤 지나자 소하가 되돌아와 한왕을 배알했다. 한왕은 한편으론 화가 치밀고 한편으로는 기쁘기도 하여 소하에게 무턱대고 고함부터 질렀다.

"귀공까지 도망을 치다니 대체 어인 연유요?"

"아니올시다. 도망가지 않았습니다. 도망친 자를 뒤쫓아 갔을 뿐입니다."

"도대체 그게 어떤 사람이오?"

"한신입니다."

가라앉기 시작하던 한왕의 분통이 다시 폭발했다.

"도망친 장군들이 수십 명이나 되는데 귀공은 이때까지 아무도 뒤쫓아가 본 적이 없소. 그런데 하필이면 한신 따위를 뒤쫓아 가다니 그게 말이 되오?"

"다른 장군들이라면 얼마든지 후임자를 새로 임명할 수 있으니까 문제가 안 됩니다. 그렇지만 한신이라는 자는 실로 다시 찾아보기 어려운 뛰어난 인물입니다. 왕께서 앞으로 이 한중의 왕으로만 만족하실 요량이라면 이야기는 다릅니다만 만일 천하를 재패하실 결의를 갖고 계시다면, 한신을 제외하고는 대사를 도모할 인물이 없습니다. 문제는 대왕께서 어느 쪽을 택하실 것인가, 그것입니다."

"나의 생각은 경이 잘 알잖소. 동쪽으로 진출하여 천하를 다툴 결심이오. 이런 곳에 언제까지 처박혀 있겠는가 말이오."

"그러시다면 한신에게 생색 있는 임무를 주어서 붙잡아 놓으셔야 합니다. 그렇지 않으면 그는 조만간에 도망치고 말 사람입니다."

"별수없겠군. 경의 체면을 봐서 그 자를 장군으로 명하겠소."

"장군 정도로도 보장이 안 됩니다."

"그렇다면 대장군으로 명하지."

이에 한왕은 즉각 한신을 불러들여 대장군에 임명하려고 했다. 다시 소하가 말했다.

"누차 말씀드리는 바이옵니다만 대왕께서는 부하를 너무 만만히 보시고 결례를 하시는 좋지 않은 습관이 있습니다. 대장군을 임명하는 마당에 마치 아이들이라도 불러들이는 것 같은 간단한 절차로 처리하시려 들다니 그래서야 되겠습니까. 한신이 도망친 것도 그런 일 때문입니다. 만일 군주께서 그를 정작 대장군에 임명하실 요량이시라면, 길일을 택하여 목욕재계하시고 식장을 마련하시어 응분의 의식을 갖추도록 하셔야 되겠습니다."

한왕은 허락했다. 장군들은 대장군이 임명된다는 소식을 듣자 저마다 기대에 부풀어 있었다. 그런데 막상 임명된 자가 한신이라는 바람에 모두들 입을 벌렸다.

왕의 자리를 달라

― 대장군으로 임명된 한신은 그 자리에서 한왕에게 동쪽 정벌을 제의했다.

"제아무리 인망이 높은 항왕이라 할지라도 알고 보면 필부지용 부인지인匹夫之勇婦人之仁에 지나지 않습니다. 이와 정반대의 행동 방향을 택하는 것, 다시 말씀드려서 정의의 깃발을 높이 들고 고향을 그리는 장병의 뜻을 충족시켜 줄 경우엔 천하를 장악하는 일도 그리 어렵지 않습니다."

그리하여 그 해 8월, 한왕은 3진三秦에 진출하여 관중을 완전 평정하고 그 세력을 몰아 항우의 본거지인 팽성까지 진격했다. 그러나 팽성 공략 직후에 한왕은 대패하여 목숨만을 겨우 보전하고 형양까지 후퇴했다. 이때 궁지에 빠진 한왕을 구하고 재기의 길을 열어준 자가 한신이었다. 그는 퇴각하는 한왕과 합류하여 경과 색 일대에서 초군을 격파하고 한군의 후퇴를 저지했다.

팽성의 패전에서 한왕이 입은 타격은 컸다. 형세가 불리해진 한왕에게 각지의 제후들이 일제히 등을 돌리는 사태가 일어났다. 새왕·적왕·제왕·조왕·위왕 등등. 좌승상이 된 한신은 군을 이끌고 위·조·제를 토벌하여 훌륭한 솜씨를 발휘했다. 이로써 한군의 후환을 없애고 천하 평정의 기반을 굳건히 하였던 것이다.

한 4년, 한신은 마침내 제나라를 완전히 평정했다. 그는 한왕에게 사자를 파견하여 이렇게 전했다.

"이곳 제나라는 간사하기 짝이 없고 변심을 일삼는 나라입니다. 더구나 그 남쪽은 초나라와 국경을 접하고 있습니다. 제나라에 새 왕을 내세워 진압하지 않으면 위험만을 유발할 뿐입니다. 임시로 저를 이곳의 왕으로 봉해 주신다면 두루 좋은 일이라 생각합니다."

한왕은 이때 초나라의 기습에 몰려 형양에 포위되어 있었다. 하필이면 이런 때 한신의 사자가 도착한 것이었다. 편지를 받아 읽은 한왕은 분통이 치밀었다.

"내가 지금 이런 난국에 처해 있는데, 제놈은 하루 빨리 원군을 끌고 달려올 생각은 하지 않고, 뭐라구? 왕이 되고 싶다구?"

옆에서 모시고 있던 장량과 진평이 한왕의 발등을 질끈 밟아 제지하고 사자에게 들리지 않을 음성으로 이렇게 속삭였다.

"우리는 지금 최악의 형세에 처해 있습니다. 한신에게 안 된다고 해봤자 어차피 통하지도 않습니다. 차라리 이 계제에 그를 왕으로 봉하여 제나라를 잘 수비하도록 격려해 두는 편이 상책일 듯합니다. 모반이라도 일으켰다가는 그때는 돌이킬 수 없는 불행한 사태가 일어날 것입니다."

한왕도 비로소 깨닫고 이번에는 짐짓 목청을 높여 이렇게 말했다.

"대장부로서 제후를 거느렸을 때는 왕이 되어 마땅하거늘, 어찌 임시의 왕을 하겠느냐 진왕眞王이 되는 것이 옳다. 진짜 제왕이 되라고 하라!"

그리하여 장량을 사자로 파견, 한신을 제왕에 봉하고 군사를 동원하여 초나라를 치라고 명령했다.

천하의 패권이 한신에게 달렸느니

초나라는 한신 한 사람 때문에 용저의 군사 20만을 모두 잃었다.[28] 앞날을 우려한 항우는 제왕 한신을 자기 편에 끌어들이려고 우이 출신 무섭이란 자를 파견하여 그를 설득케 했다.

"우리는 애당초, 오랜 세월 동안 진나라의 시달림을 받았기 때문에 일치 단결하여 군사를 일으켰습니다. 진나라의 토벌이 끝난 뒤 우리는 각기 공적에 따라 토지를 분배하여 왕의 자리에 앉고, 전쟁에 시달린 병사들이 귀휴케 하였습니다.

그런데도 한왕만은 또다시 군사를 일으켜 동쪽으로 침공해 와서는 남의 영토를 빼앗기 시작하였습니다. 3진을 공략한 뒤 함곡관에서 출병하여 제후들의 군사를 장악하고는 드디어 동진을 개시하여 초나라에 싸움을 걸었습니다. 천하를 깡그리 집어삼키기 전에는 그만두지 않겠노라고 끝없는 탐욕을 부리는 판입니다.

도대체 그 한왕이라는 자는 믿을 수가 없습니다. 우리 항왕께서는 그를 죽일 기회가 얼마든지 있었지만 그때마다 정으로 대하여 목숨을 살려 주곤 했습니다. 그럼에도 한왕은 일단 그런 자리만 모면하면 그 길로 약속을 어기고 반역을 시도합니다. 이 한 가지 일만 놓고 보더라도 그가 얼마나 믿지 못할 위인인지는 충분히 증명되는 것입니다.

---

28) 제나라의 수도 임치를 평정한 뒤 한신은 제왕 전광을 쫓아 고밀 지방으로 진격했다. 한편 초군의 사마용저도 20만을 움직여 전광을 구원하러 나섰다. 양군은 유수濰水를 가운데 두고 대진했다. 그날 밤 한신은 모래주머니를 1만 개 이상이나 만들게 하여 유수의 상류를 이것으로 막고, 병력의 절반은 맞은편에 건너가서 싸움을 걸게 한 후 쫓겨 돌아오게 했다. 초군이 그 뒤를 쫓아 강을 건널 때 강의 상류를 막은 모래 주머니를 일거에 제거하여 수공水攻 작전을 취했다. 용저는 이 싸움에서 죽고 초군의 대부분이 포로가 되었다. 이 때문에 초나라의 병력은 격감하고, 한·초의 세력 관계가 뒤바뀐 것이다.

지금 귀공께서는 한왕의 신임이 두텁다고 믿고 그를 위해 힘을 다하여 싸우고 계십니다만 언젠가는 그에게 잡히는 몸이 되실 것입니다. 오늘날까지 귀공의 목숨이 부지되는 것만 해도 실은 항왕이라는 존재가 있기 때문입니다.

바야흐로 항왕과 한왕의 세력 다툼은 귀공의 거취 여하에 달려 있습니다. 귀공이 바른쪽을 취하시면 한왕이 이기고, 귀공이 왼쪽을 취하시면 항왕이 이깁니다. 그리고 오늘 항왕이 패한다면 내일 패할 사람은 바로 귀공입니다.

귀공은 원래 항왕과 오랜 인연을 가지고 계십니다. 어이하여 한을 버리고 초와 연합함으로써 천하를 삼분하여 그 하나를 취할 생각을 하시지 않는 것입니까. 이런 중요한 기회를 놓치고 부질없이 한나라를 믿어 초나라에 대적하고 계신데 이건 지자智者의 이름을 헛되이 하는 소치가 아니겠습니까?"

그러나 한신은 이 제의를 거절했다.

"항왕을 섬겼을 당시 나는 고작 낭중에 임명되어 경호병 노릇이나 하였을 뿐이오. 무슨 진언을 해도 인정받지 못하였고 내 계략은 채택되지 못했었소. 그래서 초나라를 버리고 한나라에 투신했던 것이오. 한왕은 나에게 대장군의 인수를 주고 수만의 대군을 거느리게 해주었소. 왕 자신의 옷을 벗어 나에게 주시고 왕 자신의 식사를 나에게 베풀어 주셨소. 진언이 인정되고 계략은 채택되었소. 내가 오늘 이렇게 된 것은 오로지 한왕의 덕택이오. 상대방의 신뢰가 두터운데도 불구하고 이를 배반한다는 것은 옳지 않소. 설사 죽음을 당한다 할지라도 내 마음은 변할 수 없소이다. 모처럼 부탁하시는 일이지만 항왕의 제안을 받아들일 수는 없겠소."

— 무섭이 소득 없이 되돌아가자 이번에는 제나라의 괴통蒯通이라는 자가 찾아왔다. 천하를 좌우할 열쇠가 한신의 손에 쥐어져 있다고 생각하여 그를 설득하려는 것이었다. 그러기 위해서는 좀 색다른 방법을 시도해야만 했기 때문에 그는 자기가 관상술에 뛰어나다는 이야기부터 내세웠다.

"저는 관상술을 좀 배운 사람입니다."

"관상술이라?"

"귀貴와 천賤은 골상骨相에 나타나고, 희喜와 비悲는 용색容色에 나타나고, 성成과 패敗는 결단 여하에 나타납니다. 이 세 가지를 종합하여 운세를 판단하면 백발백중입니다."

"그렇다면 내 상은 어떻소?"

"잠깐. 단둘이서만 말씀드리고 싶습니다."

한신은 측근자를 물리쳤다.

"이러면 되겠소?"

"용모만을 말씀 드린다면 봉후封侯 이상의 상이 못 되십니다. 그것도 몹시 불안정한 운이어서 언제 뒤집힐지 모르는 형편입니다. 그런데 등을 돌려댄 그 모습을 뵈오면 그 존귀하신 품은 설명할 길이 없을 지경입니다."

"무슨 뜻이오?"

"천하에 난동이 벌어질 무렵 영웅 호걸들이 왕을 칭하고 무리를 규합하자 천하의 장사들이 구름처럼 모여들었고, 생선 비늘처럼 생기를 띠웠으며 불길처럼 타 올랐습니다. 당시는 진나라를 토벌하는 일만이 최대의 관심사였습니다.

그러나 지금은 초나라와 한나라가 대립·항쟁하여 죄 없는 천하 백성들을 괴롭히고 있습니다. 중원의 넓은 땅덩어리 위엔 시체의 내장과 뼈다귀들이 이리지리 널려 있습니다. 그런데 초의 항왕은 팽성 싸움에 이긴 뒤로 패주하는 한군을 쫓아 형양까지 쳐들어 갔고, 승리의 여세로 각지를 석권하여 천하에 위세를 떨쳤습니다. 그런데 그것도 잠시뿐으로 경·색 일대에서 궁지에 빠져, 한 발자국만 더 가면 서산을 바라볼 수 있는 지점까지 갔으면서도 거기서 발이 묶인 채 3년 동안을 끌어오고 있습니다.

한편 한왕은 수십만의 대군을 이끌고 공·낙 일대에 방어진을 치고 있었는데 험악한 산하에 가로막혀 신통하게 싸워 보지도 못한 채, 구원병도 없이 형양에서 패하고 성고에서 부상을 입어 결국은 완·섭까지 퇴각하고 말았습니다.

다시 말씀 드려서 지자智者(한왕)도 용자勇者(항왕)도 다 같이 궁지를 벗어나지 못하고 있는 것입니다. 이미 그들의 예기銳氣는 험악하고 견고한 요충 지대를 뚫지 못하는 형편이며, 창고의 양식은 바닥이 나 있습니다. 백성의 피폐는 그 극에 달하여 원성이 하늘에 닿아 있습니다. 어리석은 생각입니다만 이제는 천하의 성현이 아니고서는 이 대란을 진압시킬 수가 없게 되었습니다.

지금 두 왕의 운명은 귀하에게 달려 있습니다. 귀하가 한나라에 가담하면 한나라가 승리합니다. 초나라에 가담하시면 초나라가 이깁니다. 저는 이 자리에서 사심 없는 솔직한 의견을 피력하려고 합니다만 채택해 주실지 어떨지가 의문입니다. 제 계략은 이렇습니다. 두 왕을 양립케 하고 천하를 삼분하여 귀하께서 그 하나를 취하시고 삼자 정립하는 것이 최선의 방책이라고 생각하는 것입니다. 그렇게 되면 삼자가 서로 견제하여 함부로 시비를 벌이지는 못할 것입니다.

귀하는 천하의 성현이십니다. 더욱이 완전 무장된 대군을 거느리셨고, 대국인 제나라를 지배하고 계십니다. 이제 연나라와 조나라를 누르시고 한나라와 초나라의 힘이 미치지 못하는 지역으로 진출하여 양군의 후방을 제압하는 한편, 백성들의 열망에 부응하여 동방의 땅에서 천하를 향해 만민의 생명을 구하리라고 선언하신다면 천하 백성은 두말 없이 호응하고 나서리라는 것을 저는 믿어 의심치 않습니다. 아무도 감히 귀하의 권위에 도전하진 못합니다. 그때 대국을 분할하여 강국의 세력을 말살하고 각지에 제후를 세우는 것입니다. 그리하여 제후들의 지위가 안정되면 제나라는 맹주로서의 흠앙欽仰을 얻고 천하는 그 뜻에 따르게 될 것입니다.

　제나라의 옛 전통에 따라 교·사 두 땅을 보유하는 것이 좋을 줄 생각합니다. 제후들을 심복心腹시키되 은덕으로서 하시고, 심궁에 단좌端座하시어 겸허한 태도로서 사람들을 대하시면 천하의 군왕들은 일제히 제나라에 참근할 것입니다. 하늘이 내린 것을 받지 않으면 벌이 내리고, 시기를 얻었음에도 이룩하지 않으면 화가 미친다고 합니다. 아무쪼록 깊은 헤아림이 계시기를 바랍니다."

　그러나 한신은 머리를 저었다.

　"한왕은 나를 퍽 후하게 대접해 주고 있소. 당신의 수레에 나를 태웠고 당신의 옷을 나에게 입혔고 당신의 수라를 나에게 들도록 해주었소. 속담에도 있지 않소. 남의 수레를 얻어 탄 자는 그 사람의 근심을 같이 나누어야 하고, 남의 옷을 얻어 입은 자는 그 사람의 걱정을 함께 안아 주어야 하며, 남의 음식을 얻어 먹은 자는 그 사람을 위해 목숨을 바쳐야 한다고. 이해利害에 사로잡혀 의義를 저버릴 수는 없다고 생각하오."

　며칠 후에 괴통은 다시 한신에게 말했다.

　"청廳은 일〔事〕의 조짐〔兆〕이며, 모謀는 일의 맹아〔萌〕라고 합니다. 좋은 말을 듣지 않고 모사를 그릇되이 한 자로서 안태安泰를 얻었다고 하는 예는 일찍이 보지 못하였습니다. 일의 가볍고 무거움을 분별해 들을 줄 알고 모사의 선후를 착오 없이 행할 줄 아는 자만이 여하한 언사에도 현혹당하지 않는 법입니다.

작은 일에 구애받고 있다가는 천자의 자리를 놓치십니다. 하찮은 녹봉에 구애받으시다가는 경상卿相의 큰 자리를 잃으십니다. 안다는 것이야말로 결단의 원동력이 되며 의심은 대사의 장애물입니다. 모사의 사소한 부분에만 매달려 계시다가는 천하의 대국大局에서 실패하실 것입니다. 이성이 명하는 바를 잘 알고는 있으면서도 단행을 주저한다는 것은 만사의 화근이 될 뿐입니다.

'맹호도 주저만 하고 있는 동안에는 벌만도 못하다', '준마도 제자리걸음만 하는 동안에는 노둔한 말과 다를 것이 없다', '맹분孟賁(고대의 용사)도 의심하는 동안에는 범인凡人과 마찬가지다, 순舜·우禹 같은 지자도 잠자코만 있어서는 벙어리의 손짓만도 못하다' 라고 합니다. 결행한다는 것이 얼마나 중요한가를 비유한 말입니다.

공은 이루기 어려운 대신에 잃기는 쉽고, 시기는 얻기 어려운 대신에 놓치기는 쉬운 것입니다. 시기는 두 번 다시 찾아오지 않습니다. 제발 깊은 헤아림이 계시기를 바랍니다."

그러나 한신은 여전히 머뭇거리고 있는 상태였다. 한왕에 대한 배신 행위가 내키지 않았던 것이다. 게다가 자기는 큰 공도 세웠으니 설마 한왕이 이 제나라를 빼앗는 일이야 없겠지, 하는 마음도 있었다. 결국 그는 괴통의 권고를 사양했다. 괴통은 그의 진언이 채택되지 않자 미친 사람 흉내를 내고 신들린 사람처럼 가장하고 다녔다.

보은報恩의 방법

— 한왕은 고릉에서 초군의 역습을 받아 궁지에 빠지자, 장량의 헌

책대로 한신을 부르게 했다. 한신은 군사를 거느리고 해하에 이르러 항우의 군사를 격파했다. 그런데 한왕은 일이 끝나자 불의에 한신을 사로잡고 그의 군사도 빼앗아 버렸다.

한 5년 정월에 제왕 한신은 초나라에 전봉轉封되어 팽성의 동쪽 하비에 도성을 정했다. 영지로 돌아간 한신은 그 옛날 자기에게 식사를 나누어 주었던 무명 표백장이 노파를 불러 천 금을 하사했다. 또한 한때 그가 신세를 졌던 하향 남창의 정장에게는 백 전을 내리고 이렇게 덧붙였다.
"그대는 의협심이 부족하다. 봐주기로 했으면 끝까지 봐주어야지."
또한 옛날에 한신에게 자기 가랑이 밑을 기어 나가라고 창피를 주었던 불량배를 찾아내어 그를 초나라의 중위에 임명하고, 부하 장군과 대신들에게 이렇게 소개했다.
"이 사나이는 대단한 사람이다. 지난날 이 사나이가 창피를 주었을 때 그 자리에서 나는 이 사나이를 죽여 버릴 수도 있었다. 그런데 죽여 봤자 내 이름이 올라가는 것이 아니라 생각하고 꾹 참았었다. 이 사나이가 있었기 때문에 오늘의 내가 있다고 말해도 좋을 것이다."

토끼 사냥이 끝나면
항왕의 수하에서 도망쳐 온 장군 가운데 종리매鍾離昧[29]라는 자가 있었다. 원래 그의 고향은 한신의 영지인 이려에 있어서 한신

---

29) 진평의 이간 모략에 걸려들어 항왕의 의심을 받고 한에 투항한 장군.

과는 가까운 사이였으므로 항왕이 죽은 후는 한신의 군중에 투신하고 있었다. 한왕은 진작부터 종리매를 눈의 가시처럼 미워하고 있었기 때문에 그가 초나라에 머물러 있다는 말을 듣고 칙령을 내려 체포를 명령했다. 그런데 한신은 영지에 도착한 이래 각지를 시찰할 때는 으레 경호병을 거느리고 다녔다.

한 6년, 고조에게 '초왕 한신이 모반을 일으켰다'고 상소하는 자가 있었다. 고조는 진평의 계책을 받아들여 순행을 빙자하여 제후들을 소집하도록 하되 남방의 운몽호雲夢湖까지 순행키로 하고 각지의 제후들에게 사자를 파견했다.

'진陳 지방에 회동하라. 짐은 운몽에 순행하리라.'

목적은 어디까지나 한신을 체포하는 데 있었다. 한신으로서는 전혀 눈치도 못 채고 있었지만 고조가 초나라를 방문하리라는 말에 문득 불길한 예감에 사로잡혔다.

'차라리 군사를 동원하여 반란을 일으켜 버릴까. 하지만 나는 문책받을 만한 일을 일체 하지 않았는데……. 아무튼 고조를 알현하고 나서 보자. 재수 없이 체포당하기라도 하면 큰일이기는 하지만…….'

이렇게 전전긍긍해 하는 한신에게 어떤 자가 진언했다.

"종리매를 처치한 뒤에 폐하께 알현하십시오. 폐하는 몹시 흐뭇해 하실 겁니다. 걱정하지 마십시오."

한신은 종리매를 불러 이 이야기를 했다. 그러자 종리매는

"한왕이 실력으로 초나라를 공격하지 못하는 것은 바로 내가 버티고 있기 때문이오. 한왕의 비위를 맞추기 위해서 나를 잡아갈 생각이시라면 나는 이 자리에서라도 목숨을 내놓겠소. 그러나 내일은 당신의 차례가 될 것이오."

라고 말하고는 스스로 목을 찔러 죽고 말았다.

한신은 그 목을 들고 진陳나라로 가서 한왕을 알현했다. 한왕은 즉석에서 무장병을 시켜 한신을 포박하고 수행원의 수레에 감금해 버렸다.

"과연 토끼 사냥이 끝나면 사냥개를 잡아 먹기 마련이고, 하늘에 잡을 새가 없어지면 활을 창고에 처박기 마련이며, 적국을 모두 쳐 없앤 연후에는 모신謀臣들을 처치하게 마련이라는 말이 옳긴 옳소이다. 천하가 평정된 이상 저 같은 자는 이제 무용지물이 됐다는 뜻이겠습니다."

한신이 항변하자,

"그렇지 않소. 그쪽의 모반을 밀고한 자가 있었기 때문이오."

하고 고조는 포승과 칼로 한신을 구금한 채 낙양으로 데리고 갔는데 도착 후에는 죄를 용서하고 왕에서 후로 격하시켜 회음후라 칭하게 했다.

한신은 자기에 대한 한왕의 경계가 의연 삼엄한 것을 알고는 몸이 아프다는 핑계로 참내를 삼가고 한왕의 출어에도 수행하는 일을 회피했다. 고조를 원망하는 마음과 분한 생각이 날로 더하여 아무런 재미도 없었다. 자기가 주발이나 관영 따위와 같은 인간으로 취급당한다는 것이 억울하기 짝이 없었다.

한번은 그가 장군 번쾌의 집에 들린 일이 있었다. 번쾌는 한신을 맞이하여 신하의 예를 갖추고 스스로 '신臣'이라 칭했다.

"대왕께서 신의 집엘 다 들려 주시다니 황공하기 이를 데 없습니다."

용무를 마치고 그 집에서 나올 때 한신은 이렇게 자조했다.

"오래 살다 보니 끝내는 번쾌 따위와 같은 항렬이 되고 말았

203

구나."

진평의 책모 〈진승상 세가陳丞相世家〉에 다음과 같은 기록이 있다.

한나라 6년에 초왕 한신이 반역을 꾀하고 있다는 상서가 있었다. 고조가 장수들을 소집하고 대책을 묻자 장수들은 이렇게 말했다.

"즉각 군사를 동원하여 그 자를 잡아 땅에 묻어 버려야 합니다."

그러나 고조는 즉석에서는 자기의 의견을 밝히지 않고 다시 진평을 불러 의논했다. 진평은 우선 뜸을 들였다.

"장수들의 의견은 어떠했습니까?"

고조는 상세히 설명하였다.

"그런데 한신 모반의 상서가 있었다는 사실을 아는 사람이 또 있습니까?"

"아직은 없겠지. 장군들밖에는!"

"그럼 한신 자신은 알고 있을까요?"

"아직은 모르고 있을 거요."

"폐하의 정병을 투입할 경우 초나라의 군사에 대한 승산은 어떻겠습니까?"

"우리 쪽엔 승산이 없다고 봐야 할 거요."

"폐하의 부하 장군들과 한신의 부하 장군들을 비교할 때 어느 쪽이 용병에 능할까요?"

"그것도 우린 저쪽을 못 당하오."

"군사도 초나라를 못 당하고 장군들도 열세에 놓여 있는데, 그걸 알면서도 싸움을 건다면 적의 함정에 빠져 들기가 십상입니다. 폐하를 위해 이처럼 위험스런 일은 다시 없을 것입니다."

"그러니 어쩌면 좋겠소?"

"옛날부터 천자는 순행을 할 때 제후와 회동하였습니다. 남쪽에 운몽호가 있습니다. 폐하께서는 이번에 운몽호로 순행한다고 발표하시고 제후들을 진陳나라로 모이게 하십시오. 진나라는 초나라의 서쪽에 있기 때문에 아무리 한신일지라도 그곳에서는 일을 꾸미지 못할 것입니다. 아마 자신이 직접 출두하여 폐하께 알현을 청할 것입니다. 그때가 기회입니다. 힘센 장수가 한 사람만 옆에 있으면 한신을 사로잡기는 간단하리라고 생각합니다."

고조는 고개를 끄덕였다. 즉시 사자를 제후들에게 파견하고, 운몽에 출유하니 진나라에서 회동할 것을 전했다. 그리고 사자들을 보내는 그날로 고조 자신도 출발했다.

일행이 진나라의 교외에 당도하자 초왕 한신이 과연 마중을 나와 있었다. 고조는 미리 무장병을 배치해 두었다가 한신이 나타나자 다짜고짜 잡아 묶어 수행원의 수레 속에 감금해 버렸다.

"천하는 제패되었소. 그러니 나에게는 이제 볼 일이 없어졌다는 뜻이오?"

하고 한신이 외치자 고조는 호통을 쳤다.

"더 이상 아무 말 하지 마라, 이 반역자!"

장수도 여러 가지

고조와 한신이 잡담을 나누고 있는 자리에서 장군들을 품평한 일이 있었다. 그런데 두 사람의 의견에 차이가 있었다. 이에 고조가 물었다.

"짐에게는 몇만 정도의 군사를 거느릴 역량이 있다고 보시오?"
"폐하께서는 기껏해야 10만 정도이겠지요."
"그러면 귀공은?"

"저는 다다익선多多益善입니다. 용병에는 자신이 있습니다."

고조는 웃었다.

"그런데 귀공은 왜 나에게 붙잡혔소?"

"폐하께서는 병兵의 장將이 되실 역량은 없습니다만 장將의 장將이 되실 힘은 갖추고 계십니다. 제가 사로잡힌 것은 그 때문입니다. 더욱이 폐하의 경우는 그 재능이 실로 저 따위와 비교할 수 없는 천부의 것이어서 아무나 갖출 수 있는 것이 아닙니다."

최후의 도박

거록의 태수로 임명된 진희가 한신에게 작별 인사를 하러 왔을 때, 한신은 그의 손을 잡고 마당을 거닐며 하늘을 우러러 탄식했다.

"들어 주겠소, 이야기할 것이 있는데?"

"말씀하십시오"

"당신이 부임하는 곳은 천하의 정병이 모여 있는 땅이오. 당신에 대한 폐하의 신임은 두텁소. 설사 당신을 모함하는 자가 있더라도 폐하께서는 결코 믿지 않으실 거요. 모함하는 자가 두 번쯤 나타나더라도 폐하께서는 약간 의심해 보는 정도일 거요. 그러나 그런 소리가 세 번쯤 들려오면 그때는 폐하께서도 분노하여 토벌의 군사를 동원하고 몸소 지휘를 맡으실 거요. 그때 내가 도성에서 당신과 내응하여 일을 벌이면 천하는 우리 손에 넘어오리라고 보는데……."

일찍이 진희는 한신의 재능을 높이 평가하고 있었으므로 이런 유혹도 솔직히 받아들였다.

"뜻하시는 대로 좇겠습니다."

한 10년에 접어들어 진희는 과연 반기를 들었다. 고조는 스스로 군사를 이끌고 출진했는데 한신은 병을 칭하고 종군을 회피, 은밀히 진희에게 사자를 보냈다.

"거병할 뿐이요. 나는 이 도성에서 호응하겠소."

한신은 곧 부하들을 소집하여 대책을 강구했다. 그 결과, 칙명을 사칭하여 여러 관공서에 억류되어 있는 죄수들을 밤중에 모두 석방하고 도성 안에 소란 상태를 조성한 연후, 그 혼란에 편승하여 여후와 황태자를 기습한다는 작전이 세워졌다.

각자의 책임 부서도 결정되었으므로 이제는 진희의 회답만을 기다리고 있었다. 그런데 이런 판국에 뜻하지 않은 착오가 생겼다. 부하 가운데 부정을 저지른 자가 있어 한신이 그 자를 처형할 목적으로 잡아 가두어 놓고 있었는데 그 사나이의 아우되는 자가 여후에게 달려가 음모의 사실을 소상히 밀고해 버렸던 것이다.

여후는 즉각 한신을 불러들일까 하다가 생각을 달리했다. 한신이 군말 없이 출두할지가 의문이었던 까닭이다. 이에 상국인 소하와 의논하여 신하의 한 사람을 전선에 있는 고조가 보낸 사자로 위장시켜 '진희는 이미 주살되었다'는 말을 열후와 군신 사이에 퍼뜨리게 했다. 열후와 군신은 모두 축하하기 위해 궁성에 참내했다. 상국인 소하는 시치미를 뚝 떼고 한신에게도 명령을 전달했다.

"병중인 줄은 알지만 이런 때는 다소 무리를 해서라도 참내하여 축하하도록 하시오."

한신이 참내하자 여후의 밀명을 받은 무장병이 날쌔게 그를 잡아 눌러, 장락궁의 종실로 끌고 가서는 그 길로 참수해 버렸다.

목이 잘리기 직전에 한신은 이렇게 탄식했다.

"지난날 괴통의 헌책을 채택하기만 했더라도 나는 이 꼴이 되지 않았을 텐데……. 아녀자(여후)의 농간에 속아 넘어가는 것도 천명이란 말인가……."

그리하여 한신의 삼족이 몰살을 당했다.

괴통의 변명

고조는 진희의 토벌을 마치고 도성에 돌아와서 한신이 처형되었음을 비로소 알았다. 한편으론 마음이 놓이고 한편으론 그가 측은하기도 하여 여후에게 물어 보았다.

"죽기 직전에 한신이 뭐라고 하였소?"

"괴통인지 뭔지 하는 자의 헌책을 묵살한 것이 한스럽다고 하였습니다."

"제나라의 세객, 그놈 말이지."

괴통을 잡아들이라는 칙명이 제왕에게 내려졌다. 괴통이 붙잡혀 도성에 끌려오자 고조가 심문했다.

"네놈이냐, 회음후에게 모반을 사주한 놈이?"

"그렇습니다. 분명히 제가 그런 짓을 했습니다. 그런데 회음후라는 사나이는 저의 계책을 채택하러 들지 않았습니다. 그러기에 자멸을 초래한 것이죠. 만일 그 사람이 제 말대로만 했더라면 폐하는 도저히 그 사람을 멸망시키지 못하셨을 것입니다."

고조는 대로했다.

"저놈을 당장 가마솥에 넣고 삶아 버려라!"

"그건 너무 억울하옵니다."

"모반을 사주해 놓은 주제에 뭐가 억울하다는 것이냐?"

"노여움을 진정하시고 우선 제 말씀 좀 들어 보십시오. 일찍이 진秦나라의 대들보가 흔들리기 시작하자 산동에서는 진 왕실과 아무 연줄도 없는 자들이 들고 일어나서 멋대로 왕을 칭하고 군웅 쟁패의 시대를 연출했습니다. 그리하여 천하가 다투어 중원의 사슴을 쫓았고, 그중에서 특히 뛰어난 자가 사슴을 잡는 데 성공하였습니다.

도척盜跖(전설상의 대도둑)이 기르는 개가 요 임금을 향하여 짖어댄 것은 요 임금께서 부덕하셨기 때문이 아니었습니다. 개라는 짐승은 자기 주인이 아닌 사람에게는 누구에게든 짖어대는 법입니다. 당시에 제가 알고 있었던 사람이라면 한신뿐이었습니다. 폐하께는 알현할 기회가 없었습니다. 또한 당시 천하에는 폐하와 마찬가지로 칼을 갈고 창을 다듬는 자들이 무수히 있었습니다. 그들이 실패한 것은 단지 힘이 모자랐기 때문입니다. 폐하께서는 그런 자들도 모두 잡아다가 가마솥에 삶으실 겁니까?"

"알았다. 처형은 그만두지."

괴통은 석방되었다.

4. 보좌역의 처신법 — 소하蕭何

— 소하는 한 번도 전쟁터에 나선 일이 없고, 오직 내정內政에서 한 제국 창건에 공헌한 사람이다. 그는 고조로부터 가장 의심을 받을 만한 자리에 있으면서도 가장 두터운 신임을 받아 왔다. 오히려 그는 고조를 조종하여 자기의 이상을 실현하려고 했다.

고조高祖의 은인

한나라 재상 소하는 고조와 같은 패현 풍 지역의 출신이다. 법령에 정통해 있어 처음에는 현청의 하급 관리 노릇을 했었다.

고조가 아직 이름 없는 서민이었을 때, 소하는 관청에 관련되는 일을 가지고 자주 고조의 편의를 보아 주었으며 고조가 정장이 된 연후에도 이것저것 뒤를 살펴 주었다. 고조가 노역의 감독관으로 함양으로 출발할 당시에는 다른 관리들은 고조에게 3백 전을 내놓았으나 소하는 선뜻 5백 전을 마련해 주었다.

진秦나라의 감찰관이 내려왔을 때 소하의 일솜씨가 그의 눈에 띄었다. 덕택에 소하는 사수군의 관리로 등용되었는데 여기서도 그의 수완은 탁월했다. 진나라의 감찰관은 다시 소하를 중앙 관청의 요직으로 올려 앉히려고 하였다. 그러나 소하가 한사코 사양하는 바람에 감찰관은 몹시 아쉬워하며 단념했다.

고조가 군사를 일으켜 패공이 되고부터는 소하가 그 막하에서 줄곧 사무를 처리해 왔다. 고조가 진나라를 무찔러 함양에 입성했을 때 남들은 앞을 다투어 보물 창고로 뛰어드는 판인데도 소하만은 금은보화 따위는 거들떠보지도 않고 오직 진나라의 승상·어사들이 간직했던 법령과 문서들을 입수하여 보관해 놓았다. 고조가 한왕에 책봉되자 소하는 그 밑에서 재상의 일을 맡았다.

진나라가 멸망했을 때에 항우는 제후들과 함께 함양 시내를 깨끗이 불살라 버리고 떠났었다. 그러나 그에 앞서 소하가 진나라 조정의 문서들을 손에 넣어 보관하고 있었으므로, 고조는 천하의 요해要害, 인구의 많고 적음, 각국의 전력, 백성의 고충 따위를 소상히 파악해 전략에 이용할 수가 있었다.

한신을 등용하라고 진언한 것도 소하였다. 그의 추천으로 고조는 한신을 대장군에 임명했던 것이다. 이는 앞에서 이미 보아 온 바다.

군주의 의혹을 역이용하다

고조가 동진하여 3진 지방을 정복했을 때 소하는 승상으로서 후방에 머물러 파·촉의 통치 기반을 굳건히 하고 백성에게 선정을 베풀며 군량을 확보했다.

한 2년, 고조가 제후들과 더불어 초나라를 공격하고 있었을 때에도 소하는 관중에 머물러 태자 효혜를 받들며 수도 역양의 제도 정비에 열중했다. 즉 법규를 제정하고, 종묘를 세우고, 토지신과 곡물신에게 제사지내고, 궁궐을 건설하고, 지방 행정을 정비했다. 더욱이 이 모든 일을 고조에게 품신稟申하여 그 허락을 얻은 연후에 행하는 방식을 취했다. 긴급을 요하는 경우에는 자기 재량으로 처리하였으되 고조의 사후 승낙을 반드시 얻어 두었다.

그는 관중의 호수와 인구를 정확히 파악하고, 전선으로의 물자 보급을 계획적으로 행하였다. 고조는 자주 패하여 그때마다 병력의 손실이 적지 않았으나 소하가 수시로 관중에서 병력을 징집하여 지원했다. 그러므로 고조는 관중의 정사를 소하에게 전담시켜도 무방했다.

다음 해, 고조는 경·색 일대에서 항우와 대치하여 일진일퇴의 어려운 싸움을 되풀이하고 있었는데 그런 고난 속에서도 후방으로 자주 사자를 파견하여 소하의 노고를 위로하곤 하였다.

포생이라는 자가 소하에게 이런 충고를 했다.

"몸소 전쟁터에 나가 계신 대왕께서 모진 비바람과 찌는 듯한 더위, 그리고 살을 에이는 것 같은 혹한에 시달리면서도 후방에 있는 승상에게 자주 사자를 파견하여 노고를 위로하고 있다는 것은 보통 일이 아닙니다. 승상에게 의심을 품고 있다는 증거일 것입니다. 한번 이렇게 해 보시면 어떻겠습니까. 승상의 가족과 친척 중에서 전쟁터에 나가 싸울 수 있는 자는 모조리 뽑아 보내는 일 말입니다. 꼭 그렇게 하셔야 됩니다. 그러면 대왕께서는 좀더 승상을 신임하실 것입니다."

소하가 이 헌책대로 이행하자 고조는 크게 만족했다.

사냥개의 공로

한 5년, 드디어 항우를 격멸하고 천하를 평정한 고조가 이제 논공행상을 실시하려는 때였다. 신하들이 각기 자기의 공적을 내세워 분규를 일으켰기 때문에 1년이 넘도록 매듭을 짓지 못했다.

마침내 고조는 최고의 공적을 세운 자는 소하라고 언명하고 그에게 가장 큰 봉지인 찬酇을 주었다.

공신들은 다투어 불평을 늘어놓았다.

"소신들은 목숨을 걸고 제일선에 나가 많은 사람은 백수십 회, 적은 사람도 수십 회씩은 전투를 겪어 왔습니다. 공훈에 차이는 있을지언정 누구나 성을 공략하고 땅을 빼앗는 싸움을 치러 온 것입니다. 그러나 승상 소하로 말할 것 같으면, 단 한 번도·싸움터에 나가 본 일이 없고 다만 후방의 책상 위에서 정사만 보살펴 왔을 따름이 아닙니까. 그런 이가 어찌 신들보다 상위의 대접을 받아야 합니까?"

고조는 대답했다.

"귀공들은 사냥이라는 것을 아오?"

"알고 있습니다만······."

"그렇다면 사냥개가 무엇인지도 알고 있겠군."

"그렇습니다."

"사냥을 할 때 짐승을 쫓아가서 잡는 것은 사냥개이지만 그 개의 끈을 풀어 달려나가게 하는 것은 사람이오. 말하자면 그대들은 도망치는 짐승을 쫓아가서 잡아온 셈이니 공을 따지더라도 사냥개의 공이라고 할 수 있소. 그에 비하면 소하는 그대들의 끈을 풀어 뛰게 한 자이니 이는 요컨대 '인간'의 공적이오. 그뿐만이 아니오. 그대들은 대부분이 몸 하나만 가지고 짐을 따라온 것이 아니겠소. 고작 일족삼인一族三人 정도가 많은 편이었소. 그런데 소하는 자기 일족 중에서도 수십 명을 차출하여 전쟁터에 내보냈소. 그 공도 또한 무시할 수 없는 것이오."

신하들은 입을 다물어야 했다.

한때의 공과 만세萬世의 공

제후에 대한 영지의 분배가 끝나고, 이번에는 궁중에 있어서의 석차를 추천하여 정하는 마당이었다. 모두가 입을 모아,

"평양후 조참은 몸에 70여 개의 상처를 입도록 분전하였을 뿐만 아니라 공성攻城과 약지略地의 실적도 누구보다 큽니다. 그분이야말로 제1위에 해당합니다."
라고 하였다.

고조는 이미 공신들을 누르고 소하에게 가장 큰 영지를 내준 바 있으므로 석차의 문제에 관해서는 신하들의 뜻에 거스르고 싶지 않았으나, 내심으로는 역시 소하를 첫째 자리에 앉혔으면 하고 있었다.

이 눈치를 살핀 관내후關內侯(王侯에 버금하는 작위) 악군鄂君이 진언했다.

"여러분의 의견은 다소 편파적이 아닌가 생각합니다. 미상불 조참 님으로 말하면 공성과 약지에 다대한 업적을 세우셨습니다. 그러나 그것은 일시적인 공에 지나지 않습니다. 근본적인 점을 한번 생각해봐 주십시오. 폐하께서는 초군과 싸우시기 5년간, 싸움에 패하여 부하를 잃고 당신 혼자서 탈출을 꾀한 일도 여러 번 있으셨습니다. 그런 때마다 소하 님은 관중에서 보충 병력을 보내 왔습니다. 폐하의 명령이 있기도 전에 수만 명의 부대가 위급한 전쟁터에 달려오곤 했던 일도 한두 번이 아닙니다. 또한 형양성에서 한·초의 양군이 몇 년 동안 공방전을 전개할 당시에도

양식이 떨어질 만하면 관중에서 보급이 오곤 하여 우리는 배고픔을 모르고 싸울 수 있었습니다. 또 있습니다. 폐하께서는 산동에서 여러 번 패하셨습니다만 소하 님은 폐하께서 언제든지 귀국하실 수 있도록 관중을 끝까지 확보하고 있었습니다. 이것이야말로 만세에 빛나는 업적입니다. 조참 같은 분을 백 명 잃었다 해도 우리 한나라는 끄떡도 하지 않습니다. 또한 조참 같은 분이 백 명 가량 있다고 해서 그것만으로 우리 한나라가 만전을 기할 수 있다고는 보지 않습니다. 일시의 공을 만세의 공보다 높이 평가할 수는 없다고 하겠습니다. 소하님을 석차의 제1위, 조참님을 그 다음으로 정하는 것이 옳다고 생각합니다."

"그러는 것이 좋겠소."

고조도 맞장구를 쳤다.

그리하여 소하에겐 특전이 주어졌다. 대검 한 채가 하사되었고, 또한 신을 신은 채 전殿에 오를 수 있게 되었으며, 궁중에서 보통 신하들과는 달리 종종걸음을 치지 않아도 된다는 특별 대우를 받게 되었다.

고조는 또한

"인재를 추천한 자도 후한 상을 받을 만하다고 들었소. 소하의 높은 공적도 악군의 추천이 있어 더욱 빛나게 된 것이오."

이렇게 말하고 악군을, 영지는 전대로 둔 채 작위를 한 급 올려 안평후安平侯에 봉했다. 같은 날 소하의 부자 형제 10여 명에게도 각기 영지를 부여하고 소하에게는 따로 2천 호의 영지를 더 해주었다. 고조가 그 옛날 노역 감독관으로서 함양으로 떠날 당시, 소하가 다른 사람보다도 2백 전이 더 많은 전별금을 자기에게 준 일에 대해 보답을 한 것이다.

출세는 화근이다

한 10년, 조나라의 대신 진희가 한단에서 반란을 일으켰다. 고조는 스스로 토벌전에 나섰는데 그가 없는 사이에, 이번에는 관중에서 한신이 모반을 책모했다. 다행히 소하의 계략에 의하여 황후인 여후가 한신을 처치했다. 이상은 〈회음후 열전〉에 기록된 바다.

고조는 이 보고를 받자 사자를 파견하여 소하를 승상에서 상국으로 승진시키고 5천 호의 영지를 더해주는 한편 도위를 우두머리로 하는 5백 명의 호위병을 그에게 붙여 주었다. 군신이 다투어 이를 치하하는 가운데 소평召平이 가시 돋친 말을 했다. 이 소평이라는 자는 진나라 시대에 동릉후東陵侯를 지내다가 서민이 된 사람이다. 장안의 동쪽 교외에 참외를 심어 근근히 살아가고 있었는데 그 참외의 맛이 뛰어나 '동릉 참외'라는 이름이 붙었다. 원래 그가 동릉후였으므로 그런 별명이 생긴 것이다.

상국이 된 소하에게 그 소평이 이렇게 말했다.

"이번 일은 귀하에게 재난의 근본이 될는지도 모릅니다. 아시겠습니까? 폐하께서는 전쟁터에 나가 계시고 귀하는 국내에서 집이나 보고 있습니다. 화살 한 번 맞아 보지 않은 귀하에게 영지를 늘려 주셨을 뿐만 아니라 호위병까지 붙여 주셨는데 그건 무엇 때문일까요? 한신이 모반을 꾀하였은즉 폐하께서는 승상이신 귀하까지도 의심하시게 된 것입니다. 호위병을 붙인 것은 결코 귀하를 위해서가 아니올시다. 이런 마당에서는 영지 가증加增을 사퇴하고 귀하의 전 재산을 처분하여 군비로 헌납하도록 하십시오. 그렇게 하시면 폐하께서는 마음을 놓으실 것입니다."

소하가 이 충고대로 이행하자, 고조는 크게 흐뭇해했다.

보신책

한 12년 가을. 경포가 반란을 일으켜 고조는 이번에도 몸소 군사를 거느리고 토벌에 나섰다. 그 군중에서 고조는 재삼재사 국내로 사자를 파견하여 소하의 근황을 묻게 했다.

소하는 황제의 부재중 선정에 힘써 백성의 협력을 얻고, 진희의 반란 당시와 마찬가지로 군비 조달에 보태기 위하여 사유 재산을 헌납했다.

어떤 식객이 말했다.

"머지않아 상국께서는 일족의 몰살을 당하실 듯합니다. 본래 당신은 상국의 지위에 있고 국가에 대한 공적도 최고위에 있습니다. 이제는 더 승진할래야 할 수가 없습니다. 게다가 상국께서는 지난 10여 년 동안 이 관중에 머물러 민심의 장악에 힘써 오셨습니다. 민심은 당신을 따르고 있고 당신도 민생 안정에 공헌한 바 큽니다. 그러고 보면 폐하께서 자주 사람을 보내 오시는 것도 무리는 아니올시다. 상국이 국내에서 반역이라도 획책하지 않을까 경계하는 까닭입니다. 이렇게 하시면 어떨까요? 전답을 대량으로 마구 사들이시면……. 사들이되 싸게 사들이고 대금 지불은 질질 끌어 가지고 당신에 대한 일반의 평판을 스스로 떨어뜨리도록 하십시오. 그러면 폐하도 안심하실 것입니다."

소하는 지체 없이 그 충고대로 했다. 과연 고조는 크게 기뻐했다.

이윽고 고조는 경포의 난을 토벌하고 귀국 도상에 올랐다. 그 도중에 사람들이 길을 막고 소장을 올렸다. 상국 소하가 백성들의 전답을 돈으로 따져 1만 금 가까이나 강제로 사들였다는 내용이었다.

귀국 후, 소하가 참내하자 고조는 빙글빙글 웃으며,
"귀공은 백성들을 착취하여 돈깨나 모았다고 하더군."
하고 사람들의 소장을 모두 넘겨 주었다.
"상국이 직접 나서서 사과하는 편이 좋을 것이오."
소하는 이때라고 생각하고 이렇게 소망을 피력했다.
"장안에는 농지가 퍽 부족한 형편입니다. 그런데 상림의 어원御苑[30]에는 광대한 토지가 놀고 있습니다. 이것을 백성들에게 개방하여 주십시오. 그리고 농작물을 거둬 들일 때 짚을 베지 말고 그대로 두게 하면 새나 짐승의 먹이로도 될 것이니, 두루 좋은 일이 아니겠습니까?"
그러자 고조는 별안간 안색을 달리했다.
"귀공은 상인들에게 뇌물이라도 받아 먹은 것이 아니요. 내 정원을 내놓으라니."
이렇게 말하고 소하를 옥리에게 넘기고 말았다.
며칠이 지났다. 왕王이라고 하는 위위衛尉(시종무관)가 고조 앞에 나아가 아뢰었다.
"상국에게 무슨 중죄가 있기에 별안간 투옥하셨는지요?"
"진나라의 대신 이사는 좋은 일은 모두 군주의 덕으로 돌리고 나쁜 일은 모두 자기 탓으로 떠맡았다고 들었는데, 이 소하란 자는 상인들에게서 뇌물을 받아 먹고는 내 정원을 개방하라는 등 인기 작전을 꾀하고 있었소. 하옥하여 규명해 볼 참이오."
이에 왕 위위가 말했다.
"폐하의 그 말씀은 납득하기가 어렵습니다. 자기 직무의 범위

---

30) 금원禁苑 또는 비원秘苑이라고 함. 새와 짐승을 방사하는 자연 동물원임.

안에서 백성에게 보탬이 될 만한 일을 소청한다는 것은 재상으로서 당연한 일이 아니겠습니까. 그런데 어찌 상인들에게서 뇌물을 받아 먹었다고 의심을 하시는지 모르겠습니다.

상국으로 말씀드릴 것 같으면, 폐하께서 몇 해 동안이나 전쟁터에 나가 계실 때에도, 그리고 진희와 경포의 반란 진압에 친히 나서셨을 때에도 줄곧 관중을 지키고 있었던 분입니다. 상국이 만일 다른 마음이 있었더라면, 벌써 옛날에 관중을 손에 넣었을 것입니다. 그런데 그런 기회조차 이용하지 않았던 소하가 이제 와서 장사치의 뇌물 따위에 한눈을 팔겠습니까?

진나라의 예를 드셨습니다만, 진나라야말로 신하의 충간에 귀를 기울이지 않았기 때문에 천하를 잃었습니다. 이사도 그런 패거리 중의 한 사람인데 어찌 본보기가 되겠습니까. 소하를 의심하신다는 것은 너무나 가벼운 판단이 아니겠습니까?"

고조는 불쾌한 표정을 짓기는 하였으나 그날 안으로 명령을 내려 소하를 석방했다. 소하는 나이도 늙었을 뿐만 아니라 원래가 착하기만 한 위인이어서 고조의 처사를 원망할 줄도 모르고, 참내하자 맨발이 되어 사죄했다.

고조는 이렇게 말했다.

"이제 좋소. 그대는 백성을 위해 소청했는데 짐은 허락하지 않았소. 어차피 짐은 걸왕이나 주왕와 같은 폭군이며 그대는 명재상이요. 그대를 투옥한 것도 짐의 밝지 못함을 백성들에게 알리기 위함이었나 보오."

탁견卓見

소하는 전부터 조참과 사이가 나빴다.

소하가 병석에 누웠을 때 효혜제孝惠帝(제2대 황제)는 친히 그를 문병하고, 이렇게 물었다.

"상국에게 만일의 경우가 있을 때 그대의 후계자로는 누가 적임자라 생각하오?"

소하는 이렇게 대답했다.

"신하의 일을 가장 잘 아시는 분은 바로 주군이십니다."

"그럼 조참은 어떻겠소?"

효혜제가 반문하자, 소하는 깊이 머리를 숙이고 이렇게 대답했다.

"지당하신 말씀입니다. 소신은 이제 죽어도 한이 없습니다."

소하는 전답이나 저택을 장만할 경우 반드시 고급지를 피했으며 건물을 화려하게 치장하는 일도 하지 않았다.

그리고 사람들에게 이렇게 말하는 것이었다.

"내 자손들 가운데 싹이 좋은 녀석은 내 검약성을 본받겠지. 그 대신 바보 같은 자손이 대를 잇더라도 이런 집이나 전답이라면 권력자에게 빼앗기지 않고 넘길 수 있을 것이다."

효혜제 2년에 소하는 세상을 떠났다. 문종후文終侯란 시호를 받았으나, 자손 중에 죄를 범하여 신분을 박탈당하는 자가 생겨 4대로서 가문이 멸망하였다. 그러나 황제는 널리 손을 써서 그의 혈통을 찾아내어 찬후酇侯의 지위를 계승케 했다.

소하야말로 그와 견줄 만한 인물이 없는 공신이었던 것이다.

5. 명참모장名參謀長 — 장량張良

— 모사謀士 장량의 덕으로 고조는 여러 번 위기를 극복했다. 사마천은 그의 생애를 기록한 연후에 이런 말을 덧붙이고 있다. "나는 그의 행적으로 보아 십중팔구 준엄한 용모의 남자려니 생각하고 있었는데 초상화를 보니까 미녀와도 같았다. 공자孔子는 용모만으로 사람을 판단하다가는 담대멸명澹臺滅明(공자의 제자로 용모가 흉했다)과 같은 인물을 놓치기 쉽다고 경고한 바 있는데, 이 말은 장량의 경우에도 적용될 것이다."

이상한 노인

유후 장량은 한韓나라의 오랜 명문의 집안에서 태어났다. 그의 조부 개지開地는 한나라의 재상으로서 소후·선혜왕·양애왕을 섬겼고 부친 평平도 이왕·도혜왕의 재상을 지낸 집안이다.

부친인 평은 도혜왕 23년에 세상을 떠났고 그 20년 후에 한나라는 진秦나라에 멸망당했다. 이때 장량은 나이가 어려서 출사하기 전이었으므로 화를 모면할 수 있었다.

한나라가 멸망할 당시 장량의 집안에는 부리는 사람이 3백 명이나 되었다. 장량은 풍성한 재산을 아낌없이 처분하여 자객들을 모아들이면서, 그 아우가 죽었을 때도 발상조차 하지 않았다. 그의 조부와 아버지가 5대에 걸쳐 재상을 맡았던 한 왕가의 재흥을 도모하기 위해서 진왕을 암살하고 원수를 갚으려 한 것이었다.

장량은 일찍이 회양 땅에서 예禮를 배운 바 있었다. 진의 시황제가 동방을 순행한다는 소식을 듣자 그는 곧장 회양으로 달려가서 그 동부 지역에 사는 추장 창해군을 만나, 담력 무쌍한 한 장사를 구하였다. 장량은 이 장사와 함께 무게 1백 20근의 쇠몽둥이를 만들어 들고 시황제의 뒤를 밟았다. 순행의 행렬이 박랑사에 다다랐을 때 잠복하고 있던 두 사람은 예의 쇠몽둥이를 시황제의 수레에 집어 던졌으나 겨냥이 빗나가 수행원의 수레에 맞았다. 시황제는 대로하여 범인을 찾아내기 위해 전국에 대대적인 탐색령을 내렸다. 진의 탄압 정책은 이를테면 장량이 그 단서를 만든 셈이었다.

장량은 이름도 바꾸고 멀리 하비까지 도망쳤다. 어느 날 하비의 다리 근처를 무료하게 서성대고 있는데 초라한 몰골의 웬 노인 하나가 다리 저쪽에서 걸어오는 것이었다. 그 노인은 장량이 보는 앞에서 짐짓 신을 벗어 다리 밑으로 떨어뜨리고는 그를 불러 세웠다.

"이봐, 내려가서 저것 좀 주워 와."

화가 치민 장량은 주먹을 불끈 쥐었으나 상대가 노인이므로 꾹 참고 신발을 주워 왔는데, 노인은 또 이렇게 명령했다.

"신겨라."

장량은 어차피 참기로 한 이상 별수없다고 생각하고 허리를 굽혀 노인에게 신을 신겼다. 노인은 발을 내뻗고 신을 신기게 하더니 빙그레 웃고는 가 버렸다. 장량은 어처구니가 없어 쳐다보고만 있었다. 백 미터쯤 걸어간 노인이 이때 되돌아왔다.

"보아하니 장래성이 있는 놈이야. 닷새 후의 새벽에 이 자리에 오도록……."

영문을 모르는 채 장량은 무릎을 꿇고 "네!" 하고 대답했다.

약속한 날 예의 다리에 가본즉 노인이 벌써 와 있다가 고함부터 질렀다.

"늙은이를 기다리게 하다니 무슨 버르장머리냐!"

그리고는 휙 돌아서서,

"닷새 후의 새벽에 다시 한 번 와!"

하고는 가 버렸다.

닷새 후에 장량은 첫닭 우는 소리와 동시에 그곳에 나타났다. 그러나 역시 노인이 먼저 와 있었다.

"또 늦었어! 닷새 후에 또 한 번 오라구."

이번에도 노인은 그냥 돌아가 버렸다.

다시 닷새가 지났다. 이번만은 어디 보자 하며 장량은 오밤중에 일어나 그곳으로 갔다. 잠시 후에 나타난 노인은 싱글싱글 웃으며

"됐어. 그 마음씨가 첫째로 중요해……."

하고는 품속에서 한 권의 책을 꺼냈다.

"이 책을 공부하면 후일에 반드시 왕자王者의 군사가 될 수 있다. 13년 후에 자네는 필경 한 판 벌이고 있을 거야. 13년이 지난 후에 우리 다시 만나세. 제북 땅의 곡성산 기슭에 있는 황색의 바위, 그것이 바로 나야."

노인은 장량이 반문할 겨를도 없이 그만 자취를 감추고 말았다. 날이 새어 책을 열어 본즉 태공망의 병법서였다. 장량은 그 내용에 매혹되어 항상 머리맡에 놓고 소리 내어 읽었다.

그는 하비에 머물러 임협의 무리와 어울렸다. 항우의 숙부 항백이 살인 사건을 저지르고 장량의 비호를 받은 것은 이 무렵의 일이었다.

패공沛公의 군사軍師로

10년이 지났다. 진승이 거병하였을 때 장량도 젊은이 백여 명을 거느리고 일어나, 우선 유留에 있는 경구의 지휘하에 들려고 했었다. 경구는 독립하여 군사를 모으고 스스로 초왕을 칭하고 있었다. 그런데 그 유로 가는 도중에 장량은 패공을 만났다. 패공은 그때 수천 명의 군사로 하비의 서쪽 일대를 공략하는 중이었다. 장량은 그대로 패공의 진영에 가담키로 작정하고, 패공으로부터 정식으로 구장廐將에 임명되었다.

장량은 태공망의 병법을 자주 패공에게 헌책하였고, 그때마다 채택되곤 했다. 장량이 아무리 좋은 계획을 말해도 아무도 채택해 주지 않았던 것이 이제까지의 사례였던 만큼 이로써 장량은 '패공이야말로 천성의 영걸임에 틀림없다'라고 심복하고 경구의 군에 참여하려던 당초의 생각은 깨끗이 버리고 말았다.

패공은 설에 진군하여 항량의 군과 합류했다. 항량이 회왕을 옹립하자, 이때 장량은 정식으로 항량에게 진언했다.

"초왕의 후계자를 결정하셨으니 이번에는 한왕韓王에 대해서도 배려가 계시기를 바랍니다. 한나라의 제후 가운데는 횡양군橫陽君 성成이 걸출한 인물입니다. 그분을 한왕에 세우시면 우리의 세력은 보다 강화되리라고 믿습니다."

 항량은 이에 장량에게 명하여 성을 찾아오게 하고 그를 한왕에 세운 후 장량을 그 대신으로 임명했다. 장량은 한왕과 함께 천여 명의 군사를 이끌고 서진하여 한나라의 옛 땅을 공략, 여러 성읍을 함락했다. 이들 성읍은 즉시 진나라에 도로 빼앗기고 말았지만 장량은 계속 버티어 영천 일대에서 유격전을 전개했다. 그리하여 낙양에서 남진한 패공이 환원에 이르렀을 때 이와 합류하여 한韓나라의 10여 성을 점령하고 진나라 장수 양웅의 군대를 격파했다.

 여기서 패공은 한왕 성에게 양책의 수비를 맡기고 장량과 더불어 다시 남하, 완을 함락시키고는 서쪽으로 방향을 바꾸어 무관을 돌파하자, 2만 군사를 몰아 요관 기슭에 포진한 진군을 단숨에 격멸시키려고 했다. 그러나 장량이 이를 만류했다.

 "적은 아직도 상당히 강합니다. 절대로 함부로 보실 일이 아닙니다. 들으니 적장은 푸줏간의 아들녀석이라고 합니다. 장사꾼이란 원래가 흥정에 능한 법입니다. 패공께서는 이대로 성 안에 머물러 계십시오. 우선은 선발대를 보내서 근처의 산등성이에다 무수한 깃발과 장대를 세워 대병력을 가장하는 것입니다. 식사도 5만 명 분을 준비해야 합니다. 그 다음에 역이기를 파견하여 적장의 눈치를 떠보게 합시다."

 과연 진의 장군은 겁에 질린 모양이었다. 패공과 손을 잡고 서진하여 함양을 치고 싶다고 청해 왔다. 패공은 이를 받아들이려고 했는데 이번에도 장량이 말렸다.

 "진을 배반하겠다고 말하는 자는 그쪽의 장군뿐입니다. 부하들은 필경 따라오지 않을 것입니다. 그건 위험한 일이니, 저들이

방심하고 있는 틈을 타서 지금 쳐들어가는 것이 상책이겠습니다."

패공의 군사는 일거에 진군을 공격하여 보기 좋게 이를 격파하고 추격전에 돌입했다. 북쪽 남전에 이르러 다시 한 번 진군을 대파하여 이로 말미암아 진군은 괴멸 상태에 빠졌다. 진격을 거듭한 패공은 마침내 함양에 입성했다. 진왕 자영의 항복도 받았다.

패공이 진나라의 궁전에 들어가 보니, 궁전이나 유장이나 견마, 보물 등이 엄청나게 화려하고 또한 풍성했다. 후궁의 미녀들도 수천 명을 헤아려, 패공은 지레 얼이 빠졌다. 패공은 궁전 안에 머무르리라 생각하고, 번쾌가 야영하기를 권하는 것을 들은 척도 하지 않았다. 옆에서 장량이 간했다.

"진나라가 무도한 짓을 저질렀기 때문에 우리가 이곳까지 올 수 있었던 것입니다. 천하를 위해 잔적殘賊을 소탕코자 하신다면 패공께서는 마땅히 거친 의복과 거친 음식에 만족하셔야 합니다. 함양을 빼앗았다고 해서 호화로운 생활에 탐닉하고 마신다면 걸왕의 포악보다 더한 짓을 했다고 욕할 사람도 생겨날 것입니다. 충언은 귀에는 거슬리되 실행함에 이利를 가져오고, 좋은 약은 입에는 쓰되 병을 고친다고 말합니다. 제발 번쾌의 권유대로 하여 주십시오."

패공은 하는 수 없이 패상까지 되돌아와서 야영했다.

토초討楚의 사천왕四天王

— 한漢의 원년 정월, 패공은 한왕漢王으로 책봉되어 파·촉의 땅을 영유하게 되었다. 그 새 영지로 향해 가는 도중 잔도棧道를 소각하여 동쪽으로 회군할 의사가 전혀 없음을 표시함으로써 경쟁 상대인 항우를 안심케 하였는데, 그 계책도 장량의 진언에 의한 것이었다.

장량은 한韓나라로 돌아갔다. 그런데 항우는, 장량이 패공과 행동을 같이하여 왔기 때문에 한漢·한韓이 연합할까 봐 두려워한 나머지 한왕韓王 성의 귀국을 허락지 않고 군중軍中에 붙잡아 둔 채 동쪽으로 끌고 가버렸다.

장량은 항우에게

"한왕漢王은 잔도를 모두 불태워 없앴습니다. 동으로 회군할 의사가 전혀 없는 것입니다."

이렇게 설명하고 또한 제왕齊王 전영의 모반 사실도 겸하여 알리는 서한을 보내어 항우의 주의가 북쪽으로 쏠리게 하였다. 과연 항우는 서쪽의 한왕漢王에 대한 경계심을 풀고 제나라를 토벌하기 위해 북으로 출병하였다. 하지만 끝내 한왕韓王 성의 귀국은 허락하지 않았을 뿐 아니라 왕에서 후侯로 신분을 떨어뜨린 연후에는 팽성에서 죽여 버리기까지 했다. 장량은 이때 가까스로 몸을 피하여 한왕漢王을 찾아갔다.

그 무렵 한왕은 동으로 군사를 되돌려 3진을 평정하는 중이었다. 장량은 성신후成信侯로 정식 임명되었으며, 한왕을 따라 동진하여 초군과 싸워 항우의 본거지 팽성을 점령했다. 그러나 한군은 급히 되돌아온 항우의 군사에게 패하여 하읍까지 달아나게 되었다.

한왕은 말에서 내려서기는 하였으나 걸터앉을 자리조차 없어 별수없이 안장을 끌어내려 그 위에 걸터앉고 이렇게 탄식했다.

"이제 함곡관 동쪽의 땅은 포기할 수밖에 도리가 없게 되었소. 이왕 포기할 바에야 힘을 합쳐 초를 격파한 자에게 양도하고 싶은데 누가 적당하겠소?"

장량이 말했다.

"구강왕 경포는 초나라의 맹장입니다만 항우와는 다툼이 그치질 않습니다. 또한 팽월은 제왕 전영과 호응하여 양나라에서 반란의 깃발을 들었습니다. 우선 이 두 사람에게 급사를 보내십시오. 또한 우리 군주의 부하 장군 가운데서 큰일을 맡아 한몫을 담당할 수 있는 장수를 선발한다면 우선 한신 한 사람뿐입니다. 이 세 사람에게 함곡관 동쪽의 땅을 양도하시면 초나라를 격파할 수 있으리라고 생각합니다."

한왕은 수하隨何를 파견하여 구강왕 경포를 설득케 하고 팽월에게도 사자를 보내어 동맹을 체결했다. 또한 위왕 표가 배반하자 즉시 한신에게 군사를 주어 위를 치게 했다. 이렇게 하여 한나라는 연·대·제·조의 네 나라를 장악하였던 것이다. 결국 한왕이 초나라를 누를 수 있었던 것은 이 세 사람의 힘에 의해서였다.

장량 자신은 병약한 몸이었기 때문에 한 번도 장군이 되어 본 일이 없고, 늘 참모로서 한왕 옆에 붙어 있었을 뿐이다.

— 형양에서 항우에게 포위당했을 때 한왕은 그 타개책을 역이기에게 질문한 일이 있었다. 역이기는 탕왕·무왕의 고사를 인용하여, 진나라에 멸망당한 6개국의 왕손을 각기 그들의 옛 영토에 봉하라고 진언했다. 한왕도 그렇게 할 생각으로 준비를 진행시켰다. 장량이 이 사실을 안 것은 6개국으로 사자를 파견하기 직전이었다. 장량은 그런 방식이 시대 착오임을 한왕에게 간곡히 설명했다.

과거의 옳았던 예가 조건이 전혀 달라진 현재에 그대로 적용될 수 있는 것은 아니다. 각지의 왕을 부활시키면 한왕의 부하들도 저마다 고향의 왕을 섬기려 떠나려고 할 것이다. 게다가 독립한 여섯 나라는 곧 초나라한테 하나씩 격파될 것이다."

결국 역이기의 헌책은 폐기되었다. 대신 장량의 대제후책對諸侯策이 채택되어 그것이 성공을 거두었다.

논공행상

한 6년 정월, 논공행상이 실시되었다. 장량은 전공戰功이라고는 세운 것이 없었다. 그러나 고조는 장량의 전공을 이렇게 평가했다.

"군막 속에서 작전을 세우고 능히 천리 밖의 승리를 결정한다. 이것이 그대의 공이오. 제나라 3만 호의 영지를 주리니 희망하는 장소를 택하도록 하오."

"소신은 하비에서 군사를 일으켰고 유 땅에서 폐하를 처음 뵈었습니다. 그것은 하늘이 이어준 인연이었습니다. 폐하께서는 소신의 작전을 자주 채택해 주셨습니다만 그것이 성공을 거둔 것은 오로지 시운時運이었습니다. 소신은 유 땅만으로 족합니다. 3만 호를 주시다니 분에 넘칩니다."

한왕은 소하 등을 책봉할 때에 장량을 유후留侯로 봉했다.

같은 해의 봄에는 공이 큰 신하를 20여 명이나 포상하였는데, 그 밖의 공신들에 대해서는 상호 경쟁이 심하여 평가가 끝나지 않아 언제까지나 봉지를 결정짓지 못하고 있었다. 고조가 낙양의 남궁에 머물던 어느 날, 2층 회랑에서 문득 내려다보니 장군들이 정원 여기저기에 무리지어 앉아 무슨 말인지 쑥덕거리는 것이었다.

고조는 유후에게 물었다.

"저 자들은 무슨 쑥덕공론이오?"

"모르시겠습니까. 반란을 모의하고 있는 중이랍니다."

"천하가 안정됐는데 반란은 또 뭐요?"

"폐하께서는 한낱 서민으로부터 일어나서 저 사람들을 부려 천하를 장악하셨습니다. 그런데 일껏 폐하께서 천자가 되셨다고 하는 이 마당에 봉지를 받은 자들은 소하라든가 조참이라든가, 옛날부터 폐하의 마음에 들어있던 사람들뿐이고, 평소부터 폐하의 미움을 샀던 자들은 죽음을 당했습니다. 현재 담당자가 개인들의 공적을 평가하고 있는 중입니다만 필요한 봉지를 총계하면 천하의 땅덩어리를 다 내주어도 오히려 모자랄 지경입니다. 저 사람들은 폐하께서 자기들 전원에게 봉지를 내리시지는 못할 것 같다. 그렇다면 과거의 과실을 들추어내어 오히려 주벌을 내리시지나 아니할까, 이러한 것들을 두려워하며 저렇게들 모여앉아 반란을 모의하고 있는 것입니다."

고조는 미간을 찌푸렸다.

"어떡하면 좋겠소?"

"폐하께서 평소에 그중 못마땅해 하셨고 그것을 남들도 다 아는 그런 인물이 있다면……."

"그야 옹치雍齒지. 옹치에게는 옛날부터 감정이 있소. 그 자는 나를 여러 번 애먹였소. 지금이라도 죽여 버리고 싶은데 공적이 크기 때문에 참고 있는 중이오."

"그러시다면 우선 옹치에게 봉지를 내리시고 군신이 모인 자리에서 그것을 발표하십시오. 옹치가 봉지를 받았다고 하면 다른 사람들도 저절로 조용해질 것입니다."

고조는 술자리를 베풀고 옹치를 십방후什方侯에 봉하는 한편, 승상과 어사를 독촉하여 논공행상을 조속히 진척시키도록 할 것도 그 자리에서 겸하여 발표했다. 군신들은 술잔을 내려놓고 환성을 올렸다.

"옹치도 후가 됐단 말이야. 우리는 기다리기만 하면 되는군."

— 유경劉敬이란 자가 관중으로 서울을 옮기자고 진언했다. 고조는 수긍하기가 어려웠다. 무엇보다도 좌우의 고관들이 모두 산동 출신인 데 그들 대부분이 중원인 낙양에 수도를 정하도록 권유하고 있었던 까닭이다. 낙양은 동에는 성고의 요충, 서에는 효산과 면지의 험준한 요해지를 갖춘 데다가 뒤에는 황하, 앞에는 이수와 낙수가 흐르고 있으니 이보다 더 견고한 곳은 없다는 주장이었다. 그러나 장량은 반대했다.

"낙양은 과연 견고한 땅이기는 합니다만 면적은 불과 수백 리, 토질도 메마른 데다가 중원에 위치하고 있어 유사시엔 고립될 우려조차 있습니다. 이래 가지고서는 도저히 천하를 제압하지 못합니다. 그런데 관중은 동에는 효산과 함곡관, 서에는 농산에서 민산에 이르는 산맥을 거느린 옥야천리沃野千里, 남에는 파·촉의 풍요한 땅이 있고 북에는 군마의 산지인 호를 두고 있습니다. 남·북·서의 3면은 천험天險으로 지켜지고 동쪽만이 열려 있어 제후들을 제압하도록 되어 있습니다. 제후에게 아무 일도 없을 때에는 황하와 위수의 수운을 이용하여 천하의 부귀를 서울에 모아들일 수 있을 것이며, 제후가 반란을 일으키면 강을 타고 군수 활동을 얼마든지 할 수가 있습니다.

이곳이야말로 세상에서 말하는 금성천리金城千里, 천부지국天府之國입니다. 유경의 진언이 옳습니다."

고조는 당일로 수레를 몰아 서행하여 관중을 수도로 정했다.

선계仙界에 살리라

― 고조의 만년, 후계자를 둘러싸고 심한 암투가 벌어지고 있었다. 공식적으로는 여후의 소생(훗날 효혜제)이 태자로 책봉되어 있었으나, 고조는 애첩 척부인戚夫人의 소생(趙王 如意)을 태자에 책립하려고 마음먹고 있었다. 대신들은 태자를 바꾸는 문제의 위험성을 들어 일단은 저지하였으나 끝까지 반대하려는 자도 또한 없었다.

궁지에 몰린 여후는 장량에게 협력을 청하여 도와달라고 했는데, 장량이 그 기대에 부응하여 고조로 하여금 태자의 교체를 단념하게 했다.

유후 장량은 스스로
"우리 집안은 대대로 한韓나라의 재상직을 맡아왔다. 한나라가 멸망했을 때 나는 만금을 투입하여 원수인 강적 진나라에 보복을 감행, 천하를 놀라게 한 바도 있다. 오늘날엔 이 세 치의 혀끝으로 제왕帝王의 군사가 되었으며 1만 호의 봉지를 받아 열후의 자리에도 앉아 있다. 한낱 서민에까지 떨어져버렸던 몸으로 이보다 더한 영달이 어디 있겠는가. 나는 이것으로 충분하다. 장차 속세를 버리고 적송자赤松子(상고 시대의 仙人)처럼 선계에 살고 싶다."
라고 말하고는 곡식으로 만든 일체의 음식을 끊고 도인의 법(신선이 되기 위한 수업)을 실천하여 몸을 가볍게 하는 일에 전념했다.

고조가 승하하여 태자가 뒤를 잇자, 유후를 은인으로서 존대하는 여후는 그의 건강을 염려하여 제발 식사를 취하라고 강권했다.
"인생은 한 번뿐이오. 그것도 눈 깜짝할 사이에 지나가오. 무엇을 바라기에 그처럼 당신 스스로를 괴롭히시는지 알 수 없소."

유후는 끝내 거절하지 못하고 식사를 취하기 시작했다.

고조가 승하한 지 8년 후에 유후도 세상을 떠났다. 시호는 문성후文成侯. 아들인 불의不疑가 유후의 지위를 계승했다.

그 옛날 하비의 다리 위에서 태공망의 병법서를 그에게 준 바 있는 노인이 '13년 후에 다시 만나자'고 한 바로 그 해, 장량은 마침 고조를 종군하여 제북을 통과하고 있었는데 곡성산의 기슭에 가보니 노인이 말한 대로 과연 황석이 있었다. 장량은 이를 가지고 돌아와 정성껏 제사 지냈다. 유후가 세상을 뜨자 이 바위도 한 무덤에 합장되었으며, 봄·가을의 제사 때에도 같이 모심을 받았다.

사자嗣子인 유후 불의는 효문제孝文帝 5년에 불경죄에 연좌되어 봉지를 몰수당했다.

4부 권력의 구조

    I. 여걸 군림
    II. 재건의 길
    III. 대제의 치세
    IV. 한 제국의 확대
    V. 맹자 열전

해 제

 본 4부에서 취급하는 것은 고조가 죽은 기원전 195년부터 거의 백 년 동안의 한漢나라 역사이다. 이 기간 동안에 한조漢朝는 우여곡절을 겪으면서 중앙 집권을 추진, 무제武帝 시대에 이르러 절대 군주로서의 황제권을 확립했다. 그리고 황제를 정점으로 하여 그 밑에 층층으로 관료 계급이 정비되고, 황제는 관료층을 뜻대로 움직였다.
 이러한 통치 제도는 그 후 2천 년 동안 중국 대륙에서 흥망한 모든 왕조에 계승된다. 한漢이라는 한 왕조의 호칭이 한자漢字라든가 한족漢族이라는 중국 그 자체의 대명사가 된 것을 보더라도 이 시대가 후대에 준 거대한 영향을 추측할 수 있을 것이다.
 무제는 내정면에서 황제의 지배권을 확립함과 동시에 적극적으로 대외 정책을 취했다. 남방 지역을 직할령으로 편입하고, 흉노를 사막의 북쪽으로 추방했으며, 비단길을 개척하여 서역 여러 나라와도 교섭을 가졌다.
 이리하여 한조는 세계에 군림하는 대제국으로까지 발전해 갔다. 이때 한조가 취한 이민족 대책의 원리 또한 역대 왕조에 의해 계승되었다. 말하자면 이 백 년 동안은 전통 중국의 원형이 형성된 시기로, 중국의 오랜 역사 속에서 결정적인 의미를 가지고 있는 것이다.

1. 안정을 향하여

한이 성립할 당시, 중국 전토는 전화戰火에 휩쓸려 경제 활동은 쇠퇴하고 인구는 격감하고 있었다. 이 참상을 한시 바삐 극복하여 민중의 요망에 부응하는 것은 지배자의 권력 유지를 위해서도 필요한 일이었다. 그래서 정부는 우선 농촌 경제의 부흥에 착수했다. 징발한 병사에게 토지·가옥을 주어 귀향시키고, 달아난 농민을 원주지原住地로 돌려 보냈다. 동시에 수확의 5할 이상이라는 진조秦朝의 세제를 개혁, 일거에 15분의 1로 경감시켰다. 세금에는 이밖에 일정한 인두세人頭稅와 노역 의무가 있긴 했지만, 새로운 정권의 일련의 시책에 의해 농촌 경제는 서서히 회복돼 갔다. 약 반세기가 지난 경제景帝의 시대에는 인구가 건국 당시의 3, 4배로까지 회복되었다.

이에 따라 소금·견직물·철·동 등의 수공업 생산도 차츰 활발해졌다. 제염·제철의 큰 공장에서는 수백 명에서 천여 명에 이르는 노무자를 쓰고, 거만금의 부를 쌓는 업자도 나타기 시작했다. 또 최근 한대의 분묘에서 발굴된 바와 같은 극히 정교한 견직물이 상류 사회 인사들 사이에서 널리 애용되었다.

상업 활동 또한 융성해졌다. 장안·낙양·임치·성도·한단·

완 등지에는 인구가 집중, 시장이 성립되어 온갖 생활 물자가 매매되고 있었다. 문제文帝 때 동전銅錢의 사주私鑄가 공인되었는데, 그중에서도 오왕吳王 비濞와 문제의 신하 등통鄧通이 사주한 '오·등씨의 동전'이 천하에 유통됐다.

이리하여 건국 이래 약 60년, 무제가 즉위할 무렵에는 사회의 생산력이 비약적으로 증대하여 〈평준서平準書〉의 서두에 서술되어 있는 바와 같은 생동감 있는 상황이 전개되고 있었던 것이다.

2. 중앙 집권의 길

한은 중앙 정부에 승상·태위·어사대부의 3공三公을 비롯한 여러 대신을 두고, 전국에 군현제를 시행하던 진의 행정 조직을 거의 전면적으로 답습했다. 그러나 일족이나 공신을 왕후王侯로 봉한 점은 달랐다. 고조가 항우를 타도했을 때 한신 등 7명을 왕으로 봉한 것은, 그들이 고조의 동지였기 때문이며, 그 공적이나 실력을 무시할 수 없었기 때문이다.

그러나 이윽고 새로운 정권이 수립되어 양자의 사이가 동지적 결합에서 군신의 주종 관계로 변질되지 않을 수 없게 되었을 때, 여러 왕들은 반역을 기도하다가 연이어 괴멸당했다. 한조는 그들의 옛 영토에 새로 유씨 일족의 9왕을 봉했다. 이는 진의 황실이 반란군의 봉기에 의해 금방 고립된 경험에서 배운 결과이다. 즉 유씨 일족을 전국으로 분산 배치하여, 각지에 잔존해 있는 할거 세력을 견제함과 동시에 일단 유사시에는 황실의 보호막으로 삼자는 계산이었다.

그런데 이들 왕국은 광대한 영토와 많은 인구를 가지고, 그 후의 경제 발전에 수반하여 부를 축적, 차츰 독립 정권화하려는 경향이 강해졌다. 말하자면 당초의 계산과는 달리, 오히려 황실에 대항하는 세력을 형성하기 시작한 것이다.

한편 중앙 정부도 해가 거듭됨에 따라 재정·군사 양면에 걸쳐 실력을 쌓았으며, 새로운 관료층도 성장해 가고 있었다. 이리하여 이미 문제 시대 때부터 템포가 느리긴 했으나 왕국령의 삭감 또는 개폐改廢가 수행되고 있었다. 경제 시대에 이르러, 황제 밑에서 어사대부의 요직에 있던 조조晁錯는 그의 연래年來의 주장인 왕국령 삭감을 단호히 실행에 옮겼다.

이에 경제 3년, 양자는 정면에서 격돌했다. 오왕 비를 주모자로 하는 7왕국의 반란이 그것이다. 그러나 이 반란은 어차피 통일 정권을 필요로 하는 시대의 추세에 역행하는 것이었다. 불과 3개월 만에 반란을 진압한 정부는 오·조·제 등의 큰 나라를 분할하고, 왕국 안의 관리는 모두 중앙에서 파견하는 조처를 취했다. 이에 따라 왕국은 실질적으로 직할지인 군·현과 다름없게 되었다.

여후가 죽은 후, 여씨 일족을 타도·일소한 사건이 황실 유씨 일족의 절대적인 권력을 확립한 것이라고 한다면, 7국의 반란은 황제 한 사람의 절대권 확립의 계기가 된 사건이었다.

3. 독재군주의 탄생

무제는 건국 이래 60년 동안의 축적된 기반을 발판으로 한층 강력하게 중앙 집권을 추진하여, 부동의 황제 권력을 수립했다. 이 일이 무제 시대에 이르러 가능하게 된 데에는, 그 이전의 시기와 구별되는 사상적 뒷받침이 있었기 때문이다.

한대 초기의 권력층 사이에서 지배적이었던 사상은 도가道家 철학인 무위無爲의 사상이었다. 그것은 진의 너무나 가혹한 유위有爲의 강권에 대한 예리한 저항의 무기가 되었다. 그뿐만 아니라, 너무나 길었던 동란에 지친 끝에 사회 전체가 휴식을 바라고 있었다. 또한 전화 속에 뛰어다닌 한의 중신 가운데는 도가 철학의 체험자가 많았다. 장량은 도가의 양생법養生法을 실행하여 선계에 노니는 것을 만년의 이상으로 삼았다. 진평은 일생을 회고하며, 자기는 기계奇計를 과도하게 사용했는데 도가에서는 금하고 있는 일이라고, 회한의 말을 하고 있다. 건국에 참여한 이들 중신의 뒤를 이어 그 후 반세기에 걸쳐, 문제·경제 두 황제가 전적으로 내정 충실에 힘을 기울인 것도 이런 시대의 요망에 응한 것이었다.

그러나 한편에서는 중앙 집권의 진행으로, 권력 기구가 거대화됨에 따라 '무위로 하여 백성 스스로가 무위화한다'라는 도가적 견해는 차츰 시세와의 적응성을 잃어 갔다. 이에 대신하여 전면으로 뛰쳐나온 것이 유교이다.

유교 도덕은 아버지와 아들, 형과 아우라는 생래의 혈연적 상하 관계를, 아랫사람은 윗사람에게 봉사함으로써 보호되는, 즉 윗사람은 윗사람의 분수를, 아랫사람은 아랫사람의 분수를 지킨다는 인간 관계로서 포착하는 데에 근간을 두고 있다. 인간 관계의 이런 포착 방법은 그대로 군주와 신하라는 절대적인 지배와 복종 관계로 확대되고, 나아가서는 천자 → 관료 → 만민이라는 계층적 사회를 유지하는 원리로 삼을 수가 있었다.

무제가 즉위했을 때, 조정 내부에는 아직 황제의 조모에 해당하는 두태후竇太后를 비롯한 도가 철학의 신봉자들이 잔존하여 은연중 정치 세력을 형성하고 있었다. 그러나 무제 즉위 후 6년 만에 태후가 서거하자, 무제는 구세력을 배제하고 적극적으로 유교를 도입했다. 때마침 대유大儒 동중서董仲舒는 '하늘로부터 명을 받는 것은 오직 천자 한 사람뿐이며, 만민은 천자로부터 명을 받는다'는 일종의 왕권 신수설을 제창하여 새로운 시대의 통치 방향에 이론적 지주를 부여했다. 그는 또 천자의 신성한 통치를 완성시키기 위해서는, 널리 민간에서 인재를 구해 이들에게 교양을 부여하여 유능한 관료로 양성하는 일이 필요하다고 역설했다.

무제는 이에 응하여, 유교에서 필수적인 교양 과목이라고 지목되는 시詩・서書・역易・예禮・춘추春秋의 5경 박사五經博士를 두어 인재의 양성에 힘쓰는 한편, 각 지방에서 매년 우수한 인재를 천거하는 제도를 정식으로 채택했다. 무제가 절대 군주로 군림했을 때, 그 수족이 되어 충성을 다한 것은 이 제도에 의해 등용된 새로운 관료들이다.

그들은 그때까지와 같은 명문 출신이 아니라, 대부분 하층 계급 출신이었다. 그리고 그것은 무제에게 있어서 필요 불가결의 조건이기도 했다. 가령 공손홍公孫弘은 이런 새로운 관료의 전형적 존재였다. 그는 돼지를 기르는 것으로 시작해 승상에까지 올라간 인물로서, 무제의 의향을 선취해 사소한 행정의 말단에까지 유교적 분식粉飾을 한 그 노회성 때문에 후세에는 곡학아세曲學阿世의 이름을 남기고 있다.

4. 한漢 세계의 확대

'하늘로부터 명을 받는 것은 천자 한 사람뿐이며, 만민은 천자로부터 명을 받는다'라고 하는 무제가 채용한 통치 원리는 천자의 덕망이 전 세계에 남김없이 전파되어야 하며, 그것이 실현됨으로써 비로소 천자의 신성한 통치가 완성된다는 사고방식에 연결되어 있다. 이것은 국내 통치에서 구축된 종적인 계층 질서를 그대로 횡적으로 확장했다고 볼 수 있다.

만일 이 사고 방식을 완전한 형태로 실현하려면 세계의 여러 민족을 똑같이 직접 지배 아래 두지 않으면 안 될 것이다. 그러나 그것은 사실상 불가능한 일이었으므로 한조의 이민족 대책은 당장 이민족의 직접 지배를 목적으로 한 것이 아니고, 실제로는 직할령·조공국朝貢國·적대국이라는 여러 가지 구분에 의해 수행되고 있었다. 그러나 미지의 민족까지도 포함하여, 이윽고 전 세계가 한나라 천자의 은덕을 입어 중화 세계 속에 일원화될 것이라는 궁극적인 이념은 어디까지나 살아 있었다.

무제가 새로운 재정책財政策을 제기하면서 잇달아 외정外政 사업을 일으킨 그 근본에는 이런 이념이 작용하고 있었다. 숙적 흉노에 대해 종래의 화친책을 일축하고 적극적인 공세로 전환한 것도 닥치는 재난은 떨어내야 한다는 현실적 요청에 따랐기 때문만은 아니었다. 장건張騫의 보고를 접한 무제의 머릿속에는, 천자의 은덕이 구석구석까지 전파된 완전한 세계상이 떠오르고 있었을 것이다.

5. 독재군주의 고독

이와 같이 국내외에 대독재자로 군림하던 무제는, 한창 일할 나이인 40대에 접어들면서 신선에의 동경을 노골적을 표시하게 되었다. 열렬한 유교의 옹호자였을 무제이고 보면, 이 현상은 매우 모순된 것처럼 보인다. 그러나 원래 이 시대의 유교는 공자孔子 시대의 '귀신은 경원해야 한다', '괴력난신怪力亂神은 말하지 않는다'라는 합리성이 엷어지고, 또 송대 이후의 이념적으로 순화된 유학과도 달라 다분히 민간의 신비적인 신앙과 뒤섞인 것이었다.

무제는 처음엔 방사方士나 수도자들을 신변에 두고 있었는데, 이윽고 그들의 말이나 하는 짓이 속임수라는 것을 간파하게 되었다. 그러나 무제는 끝까지 대독재자다운 방법으로 신선에의 동경을 표현하기 시작했다. 태산에서 봉선封禪의 의식을 행하고 거액을 들여 몇 차례에 걸친 대순행을 거행, 백량대柏梁臺[31]와 승로반承露盤[32] 등의 큰 건축을 한 것이 그것이다.

봉선이란 천하 태평을 신에게 보고하는 제사이므로, 그 한도 안에서는 천의天意의 대행자인 황제가 의무를 다한 것뿐이지만, 또 일면 신선이기를 원한 독재자의 절실한 동경을 표명한 것이기도 했다.

몇 차례의 순행은 해변 지대로부터 장성長城의 외부에까지 이르는 대규모적인 것으로서 국내는 물론 국외, 특히 흉노에 대한

---

31) 향기 높은 측백나무로 만든 높은 누각.
32) 거대한 동제銅製의 선인상仙人像. 선인이 손을 뻗쳐 하늘의 이슬을 받으면 천자가 마신다.

시위 운동이었다. 그러나 이것도 역시 중국 전 국토의 산천의 신들에게 제사지냄으로써 스스로의 생각을 충족시키기 위한 것이었음을 부인할 수는 없다. 무제가 순행지에서 송영送迎 담당의 관리를 자주 처형하고 있는 것은 단순히 수속상의 잘못을 문책한 것뿐만이 아니고, 신성한 행사를 더럽힌 자라는 생각에서 나온 행위일 것이다.

실은 오늘날 전해지는 〈효무 본기孝武本紀〉는 이런 신선에의 동경에 사로잡힌 무제의 모습을 약간 희화화하여 묘사한 것으로서, 도저히 본래의 전기라고는 생각할 수 없는 것이다. 더구나 그것은 거의 〈봉선서封禪書〉로부터의 인용에 지나지 않는다.

사마천은 동시대(무제와 사마천의 죽음은 거의 동시임)의 기록자로서 영주英主 무제의 전기를 정성을 다해 썼겠지만, 많은 결점도 지니고 있던 대독재자의 모습을 그대로 써서 공개하면 필화 사건을 초래할 수도 있는 일이었다. 이리하여 본래의 전기를 감추고 있는 동안 그것은 끝내 세상에 나올 기회를 잃었으리라는 생각이 든다.

이런 점에서 말하면, 《사기》는 확실히 불완전한 모습대로 끝나 있다. 그러나 사마천은 여기서도 세심한 배려를 하고 있는 것 같다. 본기本紀·서書·세가世家·열전列傳 등 개별적으로 기록되어 있는 사실을 종합해 보면, 거기에 선명히 동시대의 전체상이 떠오르기 때문이다.

Ⅰ. 여걸 군림女傑君臨

1. 여후 일대기 — 여후呂后와 혜제惠帝

— 고조는 한왕이 되었을 무렵에 얻어 들인 척부인戚夫人을 총애한 나머지 그와의 사이에 태어난 외아들 여의如意를 태자에 봉하려 했다. 조강지처인 여후는 자기 아들 효혜의 태자 자리를 지키기 위해 필사적인 대항책을 강구하여, 고조가 서거하자 척부인에 대해서 처참한 복수극을 연출한다. 그러나 사태는 척부인에 대한 복수로만 끝나지 않았다.

여후의 한없는 권력욕은 급기야 유씨의 사직 자체를 위태롭게 했으니 한은 창업 이래 몇 년이 못 가 어느 새 존망의 낭떠러지에 서게 되었다.

여후와 척부인

여태후는 고조가 아직 이름도 없던 시절에 배필이 된 조강지처다. 뒤의 혜제와 노원 공주魯元公主를 낳았다.

고조는 한왕이 된 후 정도定陶의 척희戚姬를 얻어 총애했다. 이 척부인의 아들이 후에 가서 조나라의 은왕隱王이 된 여의다. 고조는 이 여의를 대단히 사랑하였다. 태자 효혜는 인자했으나 사내답지가 못했다. 때문에 고조는 효혜를 폐적하고 여의를 태자로 봉하고 싶은 생각이 간절했다.

척부인은 고조의 총애를 독차지하고 있었으므로 고조가 왕궁을 떠나 나들이할 때에도 꼭 곁에 붙어 있었다. 그리고는 기회가 있을 적마다 내 아들 여의를 태자로 봉해 달라고 눈물을 머금으며 애원했다. 한편 여후는 이미 여색이 바랜 지 오랜인지라 항상 궁중에만 머물러 있었으니 고조와 얼굴을 맞댈 기회도 별로 없고 소외당하기가 일쑤였다.

여의가 조왕의 지위에 오른 후에도 효혜가 간신히 태자의 지위를 확보할 수 있었던 것은 중신들의 간언과 유후 장량의 책략이 있었기 때문이었다.

여후는 남자를 능가하는 강한 성품으로 고조의 천하 통일을 도왔다. 고조가 역대 중신들을 차례로 주살하여 한나라의 왕실을 태평하게 한 데에는 여후의 도움에 힘 입은 바가 크다.

여후에게는 오빠가 둘 있었는데 모두 장군이 되었다. 큰오빠 주여후周呂侯(呂澤)는 전사했으나 그의 아들인 여태呂台는 역후酈侯에, 여산呂産은 교후交侯에 책봉되었다. 작은오빠 여석지呂釋之는 건성후建成侯다.

고조는 재위 12년(기원전 195년) 4월 갑진일에 장락궁에서 서거하고 태자 효혜가 뒤를 이어 즉위하였다.

사람돼지

척부인에게 복수하려고 벼르던 여후는 고조의 죽음을 기다리고나 있었다는 듯이 척부인을 사로잡아 영항永巷[33]에 유폐했다. 그리고 한편으로는 조왕에게 즉각 입궐하라고 재촉했다. 그런데 몇 차례씩 사신을 보내도 조왕이 오지를 않았다. 조나라의 재상 건평후建平侯 주창周昌[34]이 응대하여 이렇게 말하는 것이었다.

"조왕은 아직 어리니 네가 지켜 주라. 하는 선제의 분부가 계셨습니다. 들리는 바에 의하면 태후께서는 척부인을 미워한 나머지 조왕까지 끌어내서 함께 주살하실 생각이시라고 하니 어떻게 왕을 보내 드리겠습니까. 그렇지 않아도 왕께서는 지금 병으로 누워 있는 몸이시어 올라가실 수가 없습니다."

여후는 격노하여 이번에는 주창에게 출두를 명했다. 주창은 소환에 응하여 장안으로 올라왔다. 그 사이에 여후는 또다시 사신을 보내어 조왕을 불러 올렸다. 조왕은 마침내 출발했다.

형제간의 우애가 깊은 혜제는 태후의 속셈을 눈치채고는 조왕이 장안에 도착하기 전에 손수 패상까지 마중을 나가 함께 궁중으로 돌아왔다. 그 이후 조왕과 기거를 같이하면서 잠시도 그의 곁을 떠나지 않았다. 그 때문에 태후는 좀체로 조왕을 죽일 기회를 못 잡았다.

혜제 원년(기원전 194년) 12월에 혜제는 새벽부터 사냥을 나섰다. 어린 조왕은 일찍 일어나지를 못해 뒤에 처졌다. 태후는 그것을 알고 지체 없이 사람을 보내서 조왕에게 짐독鴆毒[35]을 먹였다. 혜제가 사냥에서 돌아오니 조왕은 이미 죽어 있었다. 공석이 된

---

33) 궁중에서 일하는 여관들의 감옥이 있는 곳.
34) 말더듬이로 태자 폐적을 반대했던 사람. 그 때문에 여후에게 치사를 받은 적이 있다. 조정에서는 어사대부의 관직에 있었으나 고조의 간곡한 청을 받고 조나라의 재상으로 자리를 옮겨 여의를 지키고 있었다.
35) 짐鴆은 새 이름. 이 새의 날개를 술에 적시면 맹독이 된다 한다.

조왕의 후임으로는 회양왕淮陽王 우友(혜제의 이복동생)를 앉혔다.

여름이 되자 조칙을 내려서 역후 여태의 아버지(태후의 큰오빠) 에게 영무후令武侯를 추증했다.

마침내 척부인에 대한 복수의 기회가 왔다. 여후는 우선 척부인의 수족을 잘라 버렸다. 눈을 도려내고 귀를 불에 지져서 오려 내고 약을 먹여 목줄기를 태워 버렸다. 그리고는 변소에다 버리고 '사람돼지'라 이름 붙였다.

며칠 후 여후는 혜제를 불러내어 '사람돼지'를 보여 주었다. 혜제는 처음에는 누군지를 몰랐다. 그러나 척부인이라는 소리를 듣자 통곡하다가 그대로 앓아 눕더니 1년내 회복되지 못했다. 혜제는 사람을 보내어 태후에게 탄원했다.

"그것은 인간이 할 짓이 아닙니다. 신은 어마마마의 아들로서 이 이상 천하를 다스리지 못하겠습니다."

그 후 혜제는 정치에 전혀 관여하지 않은 채 주색으로 세월을 보냄으로서 스스로 제 목숨을 단축시켰다.

건배

혜제 2년(기원전 193년)에 초나라의 원왕元王 교交(혜제의 숙부)와 제왕齊王 비肥(혜제의 이복형)가 참조했다.

10월에 혜제는 여후를 주좌에 모시고 제왕과 주연을 베풀었다. 혜제는 제왕이 자기의 형뻘이므로 가족의 예의상 그를 상좌에 앉혔다. 그런데 이것이 여후의 비위를 건드렸다. 여후는 짐독을 탄 술잔을 두 사람 앞에 놓고 제왕에게 건배하라는 말을 건넸다. 제왕이 일어섰다. 그러자 혜제도 일어서며 술잔을 잡고 함께 건배하려 했다. 여후는 당황하여 일어나더니 혜제의 술잔을 엎어 버렸다.

수상쩍게 생각한 제왕은 술잔을 도로 놓고 취한 척하면서 일찌감치 도망쳐 나왔다. 나중에 알아 보니 역시 짐독이었다. 제왕은 섬뜩했다. '이대로 무사히 장안을 빠져 나갈 수가 있을까' 하고 안절부절못했다. 그러자 제나라의 내사內史인 사士라는 자가 꾀를 내어 아뢰었다. "태후의 친자식은 혜제와 노원 공주 둘 뿐입니다. 그런데 왕께서 다스리시는 땅은 70여 성이나 되는데 외딸인 노원 공주의 땅은 불과 몇 성에 불과합니다. 왕께서 공주의 화장값으로라도 쓰시라고 한 고을을 태후에게 헌상하신다면 태후는 마음을 풀 것이며, 따라서 왕께서도 몸에 평안하심을 얻으실 겁니다."

제왕은 이 술책을 받아들여 성양군을 헌납하고 공주를 받들어 왕태후王太后[36]라 불렀다.

예측한 바와 같이 여후는 마음을 풀었다. 제왕의 저택[37]으로 행차하여 주연을 베풀고 기분 좋게 술잔을 주거니 받거니 하고는 무사히 제왕을 자기 나라로 보냈다.

눈물

해제 7년(기원전 188년) 가을의 8월 무인일에 혜제가 서거하여 대상大喪이 포고되었다. 여후는 예법에 따라 곡성을 올렸으나 눈물은 흘리지 않았다.

시중侍中 장벽강張辟彊은 유후 장량의 아들로 이때 나이가 겨우

---

36) 제왕의 태후, 즉 자기 어머니로 섬기겠다는 뜻을 나타내고 있음.
37) 제후들은 장안에도 저택을 갖고 있었다.

15세였으나 승상 진평에게 이렇게 말했다.

"태후는 지금 외아들인 혜제를 잃고도 울음소리에 조금도 슬픔이 깃들지 않았습니다. 왜 그런지 아십니까?"

"모르겠는데……."

"혜제에게는 성장한 아들이 없으므로 태후가 중신 여러분에게 위협을 느끼는 겁니다. 승상께서는 이 기회에 여태·여산·여록呂祿을 장군으로 임명하여 남북 양군의 병권을 맡기도록 하시고, 나아가 여씨 일족을 궁중에 불러들여 요직을 맡기도록 청원하십시오. 그러면 태후의 근심 걱정도 풀릴 것이며, 따라서 여러분들에게도 화가 미치지 않을 것입니다."

승상은 지체 없이 벽강의 제언을 실천에 옮겼다. 태후는 기뻐했으며, 그 후부터 울음소리에 슬픔이 서리게 되었다.

여씨 일족의 전권專權이 시작된 것은 이때부터의 일이다.

간쟁諫爭의 신하, 사직社稷의 신하

— 혜제의 서거에 즈음하여 조정은 격식대로 천하에 대사령을 내리고, 9월에 혜제의 장례를 치루었다. 그리고 태자가 제위에 올랐으나 새 황제는 아직 어렸다.

신제新帝 원년(기원전 188년) 이후 천하의 법령은 모두 여후가 포고했다. 여후가 사실상의 천자[38]가 된 것이다.

여후는 여씨 일족을 제왕諸王으로 세우기 위한 회의를 열고는

---

38) 원문에는 '칭제稱制'. 천자가 내리는 명령에는 제制와 조詔의 두 종류가 있다. 이를 반포할 권리는 물론 천자에게 속하는 것이지, 태후에게 허용되는 행위가 아니다.

우선 우승상 왕릉王陵에게 하문했다.

왕릉은 이에 답했다.

"일찍이 고제高帝께서는 백마를 제물로 바치시며 유씨 이외에 성을 가진 자가 왕이 될 때에는 천하가 일치해서 이를 치리라고 맹세하셨습니다. 이 맹약이 그대로 있는 이상 여씨를 왕으로 세울 수는 없사옵니다."

태후는 비위가 상해서 이번에는 좌승상 진평과 강후 주발에게 하문했다. 두 사람은 이렇게 답했다.

"고제께서 천하를 통일하셨을 때는 왕의 자제로서 왕을 세우셨습니다. 지금은 태후께서 만기萬機를 결재하고 계시니 형제분이나 여씨 문중에서 왕을 세우신다 해도 아무런 지장이 없을 것입니다."

태후는 이 의견을 듣고는 마음을 풀고 회의를 끝마쳤다.

물러나와서 왕릉은 진평과 강후를 힐책했다.

"도대체 귀공들은 고제와 서로 피를 마시며 맹세하던 그 자리에 없었더란 말이오? 고제께서 서거하시자 여자답지도 않게 태후가 실권을 쥐고 여씨 일족을 왕으로 내세우겠다는 판국에 '어련하시겠습니까, 지당하십니다' 하고 고해 바치니 어찌된 영문이오? 이래 가지고서야 지하에 계신 고제의 얼굴을 어떻게 뵐 수가 있겠소?"

두 사람은 대답했다.

"이 자리에서 정면으로 옳고 그름을 따지기로 말하면 우리가 귀공을 따르지 못하오. 그러나 한조의 사직을 편안히 하고 유씨 혈통을 지킨다는 점에선 우리가 귀공의 위요."

왕릉은 대꾸할 말이 없었다.

— 이윽고 왕릉은 우승상의 자리에서 쫓겨나 향리에 틀어박히는 신세가 되었다. 그 후 좌승상 진평이 우승상으로 올라앉고 좌승상에는 벽양후 심이기가 임명되었다. 심이기는 여후와 추문이 있는 인물로, 맡은 바 정무는 거들떠 보지도 않은 채 엉뚱하게도 궁중의 감독에 정력을 쏟고 있는 형편이었다. 권세는 심이기 한몸에 모여들어 제반 만사가 그를 통해서 결정되었다.

제반 사정이 갖추어진 연후에 여후는 여씨 일문을 차례로 왕 또는 제후로 내세웠다.

후사

혜제의 황후는 선평후宣平侯 장오張敖의 딸[39]인데 아이를 낳지 못했다. 여후는 황후가 임신한 것처럼 꾸미고는 혜제가 후궁에게 낳게 한 아들을 빼앗아 왔다. 그리고는 생모를 죽이고 그 아들을 태자로 삼았다. 혜제의 서거 후 제위를 이은 것은 이 태자다.

이윽고 황제가 세상 이치를 가늠할 나이에 이르렀다. 황제는 우연한 기회에 자기 생모는 죽음을 당하고 황후는 친어머니가 아님을 알게 되자 격분했다.

"제아무리 태후라 하더라도 내 생모를 죽이고 나를 황후의 친아들이라고 하다니 어처구니가 없다. 내가 아직은 어린애지만 어른이 된 다음에는 가만 두지 않겠다."

이 말이 태후의 귀에 들어갔다. 태후는 이대로 두었다간 장래의 화근이 될까 하여 황제를 영항에 유폐했다. 그리고는 황제의

---

39) 장오는 노원 공주의 남편이니, 이 황후는 여후의 손녀이자 혜제의 조카이다. 〈외척 세가外戚世家〉에 의하면 여후는 이를 이중의 결연이라 하여 반기고 자식을 낳기 위해 백방으로 손을 썼으나 허사였다.

병이 오늘내일 하는 상태라고 거짓 소문을 퍼뜨리고 근신에게까지도 면회를 허락지 않았다.

이후 여후는 많은 신하들 앞에서 선언했다.

"천하를 움직이는 권세를 장악하고 만민의 운명을 맡은 자는 하늘처럼 넓고 땅같이 받아들이는 태도를 간직해야 한다. 천자는 봉사 정신으로서 백성의 평안을 도모하고, 백성은 기꺼이 천자를 따라야 비로소 천하 태평이 유지된다. 그럼에도 불구하고 황제는 오랜 병으로 착란 상태에 빠져 있어 황통을 계승하여 종묘의 제사를 주재할 능력을 잃었다. 이래서는 천하를 맡겨 놓을 수가 없다. 지체 없이 교체하는 것이 타당하다."

늘어서 있던 신하들은 일제히 머리를 조아렸다.

"천하 만민을 위해 종묘 사직의 안녕을 도모하시는 태후의 심중, 헤아리고도 남음이 있습니다. 신하 일동은 충심으로 말씀에 따르겠습니다."

이같이 하여 마침내 여후는 공공연히 제위를 빼앗고 황제를 은밀히 죽여 버렸다.

5월 병진일에 상산왕常山王 의義(혜제의 첩의 아들)를 신제新帝로 봉하여 홍弘이라 개명시켰다. 이때를 신제 원년이라 부르지 않는 것은 여후가 일체의 국사를 다스렸기 때문이다.

조왕趙王 우友, 굶주려서 읊다

소제少帝 홍弘 7년(기원전 181년) 정월, 태후는 조왕 우에게 출부出府를 명했다.

그 까닭은 이렇다. 조왕의 왕후는 여씨 문중의 사람이었는데 조왕이 측실만 사랑하고 이 여씨 왕후에게는 냉담했다. 왕후는 질투에 못 이겨 장안으로 올라와서 여후에게 거짓말을 꾸며 대어 조왕을 비방했다.

"여씨 일족으로 왕을 삼다니 있을 수 없다. 태후가 죽으면 반드시 놈들을 해치워 버리겠다."

조왕이 그렇게 말했다는 것이다. 그 말을 들은 여후는 화를 내면서 조왕을 불러들였다. 조왕이 도착하자 여후는 궁중의 한 방에 그를 근신시켜 둔 채 알현을 허락하지 않고 감시를 시키고는 식사조차 금지해 버렸다. 남몰래 음식을 차입하는 자는 발견되는 즉시 처벌되었다.

조왕은 굶주림 속에서 원한에 사무쳐 이렇게 읊었다.

여씨가 권세를 잡으니 유씨의 운명은 바람 앞의 등불
왕후王侯라고는 이름뿐이고 나에게 아내까지 강요했다
그 아내가 질투 끝에 나를 팔아 넘기니
계집의 밀고가 나라를 어지럽히는데 황제는 그것을 깨닫지 못한다
나의 충신들은 어디로 갔느뇨 어찌하여 나를 버리고 갔느뇨
차라리 황야에서 자결해 버렸다면 하늘이 내 정의를 밝혀 주었을 것을
자결해 버릴 것을 아아 어찌 미처 깨닫지 못했던고
왕의 몸이 굶어 죽는데 인정을 베푸는 자조차 없구나
하지만 여씨의 무도함에 대하여 하늘의 힘을 빌어 보복하리라

정축일에 조왕은 지켜 보는 사람도 없이 죽었다. 유해는 서민 대우로 장안의 민간 묘지에 매장되었다.

기축일에 일식이 일어나 한나절부터 주위는 어둠에 싸였다. 여

후는 예감이 불길하다면서 언짢아 했다. 그리고 측근에게 말했다.
"이건 나 때문이로다."

여후의 죽음

― 여후는 그 후에도 줄곧 인사 이동을 계속했다. 물론 여씨 문중이 중심이 되어 있었으나 너무 치우치는 것도 후세를 위해 좋지 않다 해서 유씨 문중에서도 왕을 선임하여 무마하는 정책을 썼다.

조왕의 후임으로는 양왕梁王 회恢를 앉혔다. 그러나 여후는 그를 여산의 딸과 강제로 짝지워서 행동의 자유를 빼앗는 반면, 회가 총애하던 측실을 독살하고 말았다. 회는 이를 탄식하여 스스로 독을 먹고 죽었다. 이로써 조왕으로 책봉되었던 고조의 아들 여의·우·회 셋은 모두 여후의 손에 죽음을 당했다.

그 후, 나중에 문제文帝가 된 대왕代王 항恒에게도 조왕의 차례가 돌아왔으나 항은 변경인 내 땅을 지키겠노라고 그럴듯하게 거절함으로써 난을 면했다. 여후는 여록을 조왕에 앉혔다. 그러나 여씨 일족의 융성을 위해 전력을 기울이던 여후에게도 드디어 죽을 때가 다가왔다.

소제 홍 8년(기원전 180년) 3월, 여후는 패수 기슭에서 액막이를 행하고 돌아오던 길에 장안 동교에 있는 지도정을 지나가게 되었다. 그때 퍼런 개 같은 것이 나타나서 여후의 옆구리를 무는가 싶더니 순간 자취를 감추었다.

점을 쳐보니 조왕 여의가 앙갚음을 하고 있다는 신탁이 나왔다. 그때부터 여후는 옆구리의 통증 때문에 괴로움을 받게 되었다.

7월로 접어들면서 여후의 병은 더욱 심해질 뿐이었다. 죽음을 각오하고 있던 여후는 여록을 상장군으로 임명하여 북군의 지휘를 맡기고, 여산에게는 남군의 지휘를 맡긴 후 두 사람을 불러놓고 지시했다.

"고제는 천하를 통일한 다음, 유씨 아닌 자가 왕이 되었을 때는 일치해서 이를 무찌르라고 서약을 시켰다. 그러므로 우리 문중이 왕이 되었다 해서 중신들이 마음속으로 복종하는 것은 아니다. 황제는 아직도 어리다. 내가 죽은 후에는 그들이 반드시 반격을 가해 오리라. 정신 차리고 우선 군을 동원하여 궁중을 지켜야 하느니 장례를 치룬답시고 정신을 빼앗겨 그들에게 틈을 보여서는 안 된다."

신사일에 여후는 죽었다. 유언에 따라 제왕諸王에게는 천 금을, 장군·대신·열후 및 관리들에게는 녹고祿高에 따라 돈을 하사함과 동시에 전국에 대사령을 발령했다. 또한 여산은 상국으로 임명되었으며, 여록의 딸이 새 황제의 황후로 맞아들여졌다.

2. 전권專權 이후 — 여씨呂氏와 유씨劉氏

제왕齊王, 격문檄文을 띄우다

주허후朱虛侯 유장劉章은 적극적이며 과감한 인물이었다. 그의 아우는 동모후東牟侯 홍거興居이다. 둘 다 제나라 애왕哀王(齊悼惠王의 아들)의 아우이며, 장안에서 살고 있었다.

이즈음 여씨 일문은 국정의 실권을 장악하고 제위의 찬탈까지 꾀하고 있었으나 고조 때부터의 중신인 강후 주발이나 관영 등의 존재가 마음에 걸려서 결단을 못 내리고 있었다. 그런데 주허후는 아내가 여록의 딸이었으므로 여씨 일족의 음모를 눈치채고 있었다. 이대로 있다간 자신이 위태롭다고 간주한 그는 형이기도 한 제왕에게 밀사를 보내어 여씨의 동정을 알림과 동시에 군대를 장안으로 올려보냄으로써 여씨를 주멸하고 제위에 오르도록 요청했다. 주허후 자신은 중신들과 짜고 내부로부터 호응할 셈이었다.

제왕은 제후들에게 신서信書를 띄워 결의를 표명했다.

"고제가 천하를 통일하고 유씨 일문을 왕으로 책봉하실 무렵에 부왕 도혜왕悼惠王에게 제나라 땅을 주셨다. 그 후에 도혜왕이 서거할 무렵에 즈음하여 혜제는 유후 장량의 제언을 좇아 신臣을 제왕으로 삼았다.

혜제가 승하하자 여태후는 국정을 전단하고 당신의 고령을 우려하여 여씨 문중만을 등극시키고 멋대로 황제를 폐하고는 새로 세웠다. 나아가 차례로 세 사람의 조왕을 죽임으로써 양·조·연의 후계를 끊고 여씨로 대체하였으며 또한 제나라를 4분했다. 충신의 간언에 대해서도 태후는 옳고 그름을 판단치 못한 채 귀담아 듣질 않았다.

그 태후는 이미 서거했다. 허나 황제는 연소하여 아직도 천하를 통치할 힘이 없다. 당연히 중신 제후들의 보좌가 기대되고 있는 바이다. 그럼에도 여씨는 여전히 일문의 관위를 높이는 데만 열중하고 군사력을 과시하며 열후 충신을 위협하고, 조칙이라 참칭借稱하여 천하를 호령하는 판국이다. 유씨의 종묘는 이제 위기에 놓여 있다.

여기에 이르러 나는 군사를 이끌고 장안으로 올라가 왕의 자격도 없는 여씨의 패거리를 주멸하려는 바이다."

급보에 접한 한나라 궁정에서는 상국 여산 등이 영음후穎陰侯 관영에게 군대를 주고 제나라를 공격하라고 명령했다. 그러나 당사자인 관영은 형양에 도착하자 막료를 모아 놓고 흉중을 털어 놓았다.

"여씨 일문은 관중에서 병권을 한 손에 쥐고 있다. 유씨를 쫓아내고 제위를 빼앗을 심보인 것이다. 지금 내가 제군을 무찌른다면 여씨에게 협력하는 게 아닌가."

이래서 관영은 형양에 자리를 잡고 앉아 제왕을 위시하여 제후들에게 사자를 보내서 연합군의 결성을 제의했다. 여씨의 반란을 기다리고 있다가 일거에 토벌하자는 것이다. 제안을 받은 제왕은 즉각 군대를 제나라 서쪽 변두리까지 후퇴시키고 시기를 기다렸다.

여수呂嬃, 패물을 마구 내던지다

여록과 여산은 관중을 제압할 음모를 꾸미고 있었다. 그러나 강후・주허후 등 발목에 채이는 유씨 세력이 켕기는 한편, 제나라와 초나라의 군사력도 얕잡아 볼 수 없었다. 게다가 제나라 토벌을 위해 출병시킨 관영이 배신할 우려도 없지 않았다. 그들은 이것저것 궁리 끝에 하여간 관영이 제나라와 싸움을 벌이는지 어떤지를 기다리기로 했다.

그즈음 어린 황제의 이복동생인 제천왕濟川王 태太, 회양왕淮陽王 무武, 상산왕常山王 조朝 등 세 왕과, 여후의 외손인 노원왕魯元王은 모두가 나이가 어렸으므로 영지에는 부임하지 않은 채 장안에 머물러 있었다. 게다가 조왕 여록과 양왕 여산이 각각 북군과 남군을 장악하고 장안에 있었다. 이들이 모두 여씨측이었으므로 유씨측의 열후 군신도 내심으론 불안에 떨고 있었다. 강후 주발이 태위의 직책에 있으면서도 궁중에 들어가 직접 지휘하지 못할 형편이었다.

그런데 고조의 과거의 신하인 곡주후曲周侯 역상酈商은 노쇠하여 누워 있었으나 그의 아들 역기酈寄가 평소부터 여록과 사이가 좋았다. 주발은 그 점을 고려하여 즉시 승상 진평과 의논했다. 역상을 인질로 잡고 그의 아들 역기를 이용하여 여록을 함정에 빠뜨리자는 책략이었다.

역기는 여록을 만났다.

"고제가 여후와 더불어 천하를 통일한 이래 유씨 문중에서는 아홉 사람, 여씨 문중에서는 세 사람의 왕이 나왔습니다. 이는 모두가 중신들의 합의에 의한 것으로서 그 뜻을 모든 제후에게 통고하고 제후 쪽에서도 이를 승인했습니다. 지금은 어떤고 하니, 태후는 돌아가시고 황제는 아직 어리십니다. 이와 같은 때 귀하는 조왕이면서도 통 영지에는 부임하지 않을 뿐 아니라, 수석장군의 자리를 차지한 채 군부를 장악하고 있습니다. 이래서는 중신 제후들에게 공연한 소리를 들어도 하는 수 없습니다. 어째서 귀하는 장군직을 사직하고 군대를 태위에게 맡기지 않습니까. 양왕에게도 상국의 인수를 반환하고 중신들과 서약하여 영지에 부임토록 권하는 것이 좋겠습니다. 그러면 제나라의 반란도 수습될 것이고 중신들 또한 마음을 놓을 것입니다. 그리고 귀하도 마음 편히 대조국大趙國의 왕으로 계실 수가 있을 것이니, 이것이야말로 만세의 이득이 아니고 무엇이겠습니까."

여록은 과연 지당한 도리라 여긴 나머지 즉시 사신을 보내어 장군의 인수를 반환하고 군대를 태위의 지휘 아래 두도록 일족의 장로들에게 보고했다. 그러나 찬반이 반반씩이어서 좀체로 방침이 결정되지 않았다.

여록은 역기와 서로 마음을 터놓고 지내는 터이므로 때마침 그를 데리고 사냥을 나갔다. 그 도중에 숙모인 여수의 집에 들리니 여수는 댓바람에 호통을 쳤다.

"장군인 주제에 군대를 버리다니 대체 어쩔 셈이냐, 우리 집안은 망했구나!"

그리고는 주욱 패물을 끄집어 내서 모조리 마당에다 내팽개

쳤다.

"어차피 빼앗길 건데, 이렇게 버리는 게 낫지!"

우단右袒과 좌단左袒

8월 갑진일의 아침에 어사대부의 직무를 대행하고 있던 평양후 조줄曹窋은 상국 여산을 만나 정무를 타협하고 있었다. 그때 제 나라에 사신으로 갔던 낭중령 가수賈壽가 돌아와 여산의 얼굴을 보자마자 이렇게 말하며 나무랐다.

"왜 빨리 영지로 가지 않으셨소. 이제는 이미 때가 늦었소. 다시는 돌아갈 나라가 없소이다."

가수는 관영이 제 · 초와 연합해서 여씨 일문의 토벌을 음모하고 있는 사정을 상세히 보고하고, 일각이라도 빨리 궁중을 장악하라고 여산에게 독촉했다.

곁에서 이 보고를 엿들은 평양후는 즉각 승상 진평과 태위 주발에게 달려갔다. 주발은 지체 없이 북군 사령부로 들어가려 하였으나 보초가 이를 막았다. 그러나 부절符節 관리자인 양평후 기통紀通이 직권을 이용하여 부하에게 부절을 건네 주고 황제의 분부라고 속여서 태위 주발을 북군에 보냈다.

태위는 다시 역기를 불러 전객典客(제후들의 감시역)인 유게劉揭와 함께 여록에게 보냈다.

"황제는 태위에게 북군의 지휘를 분부하시고 귀하는 영지로 돌아가기를 바라고 계시오. 지금 곧 장군의 인수를 반환하고 출발하시는 게 좋으실 거외다. 그렇지 않으면 중대사가 벌어지고 말 거요."

여록은 그것이 역기의 계략이라고는 짐작도 못하고 인수를 유게에게 넘겼다.

태위는 사령관으로서 군문에 들어가 장병들에게 명령했다.

"여씨를 따를 자는 바른쪽 어깨를 벗고, 유씨를 따를 자는 왼쪽 어깨를 벗어라[40]."

군중의 장병들은 하나도 남김없이 왼쪽 어깨를 벗고 유씨측에 붙었다. 태위가 북군 본영에 도착했을 때 여록은 이미 상장군의 인수를 내놓고 사라진 후였다. 태위는 이렇게 하여 북군을 장악한 것이다.

여씨 일족, 주살되다

그러나 남군은 아직 여씨의 수중에 있었다.

승상 진평은 곧 주허후를 불러 태위의 보좌를 명했다. 태위 주발은 주허후에게 군문을 감시케 하고, 평양후를 위위衛尉(궁궐의 문을 호위하는 지휘관)에게 파견하여 "상국 여산을 전문殿門에서 저지하라"라고 명했다.

한편, 여산은 여록이 이미 북군 본영에서 퇴거한 것을 알지 못한 채 미앙궁에 들어가 드디어 반란을 일으키기로 결심했다. 그러나 전문에서 저지당하고 그 주위를 배회할 뿐이었다. 평양후에게도 승산은 없었으므로 태위에게 쫓아가 상황을 보고했다. 태위 역시 여씨 일족과 정면으로 부딪친다는 것은 불안했다. 그래서 여씨 토벌의 기치는 올리지 않고 주허후를 궁중으로 들여보내기 위해 '급히 궁중으로 들어가서 황제를 지키라'는 명령을 내렸다. 이에 응한 주허후가 호위병을 요청하자 태위로부터 천여 명이 파

---

40) 편을 확인하는 것. 이 고사에 의해 편을 드는 것을 '좌단左袒한다'고 한다.

견되었다.

주허후는 미앙궁에 들어가자 궁중에 있는 여산을 발견했다. 때는 저녁 무렵이었는데 그는 주저 없이 습격했다. 여산은 도망쳤다. 마침 강풍이 일자 여산의 부대는 혼란에 빠져 저항할 여유가 없었다. 주허후는 급기야 여산을 쫓아가 낭중부郞中府의 변소에서 죽였다.

주허후가 여산을 죽였다는 소리가 들리자 황제는 알자(중개역)에게 부절을 들려보내 주허후를 위로했다. 주허후는 그 부절을 내놓으라고 하였으나 알자가 말을 듣지 않았다. 그는 알자가 타고 있는 마차에 올라타고 부절을 빌려 장락궁으로 달려가 위위 여갱시를 죽였다. 그 길로 북군 사령부로 돌아와 자초지종을 태위에게 보고했다.

태위는 일어서서 깊숙이 머리를 숙였다.

"여산만이 문제였는데 덕분에 주살할 수가 있었다. 이것으로 천하는 태평해질 것이다."

연이어 각처에 사람을 보내서 여씨 일족을 사로잡아 남녀노소의 구별 없이 죽였다. 신유일에 여록을 잡아 죽이고, 여수를 태형에 처했다. 또 명령을 내려 연왕 여통을 주살하고, 노왕 장언의 왕위를 박탈했다.

새 황제를 맞이하다

― 중신들은 우선 공석이 된 조왕·양왕의 후계자를 정하는 한편, 주허후를 제왕齊王에게 파견하여 여씨 일파의 주멸이 성공한 것을 알리게 했다. 이윽고 관영도 형양에서 장안으로 돌아왔다.

중신들은 비밀 회의를 열었다.

"지금의 소제를 비롯하여 제천·회양·상산의 세 왕은 모두가 혜제의 친자식이 아니다. 여후가 간사하게 핏줄도 아닌 것을 친자식처럼 속인 데 불과하다. 생모를 죽이고는 후궁에서 키워 가지고 혜제로 하여금 친자식이라 일컫게 하고 후사로 삼더니 뒤이어 제왕諸王으로 삼았던 것이다. 모두가 일족의 세력을 강화하려는 여후의 술책이었다.

그건 그렇고, 우리는 여씨 일족을 뿌리 채 뽑아 버렸으니 소제나 제왕諸王을 그대로 둔다는 것은 잘못이 아닐까. 그들이 성장해서 권세를 휘두르게 되면 이번에는 우리가 모두 죽음을 당하고 말 것이다. 이 기회에 유씨 직계의 왕 가운데서 가장 적당한 인물을 골라 제위에 오르도록 함이 어떨까."

중신 하나가 말했다.

"그렇다면 제왕齊王이 어떨는지. 제왕이라면 도혜왕의 적자이며, 도혜왕은 알려진 바와 같이 고제의 장자가 아닌가. 따라서 제왕은 고제의 적장손에 해당하는 분이니 자격은 충분하다고 본다."

그러나 다른 중신들이 일제히 반대했다.

"여씨가 외척의 입장을 악용했기 때문에 한의 종묘가 위태로왔던 것이고 유씨의 공신에게도 해를 끼치지 않았던가. 문제는 제왕의 외가인 사씨駟氏 가문이다. 그 집안 장로 사균은 뱃속이 검은 인간이다. 제왕을 황제로 즉위시킨다면 또다시 여씨와 같은 판국이 되고 만다."

이어 회남왕은 어떨까 하는 말이 나왔으나 왕이 너무 젊은 데다 외가가 좋지 않다는 의견이었다.

"그렇다면 대왕代王은 어떨까. 대왕은 현재 살고 있는 고제의 아들 가운데서 최연장자이며 인품은 관대하고 인정이 깊다. 외가인 박씨도 조촐한 일족이다. 게다가 연장자를 세우는 것은 장유서열로도 합당하고 부모에게 효도하는 인품은 누구한테나 존경을 받고 있다. 조건이 갖추어져 있다."

이렇게 되어서 의견은 일치했다. 중신들은 비밀리에 사자를 보내서 대왕을 초청했다. 대왕은 사신을 보내 사의를 표했다. 그러나 그 후 두 차례나 더 권유를 받은 대왕은 마침내 여섯 대의 수레를 끌고 장안으로 향했다.

대왕은 윤달 9월 말일 기유일에 장안에 도착하여 대왕의 관저로 들어갔다. 중신 일동은 즉시 관저로 찾아가 알현하고 옥새를 바침으로써 천자로 옹립하였다. 대왕은 여기서도 사퇴하였으나, 중신 일동의 간절한 요청에 못이겨 드디어 제위에 올랐다.

후궁後宮 정치와 민중
— 한편 유제幼帝는 동모후 유홍거의 주선으로 궁중에서 소부少府로 옮겨갔다. 그리고 대왕이 국무를 맡기 위해 궁중으로 들어가던 날 밤에 소제와 제천·회양·상산의 3왕은 마침내 주살되었다.

〈여후 본기〉는 다음과 같은 태사공의 논평으로 끝나고 있다.

혜제와 여태후의 시대는 백성이 전란의 도탄에서 해방되어 군주나 신하가 모두 '무위無爲'라는 안식을 원하던 시대였다. 혜제가 다만 팔짱만 끼고 있었던 것은 그 때문이다.

여태후가 여인의 몸으로 국정의 실권을 잡았으나 오로지 궁정 안의 분쟁에만 시종했기 때문에 천하는 태평을 누리고 있었다.

법을 어기는 자가 드물어 형벌이 적용되는 예는 거의 없었다. 백성들은 안심하고 일할 수가 있었기 때문에 의식이 점차 풍부해 갔다.

3. 무대 뒤 — 장량張良 · 진평陳平 · 주발周勃 · 육가陸賈

— 한나라 중신들이 천하 통일의 목적을 향해서 고조와 고난을 같이한 시대는 이미 지났다. 그들은 사마천이 말한 대로 오직 안식을 구했던 것이다. 그러나 고조의 후계자 문제로 분쟁이 시작된 여후의 시대는 그들에게 안식을 허락지 않았다. 당사자들의 입장으로 본다면 어쩌면 전란 속에서 날을 지새던 시절보다도 더욱 다난했을지도 모른다. 그들은 이러한 새로운 시련을 어떻게 뚫고 나갔을까. 지금부터는 이런 점에 중점을 두고 여후의 시대를 이들 중신의 측면에서 살펴보기로 한다.

날개는 이미 돋쳤다
— 첫번째 인물은 유후 장량이다. 그는 고조의 참모로서 진나라 토벌 및 항우와의 결전에는 큰 공적이 있었다. '장막 속에서 계략을 꾸며 천리 밖의 승리를 판가름했다'라는 말은 논공행상에 즈음하여 고조가 그에게 내린 평가다. 참모로서의 재능은 평화시의 궁중에서도 유감 없이 발휘되었다.

이미 보아온 것처럼 고조는 만년에 이르러 태자를 여후의 아들인 효혜로부터 척부인의 아들 여의로 바꾸려는 생각이 있었다. 중신들은 번갈아 간했으나 고조의 마음을 움직일 수가 없었다. 난감해진 여후는 장량에게 도움을 청했다. 장량은 '고제의 의지는 설득만으로는 돌이킬 수 없다'고 말했다.

그리하여 장량이 세운 묘책이란……

한 12년(기원전 195년), 고조는 경포 장군의 반란을 진압하고 장안으로 개선했다. 그러나 고조는 병세가 그 후 더욱 위중해짐에 따라 태자를 여의로 바꿨으면 하는 마음이 더욱 더 높아져갔다. 유후 장량이 간해도 그것만은 귓등으로도 듣지 않았다. 그뿐 아니라 병환이라는 핑계로 정사도 돌보지 않는 실정이었다. 태자태부太子太傅(태자의 교육담당관)인 숙손통叔孫通이 고금의 예를 들면서 죽음을 각오하고 설득했을 적에도 고조는 알아들은 척할 뿐이지 마음은 조금도 변함이 없었다.

그즈음 궁중에서 주연이 열려 태자도 거기에 배석했다. 보니, 태자 뒤에는 4명의 노인이 대기하고 있었다. 모두 80세를 넘은 노인으로 수염이나 눈썹까지 새하얗고 의관을 정제한 모습에는 절로 주위를 제압하는 풍모가 깃들어 있었다.

고조는 이상하게 생각하고 곁에 있는 시중에게 물었다.

"저들은 누구냐?"

네 노인은 고조 앞에 나아가 저마다 이름을 밝혔다. 다름아닌 동원공東園公・녹리 선생甪里先生・기리계綺里季・하황공夏黃公이었다.

고조는 놀라면서 말했다.

"오오. 여지껏 어디에 계셨소? 몇 년 전부터 찾고 있었는데 줄곧 나를 피해오지 않았소. 그런데 지금 보아하니 태자하고는 자진해서 사귀고 있는 것 같은데……."

노인들은 말했다.

"폐하는 한몫을 단단히 하는 사람도 곧잘 바보 취급을 하시는데 저희로서는 그와 같은 모욕을 받아야 할 까닭이 없기에 여지껏 숨어 있었습니다. 그러나 태자는 부모를 공경하고 형제를 위로하고 남에게도 겸허한 마음으로 대해 주시기에, 만인이 태자를 따르며 태자를 위해서는 목숨조차 아까워하는 자가 없다고 합니다. 그래서 이렇게 나타난 것이옵니다."

"그랬던가……."

고조는 말했다.

"그러면 앞으로도 태자를 잘 부탁하오."

노인들은 고조의 장수를 기원하는 술잔을 비우고 물러나갔다. 그 뒷모습을 바라보던 고조는 척부인을 불러 네 노인을 가리키며 말했다.

"짐은 여의를 태자로 삼고 싶었으나 태자에게는 저 네 사람이 붙어 있소. 태자에게 날개가 돋아난 것이오. 짐의 힘으로도 이제는 어쩔 수가 없소. 알겠소? 짐이 죽으면 여후를 주인으로 섬기지 않으면 안 되오."

척부인은 흐느껴 울었다.

"초무楚舞를 한 번 추어주게. 내가 초가楚歌를 불러줄 터이니……."

고조는 이같이 말하고 읊기 시작했다.

　　큰 새는 하늘 높이 천리를 날으네

날개 어느 새 굳세어 사해四海를 건너네
사해를 나는 날개를 어찌 막으리오
화살이 있다 해도 쏠 수가 없느니

노래는 되풀이 되었다. 척부인의 뺨에 눈물이 흘렀다.
이윽고 고조가 안으로 들어가고 주연은 끝났다. 태자는 네 사람의 은자 덕분에 그 지위를 보존케 되었다. 이 네 사람을 초빙한 것은 유후 장량이었다.

기계奇計로 사는 사나이

― 진평은 지모智謀로써 알려진 현상賢相으로서 이름이 높다. 항우의 부하이던 시절도 있었으나 그 후에는 고조를 섬기며 지략으로써 번번이 고조를 도왔다. 이미 보아온 것처럼 여후의 시대에도 승상으로서 한 황실을 잘 지켜 나갔다. 조정 안에서 미쳐 날뛰며 많은 희생자를 낸 여씨 일족의 '폭풍우'를 그가 어떻게 뚫고 나갔는지, 남모르는 심고의 일단을 펼쳐 보자.

여태후는 여씨 일족을 왕으로 봉할 계획을 세우고 그 문제를 우선 우승상 왕릉에게 하문했다. 왕릉은 결연히 대답했다.
"결코 안 됩니다."
여태후는 이어 좌승상 진평에게 하문했다. 진평은
"지당한 말씀이십니다."
하고 서슴지 않고 동의했다.
여태후는 자기를 맞대놓고 반대한 왕릉을 참을 수 없었다. 그래서 그를 보기 좋게 소제를 지키는 태부 자리로 좌천시킴으로써 정치의 제일선에서 쫓아내 버렸다.

왕릉은 이 처분에 격분하여 병이 났다는 핑계로 태부의 지위를 거절했다. 그 뒤로 집에 틀어박힌 채 조정에 나가는 일까지 그만두어 버렸다. 그 후 7년이 지나서 왕릉은 죽었다.

그런데 여태후는 왕릉을 쫓아낸 후 우승상을 진평에게 주고 좌승상에는 벽양후 심이기를 앉혔다. 그러나 심이기는 맡은 바 직무에는 아랑곳하지 않고 궁중에서 여태후의 비위만 맞추고 있었다.

심이기는 패현 출신이다. 고조가 팽성 싸움(중권 3부 참조)에서 패했을 때 태상황太上皇(고조의 아버지)과 여후가 인질로 초나라에 잡혔다. 그때 그는 여후를 담당한 집사로서 신변의 시중을 들었다. 그 후 고조를 따라 항우와의 싸움에서 군공을 세우고 후侯로 책봉되었다. 그런 까닭에 여태후가 심이기에게 베푸는 총애는 각별한 바가 있었다. 그런 그가 좌승상으로 궁중에 들어가게 되니 관리들은 무슨 일이건 그의 결재를 받게 되었다.

한편 진평은 평소부터 여태후의 여동생인 여수의 원한을 사고 있었다. 일찍이 고조가 여수의 남편인 번쾌를 사로잡은 사건에 진평이 관련되어 있었기 때문이었다. 여수는 기회 있을 때마다 여태후에게 참소했다.

"진평은 승상의 자리에 있으면서 정치는 내동댕이 쳐놓고 매일 주색만 일삼고 있습니다."

이 말이 전해지자 진평은 여수의 참언대로 나날을 일락逸樂으로 지새게 되었다. 여태후는 그것을 알고 남몰래 빙그레 웃었다. 주색에 빠져 있는 진평은 이미 두려울 것이 없었다. 여태후는 진평을 불러내어 여수가 한 말을 일단 물어본 연후에 이렇게 말했다.

"아녀자의 말은 듣지 말라는 말이 있지만 그대는 어떻게 하면 나하고 잘 해 나가겠는가에 대해서만 생각하오. 여수의 참언 따위에 마음을 쓸 필요는 없소."

그 후 여태후는 아무도 두려워함이 없이 여씨 일족을 차례차례 왕으로 내세웠다. 그때마다 진평은 반대하지 않았다. 그러나 여태후가 죽자 진평은 태위인 주발과 합세하여 일거에 여씨 일족을 주벌하고 문제文帝를 옹립했다. 진평의 속셈은 거기에 있었던 것이다.

한편 좌승상 심이기는 여씨 일족이 망함과 동시에 그 직위를 빼앗겼다.

승상이 제 직책도 모르다니

새로 즉위한 문제는 태위인 주발이 진두에 서서 여씨 토벌을 해치웠으므로 그를 제일의 공로자라고 생각했다. 진평은 그것을 알아차리고 최고위인 우승상 자리를 주발에게 양보하기로 마음 먹었다. 그래서 요즘 건강이 좋지 않다고 문제에게 사직을 청원했다. 그러나 즉위한 지 얼마 안 되는 문제로서는 진평의 속셈을 알 수가 없었다.

"그대가 몸이 아프다는 소문은 들어 본 적이 없는 데 사임하겠다니 무슨 곡절이라도 있소?"

"고조 시절에는 저의 공적이 주발을 능가하고 있었습니다. 그러나 여씨 일족의 주벌에 관해서는 주발에 미치지 못합니다. 우승상의 자리를 주발에게 넘겨 주십사 해서입니다."

그래서 문제는 강후 주발을 우승상에 임명하여 신하의 서열로

첫번째에 놓고 진평을 좌승상에 옮겨 제2위로 삼았다. 그리고 진평에게는 금 1천 근을 하사하고 봉지 3천 호를 가증했다.

그러는 사이에 상당히 정무에 익숙해진 문제가 어느 날 조의朝議에서 우승상 주발에게 물었다.

"재판은 전국에서 연간 몇 건쯤 있는가?"

"신이 불초하여 미처 알지를 못합니다."

주발은 사죄했다.

"그러면 국고의 수지는 연간 얼마나 되는가?"

"모르겠나이다. 송구하옵니다."

주발은 또다시 사과할 수밖에 없었다. 대답하지 못함을 부끄럽게 여기어 온몸에 식은땀을 흘렸다. 문제는 좌승상 진평에게 물었다. 그러나 진평은 언급을 회피하였다.

"그 문제라면 각각 담당자에게 물어 주시기 바랍니다."

"담당자라니 누굴 말하는가?"

"재판에 대해서는 정위廷尉가 있사오며, 국고의 수지에 대해서는 치속내사治粟內史가 있사옵니다."

"만사에 제각기 담당자가 있다면 그대는 대체 무엇을 담당하고 있는가?"

"삼가 말씀드리겠습니다. 폐하께서는 신의 우매함을 모르시고 황공하옵게도 재상에 임명해 주셨습니다만 모름지기 재상의 임무라는 것은 위로는 천자를 보좌하고 음양의 조화를 꾀하여 사시四時의 순환을 순조롭게 하고 아래로는 만물을 잘 살게 하는 데 있습니다. 또한 바깥으로 사방의 만족 및 제후를 진무鎭撫하며, 안으로는 만민을 다스리고 뭇 관리들에게 제각기 그 직책을 완수시키는 점에 있습니다."

문제는 그 말을 듣고

"좋은 말을 했도다."

하고 좌승상 진평을 칭찬했다. 우승상 주발은 더욱 면구스러웠다. 주발은 밖에 나오자 진평에게 불평을 했다.

"왜 평소에 그럴 때 대답할 말을 가르쳐 주지 않았는가?"

그러자 진평은 웃으며 대답했다.

"자네는 우승상 자리에 있으면서도 그 직책이 무언지 몰랐단 말인가. 가령 폐하가 장안의 도난 건수를 물으셨다 해서 자네는 그것까지 대답해야 한다고 생각하나?"

주발은 자신의 능력이 진평에게 미치지 못함을 깨닫고 얼마 후 병을 구실 삼아 사직을 청원했다.

그 후 진평은 혼자서 승상을 지내다가 문제 2년(기원전 187년)에 죽었다. 그리고 그에겐 헌후獻侯라는 시호가 내렸다.

옥리獄吏, 장군을 구하다

— 강후 주발은 우직할 만큼 외곬수의 사나이였다. 일찍이 고조가 한의 후사를 위탁할 충신의 하나로 여겼던 것은 그의 인품을 통찰했기 때문이리라. 이미 보아온 바와 같이 그는 여씨 일족을 주벌하여 한 황실을 잘 지킴으로써 고조의 기대에 조금도 어긋남이 없었다. 그러나 시대의 총아로 혁혁한 명성을 날리던 사나이가 사소한 실수로 공포의 구렁텅이에서 방황하게 된다. 그는 공포에서 한시 바삐 피하려고 하지만 피하려고 허우적거릴수록 문제는 커져만 간다.

본편은 너무도 외곬수였던 장군의 만년의 비극을 통해서 시대의 변천을 묘사한다.

문제는 즉위하자 여씨 주벌에 제일 공이 컸던 주발을 최고 지위인 우승상에 앉히고 금 5천 근에 봉지 1만 호를 가증했다. 그런데 한 달 남짓이 지나자 주발에게 이렇게 경고하는 사람이 있었다.

"당신이 여씨 일족을 주벌하고 새 황제를 옹립했을 때 이미 권세는 다한 것이오. 게다가 막대한 포상도 받고 우승상의 지위까지 얻어 황제의 각별한 은총을 받고 있는 것은 스스로 묘혈을 파는 것이나 다름이 없소. 그대로 이 지위에 머물러 있다간 언제 재난을 당할지 모르는 일이오."

 주발은 이 경고에 느끼는 바가 있었다. 그런 말을 들으니 자신 역시 그렇게 생각하지 않을 수 없었다. 그리하여 문제에게 우승상의 인수를 반환하겠노라고 청원하였고 이에 문제도 그 청을 수락했다. 그런데 1년쯤 후에 승상 진평이 죽자 주발은 다시 그 후임으로 기용되었다. 그러나 그로부터 10개월쯤 지나자 이번에는 보기 좋게 사직을 권고받게 되었다.

"짐이 제후에게 각기 자신들의 영지로 돌아갈 것을 명했는데도 이것이 어쩐지 이행되지 못 하고 있소. 그대는 짐에게 매우 소중하고 다시없는 존재이지만 차제에 솔선해서 영지로 돌아감으로써 제후들에게 모범을 보여 줄 수 없겠소?"

 주발은 승상직을 사직하고 그의 영지 강현으로 돌아갔다.

 그때부터 주발은 극도의 공포에 사로잡혔다. 하동군의 장관이나 군 사령관이 각 현을 순찰하고 강현으로 올 때마다 문제가 자기를 주살하기 위해 보낸 것이 아닌가 겁을 먹어 스스로 갑옷과 투구로 무장하고 가신들에게도 그렇게 시키고는 일행을 맞이했다.

1년 남짓 그런 일이 몇 번씩 되풀이되는 동안에 주발은 급기야 모반의 혐의로 고발되었다. 문제는 이 사건을 정위에게 맡겼다. 정위는 옥리를 시켜 주발을 사로잡아 취조를 시작했다. 주발은 주살이 두려운 나머지 변명조차 변변히 하지 못했다. 그러나 고문이 심해졌을 무렵에 옥리에게 천 금을 증여한즉 이것이 뜻밖의 효과를 내게 되었다. 옥리가 조서 뒤에다 '공주에게 증언을 시키라'고 써 보인 것이다. 공주란 문제의 딸이며, 주발의 큰아들 승지勝之의 아내다. 옥리는 그 공주를 증인으로 세울 것을 가르쳐 준 것이다.

그즈음 문제의 주변에서도 주발 구제의 움직임이 일어나고 있었다. 주발은 일찍이 문제로부터 하사받았던 가증과 포상을 남김없이 박태후薄太后의 동생 박소薄昭에게 증정했다. 이 박소가 주발이 옥에 갇혔다는 소식을 듣자 박태후에게 구원을 호소한 것이다. 태후도 주발이 모반을 일으킬 위인이 아니라고 생각했으므로 문제가 문안 온 기회에 갓을 집어 던지며 문제를 꾸짖었다.

"강후를 체포하다니 무슨 영문이오? 그 사람은 여씨 일족을 주벌하고 그대가 즉위할 동안 옥새를 간직하고 있지 않았소. 그뿐 아니라 그 당시 그는 북군의 장군이었소. 모반을 일으키려면 언제고 일으킬 수 있었던 게 아니오. 권세가 융성할 때 모반치 않던 사내가 작은 고을에 틀어박힌 지금에 와서 모반을 하다니 그런 말이 어디 있소."

그때는 문제도 이미 주발의 공술서를 읽고 혐의가 없다는 걸 알고 있었으므로 그 자리에서 사죄했다.

"말씀대로 이번 문제는 신의 불찰이었습니다. 옥리의 취조로 혐의가 없다는 것이 드러났으니 곧 석방시킬 것입니다."

문제는 즉각 사자에게 부절을 보내어 주발을 석방하고 영지로 귀환시켰다.

출옥 후 주발은 감회 깊게 술회했다.

"일찍이 백만 대군을 이끈 나였지만 옥리 하나가 이렇게 대단한 줄은 미처 몰랐다."

강후 주발은 영지에서 문제 11년(기원전 196년)에 죽었다. 시호는 무후武侯였다.

《신어新語》12편

― 육가는 객원으로 고조를 섬기며, 천하 통일의 위업을 도왔다. 웅변가로 알려져 있었고 제후에게 가는 사자 역할을 여러 번 맡았다. 중화 평정 후 남월왕南越王 위타尉佗를 한나라에 종속시킨 것은 오로지 그의 웅변의 힘이었다. 그는 그 공로로 태중대부(궁중 고문관)에 발탁되었다. 말하자면 고조의 고문이었다.

육가는 고조 앞에 나가 강의할 적마다 정치에 있어서 시詩·서書가 얼마나 중요한가, 그것만을 설교했다.

어느 날 고조는 짜증을 내면서 호통을 쳤다.

"짐은 마상馬上에서 천하를 얻었소. 시·서 따위는 문제가 아니오."

그러자 육가는 말했다.

"폐하는 과연 마상에서 천하를 얻으셨습니다. 그러나 그렇다해서 마상에서 천하를 다스릴 수가 있겠습니까. 저 탕왕·무왕을 보십시오. 확실히 탕왕과 무왕은 걸·주를 무력으로 토벌했습니다만 천하를 얻은 후에는 문文의 힘으로 다스린 것입니다. 문과

무를 병용하는 것, 이것이 천하를 유지해 가는 비결입니다. 옛날에 오왕吳王 부차夫差나 진晉나라의 지백智伯은 강대한 무력을 자랑하면서도 결국은 망했으며, 진秦나라도 그처럼 엄격한 법으로 다스렸건만 드디어 멸망하지 않았습니까. 진나라가 천하를 통일한 후, 만일 인의의 도를 행하고 선대 성인들의 정치를 배웠더라면, 폐하가 진나라를 대신하여 천하를 얻을 기회는 없었을 것입니다."

고조는 일순 불끈했으나 이윽고 부끄러운 기색을 드러내며 말했다.

"그대의 말이 옳을지도 모르지. 짐을 위해서 어디 한 번, 진나라가 천하를 얻은 것은 어째서인가, 짐이 천하를 얻은 것은 어째서인가, 그리고 옛 나라들의 흥망에 대해서도 서술해 주시오."

그리하여 육가는 국가 존망의 갖가지 모습을 약술하여 12편의 책자로 마무렸다. 1편을 상주할 때마다 고조는 반드시 "잘했다"고 칭찬했으며, 측근들은 만세를 부르며 축복했다. 그 책은 《신어》라는 이름이 붙여졌다.

난세에는 한유閒遊를

이윽고 혜제의 시대가 되어 여태후가 천하의 대권을 한 손에 휘어잡았다. 태후는 여씨 일족을 왕으로 내세우려는 마음을 품고 있어서 중신 가운데서 간언을 많이 상주하는 자를 경원했다. 그리하여 육가는 여태후의 마음을 돌릴 수는 없다고 단정하고 병을 핑계대고 은퇴해 버렸다. 그리고는 호치에 있는 자기 땅이 비옥하여 그곳으로 옮겨가기로 했다.

육가에게는 아들이 다섯 있었는데 그는 우선 남월에 사자로 갔을 때 얻은 재보를 천 금으로 바꿔서 이것을 다섯 아들에게 2백 금씩 분배해 주고 각자 독립시켰다. 그리고 자기 자신은 언제나 사두마차를 타고, 10여 명이나 되는 악사를 거느렸으며, 허리에는 백 금쯤 되는 보검을 차고 있었다.

육가는 아들들과 헤어질 때 말했다.

"미리 이렇게 약속을 해두자. 내가 너희들한테 들리는 날에는 술 한잔이나마 대접해 다오. 그리고 말 시중도 들어 주렴. 열흘 쯤 즐기고 나서는 다음 집을 찾아 가겠다. 그럭저럭 하는 동안에 나도 죽겠지. 그렇게 되면 내가 숨을 거둔 바로 그 집에다 이 보검과 마차와 종들을 남기겠다. 딴 집에 갈 때도 있을 터인즉, 너희에게 가는 것은 고작 1년에 두세 번일 게야. 너무 빈번히 만나면 서로가 그렇게 반갑지도 않을 것이고 오래 묵어서 너희들에게 방해가 되어도 안 되지 않겠느냐."

배후

여태후가 여씨 일족을 제왕諸王으로 내세운 이래, 그들 일족은 권력을 독점하고 드디어는 제위를 넘보고 모반을 획책하게 되었다. 우승상 진평은 사태를 우려했으나 그에게는 여씨와 싸울 만한 힘이 없었다. 그뿐 아니라 섣불리 움직였다간 언제 자기가 화를 당할지 몰랐다. 진평은 줄곧 집안에 틀어박혀 묘안을 강구하고 있었다.

어느 날 육가가 진평을 방문하여 안내도 받지 않고 진평의 방으로 들어갔다. 보아하니 진평은 생각에 잠겨서 육가가 온 줄도 모르고 있다.

육가는 조용히 말을 걸었다.

"승상 어른, 무슨 생각을 그렇게 하고 계시오."

"선생은 지금 내가 무슨 생각을 했는지 아시겠습니까?"

"귀하는 봉지 3만 호를 가진 후의 신분이요, 또한 승상이 아닙니까. 신하로서 이 이상의 부귀는 없을 줄 압니다. 그런데도 걱정거리가 있으시다면 역시 여씨 일족의 횡포와 어린 황제를 염려하시는 일밖에 더 있겠습니까."

"잘 보셨습니다. 무슨 방도가 없겠습니까?"

"선비란 원래 태평 시대에는 재상에게 기대하고 위급한 시대에는 장군에게 기대하는 법이니, 재상과 장군이 힘을 합친다면 선비는 모두 따라가기 마련입니다. 선비의 뒷받침이 있는 한 천하에 무슨 일이 일어나건 황실의 권력이 붕괴하지는 않을 것입니다. 즉 국가의 운명은 두 분 손 안에 들어 있다는 뜻이지요.

신은 항상 이 문제에 대해서 태위 강후께 말하려고 하였습니다. 그러나 강후께서는 저에게 농담만 하시고 진담으로 들어 주질 않으셨지요. 그래서 승상인 귀하께 말씀드리는 바이니 귀하는 우선 무엇보다도 먼저 태위와 친교를 맺어 협력 태세를 강구하셔야겠습니다."

이렇게 말하고 육가는 여씨를 제압하기 위한 여러 가지 방안을 말했다.

진평은 육가가 말한 대로 즉시 강후를 초빙하고 5백 금을 들여서 성대한 주연을 베풀었다. 태위도 또한 잔치를 베풀어 보답함으로써 그 기회에 그들은 협력 태세를 굳혔다. 그 결과 여씨 일족의 음모는 급속히 좌절된 것이다.

진평은 육가에게 사례로서 노비 백 명, 거마 50승, 돈 5백 금을 증여하며 교제비로 쓰라고 했다. 육가는 그것으로 조정의 고관들과 교류하며 더욱더 그 이름을 떨쳤다.

여씨 일족을 주벌하고 문제를 옹립할 즈음에 육가가 담당한 역할은 이처럼 대단한 것이었다.

— 문제는 즉위하자 남월왕 위타에게 사자를 보내고 싶어했다. 그때 육가는 승상 진평 등의 추천으로 다시 태중대부에 임명되어 위타에게 사자로 갔다. 위타는 그 무렵 한조의 위령에 복종치 않고 수레 덮개를 황색으로 칠하거나 왕령을 '제制'라고 칭하는 등 한나라의 황제와 동등하게 행동하고 있었다. 육가의 사명은 그 행위를 저지시키고 만사를 제후와 같이 실행할 것을 종용하는 일이었다. 그는 그 사명을 십분 완수했다.

그 후 육가는 천수를 다하고 죽었다.

II. 재건의 길

1. 새로운 시대의 주역 — 원앙袁盎과 조조晁錯

― 너무나 가열됐던 여후의 시대가 지나고 조정은 점차 평안을 되찾았다. 그러나 그즈음에는 일찍이 고조와 더불어 한의 기초를 닦은 공신들이 거의 다 그 모습을 감추었고 겨우 살아남은 진평·주발 등도 이제는 여생이 얼마 남지 않은 상태였다.

새 황제의 탄생과 더불어 세대 교체는 급속히 진행되었다. 여기서 새로운 시대의 주역으로 등장하는 원앙과 조조는 모두가 관료 출신이다. 전장에서 성장하여 혁혁한 무훈으로 빛나던 구세대에 비해, 그들은 어떤 개성의 차이를 보이는가.

우선 세대 교체를 상징하는 일화부터 시작하자.

원앙의 제왕 교육

원앙의 자는 사絲, 초나라 사람이다. 그의 아버지는 도적 떼와 한패였으나 후에 안릉安陵[41]에 이주했다.

여태후 시절에 원앙은 여록의 식객이었다. 이윽고 여씨의 세력이 일소되고 문제가 즉위하자, 형 원쾌袁噲의 힘으로 중랑(궁중

호위관)이 되었다.
 새 황제 밑에서 승상이 된 것은 강후 주발로 당시의 주발은 득의의 절정에 있던 만큼 조정에서의 몸가짐에도 그것이 나타나 있었다. 문제는 주발을 정중히 대접했다. 그가 조회를 마치고 물러갈 때에도 손수 배웅을 나갈 정도였다.
 출사해서 이 광경을 본 원앙은 어느 날 문제 앞으로 나갔다.
 "폐하께서는 승상을 어떤 인물로 여기시나이까?"
 "사직의 신하로 알고 있소만……."
 "그러시겠지만, 강후는 고작 공신쯤 될 뿐 사직의 신하에는 해당되지 못 합니다. 모름지기 사직의 신하란 군주와 존망을 함께 하는 것입니다. 그런데 강후로 말한다면 여태후 시절에 여씨가 권력을 독점하고 급기야 일족을 차례로 왕에 책봉하는 동안, 즉 제실帝室인 유씨는 언제 끊길지도 모를 상태였던 그 시절에, 태위로서 병권을 장악하고 있으면서도 이를 바로잡지 못 했습니다. 후에 여후가 돌아간 기회를 타서 대신들이 여씨 일족에 대항하여 일치 협력해서 일어났던 것인데, 이때 주발이 병권을 쥐고 있었으므로 우연히 공적을 세울 기회를 얻은 데 지나지 않습니다. 이상으로 판단하건대 강후는 역시 공신일망정 사직의 신하라고는 할 수 없습니다.
 그럼에도 불구하고 이즈음의 승상은 걸핏하면 폐하를 내려다보는 듯한 태도를 취하며, 한편 폐하는 이를 묵인하고 계십니다. 이렇게 되면 군신이 아울러 예의에 벗어나는 것이 되지 않겠습니

---

41) 혜제의 능. 한나라는 수도 장안의 주변에 역대 황제의 능을 만들고 거기에 도성을 건설하여 각지의 호족과 무법자를 강제 이주시켰다. 바깥으로는 흉노를 방비하고, 안으로는 반란을 억제하기 위해서였다.

까. 폐하를 위해 좋지 못하옵니다."

원앙의 진언이 있은 후부터 문제는 주발을 날이 갈수록 위엄으로써 대하게 되었고 따라서 주발도 겸허해지지 않을 수 없었다. 그 끝에 주발이 원앙을 꾸짖었다.

"나는 자네 형과는 친숙한 사이네. 그런데 자네가 나를 조정에서 바보 취급하다니……."

그러나 원앙은 한 마디의 사과도 하지 않았다.

그 후 주발은 승상을 사직하고 영지인 강현으로 돌아갔다. 그런데 강현의 어떤 자가 주발이 모반을 꾀하고 있다고 상서해서 소환되어 옥에 갇혔다. 이때 황족이나 대신은 아무도 주발을 변호하지 않았으나 그 가운데서 원앙만이 그의 무죄를 공언했다. 그리고 주발이 석방된 데에는 원앙의 변호가 큰 영향을 미쳤다.

그 이후 주발과 원앙은 친밀한 교제를 맺었다.

세 차례의 진언

문제 3년에, 문제의 아우인 회남의 여왕厲王이 입궐하여 기회를 타서 벽양후 심이기를 살해한 사건이 일어났다. 문제의 권위를 등에 업은 여왕의 오만함은 눈을 뜨고 볼 수 없을 정도였다. 원앙은 단호한 조치를 취하도록 문제에게 진언했다.

"제후가 교만하게 구는데도 그대로 내버려둔다면 반드시 화를 일으킬 것입니다. 차제에 회남왕을 벌하시고 영지를 삭감하시는 것이 마땅하다고 생각합니다."

그러나 문제는 이 간언을 귀담아 듣지 않고 회남왕의 죄를 불문에 붙였다. 이것이 여왕의 오만을 더욱 조장했다.

그 후 극포후棘蒲侯 시무柴武의 태자가 모반을 음모한 사건이 발각되었을 때 취조의 과정에서 그 사건에 회남왕이 얽혀 있음이 드러났다. 이렇게 되고 보니 그냥 방치해 둘 수도 없는 일이어서 문제는 회남왕을 소환해서 취조했다. 그 결과 회남왕은 촉나라로 귀양을 가게 되어 촉 땅까지 죄수 호송용 마차에 태워 역참마다 인계하여 호송했다.

당시 중랑장이던 원앙은 또다시 문제에게 간했다.

"폐하는 평소에 감독을 소홀히 하심으로써 회남왕을 조장하여 이같은 사태가 일어난 것입니다. 여기서 단호히 엄한 처단을 내리시는 것이 어떨까 하옵니다. 회남왕의 외곬수의 성품으로는 어떤 행위로 나올지 알 수 없습니다. 또한 촉나라까지는 상당히 고된 여정입니다. 만일에 도중에서 회남왕의 신변에 이상이라도 생긴다면 폐하는 광대한 천하를 다스리면서 아우님 한 분도 포용하지 못하고 죽였다는 오명을 면치 못하실 것입니다. 아무쪼록 재고 있으시기 바랍니다."

그러나 문제는 원앙의 간언을 듣지 않고 예정대로 회남왕을 촉으로 호송시켰다. 과연 회남왕은 도중 옹 지방에서 병사하고 말았다. 문제는 젓가락을 떨어뜨리고 통곡했다. 원앙은 문제 앞으로 나가 자기가 보다 강렬히 간언하지 못한 것을 사죄했다.

"무슨 말씀을 하시오. 짐이야말로 그대의 말을 들었어야 했소."

"지나간 일이니 과히 자책하시지 마십시오. 이 정도의 일로 폐하의 명예가 더럽혀지지는 않습니다. 뭐니뭐니해도 폐하께서는 세상에 다시없을 세 가지의 훌륭한 행적이 있습니다."

"세 가지 행적이라니 무엇이란 말이오?"

"우선 첫째로 폐하의 효도이옵니다. 전에 대나라에서 모후이신 박태후께서 3년 동안이나 병석에 누워 계셨을 때 폐하께서는 잠도 제대로 못 주무신 채 간호하시고 약은 반드시 손수 맛보신 연후가 아니면 드리지를 않으셨습니다. 저 증삼曾參(공자의 제자, 효자의 모범)조차도 그리 못했을 것이옵니다. 더구나 증삼이야 신분이 낮은 서민이었음에 비해 폐하는 황제라는 존위에 계셨으니 증삼의 효도를 훨씬 능가했다고 말할 수 있습니다.

또한 여씨 일족의 횡포에 이어 대신들이 정치를 지배하고 있을 때 폐하는 대나라에서 고작 6대의 역마차로 장안까지 달려 오셨습니다. 당시의 장안이란 그야말로 무엇이 숨어 있는지 알지 못하는 심연 같은 것이었습니다. 그런 곳에 달려 오신 폐하의 용기는 저 맹분孟賁·하육夏育(모두 전설적인 영웅)이라도 미치지 못하는 것이옵니다.

나아가 폐하는 장안의 대왕 관저에 들어가신 후에도 천자의 제위를 거듭 사퇴하셨습니다. 서향해서 사퇴하기를 두 번, 남면해서 사퇴42)하기를 세 차례. 저 허유許由43)조차도 한 번밖에 사퇴하지 않았습니다. 폐하의 다섯 번의 사퇴는 허유를 능가하여 네 차례나 더 됩니다. 저는 이상의 세 가지를 말씀드린 것입니다.

그렇지 않아도 이번의 조치는 그 근원이 회남왕에게 괴로움을 줌으로써 과오를 회개시키려는 것이었습니다. 그분이 병사하신 것은 오로지 호위 관리들의 잘못이었습니다."

원앙의 말로 문제의 기분은 가까스로 풀리는 듯했다. 문제는

---

42) 주객主客은 동서에 대좌하고 군신은 남북으로 대좌하는 것을 말한다.
'서쪽을 향해서 사퇴'란 중신들에게서 천자의 제위를 권유당했을 때, 아랫자리에 내려와 사퇴했음을 말하고, '남면에서 사퇴했다'는 것은 중신들에게 남면당하고도 역시 사퇴했음을 말한다.
43) 요 임금에게서 천하를 양도받고도 사양했다는 성인.

다시 원앙에게 물었다.

"뒷수습을 어찌하면 좋겠소?"

"회남왕에게는 아들이 셋 있습니다. 아무쪼록 폐하 뜻대로 하십시오."

그리하여 문제는 회남왕의 세 아들에게 각각 왕위를 주었다. 그 뒤 조정에서 원앙의 이름은 무게를 더했다.

위아래의 구별은 분명히

문제가 황후와 신부인愼夫人을 동반하고 상림원上林苑(장안 교외)에 행행行幸했을 때의 일이다. 그때까지 궁중에서 신부인은 황후와 동렬의 자리를 차지하고 있었다. 그리하여 상림원의 경비계도 그것을 본따서 두 사람의 자리를 동렬에 마련해 두었다. 그런데 막상 참석할 단계에 오자, 원앙은 신부인의 자리를 뒤로 물려 놓았다. 신부인은 화를 내며 참석치 않았다. 문제도 성이 나서 자리에서 일어나 그대로 궁중으로 돌아가 버리고 말았다.

그러자 원앙은 주저하는 빛도 없이 일행의 뒤를 쫓아 궁으로 들어가서 다음과 같이 상주했다.

"위아래의 구별을 명확히 해야 상하의 관계가 원만해지는 법입니다. 폐하가 황후를 맞이하고 계시는 이상 신부인은 측실입니다. 정실과 동렬의 자리에 앉게 해서는 존비의 구별을 지을 수 없습니다. 폐하가 그처럼 신부인을 총애하신다면 금품을 내리시든가 그 밖에 얼마든지 마음을 표시하실 방법이 있을 것입니다. 좋으라고 하신 노릇이 도리어 원한이 되는 수도 있습니다. 설마 '사람돼지'에 대해서 모르고 계시지는 않을 것으로 압니다."

그 말을 듣고 문제는

"좋은 말을 해주었소."

하고 기뻐하며, 즉시 신부인을 불러서 원앙의 의도를 들려 주었다. 신부인은 원앙에게 감사하며 금 50근을 하사했다.

말참견은 소용 없다

그런데 원앙은 너무도 번번이 직간했기 때문에 차츰 문제의 경원을 받더니, 마침내 농서의 도위로 좌천되었다. 농서에서는 부하를 아끼고 곧잘 뒤치다꺼리를 맡아서 해주었으므로 부하들은 모두 그를 위해 자진해서 목숨을 바칠 정도였다.

원앙은 그 후 제나라의 재상을 맡아 보다가 오나라 재상으로 임명되었다.

오나라로 출발할 때 조카 원종이 말했다.

"오왕은 평소부터 자만심이 강하다는 평판이 자자한 사나이며, 주위에는 간신·사신邪臣이 우글대고 있습니다. 그렇다고 그들을 규탄하여 옳은 길을 잡으실 생각일랑은 아예 마십시오. 그런 짓을 하시는 날에는 참언을 당하시든가 이검利劍(날카롭고 썩 잘 드는 검)을 맞으실 게 뻔합니다.

남쪽은 우중충한 곳이니 하루 종일 술이나 마시는 게 제일 좋은 수입니다. 이따금씩 오왕에게 모반은 마시라고 일러 놓기만 하면 족하겠죠. 그 이외의 말참견은 아무 소용이 없습니다."

원앙은 그 충고대로 행함으로써 오왕에게서 융숭한 대우를 받았다.

적수

— 원앙이 중앙에서 떨어져 있는 사이에 장안에는 또 하나의 강력

한 신인이 대두하고 있었다. 법가의 학문을 수업하고 원앙처럼 하급 관리에서부터 입신한 조조이다. 오·초 7국의 난(후에 설명됨)을 배경으로 그들은 노골적인 경쟁 의식을 벌인다.

과연 그 귀추는…….

원앙와 조조는 평소부터 견원의 사이였다. 조조가 얼굴을 나타내면 원앙이 자리를 뜨고, 원앙이 나타나면 조조가 자리를 박찼다. 그런 판국이어서 그들은 서로 말을 주고받은 적도 없었다.

문제가 서거하고 경제가 즉위하자 조조는 어사대부(부승상 겸 감찰장관)에 임명되었다. 그는 즉시 그 자리를 이용해서 원앙이 오왕으로부터 뇌물을 받았다고 하여 형리에게 취조를 시켰다. 그러나 형 집행은 조서에 의해 면제되고 직위 박탈의 처분으로 끝났다.

이윽고 오·초 반란의 정보가 전해졌다. 조조는 이를 갈며 분하게 여겼다.

"역시 그랬구나. 원앙이 뇌물을 받고 오왕의 음모를 숨겼구나. 그런 사실은 없다더니, 현재 이렇게 모반이 일어나지 않았는가. 이럴 바에는 황제의 허가를 얻어서 취조를 다시 하여 음모의 전모를 폭로해야겠다."

그러나 부관들이 일제히 반대했다.

"반란이 일어나지 않았다면 모르지만 이미 반란군은 서진을 개시하고 있습니다. 원앙을 취조한들 무슨 소용이 있겠습니까. 더구나 원앙이 음모를 꾸몄다고는 도저히 생각조차 못 할 일입니다."

이런 말을 듣고 보니 조조는 결단을 내리지 못하고 망설이게 되었다. 그 사이에 그 사실을 원앙에게 통보한 자가 있었다. 놀

란 원앙은 그날 밤, 역시 반조조파의 두영竇嬰을 만나서 오나라가 반란을 일으키게 된 이유를 설명하고는

"이 사건에 대해서, 폐하께 직접 말씀 드리고 싶습니다. 어전에 나갈 수 있도록 주선해 주십시오."

라고 부탁했다. 두영은 그 다음날 아침에 입궐하여 그 뜻을 경제에게 상주했다. 경제는 즉각 원앙을 불러들였다.

그런데 원앙이 어전으로 나가자 그곳에는 조조가 대기하고 있었다. 원앙은 그를 내보내줄 것을 청원했다. 조조가 퇴석을 당하고 얼마나 분하게 여겼는지는 새삼 말할 필요도 없다.

원앙은 조조를 내쫓고 나서 오나라가 반란을 일으키게 된 사정을 상세히 설명했다. 그리고 그 책임은 조조의 대對 제후 정책이 실패한 데에 기인한다고 다음과 같이 잘라 말했다.

"우선 조조를 죽여서 오왕에게 사의를 표하는 수밖에는 달리 방도가 없습니다. 조조만 죽여 버린다면 반란은 진압될 것입니다."

원앙의 진언에 대해서는 〈오왕 비 열전吳王濞列傳〉에 상세히 기록되어 있다.

지혜 주머니

― 그럼 여기서 원앙의 라이벌이던 조조에게로 이야기를 옮겨 보자.

조조는 영천 사람이다. 지현의 장회 선생 밑에서 법가의 학설을 배웠다. 동문 제자로는 낙양의 송맹과 유예가 있다. 이윽고 그는 학식을 인정받아 태상太常(종묘의 의식을 관리)의 부관 격인 장고掌故에 발탁되었다.

그의 인품은 강직, 준엄했다.

문제 때 《상서尙書(書經)》에 통달한 자라고는 천하에 하나도 없었다. 다만 이전에 진나라의 박사였던 복생伏生이 제남에 있어 그만은 《상서》에 통해 있었다고 한다. 그러나 이미 90세를 넘은 노인이므로 조정에 불러낼 수는 없었다. 그리하여 문제는 적당한 인물을 파견하여 강의를 받게 하라고 태상에게 명했고 태상은 조조를 선발했다.

복생의 강의를 받고 돌아와서 조조는 시책을 상주할 때마다 반드시 《상서》를 인용해서 그 시책이 얼마나 중요한가를 강조했다. 문제는 조조를 태자의 시종으로 임명하고 이어서 태자의 문대부門大夫·가령家令 등으로 승진시켰다. 조조는 말재주가 뛰어나 태자의 은총을 한몸에 모았다. 태자의 신하들은 그를 '지혜 주머니'라고 불렀다.

조조는 문제의 시대에 수십 회에 걸쳐 상서했는데 그가 거듭 역설한 것은 제후의 영지의 삭감과 법령의 엄격화였다. 문제는 그 의견을 채택하지는 않았으나 그의 재능을 높이 평가하여 중대부로 중용했다. 당시 그의 사고방식에 찬성한 것은 태자뿐이고 원앙을 위시하여 대신·공신의 대부분은 조조를 싫어했다.

선수先手

문제가 서거하고 태자인 효경孝景이 즉위하자 조조는 내사로 기용되었다. 그는 아무 때라도 사람들을 물리친 자리에서 의견을 펼칠 수 있었고 그때마다 경제는 그의 말을 들어 주었다. 경제의 은총은 9경九卿의 각료를 제쳐놓고 조조에게 집중되었고 법령은 잇달아 개정되었다. 승상 신도가는 속으로 언짢았으나, 그렇다고 조조를 제거할 만한 실력은 없었다.

내사부는 태상황(고조의 아버지)을 모신 묘의 경내에 있었는데, 문이 동쪽에만 있어서 출입이 불편했다. 그리하여 조조는 남쪽으로 나갈 수 있도록 묘의 바깥 담에 구멍을 뚫어 또 하나의 문을 만들었다. 이 말을 들은 승상은 분통이 터졌다.

"얼마나 불경스러운 짓인가. 이를 폐하께 상주하여 조조를 주살해야겠다."

그러나 조조는 이를 알아차리고 그날 밤에 재빨리 입궐해서는 사람들을 내쫓도록 한 다음에 그간의 경위를 세밀하게 경제에게 고했다. 그걸 알 까닭 없는 승상은 여느 때처럼 정무에 대해 상주한 다음 조조가 멋대로 묘의 담에다 구멍을 뚫어 출입구를 만들었다고 하면서, 정위에게 인도하여 주살할 것을 청원했다.

그러나 미리 조조의 보고를 받은 바 있는 경제는 간단히 그 청을 물리쳤다.

"그것은 묘 담이 아니라 묘 바깥 담의 빈터에 불과하니 법으로 문제 삼을 필요까지는 없겠소."

승상은 사죄를 하고 물러날밖에 도리가 없었다. 돌아오는 길에 승상은 마음속의 분노를 장사長史(부관)에게 토로했다.

"내가 먼저 그를 죽이고 나서 상주할 걸 그랬다. 황제의 허락을 받고 죽이려 하다가 내가 도리어 당했구나. 거듭거듭 내 불찰이었다."

승상은 그것이 원인이 되어 병으로 쓰러져 죽었다. 한편 조조는 그 후로 한층 더 위세를 떨치게 되었다.

---

44) 당시 관중에서 용맹을 떨치던 협객. 사람을 죽이고 오나라에 망명했을 때 원앙을 형으로 섬긴 일이 있다.

죽는 게 상책이다

이윽고 조조가 어사대부로 승격하자, 죄과가 있었던 제후의 영지 삭감과 속령 제군屬領諸郡의 몰수를 주청했다. 문제가 중대한 만큼 경제는 공경·열후·종실을 한곳에 모아 놓고 회의를 열게 되었는데 이의를 말하는 자가 별로 없었다. 다만 하나의 예외는 두영이었다. 그와 조조 사이에 간격이 생긴 것은 이때부터다.

조조가 개정한 법령은 30장을 헤아렸다. 제후들 사이에서는 조조를 비난하는 소리가 날로 높아갔다. 그 원성이 너무나 치열하므로 조조의 부친이 참다 못하여 고향인 영천에서 상경해 왔다.

부친은 아들의 얼굴을 보자마자 말했다.

"금상 폐하가 즉위하시고 나서 네가 정국 담당자로 실행한 것이 대체 무엇이냐? 제후의 영지를 깎아서 집안 사람들을 이간만 시켜 놓지 않았느냐. 세상에서는 걸핏하면 네 욕뿐이니 대체 어찌된 곡절이냐?"

"아버님의 꾸중은 지당하십니다. 그러나 이렇게 하지 않으면 천자의 존엄은 유지되지 못하고 종묘는 태평치를 못합니다."

"태평이라고? 유씨가 태평이면 조씨는 망해도 좋단 말이냐? 하는 수 없다. 나는 너를 버리고 갈 데로 가야겠다."

얼마 후 부친은 독약을 들이키고 자살해 버렸다.

"내가 말려들어 고생하는 것은 뻔한 노릇이다. 차라리 죽어 버리는 게 상책이다."

이것이 마지막 말이었다.

조조 주살의 기치를 들고 오·초 7국이 반란을 일으킨 것은 그로부터 열흘쯤 후의 일이다. 반란이 일어나고 얼마 후 경제는 두영과 원앙의 진언에 따라 조조에게 조의를 입히고 장안의 동시東

市로 끌고 가서 참형에 처했다.

화급할 때 도와 줄 사람은

오·초 7국의 난을 평정하자 경제는 초나라의 새 왕으로 원왕 元王(고조의 아우 劉交)의 아들인 평륙후平陸侯 예禮를 세우고 원앙을 초나라의 재상으로 임명했다. 초나라의 부임한 원앙은 몇 번씩 상서해서 의견을 진술했으나 채택된 적이 한 번도 없었으며 이윽고 병으로 사임했다. 은퇴하고 난 다음부터는 서민과 어울려 투계나 투견 놀이를 즐겼다.

그러던 어느 날, 낙양의 협객인 극맹劇孟이라는 자가 찾아온 적이 있었다. 원앙은 크게 환대했다. 이를 보고 안릉의 어느 부호가 원앙을 비난했다.

"극맹이란 자는 투전꾼이라지 않습니까. 장군이라는 분이 왜 투전꾼 나부랭이와 상종하시는 겁니까?"

"극맹은 과연 투전꾼임에 틀림없다. 하지만 그 자의 모친이 죽었을 때는 장례에 참석한 조객들의 마차가 천 대를 넘었다. 그걸 보더라도 그 자의 사람됨을 알 수가 있다. 인간이라면 누구나 화급한 경우가 있는 법인데 그런 때 의지가 되어 줄 인물이라면 뭇 사람 중에서 계심季心⁴⁰과 극맹 정도가 있을 뿐이다. 이 두 사람은 어려울 때 부탁하면 절대 거절하지 않는다. 부모를 구실 삼아 변명하거나, 또 있으면서도 없다고 하는 따위의 몰인정한 짓은 절대로 하지 않는다. 귀공은 언제나 몇 명씩의 호위를 데리고 다니는데, 여차할 때 그런 자들이 무슨 소용이 있겠는가."

인간의 운명

원앙이 은퇴한 후에 경제는 때때로 그에게 사신을 보내서 정책에 대한 의견을 구했다. 아우인 양왕이 세사世嗣의 지위를 요구했을 때도 경제는 원앙에게 의견을 물었다. 결국 원앙의 반대로 이 사건은 흐지부지되고 말았는데, 양왕은 이에 앙심을 품고 원앙을 없애려고 자객을 보냈다.

최초의 자객이 관중으로 들어가 원앙의 신변을 탐색했다. 그러나 많은 사람들이 모두 입을 모아 원앙을 칭찬하였는데 그 칭찬이 보통이 아니었다.

그래서 자객은 원앙에게 면회를 청했다.

"저는 공을 죽이기 위해서 양왕에게 고용된 자입니다. 그러나 이젠 그만두기로 했습니다. 공만한 인물을 죽일 생각이 조금도 생기지 않습니다. 하지만 제 뒤에도 10명 이상이나 자객이 대기하고 있습니다. 부디 몸조심하십시오."

그 후부터 원앙의 생활은 우울해졌다. 그리고 자객의 말을 뒷받침하듯이 신변에는 잇달아 괴상한 일이 생겼다. 그는 점을 치려고 배생이라는 유명한 점쟁이를 찾아갔다. 그 귀로에 안릉의 성문 근처에서 원앙은 뒤따른 자객의 칼에 찔려 죽었다.

2. 혹리酷吏의 등장 — 질도郅都·영성寧成·주양유周陽由

― 법을 적용함에 있어서 상대가 어떠한 대관이라 하더라도, 어떠한 세도가라 하더라도 일체 아랑곳하지 않는다. 그 결과 자신의 몸을 망치게 된다는 것을 알고 있어도 타협하지 않는다. 이것이 혹리의 모범상이다. 그러나 혹리라 하더라도 살아 있는 인간이다. 따라서 사마천도 이러한 모범상만 늘어놓지는 않았다. 그 가운데는 소매 밑으로 거래하는 자도 있고, 스스로 법을 어기는 자도 있으며, 나중에는 민간인이 되어 관리의 목을 자르는 자도 있었다. 사마천으로 하여금 '반면교사反面教師'의 가치가 있다고 갈파하게 한 이러한 자들을 포함하여 혹리는 오로지 관료에 대해서, 그리고 세력 신장을 꾀하는 왕후·호족에 대해서 단호한 법의 제재를 가했다. 그들은 문제·경제의 치세에 나타나서 중앙 집권을 추진하는 역할을 담당하였다.

가부인賈夫人, 측간에 들어가다

질도郅都는 양楊 지방 사람이다. 문제의 치세에 낭郎[45]으로 등용되어 조정에 출사했다. 이어 경제 때 질도는 중랑장으로 승진했다. 승진한 질도는 경제에게 거침없이 의견을 말할 뿐 아니라 일을 할 때는 정면으로 중신들을 비판했다.

어느 날 질도는 경제를 수행하여 상림원(장안 교외의 御苑)으로 갔다. 그때 가부인이 막 측간으로 들어가자마자 갑자기 산돼지가 나타나서 측간으로 뛰어들었다. 경제는 부인을 구하라고 질도에게 눈짓했으나 질도는 모르는 척하였다. 그래서 경제가 손수 무기를 잡고 가부인을 구해내려 하자 질도가 경제 앞에 엎드리며 이렇게 말했다.

"기다리십시오. 부인이라면 한 분을 잃어도 새로 맞이하면 되옵니다. 가부인이 천하에 다시없는 분이랄 건 없습니다. 하오나 폐하가 경솔하게 행동하시다가 만일 변을 당하신다면 종묘나 태후를 어쩌실 셈이십니까?"

경제는 생각을 고쳤고 산돼지도 측간에서 나왔다.

두태후竇太后(경제의 모후)는 이 말을 전해 듣고 질도에게 금 백 근을 내렸다. 경제는 이때부터 질도를 더욱 신뢰하게 되었다.

푸른매

제남濟南의 간씨瞯氏라면 일족 3백여 가를 가진 대호족으로 그 지방 일대를 완전히 제압하고 천하의 법을 멋대로 주무를 기세였다. 조정에서는 여러 번 태수를 경질하여 부임시켜 보았지만 아무도 간씨를 통어統御하는 자가 없었다. 그리하여 경제는 질도를 발탁하여 제남의 태수로 임명했다.

임지에 도착한 질도는 다짜고짜 간씨의 우두머리를 잡아다 사

---

45) 숙위宿衛·시종侍從 등의 벼슬.

형에 처했다. 예상한 대로 나머지 간씨는 무서워서 반항을 하지 못했다. 이와 같이 하여 불과 1년 남짓한 동안에 제남 땅의 범죄는 자취를 감추었다. 그뿐 아니라 근처 10여 군의 태수까지도 마치 상사를 두려워하듯이 그를 두려워했다.

질도는 무서움을 모르는 사나이였다. 공무에 관해서는 시종 일관 엄정하고 개인적인 서신은 봉투를 뜯지 않았으며, 촌지는 받지 않았고 청탁에 귀를 기울인 적이 없었다. 그리고 평소에도 늘 입버릇처럼

"나는 부모의 반대를 무릅쓰고 이 길을 택한 자이다. 그러니 직무에 몸을 바쳐 그것을 위해 죽는 것만이 나의 소망이다."
라고 말하며 평생 가정을 돌보지 않았다.

이윽고 질도는 중위(치안 책임자)로 전임했다. 그 무렵의 승상은 조후條侯 주아부周亞夫(주발의 아들)였다. 조후는 높은 자리에 있었던 만큼 누구에 대해서나 거만하게 굴었다. 그러나 질도는 승상을 만나도 간단히 인사할 뿐이었다.

당시 인심은 아직 순박하여 일반적으로 준법의 기풍이 널리 진작되어 있었다. 그런 풍조 속에서 질도의 법 운용은 가혹하기 짝이 없었다. 그는 상대가 현관顯官이건 황실의 집안이건 조금도 개의치 않았다. 그러므로 제후나 황족은 질도를 만나면 눈을 제대로 뜨지 못하며 그를 '푸른매[蒼鷹]'라고 부르며 두려워했다.

흉노의 공포

임강왕臨江王(경제의 태자, 뒤에 폐적됨)이 그의 고향에서 사건을 일으켜서 경제에게 소환되어 질도한테 취조를 받게 되었다. 그때 임강왕은 경제에게 사죄문을 내기 위해 도필刀筆(나무에 글자를 새

기기 위한 필기 도구)을 빌리려 했으나 질도는 부하에게 명하여 이 신청을 기각했다.

그런데 임강왕의 태자 시절의 교육 담당이던 위기후魏其侯 두영(태자 폐적에 반대했다)이 암암리에 공작한 끝에 임강왕에게 도필을 차입하는 데 성공했다. 이렇게 하여 왕은 경제에게 사죄문을 제출했으나 명예 회복은 불가능하다고 보고 자살해 버렸다.

두태후(임강왕의 조모)는 임강왕이 자살했다는 소식을 듣고 격노한 나머지 억지 죄상을 꾸며대어 질도를 탄핵했다. 그로 인하여 질도는 사직하고 고향으로 돌아갔다.

그러나 경제는 질도를 버려두지 않았다. 경제는 사신에게 부절을 들려 질도에게 보내어, 흉노를 수비하는 요충지인 안문군의 태수로 임명했다. 그때 태후의 노여움을 고려하여 조정에서의 임관식은 생략하고 직접 현지에 부임시키고, 중앙의 훈령 없이 독자적으로 다스릴 수 있는 권한을 부여했다.

질도의 이름은 평소부터 흉노족에게까지 널리 알려져 있었다. 그 때문에 국경 주변의 흉노는 일찌감치 군대를 후퇴시켜 질도가 죽기까지 두 번 다시 안문에 근접하지 않았다. 그뿐 아니라 흉노는 질도의 인형을 표적으로 만들어 이것에다 사격을 시켰으나 아무도 맞추는 사람이 없었을 정도로 질도에 대한 흉노의 공포심은 대단했다.

이처럼 흉노에게 있어 질도만큼 공포의 대상이 된 존재는 없었음에도 불구하고 두태후는 한나라의 법에 따라 질도를 처벌하라고 집요하게 주장했다. 경제는 "질도는 충성의 신하입니다"라고 질도를 두둔했으나 두태후는 "그럼 임강왕은 충의가 없었다는 말이냐" 하고 대로했다.

이리하여 질도는 마침내 참형에 처해졌다.

상수上手

영성寧成은 양穰 지방 사람이다. 경제 때 낭·알자 등에 임명되어 조정에 출사했다.

남에게 지지 않으려는 성품이 유달리 강해서 부하로 부리면 반드시 상사를 무능자 취급을 했으며, 자신이 상사가 되면 부하를 혹사시키는 것이 마치 마르지도 않은 장작을 다발로 꾸리는 것과 같이 혹심했다. 교활한 수법으로 남을 짓밟으면서 점차 승진하여 제남 도위가 되었다.

그 무렵 질도가 제남 태수로 있었다. 그런데 영성의 전임자는 그때까지 한 계급 아래의 현령처럼 반드시 걸어서 관청으로 들어가 창구를 통해서야 태수를 알현했다. 도위라 하더라도 질도라는 인물을 이만큼 무서워하고 있었던 것이다. 그런데 영성은 부임하자마자 질도에게 상사처럼 행동했다. 질도 쪽에서도 평소부터 영성의 평판은 듣고 있었으므로 읍숭하게 대우하며 서로 친구로 대하고 있었다.

그로부터 몇 년 후에 질도는 죽었다. 그러자 장안의 황족들은 태연하게 법을 무시하게 되었다. 그리하여 경제는 그 대책으로 영성을 중위로 임명했다. 영성의 통치 방법은 질도와 같이 엄격했으나 질도만큼 결백하지는 못했다. 그래도 황족이나 호족들은 한결같이 두려움에 떨고 있었다.

무제가 즉위했을 때 영성은 내사(수도 장안의 지사)로 전임했다. 그러자 영성의 관할하에 있던 황후 일가의 귀족들은 일이 있을 적마다 영성의 잘못을 들추어 급기야 곤겸髡鉗(머리를 깎고 칼을 쐬우는 형)에 처하는 데 성공했다. 당시 9경급의 대관이 죽을 죄를 저질렀을 때는 자살하는 것이 통례요, 형 집행을 기다리는 자가 거의 없었다. 그런 가운데서 중죄를 받은 것이니 영성도 두 번 다시 등용이 될 가망은 없다고 생각했다. 그 결과 탈옥을 하고 통행증을 위조하여 감쪽같이 관문을 돌파, 귀향해 버렸다. 그뿐 아니라 "관리가 될 바에는 대신大臣, 상업을 시작할 바에는 백만 장자, 이렇게 되지 않고서는 한 사람 몫의 사나이라 할 수 없다"라고 큰소리치면서 곧 다음 일을 시작하였다.

영성은 대금을 후불해도 되는 황야를 개간한 논밭을 사들이고 그 땅을 가난뱅이들에게 빌려주어, 결국은 수천 세대의 소작인을 둘 정도가 되었다.

그로부터 수년 후 대사령에 의하여 영성은 무죄 방면의 몸이 되었다. 그 무렵에는 이미 수천 금의 재산을 이룩하여 약한 자를 돕는 임협의 사나이로 자처하고 있었다. 관리들의 횡포를 억제하고, 외출할 때에는 수십 기의 부하를 대동하였다. 백성은 태수의 호령보다도 영성의 명령에 따랐다.

그보다 더한 상수上手

주양유周陽由는 조겸趙兼의 아들이다. 조겸은 회남왕의 숙부가 되는 인연으로 주양왕에 책봉되었다. 그 때문에 주양을 성으로 갖게 되었다.

유는 황실과의 혈연에 의해 낭郎으로 발탁되어 문제와 경제를 받들었다. 경제 때에는 태수로 승진했다.

무제가 즉위한 후부터 사법관은 법조문의 엄격한 집행을 지상과업으로 삼게 되었다. 그런데 유는 태수 가운데서도 가장 냉혹하고 횡포하여 아무에게나 하고 싶은 대로 마구 대했다. 죽이건 살리건, 법 해석도 기분에 따라 상대방이 마음에 들면 용서하고 그렇지 않으면 반드시 죽여 버렸다.

유는 자기가 부임한 고을에서는 반드시 호족을 탄압하고 멸망시켰다. 태수가 되면 도위조차도 마치 현령처럼 대하고, 도위가 되면 태수의 직무를 빼앗아 시정의 실권을 장악했다.

그는 고집세기로 소문이 나 있던 급암에게도 태연히 적대했다. 또한 법을 방패 삼아 타인의 생사를 좌우한 사마안조차도 같은 태수의 신분이면서 수레에 오르면 유보다 아랫자리에 앉았다.

유는 나중에 하동 도위로 전임했을 때 군수 승도공과 권력 쟁탈을 벌인 끝에 서로 상대방을 고소하기에 이르렀다. 승도공은 유죄 판결을 받자 그럴 까닭이 없다고 형에 순종치 않은 채 자살했다. 유는 기시棄市(시중에서 사형을 집행하고 시체를 거리에 내 보이는 형벌)의 형에 처해졌다.

영성 · 주양유 이후 의옥疑獄 사건은 더욱더 불어나 백성은 법망을 빠져 나갈 구멍만을 찾게 되었고, 관리의 통치 방법은 대개 영성이나 주양유의 수법을 답습하는 경향이 강해지게 되었다.

3. 오·초 7국吳楚七國의 난
— 오왕吳王 유비劉濞와 교서왕膠西王 유앙劉卬

— 한의 제후 정책은 경제의 시대에 이르자 엄격하게 변하였다. 그 정책을 추진한 것이 조조이다. 이미 보아 온 바와 같이 조조는 그 학식을 들고 등장한 엘리트 관료이다.

경제의 태자 시절부터 그 재능을 인정받은 조조는 경제의 즉위와 동시에 어사대부로 승진했다. 그리고 평소부터의 그의 주장은 착착 실행에 옮겨져 갔다.

그러나 너무도 가혹한 영지 삭감 정책은 급기야 오왕을 위시한 유씨 일족의 제후들을 반란에 휩쓸리게 했다.

모반의 상相

오왕 유비劉濞는 유중의 아들이다. 아버지 유중은 고제의 형이며, 고제의 천하 통일 후 7년(기원전 200년)에 대왕으로 책봉되었다. 그런데 흉노의 공격을 받자 유중은 사수하지를 못하고 나라를 버린 채 도망을 쳤다. 그리고 샛길을 따라 낙양으로 올라와서 고제에게 일체의 처리를 맡겼다.

고제는 피를 나눈 형제에게 법대로 형을 집행하지는 못하고, 왕위를 박탈하여 합양후郃陽侯로 지위를 떨어뜨리는 데 그쳤다.

고제 11년(기원전 196년) 가을에 회남왕 경포가 반란을 일으켰다. 그는 우선 동쪽으로 군대를 진격시켜 형 지방을 평정하고 이어서 그곳 군대를 편입시켜 서쪽으로 회수를 건너 초나라를 공격했다. 고제는 스스로 군대를 이끌고 출진하여 그 반란을 진압했다.

유중의 아들 패공沛公 비는 그때 나이 20세, 활기 넘치는 사나이였다. 기병을 끌고 종군하여 경포의 군대와 기 땅의 서쪽에 있는 회추에서 회전會戰하여 적을 여지없이 무찔렀다.

그런데 이 반란에서 형왕 유가는 경포에게 죽음을 당했고, 후사가 없었다. 유가의 영지인 오군·회계군의 백성들은 자못 성질이 급하고 날쌔어 혈기 왕성한 왕이 아니고서는 다스릴 수가 없으리라고 고제는 고민하고 있었다. 그러나 자기 아들은 모두 나이가 어렸다. 그래서 조카인 유비를 패왕으로 책봉하여 왕으로 삼고 3군 53성을 맡겼다.

유비는 왕인王印을 배수한 후, 궁정에 불려 들어갔다. 고제는 그 인상을 보고

"너에게는 모반의 상이 있다."

라고 하면서 왕으로 봉한 것을 은근히 후회했다. 그러나 이미 임명해 버린 후이므로 하는 수 없이 유비의 등을 두들기면서 말했다.

"금후 50년 이내에 동남쪽에 난이 일어난다면 우선 너에게 혐의가 간다. 그러나 천하는 유씨 일족의 것이다. 결코 모반 따위를 꾀해선 안 되느니라."

유비는 머리를 조아리고 대답했다.

"별 말씀을 다 하십니다. 그렇게 괘씸한 짓은 결코 하지 않겠습니다."

중앙 집권

— 이윽고 고제가 세상을 떠나고 혜제·여후의 시대에 이른다. 오나라는 예장군豫章郡에 동산銅山이 있어 사전私錢을 주조하고 바닷물로는 소금을 제조했다. 그 때문에 나라의 재정은 풍부하고 백성으로부터 세금을 거둘 필요도 없었는데, 다음의 문제 시대에 한 왕실과 오왕 사이에 균열이 생겼다.

그 원인은 이렇다.

황태자와 오나라 태자가 주연의 자리에서 투전을 벌였을 때 노름의 규칙 때문에 싸움이 일어났다. 흥분한 황태자는 태자에게 노름판을 내던져 죽이고 유해를 오왕에게 보냈다. 노한 오왕은 그 후부터 병이라 칭하며 참조하지 않게 되었다. 그 때문에 오왕은 엄중한 규탄을 받았으나 일단 용서를 받았다. 그리고 그 이후…….

당시 조조는 태자의 가령으로서 그 총애를 독차지하고 있었다. 그리고 틈 있을 때마다 오나라는 죄과가 있으니 영지를 삭감해야 마땅하다고 태자에게 진언했다. 뿐만 아니라 문제에게도 여러 차례 상서했다. 그러나 문제는 오왕을 감히 처벌할 수가 없어 조조의 말을 듣지 않았다. 그것을 기화로 오왕은 나날이 횡포의 도를 더해 갔다.

이윽고 태자인 효경이 즉위했다. 조조는 어사대부로 승진하자 즉시 경제를 설득했다.

"옛날 고제가 천하를 평정하셨을 무렵에는 형제분들도 적었고 자녀들도 모두 어리셨습니다. 그러므로 일족들을 대국에 봉하셨던 것입니다. 측실의 아들인 도혜왕을 제나라 70여 성의 왕으로, 이복 동생인 원왕을 초나라 40여 성의 왕으로, 형님의 아들 유비를 오나라 50여 성의 왕으로 제각기 봉하시어 이 세 분에게 천하의 반을 주신 것입니다.

하오나 오왕은 태자와 사이가 벌어진 후부터 꾀병을 핑계하고 참조하지 않습니다. 이것은 법에 의하면 사형죄에 해당합니다. 그러나 선제께서는 벌하시기는커녕 도리어 궤几·장杖을 하사[46] 하셨습니다. 이렇듯 두터운 덕을 입으면 과거의 허물을 뉘우치고 행실을 고치는 게 당연하거늘, 오왕은 더욱 더 교만의 색이 짙으며 동산에서 돈을 사주하고 바닷물로 소금을 만들어 부를 축적하는 한편 천하의 망명자를 규합하여 반기를 들려고 음모하고 있습니다. 지금에 와서는 영지를 삭감하느냐 마느냐에 관계 없이 반란을 일으킬 것이 틀림없습니다. 삭감해서 그 시기를 단축하면 화는 적게 끝날 것이며, 반대로 삭감하지 않음으로써 시기를 늦추면 화는 커지기 마련입니다."

경제 3년(기원전 154년) 겨울에 초왕이 참조했다. 그 기회를 놓치지 않고 조조는 경제에게 진언했다.

"초왕 무戊는 지난해 박태후의 상중임에도 불구하고 복상服喪의 숙소에서 남몰래 간음했습니다. 부디 주벌을 가하시기 바랍니다."

경제는 초왕의 죄를 사형에서 1등급 감하고 동해군을 삭감했

---

46) 궤와 장은 모두 노인이 사용하는 것으로서, 오왕은 노령이기 때문에 참조의 의무를 면제한다는 뜻임.

다. 경제가 즉위하기 2년 전에는 조왕의 죄에 대해서 하간군을 삭감했고, 교서왕膠西王 유앙劉卬은 작위 매매에 부정 행위가 있었다고 하여 6현을 삭감했다. 또한 조정에서는 대신들이 오나라의 영지 삭감의 건을 심의하고 있었다.

음모

오왕 비는 자기에 대한 벌이 영지 삭감 정도로 끝나지는 않을 것이니, 차라리 내친 김에 천하를 빼앗아 버리자고 배짱을 굳혔다. 그러나 제후를 모조리 돌아보아도 더불어 대사를 꾸밀 만한 인물이 없었다. 그러던 중 교서왕이 패기 있는 호전적인 인물로 제나라 영토의 제국諸國[47] 가운데서 중요한 존재라는 말을 들었다. 그래서 자기 편을 만들려고 중대부 응고를 교서왕에게 보냈다. 만일을 염려하여 문서는 보내지 않고 모두 구두로 전하게 했다.

"저희 왕께서는 수년 전부터 걱정거리가 계십니다. 여지껏 아무에게도 말하지 않았지만 다른 분이 아닌 교서왕께만 꼭 전하고 오라는 명령을 받고 이렇게 왔습니다."

"무슨 일인데 그러는가?"

"요즘 황제께서는 약간 정도에 벗어나고 계십니다. 간신과 사신邪臣들에게 둘러싸여 목전의 이익에만 급급하시어 참언을 곧이 들으시곤 합니다. 법률을 멋대로 변경하시고 제후의 영지를 삭감

---

47) 고조의 장자 도혜왕의 봉지인 제나라는 아들인 애왕哀王, 손주인 문왕文王의 순으로 이어졌으나, 문왕에게는 후사가 없었으므로 그의 사후에는 일단 한 나라에 편입되었다. 그후 1년쯤 지나자 문제는 제나라 땅을 분할해서 도혜왕의 아들을 각각 왕으로 봉했다. 제왕 장려將閭, 제복왕 지志, 제남왕 벽광辟光, 치천왕 현賢, 교서왕 앙, 교동왕 웅거雄渠, 성양왕 장章 등의 7국이다.

하시는데다 세금은 가혹하기만 하며 양민을 주벌하십니다. 게다가 나날이 횡포가 늘어가기만 합니다. 속담에 겨를 핥다가 쌀에 이른다[48]고 합니다. 오나라도 교서국과 더불어 천하를 울리는 대제후국입니다만 아무리 대국이라 할지라도 일단 취조를 받으면 무사히 넘기지는 못할 것입니다.

그런데 저희 오왕에게는 겉으로는 알 수 없는 지병이 있어 지난 20여 년 동안 참조하지도 못했습니다. 그 때문에 공연한 의심을 받은 결과 당신의 결백을 증명할 길조차 없어 골치를 썩혀 왔습니다. 아직도 허리를 펴지 못한 채 근신하고 있습니다만 도저히 용서될 것 같지가 않습니다.

듣건대 대왕께서도 매작賣爵의 일로 문책을 받으셨다니 그 정도의 일이 영지 삭감의 죄에 해당하겠습니까? 이렇게 나가다간 머지않아 영지 삭감 정도로 끝날 것 같지 않습니다."

"참으로 그 말이 옳소. 그래서?"

"같은 경우에 있는 자는 서로 돕고, 같은 욕망을 품은 자는 서로 구하며, 같은 이익으로 통하는 자는 서로를 위해 목숨을 건다고 합니다. 저희 오왕께서는 대왕이 당신과 같은 원한을 품고 계시다고 믿고 계십니다. 그리하여 하늘의 이법에 따라 함께 몸을 던져서 천하의 재액을 제지하고 싶어하십니다. 이것은 역시 해보실 만한 사업이 아니겠습니까?"

교서왕은 놀라서 눈을 휘둥그렇게 떴다.

"그런 일을 내가 할 수 있겠소? 반역이라니 생각할 수도 없는

---

48) 지강급미舐糠及米. 이 성어는 본장이 그 출전이다. 차츰 화근이 신변에 미친다는 뜻으로, 여기서는 영토를 심하게 삭감한 나머지 나라를 망친다는 뜻.

일이오. 경제께서 어떤 벌을 내리시건 나는 달게 받을 수밖에 도리가 없을 거요."

응고는 다시 설득했다.

"어사대부 조조는 천자를 현혹하여 제후의 영지를 뺏고 충신·현신을 측근에서 멀리 떨어지게 합니다. 그 때문에 조정에는 미움이 들끓고 제후는 모두 반의를 품고 있습니다. 인사는 바야흐로 결정됐다고 할 수 있습니다.

하늘에는 혜성이 나타나며, 땅에서는 메뚜기의 해악이 빈발하고 있습니다. 이같은 천변지이千變地異는 만세에 두 번 다시 없을 것이니, 백성이 괴로움을 당하는 이런 때야말로 성인이 나타나는 법입니다.

오왕은 조조 토벌을 기치로 삼고 대왕을 따라 천하를 떨 작정이십니다. 그렇게 되면 대왕이 가시는 곳에서는 모두가 항복할 것이며, 명령을 내리시는 곳은 모조리 산하로 모여들어 천하에 복종하지 않는 자가 없을 것입니다.

대왕께서 승낙만 하신다면 오왕은 초왕을 이끌고 함곡관을 공략하여 형양·오창의 양말糧秣을 확보해서 한군의 움직임을 제압하고 숙영하실 곳을 마련하여 대왕이 납시기를 기다리실 작정이십니다. 대왕께서만 출어해 주신다면 천하는 틀림없이 우리의 손아귀로 들어오게 될 것입니다. 그리고 천하를 양분해서 지배하시게 된다면 이 또한 좋은 일이 아니겠습니까?"

"알았네, 확실히 승낙했다고 즉시 오왕께 그 뜻을 전해 주게."

응고는 곧장 귀국해서 교서왕이 승낙했다고 보고했다.

그러나 오왕은 아직도 불안해서 견딜 수가 없다. 그리하여 손수 교서왕을 만나서 직접 맹약을 맺었다.

그 말을 듣고 교서왕의 신하가 왕에게 간했다.

"천자를 섬기기만 하시면 왕께서는 언제나 안전하십니다. 그런데 왕께서는 어째서 오왕과 맹약을 맺고 서향하시려는 것입니까? 설령 일이 성취된다 하더라도 이번에는 두 분께서 다투시게 되어 새로운 화를 일으키실 뿐입니다. 첫째, 제후의 영지를 모두 합쳐 봐도 한의 10분의 2에도 미치지 못합니다. 그런데 반란을 일으켜 태후(교서왕의 어머니)께마저 걱정을 끼치시렵니까? 좋은 방법이라고 할 수 없습니다."

왕은 그 간언을 뿌리치고 곧 제·치천·교동·제남·제북의 제후들에게 사자를 파견하여 동조를 구했다.

제후들은 모두가 승낙하고, 이렇게 연락해 왔다.

"성양의 경왕景王(주허후 유장)은 충의가 뛰어난 사람입니다. 그리고 여씨 일족을 주벌할 때 활약한 바 있습니다. 그의 아들인 지금의 왕을 끌어들이는 것은 위험한 일입니다. 성양은 일이 낙착된 후에 분할해 버리면 될 것입니다."

그 무렵, 제후들은 또다시 영지를 삭감당하고 겁에 질려 있었다. 조조에 대한 원한은 이제 그 정점에 달했다. 거기에 오나라의 회계·예장의 두 군을 삭감한다는 조서가 내려왔다. 오왕이 우선 행동을 일으켜 정월 병오일에 조정에서 파견되어 온 2천 석 이하의 관리를 주살했다. 교서·교동·치천·제남·초·조도 이를 따랐고, 드디어 반란군은 서진을 개시했다.

그러나 제왕은 반란에 가담한 것을 곧 후회하여 먼저 독약을 먹고 자살했다. 제북왕은 파손된 성벽의 복구 공사가 끝나지 않아 꾸물거리고 있는 사이에 낭중령에게 연금되어 출병할 수 없었다.

교서왕은 교동·치천·제남의 제군諸軍을 이끌고 임치를 포위했다. 또한 조왕은 흉노에게 사자를 파견하여 비밀리에 자기 편으로 끌어들였다.

출병에 앞서 오왕은,

"내 나이 예순둘, 스스로 앞장 서 군을 이끈다. 막내가 올해 열네 살로 이 또한 사졸士卒의 선두에 서서 전진戰陣에 임한다. 따라서 위로는 과인과 동갑인 자로부터 아래로는 막내와 동갑인 자까지 모두 종군하라."

라고 명하여 징발된 병력은 20여만에 이르렀다. 또한 남쪽 민월·동월에 사자를 파견한 결과 동월이 군사를 동원하여 오왕을 따르기로 했다.

경제 3년, 정월 갑자일에 오왕은 수도인 광릉에서 군사를 이끌고 서쪽 회수를 건너서 초군과 합류했다.

수술

7국이 반란을 일으켰다는 정보가 전해지자 경제는 태위인 조후 주아부로 하여금 장군 36명을 이끌고 오·초를 토벌할 것을 명했다. 그리고 곡주후 역기에게는 조나라의 토벌을, 장군 난포에게는 제나라의 토벌을, 또한 대장군 두영은 형양에 주둔하여 제·조 양군의 움직임을 감시하도록 명했다.

이들 정벌군의 출진에 앞서 두영은 전에 오나라 승상을 지낸 바 있던 원앙을 경제에게 추천했다. 당시 원앙은 이미 제일선에서 은퇴해 있었으나 소환되어 참내했다. 경제는 마침 조조를 상대로 군대의 동원 계획과 군량의 배분 방법을 의논하고 있었다.

경제는 곧 원앙에게 하문했다.

"그대가 오나라 승상을 지냈으니 묻겠는데 오나라의 신하 전녹백田祿伯이란 어떤 자인가? 또 그대는 이 반란을 어떻게 보는가?"

"과히 염려 마십시오. 곧 진압될 것입니다."

"대체 그것은 어찌 된 이유에서인가? 오왕은 동산銅山에서 돈을 만들고 바닷물로는 소금을 만들며, 나아가서는 천하의 호걸을 규합하고 있지 않은가. 백발이 되어서 반기를 휘날리는 데는 그만한 승산이 있기 때문이 아닌가?"

"말씀하신 대로 동산과 소금의 이익은 큰 것입니다. 하오나 호걸을 규합했다고 어찌 말할 수 있겠습니까. 참된 호걸이라면 왕을 보좌하고 의에 따라 반란의 기도 따위는 하지 않았을 것입니다. 오왕 곁에 달려든 패들은 모두가 무뢰배들이며 망명자나 돈을 사주하는 악인들입니다. 그렇기 때문에 서로 모반을 꾸민 것입니다."

그때 조조가 말을 했다.

"원앙이 말하는 그대로입니다."

경제는 원앙을 향해서 다시 물었다.

"그래 그 대책은?"

"그 전에 부디 주위의 사람을 물리쳐 주십시오."

경제는 조조만을 남기고 좌우의 사람들을 모두 물러가게 했다. 원앙은 말했다.

"소인이 말씀드리려는 것은 신하가 들어서는 안 될 일입니다."

경제는 하는 수 없이 조조에게도 물러가라고 일렀다. 조조는 밸이 틀리는 것을 참고 종종걸음으로 대기실로 물러갔다.

그제서야 원앙은

"오·초 양국이 교환한 문서에는 이렇게 되어 있습니다. '고제는 일족을 왕으로 봉하고 각기 영지를 분여했다. 그런데 적신賊臣 조조는 멋대로 제후의 죄를 적발해서 영지 삭감을 거듭하고 있다. 때문에 조조 주살의 기치를 높이 들고 서쪽으로 진격하며, 협력하여 조조를 주살하고 삭감된 영지를 회복한다. 이 목적이 달성되면 즉시 무기를 거둔다.' 따라서 취할 길은 다만 한 가지, 조조를 참형에 처하는 것입니다. 그런 다음에 사자를 파견해서 오·촉 7국의 죄를 용서하고 영지를 도로 돌려주는 것입니다. 그러면 피를 보지 않고도 싸움은 진압될 것입니다."

경제는 그저 망연할 뿐이었다.

"어떻게 했으면 좋겠는가. 참으로 천하를 위해서라면 조조 하나쯤은 아까울 게 없지만……."

"어리석은 일인지는 모르겠습니다만 소인에게는 그 이상의 묘방이 없습니다. 깊이 생각해 보시기 바랍니다."

거기서 경제는 원앙을 태상太常(종묘의 의식을 맡음)에 임명하는 한편 오왕의 조카인 덕후德侯를 조정宗正(宮內의 책임자)에 임명했다. 원앙은 출발 준비를 갖추고 대기했다.

열흘쯤 후, 경제의 명을 받은 중위가 경제의 호출이라고 속여 조조를 수레에 태워서 동시東市로 끌고갔다. 조조는 조의를 입은 채 참형에 처해졌다.

그 후 경제는 원앙과 덕후 두 사람을 오나라에 파견했다. 원앙에게는 종묘를 숭상하라고 설득시키고, 덕후에게는 혈연으로써 설득시키려는 것이었다.

이렇게 하여 일은 원앙의 계획대로 진행되었다. 두 사람이 도착했을 때 오·초 양군은 이미 양도의 성벽을 공략중이었다. 덕후가 혈연의 인연에 의해 먼저 군중軍中에 있는 오왕을 회견하고 조서를 받들라고 설득했다.

원앙도 와 있다는 말을 듣자 오왕은 그도 역시 설득차 나타났느냐고 웃으며 대답했다.

"나는 이미 동제東帝이다. 새삼스레 누구에게 머리를 숙이라는 것이냐?"

이렇게 말하며 원앙과의 회견을 거절했다. 그리고는 원앙을 붙잡아 두고 자기편 장군이 되라고 강요했다. 그러나 원앙이 뿌리쳤으므로 연금하고, 다음 날 아침에 죽이려 했다.

원앙은 야음을 틈타서 탈출하여 양나라 군중으로 도망쳤다가 그곳에서 낙양으로 올라가 천자에게 복명했다.

토벌의 비책

토벌군 사령관 조후條侯는 여섯 마리가 끄는 마차를 급히 달려 대군을 형양에 집결시켰다.

도중에 낙양에서 극맹劇孟[49]을 만나자 조후는 몹시 기뻐했다.

"7국이 반란을 일으켰다는데 내가 마차로 여기까지 무사히 올 줄은 몰랐구려. 더구나 벌써 반란군에 가담했을 줄 알았던 그대가 이렇게 아직 여기 있으니, 이제 내가 형양에 주둔하게 되면 형양 동쪽에는 대단한 인물은 없겠소."

이어서 회양에 닿자 옛날 자기 아버지 주발의 빈객으로 있던 등 도위를 찾았다.

"우리 편은 어떤 작전을 짜야 하겠습니까?"

---

49) 협객으로 제후 사이에서 유명했다. 조후는 극맹이 반란군에 가담하지 않은 것을 일국一國이 적에 가담하지 않은 것과 같다고 생각했다.

"오나라는 드물게 보는 정예군이니 접근전으로 도전해 보았자 승산이 없소이다. 한편 초군은 꾸준히 견디어 내는 지구전에 약하오. 따라서 장군이 취해야 할 작전은 군대를 동북으로 철수해서 창읍에 성채成砦를 쌓고 양나라는 오나라가 하는 대로 내버려 두시오. 오나라가 정예를 선발해서 양나라를 공격할 것은 뻔하오. 그 사이에 장군께서는 해자垓字(성 밖에 깊이 판 호)를 깊이 파고 성채를 높여서 방비를 굳히는 한편 회수淮水·사수泗水의 합류점에다 가볍게 장비한 군대를 보내서 오나라의 양도糧道를 끊는 것이오. 그러면 오·양이 일시에 피폐하고 군량이 탕진될 것이니 그때 모든 정예군으로 하여금 단숨에 공격토록 하면 피로에 지친 오군은 견디지 못할 것이오."

"참 그렇겠습니다."

조후는 곧 등 도위의 책략대로 창읍 남쪽에 성채를 구축하고 가볍게 무장한 군사들을 시켜 오군의 양도를 차단했다.

오왕, 헌책獻策을 듣지 않다

거병 당시, 오나라의 대장군은 전녹백이었다.

그는 오왕에게 진언했다.

"전 군이 한 무더기로 서쪽을 진격하는 정공법으로서는 도저히 승산이 없습니다. 아무쪼록 저에게 병력 5만을 주십시오. 별동대로 강수·회수를 따라서 서진하여 회남·장사를 함락한 후에 무관으로 들어가 거기서 주군의 본대와 합류하고 싶습니다. 이것은 적의 의표를 찌르는 작전이옵니다."

오왕의 태자가 반대했다.

"이번은 반기를 든 싸움입니다. 남에게 맡겨서는 안 됩니다.

그 자가 배신이라도 한다면 어쩌실 작정입니까. 또한 군대를 나누면 각 군이 제멋대로 행동하여 서로 어떤 이해利害가 생길지도 모릅니다. 결국은 우리 군대를 약화시키지 않을까 염려됩니다."

오왕은 전녹백의 책략을 취하지 않았다.

이어서 소장인 환 장군이 나섰다.

"아군의 주력은 보병입니다. 보병은 지형이 험한 곳의 싸움을 잘합니다. 한편, 한의 주력은 병거와 기병입니다. 이는 평지에서의 싸움에 능합니다. 따라서 서진하는 도중 항복하지 않는 도읍이 있다 하더라도 일일이 개념치 마시고 그저 줄곧 서진하시어 낙양의 무기고와 오창의 군량을 탈취하고, 지형이 험한 곳의 방비를 굳힌 다음에 제후들에게 호령하시도록 하십시오.

그렇게 하면 함곡관에 들어가기 전에 천하를 얻은 것이나 다름이 없습니다. 도읍을 하나하나 함락하며 가다가는 한군의 병거와 기병이 양·초 일대에 밀려들게 되어 일은 실패로 끝나게 될 것입니다."

오왕은 이 문제를 노장들과 의논했으나 모두 반대했다.

"그것은 젊은 사람이 혈기에 들떠서 짜낸 책략에 불과합니다. 그런 젊은 것이 싸움의 대국을 어찌 알 수 있겠습니까."

오왕은 환 장군의 책략도 취하지 않았다.

결국 오왕은 스스로 전 군을 통솔하기로 했다.

패배

작전 개시의 초기에, 회수를 건넌 오군은 초군과 합세하고 서진하여 극벽을 공략하고 파죽지세로 돌진해 갔다. 양나라 효왕은 당황하여 6명의 장군으로 오군을 공격시켰다. 그러나 그 가운데

2개 군은 여지없이 참패하고 병졸들은 양나라로 도망쳐 왔다.

양왕은 여러 번 조후에게 사자를 보내어 원군을 청했으나 조후는 응하지 않았다. 거기서 양왕은 사자를 경제에게 파견하여 조후에 대한 불만을 호소했다. 경제는 조후에게 사자를 보내어 양나라를 구원하라고 명령했으나 조후는 자기의 작전을 고수하여 그 명령을 묵살했다. 양왕은 하는 수 없이 한안국과 초왕에게 간언했다가 죽음을 당한 장상의 아우 장우를 장군으로 임명했다. 그리고 태세를 갖추어 반격을 가하여 오군에게 가까스로 한 차례 대적할 수 있었다. 오군은 양군의 견고한 방어 때문에 서진할 수가 없었다.

하는 수 없이 방향을 바꾸어 조후의 진지로 향하여 하읍에서 교전하려 했다. 그러나 조후는 성채를 지키며 싸움에 응하지 않았다. 그러는 동안에 오군은 군량이 탕진되고 병졸은 굶주림에 허덕이기 시작했다. 오군은 몇 번이고 싸움을 걸다가 마침내 성채 동남방으로 야습을 가했다. 조후는 아랑곳없이 이번에는 성채의 서북방의 방비를 굳히기 시작했다. 과연 오군은 서북으로부터 돌입을 꾀했다. 오군은 형편없이 참패했다. 게다가 굶어 죽는 자가 속출하더니, 사졸이 잇달아 도망쳤다.

이렇게 되자 오왕은 휘하의 정예 수천 명과 더불어 어둠을 틈타 도주하여 강수를 건너 단도로 피했다. 동월에서 재기를 도모하려는 것이었다. 동월에는 병사 1만여가 있었다. 우선 각처에 사람을 보내어 도망병의 수습에 임했다. 그러나 동월은 이미 한나라의 밀령을 받고 있었다. 동월은 그런 기색은 조금도 비치지 않고 오왕이 군사들을 위로하고 있을 때 자객을 시켜 오왕을 창으로 찔러 죽였다. 그리고는 그 머리를 그릇에 담아 역전거로 경제에게 보냈다. 오왕의 아들인 자화와 자구 두 사람은 민월로 도망했다. 왕을 잃은 오군은 완전히 흩어져 차례차례로 조후와 양군에게 투항했다.

초왕 무는 패전하자 스스로 목숨을 끊었다.

전후 처리

한편 교서·교동·치천의 3왕은 3개월이 걸려도 제나라의 임치를 아직 함락시키지 못하고 있었다. 세 왕은 이렇게 날을 끌고 있는 동안에 도착한 한나라 원군과의 전투에서 패하자 각각 본국으로 군대를 되돌릴 수밖에 없었다.

교서왕은 스스로 죄인을 자처하여 모태후 앞에 나가 웃옷을 벗고 맨발로 짚 위에 앉아 물을 마시며 용서를 빌었다. 그러나 태자 덕은 아버지 교서왕에게 재기할 것을 촉구했다.

"아바마마, 희망을 버리기에는 아직 이릅니다. 적은 원정해 온 군대이니 이미 지쳐 있음에 틀림없습니다. 지금이 기습을 할 기회입니다 아무쪼록 나머지 군대를 저에게 맡겨 주십시오. 불행히 패배하다 하더라도 바다로 해서 피할 수도 있습니다."

교서왕은

"아니, 아군은 이미 피폐해 있다. 싸울 기력이 남아 있지 않다."

그러면서 태자의 헌책을 취하지 않았다.

한나라 장군 궁고후弓高侯 퇴당頹當은 교서왕에게 서한을 보냈다.

"소생은 천자의 조칙을 받들어 불의를 치는 자입니다. 항복하신다면 죄를 묻지 않으며 왕위도 박탈치 않겠으나 항복치 않으신다면 주살이 있을 뿐입니다. 왕께서는 어느 길을 택하시겠습니까? 결심하는 데 따라 처리를 강구하겠습니다."

교서왕은 옷을 벗고 한군의 누벽까지 나아가 머리를 땅에다 대고 궁고후에게 말했다.

"신하 앙이 외람되게도 법을 어기고 만민을 소란케 했으며 더욱이 장군께마저 멀리 토벌의 노고를 끼쳐 드리게 되었습니다. 아무쪼록 이 몸을 저해菹醢의 형[50]에 처해 주시기 바랍니다."

궁고후는 금고金鼓를 손에 든 채

"왕은 이번에 패전의 고초를 겪었지만 거병의 동기에 대해서 변명할 말이 있습니까?"

하고 물었다.

왕은 머리를 조아리고 무릎을 꿇은 채 나아가며 대답햇다.

"최근 조조는 황제로부터 정무를 위임받은 것을 기화로 고제가 정하신 법령을 변경하여 제후의 영지를 함부로 몰수했습니다. 앙 등은 이것이 잘못이며 머지않아 천하를 어지럽힐 일로 알고 우려해 마지않았습니다. 7국이 거병한 것은 오로지 조조를 주살하기 위함이었고, 조조가 이미 주살되었으니 앙 등은 군사를 거둬 귀국했던 것입니다."

"만일 조조가 횡포한 인물이라고 생각되었다면 어째서 그 뜻을 상소치 않으셨습니까? 천자의 말씀도 받들지 않고 호부虎符도 없이 어찌 제나라를 공격하셨습니까? 이상으로 판단컨대 왕의 본심은 조조 주살에 있지는 않았을 것입니다."

궁고후는 조서를 꺼내 읽어 주고 말했다.

"왕은 스스로 직접 판단하십시오."

---

50) 죄인의 몸을 잘게 썰어 소금에 절이는 극형.

"앙과 같은 인간은 죽어도 속죄할 길이 없습니다."

앙은 드디어 스스로 목숨을 끊었고, 태후·태자도 그 뒤를 쫓았다. 교동·치천·제남의 여러 왕도 죽고 나라는 망하여 한나라의 직할령으로 편입되었다.

조나라를 포위하고 있던 역 장군의 군대는 열 달 후에야 가까스로 조나라를 함락시켰다. 조왕도 자살하고 말았다.

제북왕은 협박 때문에 반란군에 가담했다고 해서 주살은 면하고 치천으로 옮겨져 왕이 되었다.

Ⅲ. 대제大帝의 치세治世

1. 빛과 그림자 — 무제武帝의 초기

― 기원전 141년 무제가 16세로 한의 제7대 천자가 되었다. 《사기》가 취급하는 연대도 드디어 종국이다. 사마천에게 있어서의 '현대'가 시작된 것이다. 무제가 군림했던 54년간은 중국사에 있어서 가장 찬연한 시대로 꼽힌다. 그는 전국 시대 이래 오랫동안 중국을 위협해 오던 흉노를 토벌하여 북방을 안태로 이끌고 나아가 사방의 이민족을 복종시켜 공전의 대제국을 건설했다. 내정면에서는 지식인을 대폭 등용하여 유교를 국학으로 정하고 이후 2천 년에 걸친 중국 정신 문화의 방향을 결정지었다.

그러나 이 영매강의英邁剛毅로 명성을 떨친 독재 군주를 사마천이 어떻게 보았는가에 대해서는 충분히 밝혀져 있지 않다. 해제에서도 언급한 대로 〈효무 본기〉의 원문은 일찍이 없어지고 오늘날 우리가 보는 그것은 〈봉선서〉를 고친 것으로 신선술神仙術에 들린 무제의 일면을 말하는 데 지나지 않기 때문이다.

그 때문에 여기서는 한대의 경제사인 〈평준서平準書〉를 날실로 하고 대표적인 행정관들의 움직임을 씨실로 배합하여, 무제 통치의 최전성기에 있어서의 여러 문제를 파헤쳐 거대한 권력 기구의 허실을 밝혀 나간다.

안정에서 확대로

무제의 즉위 후 수년 동안, 즉 한이 성립하여 70여 년이 지난 이 시기의 천하는 태평하고 가뭄이나 홍수의 재해도 없어 민생은 안정되어 있었다. 도시건 시골이건 각지의 창고에는 식량과 물자가 넘쳐나고 있었다. 수도의 전장錢藏에 저축된 동전은 몇 억이나 되고 돈 꿰는 끈은 썩어서 헤일 수 없을 정도였다. 정부의 곡창에는 해를 따라 곡류가 쌓이고 일부는 창고에서는 넘쳐 나와 노천에 쌓이다 결국은 썩어서 먹지를 못하는 형편이었다.

말 사육도 전국으로 보급되어 서민조차도 말을 이용하지 않는 자가 없고 이따금씩 암말에라도 타는 자가 있으면 바보 취급을 당하는 판국이었다.

시골의 하급 관리까지도 쌀이나 고기를 상식常食으로 했다. 관리의 지위는 안정되고, 관직을 얻은 자는 그 직장을 성으로 삼았는데, 창씨倉氏·유씨庾氏 등이 그 예라고 한다.

그리하여 누구나 몸가짐을 조심하고, 법을 어기지 않으려고 했으며, 누명을 쓰지 않으려고 조심했다. 당시, 관헌의 통치가 관대했기 때문에 부자는 사치스러운 생활을 마음대로 했고, 많은 땅을 가진 호족 가운데는 지방의 정치를 좌우하는 자까지 나타났다. 또한 황족·제후로부터 백관에 이르기까지 모두 사치를 다투니, 주거·거마·의복의 어느 것을 보더라도 신분에 넘치는 외람된 호사는 이루 다 말할 수가 없을 정도였다.

그러나 사물이란 번영하면 예외 없이 쇠하기 마련이다. 이것은 만물을 지배하는 필연의 법칙이다.

우선, 엄조嚴助・주매신朱買臣 등의 발의로 동구東甌(중국 남부의 이민족국)를 복속시키고 양월兩越(월과 남월 2국의 총칭)의 분쟁에 개입한 것이 원인이 되어, 강江・회淮 두 지방 전체가 갖가지 징발에 쫓겨 어수선한 분위기에 휩싸였다. 이어서 당몽唐蒙・사마상여司馬相如 등의 헌책으로 서남이西南夷에 통로를 열기 위해, 험한 산악 지대를 천 리 가까이나 개척하여 파・촉의 2군을 확장했다. 그 때문에 파・촉의 백성은 완전히 피폐해 버렸다. 또한 팽오彭吳가 조선으로 통하는 길을 열어 창해군을 세우게 되니, 연・제 두 나라는 모조리 동원 대상이 되었다.

더욱 특기할 것은 왕회가 모략으로 흉노의 선우單于를 마읍馬邑으로 유인하여 일거에 이를 격멸하려다 실패한 사건이 있다. 흉노는 이 때문에 종래의 우호 관계를 버리고 빈번히 한나라 북방을 침입하기에 이르니 이로써 언제 끝날지 모를 전쟁 상태에 빠져들었다.

백성의 노고는 아랑곳없이 전쟁은 해를 거듭할수록 확대되고, 군수 물자는 끊임없이 북쪽으로 보내졌다. 중앙과 지방을 가리지 않고 각급의 관공서마다 물자의 조달에 광분하게 되니 피폐한 백성은 어떻게든 관의 눈을 속이려고 애를 쓰게 되었다. 재원이 고갈되었기 때문에 재물을 상납하기만 하면 관직이 부여되고 저지른 죄도 용서되었다. 현량한 선비를 천거하는 제도는 쇠퇴하고 절조를 지키는 기풍도 사라져 갔으며, 무용武勇만이 세력을 떨치고 법령은 강화되기만 했다. 재정 수입의 증가를 모든 일에 우선시키려는 경향이 현저해진 것은 이 무렵부터의 일이다.

유儒·법法 병용

― 기원전 127년 한나라는 흉노로부터 내몽고 오르도스 지방을 빼앗고 여기에다 삭방군朔方郡을 설치했다. 또한 남쪽으로는 서남이로 통하는 길이 열리고 동쪽으로는 조선으로 손을 뻗쳐서 창해군滄海郡을 다스리게 됨으로써 재정은 더욱 궁핍해졌다. 그 타개책으로 고안한 것이 노예나 가축을 공출한 민간인에게 낭(중앙 정부의 하급 간부)의 지위를 부여한다는 매관 제도이다. 4년 후 이 제도는 한층 확대되어 '무공작武功爵'이라는 작위 11급이 군비 헌납의 포상으로서 신설되었다. 이 매작 관위에 실제적인 공적이 가산되면 일거에 대신으로 승진할 수도 있었다.

관리의 등용이 이렇듯 멋대로일진대 당연히 행정 기능은 저하할 수밖에 없다. 기강을 바로 잡는 일이 이제는 무엇보다도 급선무였다.

공손홍은 《춘추春秋》[51]의 정치 철학을 본으로 삼은 신도臣道를 고취하여 승상이 되었고, 장탕張湯은 법의 준엄한 적용에 의해서 정위(법무장관)가 되었다. 그 이후 견지見知의 법(법을 범한 자를 봐 주는 죄)이 마련되고, 법령을 무시하는 죄, 상사를 비방하는 죄, 재판에서 단호히 문책하는 방식이 채택되기에 이르렀다.

원수元狩 원년(기원전 122년), 회남왕·형산왕·강도왕 등의 반역 음모가 발각되었다. 정부 각료가 그 일당을 철저하게 규명하

---

51) 기원전 722년부터 481년에 걸친 동안의 노나라의 연대기. 공자에 의해서 완성되었다고 전해지며 5경五經의 하나로서 고래로부터 유학자들에게 존중되었다. 사실을 간결히 나열하였을 뿐인 무미 건조한 문장이지만 공손홍 등 공양파公羊派의 유학자들은 그같이 간결한 표현의 이면에 엄격한 윤리 관념에 바탕을 둔 비판의 의도가 깃들어 있다고 풀이했다.

여 사형에 처해진 자만 수만 명에 달했다. 이렇게 사직의 손은 더욱 더 엄격하고 법망은 더욱 더 주도해 갔다.

 그 당시는 한쪽에 있어서는 학자나 유덕한 인재가 우대되고 그 중에는 정부의 각료·간부로 발탁되는 자도 있었다. 학자 출신인 공손홍은 승상의 몸으로서 베로 만든 침구를 사용하고, 고기는 한 접시에 한하는 등 솔선해서 자숙의 모범을 보였지만 이렇다 할 효과도 없이 영달과 이득만을 추구하는 풍조는 날로 더해 가기만 했다.

2. 학문은 세상을 장식한다 — 공손홍公孫弘·급암汲黯

돼지치기에서 승상으로

— 그럼 여기에 등장한 승상 공손홍이란 어떤 인물일까. 그는 학자 출신의 정치가로서 3공三公의 지위에 있기를 5년, 무제의 치하를 통털어 가장 신임이 두터운 재상으로 유학의 진흥에 많은 공적이 있었다. 그러나 경골硬骨로 알려졌던 동시대의 유학자 원고생轅固生은 그를 가리켜 '곡학아세曲學阿世의 도徒'라고 비난했다.

공손홍은 처음에 제나라 옥리였다가 죄를 저지르고 면직된 후에는 돼지를 기르며 생계를 유지하고 있었다. 40세가 지나서 처음으로 "춘추"의 학을 배우고 무제 원년(기원전 104년) 60세 때 현량賢良의 선비로서 추천되어 박사에 임명되었다. 그러나 이때에는 흉노에 사신으로 갔던 결과가 무제의 뜻을 만족시키지 못하여 무능자 취급을 받고 퇴관할 수밖에 없었다. 70세 때 또다시 천거되어 백여 명의 학자와 더불어 시험에 응했다. 시험관이 채점한 바로는 신통치 않은 성적이었으나 무제는 그의 답안을 제1등으로 인정했다. 만나 보니 연령에 비하여 단정한 풍모였으므로 더욱 마음에 들어 또다시 박사로 임명했다. 그로부터 급진적인 승진을 거듭했는데도 과연 그 출세의 비결은 어디에 있었던가.

공손홍은 겉보기에 대인의 풍격을 지녔으며 견문이 넓었다. '군주는 도량을 넓게 하려 힘쓰고 신하는 검소함을 본분으로 삼아야 한다'라는 것이 평소부터 그의 지론이었다. 그는 그 지론을 실천하기 위해서 침구는 베를 사용했고, 상에는 고기를 한 접시로 국한했으며, 계모의 죽음에 있어서는 3년상을 치렀다. 궁중 회의에 있어서는 언제나 문제를 열거하기만 하여 결론은 황제가 내리도록 하고, 타인과 논쟁하기를 피했다.

황제는 그의 언동이 중후하고 침착하며 실무에 정통해 있을 뿐 아니라 행정 조치의 구석구석까지도 곧잘 유학의 이념으로 장식하는 것을 보고 각별히 인정하게 되었다. 이렇게 하여 2년 안에 좌내사左內史(首府의 장관)로 승진했던 것이다.

공손홍은 다음과 같은 방법도 곧잘 사용했다. 황제의 마음에 들지 않을 듯한 안건은 조의의 자리에서는 결코 주청치 않고 주작도위主爵都尉(賞勳局 장관. 각료와 맞먹는 지위)인 급암과 더불어 내주內奏의 형식을 취하는 것이었다. 그때도 우선 급암에게 말을 시키고 자기는 그것을 보충하는 입장을 취하였다. 그렇게 하면 무제는 언제나 기분 좋게 승낙하였다. 이런 까닭에 공손홍에 대한 무제의 평가는 높아만 갔다.

불사신의 처세술

어느 날의 일이었다. 각료들은 미리 합의하여 통일된 의견을 가지고 조의에 임했다. 그러나 무제가 그것에 불만의 빛을 보이

자 공손홍은 약속을 어기고 모든 것을 무제의 의견에 동조해 버렸다. 화가 머리끝까지 치민 급암은

"미리 합의했을 때 그는 신들과 똑같은 의견이었습니다. 제나라 사람들은 거짓이 많아 신용할 수 없다고 합니다. 이는 불충입니다."

"틀림없는 일인가."

라고 무제가 물으니 공손홍은 태연하게 말했다.

"신을 나무라는 사람들은 신을 모르는 사람들입니다. 사람을 보는 눈이 있다면 신에게 한 조각의 사심도 없다는 것을 이해할 수 있을 것입니다."

무제는 끄덕였다. 그 후부터는 마음에 드는 신하가 공손홍의 욕을 하면 할수록 반대로 공손홍에 대한 무제의 신임은 두터워만 갔다.

원삭元朔 3년(기원전 126년), 어사대부(부재상 겸 감찰장관) 장구가 파면되고 공손홍이 그 후임이 되었다. 그즈음 한은 서남이와 교통로를 열고 동으로는 창해군을, 북으로는 삭방군을 장악하는 등 일련의 팽창 정책을 취하고 있었다. 공손홍은 영토 확장이란 명색뿐이고 국력을 소모시키는 것에 불과하다고 보고 이 정책을 중지하도록 종종 상주했다. 그러나 무제가 주매신 등에게 명해서 공손홍의 의견을 비판시키고 삭방군을 설치하는 이점 10조항을 열거시키자, 공손홍은 한 마디의 반론도 없이 자신의 불찰을 사과하고 다시 다음처럼 주청했다.

"촌놈인 저에게 삭방군 경영에 대한 이익을 가르쳐 주시어 그저 황송할 뿐입니다. 하오나 서남이와 창해군의 경영은 폐지하고 삭방군 하나에만 주력하는 것이 지당하다 생각됩니다."

무제는 이 의견을 기꺼이 받아들였다.

또다시 급암이 통렬한 탄핵을 가해 왔다.

"공손홍은 3공의 지위에 있어 막대한 봉록을 받고 있는 신분이면서도 베 침구만을 씁니다. 위선도 이만하면 가히 볼 만한 것입니다.

무제가 이에 대해 질문하였다. 공손홍은 머리를 조아리고 대답하였다.

"그 말이 옳습니다. 9경九卿 가운데서 급암보다 신과 친한 이는 없습니다. 그러한 급암이 이 조의의 자리에서 신을 비난하는 것으로 미루어 본다면 신의 잘못이 분명합니다. 확실히 위선이란 말을 들어도 하는 수 없습니다. 옛날의 이름 있는 대신에는 저 관중管仲(춘추 시대의 명재상)처럼 주군과 어깨를 맞댈 만큼 호사를 하면서 보필의 대임을 완수한 예도 있으며, 안영晏嬰(춘추 시대의 명재상)처럼 서민과 동등한 의식으로 통치의 업적을 올린 사람도 있습니다. 그러나 신이 어사대로부터 베 침구를 사용하기 때문에 대신과 하급 관리의 구별을 지을 수 없다고 함은 급암의 말 그대로입니다. 급암 같은 경골한硬骨漢이 없었다면 그러한 잘못도 폐하의 귀에 전해지지는 않았을 것이니 참으로 고마운 일이 아닐 수 없습니다."

무제는 그 겸허함을 높이 평가하여 드디어 평진후平津侯에 봉하고 승상[52]에 임명했다.

---

52) 한에서는 제후가 아니고는 승상이 될 수 없었다. 평민 출신의 공손홍을 등용하기 위해서 이러한 파격적인 조처를 취했던 것이다.

강의박눌剛毅朴訥

— 급암은 밑바닥에서 올라간 공손홍과는 달리 선조 대대로 위나라의 대부 집안이었다. 경제 때 대신이었던 부친 덕분으로 무조건 임용의 특전이 부여되어 황태자(뒤의 무제)의 시종이 되었다. 후에 공손홍과 대립하게 된 데에는, 인품의 차이 말고도 특권 귀족과 관료 시험 합격자라는 신분의 차가 그 원인의 하나로 잠재돼 있었던 것으로 생각된다.

하내 지방에 큰불이 일어났을 때 그 참상을 보고 급암은 독단으로 황제의 명령이라 칭하고 곡창을 개방하여 이재민을 구제했다. 그 사건으로 무제는 그의 재간을 인정했으나, 무제에게 번번이 직언을 삼가지 않으므로 의심을 사서 동해군 태수로 좌천되었다.

급암은 황로皇老의 학설[53]을 신봉하고 있었다. 관민을 통치하는 데 있어서 잔재주는 배제하고 차관 이하의 속관에는 각기 그만한 인재를 선임해서 모든 것을 맡겼다. 큰일에 있어 차질만 없다면 잔소리를 안 할 방침이었던 것이다. 그 자신은 병약하여 관청에 출근하지 못하는 수가 많았지만 1년쯤 지나자 군郡의 치적이 크게 올라 평판이 자자했다. 이것이 무제의 귀에까지 들어가 그는 주작도위로 임명되어 각료의 열에 끼게 되었다.

급암의 정치 이념은 '무위'를 취지로 삼고 자연의 이법을 중요시하여 법문에 구애받거나 하지는 않았다. 스스로를 높이 생각하여 기탄없이 말을 하고 과실에 대해서는 용서가 없었다. 자기와

---

53) 황은 황제黃帝, 노는 노자老子. 도가의 철학을 말함. 도가의 학설은 노자가 주창한 것인데 후세의 도가들이 성왕 요·순을 들먹이는 유가에 대항해서 보다 오래된 황제를 학조學祖로 삼았기 때문에 그렇게 부른다.

비위가 맞으면 존중하지만 그렇지 않으면 말도 안 하는 성미이므로 처세술은 좋은 편이 아니었다. 그러나 남성적이며 정의감이 두텁고, 생활 태도는 청렴하고 결백하여, 군주의 의향을 거스르면서도 직언하는 것을 신조로 삼고 있었다. 그가 존경하는 인물은 부백傅柏과 원앙이었고, 친분이 있는 사람으로는 관부灌夫와 정당시鄭當時, 그리고 종정宗正(궁내청 장관) 유기劉棄였으나, 모두가 직간에 의해 오래 지위를 유지하지 못했던 사람들이다.

당시의 승상인 무안후武安侯 전분田蚡은 황태후의 동생임을 뽐내며 각료나 지방 장관급 고관의 배알을 받아도 변변히 답례도 하지 않았다. 그런데 급암은 그 전분에게도 배례를 하지 않고 선 채로 머리를 숙일 뿐이었다[54].

무제가 학자의 등용을 의도했을 때, 그 방침에 관해서 "짐은 이렇게 저렇게 해나가고 싶소"라고 설명하자, 급암은 당장 이렇게 공박했다.

"폐하는 대체로 사욕이 왕성하시면서도 인의니 뭐니 하면서 체면에만 급급하십니다. 새삼스레 요·순을 흉내 내셔도 헛일이옵니다."

무제가 얼굴색을 변하며 입을 다물어 버려 조의는 중지되고 말았다. 열석했던 각료는 모두 어찌될 것인가 하고 급암의 신변을 우려했다. 한편 무제는 물러가서 측근에게 말했다.

"급암의 우직함이 너무 심하구나!"

이 사건으로 말미암아 급암을 비판하는 자가 있으면 그는 이렇

---

54) 한대의 의례로는 백관이 승상·대장군을 대할 때는 반드시 배례(무릎을 꿇고 드리는 경례)를 하였다.

게 대답했다.

"모름지기 천자를 보좌하는 자로서 신하가 있는 것이라면 구태어 비위만 맞춰서 주군이 도를 그르치게 해선 안 될 것이다. 이미 그 직책을 맡은 이상 내 몸이 중하다 하여 주군을 욕보일 수는 없다."

고립무원

무제는 대장군 위청이 사후伺候했을 때에 침상에 앉은 채 인견하고, 승상 공손홍이 배알할 때에도 관을 쓰지 않은 채 만나기도 했지만, 상대가 급암일 때는 관을 쓰지 않고 인견하는 예가 절대로 없었다. 어느 날 무제가 때마침 휘장 그늘에서 쉬고 있는데 급암이 상주하기 위해 참내했다. 무제는 공교롭게도 관을 쓰지 않고 있었으므로 그대로 휘장 속에 숨어서 측근을 대리로 세웠다.

그즈음, 장탕이 법률 개정의 공에 의해 정위가 되어 있었다. 급암은 무제가 중히 아는 장탕을 곧잘 무제의 면전에서 면박했다.

"귀공은 대신이라면서 위로는 선제의 위업을 발양치 못하고, 아래로는 만민의 사심邪心을 바로잡지도 못하여소. 그리하여 세상을 편안하게 하여 백성을 부유케 하고 죄인을 없애어 감옥을 비우지도 못하였소. 근본으론 무엇 하나 손을 쓰지도 않으면서 무턱대고 통치만 심하게 하며 멋대로 법을 농락하고 있소. 더구나 고제께서 정하신 국시를 개정하다니 분에 넘치는 일이 아니오? 머지않아 일가 단절의 극형을 당할 것이오."

이런 일들 때문에 둘 사이에는 자주 격론이 오갔다. 장탕의 주장은 언제나 법규의 상세한 해석에 의해 전개되었다. 급암은 정치 이념의 입장에서 대항하는 것이나 자칫하면 몰리는 수가 많아 나중에는 화를 내면서 고함을 지르곤 하였다.

"밑바닥에서 올라온 자를 대신으로 해서는 안 된다더니 과연 그렇구나. 이제 머지않아 숨도 제대로 못 쉬는 세상이 될 것이다!"

이즈음 한은 흉노를 토벌하고 사방의 이민족 또한 귀속시키고자 힘쓰고 있었다. 이에 대해서 급암은 기회 있을 때마다 무제에게 상주하여 이민족과의 비전非戰 화친을 설득했다. 정치의 요체는 평안을 지키는 것이라 생각했던 것이다.

그러나 때마침 무제의 관심은 유학으로 기울어져 누구보다도 공손홍을 중시하고 있었다. 국사는 더욱 더 다난해지고 그에 따라 관료도 민중도 교활하게 처신하였다. 그 반동으로 무제는 법을 정밀히 통제해서 이를 다스리고, 장탕 등은 새로운 판례를 만들어 더욱더 무제의 은총을 획득해 갔다. 급암은 이러한 풍조가 못마땅하여 유학을 비판하고 공공연히 공손홍 등을 비난했다.

"속이 검은 자들이 지혜를 들먹거리며 주상에게 아첨하고 도필리刀筆吏(문서를 마음대로 날조하는 관리)의 무리가 법을 주물럭거려 죄명만 늘리고 있다. 인간 본연의 모습은 어디서도 찾을 길이 없구나."

그러나 공손홍과 장탕을 대하는 무제의 신임은 두터워질 뿐이었다. 두 사람 쪽에서도 급암 따위는 무제에게 도움이 될 수 없다고 흠을 잡았다. 그리고는 기회 있을 때 실각시키려 벼르고 있었다.

무식한 놈은

— 이윽고 급암은 공손홍의 책동에 의해 좌천되어 우내사가 되었다. 회남왕 유안劉安이 모반에 즈음해서 "승상 공손홍을 끌어넣기는

쉽지만 급암은 강직하여 손을 쓸 수가 없다"고 술회한 것은 이 무렵의 일이다.

무제는 흉노와의 싸움이 유리하게 진척되고 있었으므로 급암의 의견에는 전혀 귀를 기울이지 않게 되었다.

급암이 대신이 되었을 때에, 공손홍이나 장탕은 아직 일개의 이원夷員에 지나지 않았다. 따라서 그들이 자기와 동렬로 승진해도 기탄없이 그들을 비판했던 것이다. 그러나 공손홍은 지금 승상으로서 열후의 작위를 얻었고 장탕은 어사대부가 되었으며, 일찍이 자기의 무리들도 차례로 출세하여 동렬이나 상위의 관직을 차지하게 되었다. 이렇게 되니 급암도 과연 심중이 편치 않았다. 그리하여 기회를 보아 이렇게 비꼬았다.

"폐하의 인사는 장작을 쌓는 것과 꼭 같사옵니다. 나중에 온 자가 위에 있습니다."

무제는 대꾸가 없었으나 이윽고 급암이 물러가자 이렇게 말했다.

"인간이란 과연 배워야 한다[55]. 급암의 언사는 날로 심해지기만 한다."

정론正論도 소용없이

그 후 얼마 안 있어 흉노의 혼야왕渾邪王이 부하를 데리고 투항

---

55) 급암이 신봉하는 '황로의 학(도가의 학)'은 최근까지 한 왕조의 국시를 이루는 학설이었다. 그것이 무제의 한마디로 부정된 것이다. 유가가 부르짖는 인의, 덕치주의의 학설은 지금 정치의 치부를 가려 주는 무화과 잎사귀처럼 유일하고 절대적인 지위를 획득하고 있었다.

해 왔다. 한조는 은위恩威를 보이려고 수레 2만 대를 몰아 마중하려 하였다. 그런데 국고에는 그만한 예산이 없었다. 하는 수 없이 민간으로부터 후불 조건으로 말을 사들이기로 했으나 숨기는 자가 많았으므로 도무지 숫자를 채울 수가 없었다. 무제는 격노하여 장안령長安令(장안의 시장)을 사형에 처하라고 명하였다. 그러자 급암이,

"죄 없는 장안령을 죽일 바에는 최고 책임자[56]인 신을 죽이십시오. 그러면 말은 쉽게 모일 것입니다. 자기 편을 배반하고 항복한 축들(흉노족을 버린 혼야왕 일행을 가리킴)은 역전거에 태워서 실어 오면 될 것을, 이런 이적夷狄을 맞기 위해 없는 옷소매를 흔들며 떠들어 댈 필요가 어디 있겠습니까?"
하고 말하였다

무제도 이 말에는 대꾸할 말이 없었다.

이윽고 혼야왕의 일행이 장안에 도착하자 상인들은 그들을 상대하여 다투어 장사를 시작했다. 그것이 흉노와의 교역을 금한 법률에 저촉되어 사형을 선고받은 자는 5백 명을 넘었다. 급암은 다시 무제 앞에 나섰다.

"애당초 흉노가 화친 조약을 어기고 우리 북변의 요충을 침공했기 때문에 우리나라도 군사 행동을 일으켰던 것입니다. 이로 인한 사상자는 수없고 군비도 수백 억에 달합니다. 따라서 신은 사로잡은 이적을 모두 노예로 삼아 전사자 유가족에게 내리시고, 전리품도 같은 방법으로 분배하여 천하 만민의 노고를 위로하실 줄로 알고 있었습니다.

---

56) 급암은 우내사였으므로, 장안을 다스리는 장안령의 직속 상사였다.

당장은 그것이 무리라 하더라도 혼야왕과 수만의 투항병을 국고를 비우고 양민에게 징발해서까지 환대하심은, 말하자면 방자한 아들에게 돈을 들어붓는 거와 같사옵니다. 백성이 그들을 상대로 장사를 한 것도 상감의 방침을 따랐을 뿐이지 적과 밀무역하는 것이라고는 누가 생각했겠습니까? 흉노로부터 얻은 전리품으로 천하의 노고를 위로하시라고는 말씀드리지 않겠습니다. 적으나마 법을 빙자하여 무지한 백성을 5백 명씩이나 죽이지는 마십시오. 이것은 마치 잎사귀를 위해서 가지를 상하게 하는 것이나 다름이 없사오니 도저히 찬성할 수가 없습니다."

　　무제는 외면한 채 들은 척도 않았다. 그리고는 이런 감상을 말했다.

　　"오랜만에 급암의 불평을 들었는데, 여전히 함부로 지껄이더군."

　　수개월 후에 급암은 사소한 과실로 파면되어 시골로 은퇴했다.

3. 경제 · 법률 · 도덕 — 동곽함양東郭咸陽 · 공근孔僅 · 복식卜式

전매 제도의 시작

— 혼야왕이 투항해 온 다음 해(기원전 120년), 중원 일대가 수해를 당하여 많은 백성이 기근에 허덕이게 되었다. 정부는 빈민을 서북의 새 영토에 이주시키고 생업 자금을 융자했으나 그 때문에 비용은 막대한 액수로 치솟아 국가의 재정은 위기에 봉착했다.

그러나 호상豪商들은 이 위기를 아랑곳 않고 투기로써 거부를 쌓고 동전의 주조와 제철 · 제염 등 사업에 의해 더 한층 이익을 얻었다. 제후들은 이들 호상들에게 돈을 빌려 급한 불을 끄는 실정이었다.

무제는 정부 수뇌부와 의논하여 우선 화폐 개혁을 단행했다. 멀리서 매매가 있을 경우 화폐는 무거워서 불편하다는 구실 아래 흰사슴의 가죽으로 액면 40만 전의 지폐를 만들었다. 그리고 제후가 조공을 바칠 때에는 보옥에다 반드시 이것을 첨부하도록 명했다. 또한 은과 주석의 합금으로 백금 화폐를 만들었고, 무게가 부족했던 종래의 사수전四銖錢을 개주改鑄해서 새로 삼수전三銖錢을 만들었고, 다음 해에 오수전五銖錢으로 고쳤다. 또 화폐를 사주私鑄하는 자는 사형에 처하기로 했다. 거기에다 제염·제철 사업의 국영화를 착수했다.

무제는 여기서 동곽함양과 공근 두 사람을 대농승大農丞(경제 차관)에 발탁하여 소금·철의 업무를 통할시켰고 또한 경리에 밝은 상홍양桑弘羊을 비서관에 임명했다. 동곽함양은 제나라의 대제염업자요, 공근은 남양의 대제철업자로서 모두가 실업으로 천금을 치부致富한 재벌들이었다. 이 두 사람을 추천한 것은 대사농大司農(경제 장관)인 정당시였다. 상홍양은 낙양의 상인 아들인데 뛰어난 암산 능력으로 13세 때 비서관이 되었다. 이 세 사람은 이익을 꾀하는 데에 있어서는 추호도 어김이 없었다.

그즈음 법에 의한 규제는 한층 더 심하여 파면되는 관리가 많았다. 군대 동원이 거듭됨에 따라 부역 면제의 자격이나 오대부五大夫의 작위(이것도 부역 면제의 특권이 있다)를 구입하는 백성이 늘어나서 징발할 수 있는 인원은 줄어들기만 했다. 이에 인재 부족의 대책으로 천부千夫·오대부의 작위를 가진 자를 관리에 임명하도록 하고, 관리가 되고 싶으면 말을 공출시키도록 했다. 또한 파면된 관리에게는 징벌로 상림원에서 잡목을 베게 하고 곤명지昆明池[57]의 공사에 배치했다.

다음 해(기원전 119년) 대농大農(경제 부처)에 소금·철 담당 차관인 동곽함양과 공근의 의견이 상주되었다.

"모름지기 산해山海는 천지의 창고이므로 그 산물은 천자의 재산으로서 소부少府(황실의 경제 부처)에 귀속시켜야 함에도 불구하

---

57) 서남이의 하나인 곤명국을 토벌할 준비로 수전水戰 훈련을 위해 판 주위 40리의 인조 호수.

고 폐하의 뜻에 따라 황공하옵게도 대농의 자리를 맡자와 국가 재정의 일익을 담당하고 있사옵니다. 원컨대 제염·제철을 국영 사업으로 만들고 싶사옵니다. 이 경우 민간으로부터 유지를 모집하여 기구를 대여해서 자비로 생산시킨 후, 국가가 한몫에 다 사들이도록 합니다.

본업을 저버리는 장사치들은 산해의 자원인 철과 염을 사유화하여 가난한 대중을 구사하여 거부를 쌓고자, 전매 제도의 저지를 위해서 온갖 책략을 꾸미고 있습니다. 앞으로는 멋대로 주철·제염을 일삼는 자에게는 기재器材의 몰수는 물론, 금고의 형에 처하겠습니다. 또한 철을 산출하지 않는 지방에도 소철관小鐵官[58]을 두어 현의 감독을 일임할 작정입니다."

동곽함양과 공근은 전국 각지에 출장해서 염·철의 전매제를 실시하고 그를 위한 관청을 만들고 이전부터 제염·제철을 경영하던 자산가를 관리로 임명했다. 그 후로부터 관리의 임용 제도는 더욱 더 혼란을 극해 상인 출신의 관리가 증가하였다.

기특한 사나이

— 상인들은 통화의 가치가 불안정함을 기화로 물자를 매점해서는 이익을 올렸다. 그리하여 세상은 상인들의 천하가 되었다. 정부는 여기서 세입의 증가와 상인에 대한 억압을 목적으로 '민전령緡錢令'이라는 재산세 제도를 실시했다. 세율은 상인 6퍼센트, 수공업자 3퍼센트. 납세는 신고제이며, 허위 신고를 한 자에게는 재산 몰수와 1년간의 병역이 부과된다. 또한 타인의 허위를 밀고한 자에게는 몰수 재산

---

58) 고철을 사 모아 새로운 철기를 주조하는 관리.

의 반을 포상으로 지급한다. 이 밀고 장려의 제도를 '고민령告緡令'이라 한다. 이러한 인간 불신의 세상에 이색적인 인물이 나타났다.

바로 복식이라 하는 양치기다.

무제는 복식을 불러서 중랑(궁중 호위관)에 임명하고 좌서장의 작위와 농지 40경頃(1경은 약 80헥타르)을 주고, 이 일을 천하에 포고하여 세인의 본보기로 삼았다. 그에 관해서는 다음과 같은 내력이 있었다.

복식이란 사나이는 원래 하남의 농군이었다. 아우가 아직 어릴 때 부모를 여의었다. 그 아우가 30세에 달했을 때 그는 양 백여 마리만을 가지고 집을 떠났다. 토지와 가옥 등 일체의 재산은 모두 아우에게 양보했다. 이렇게 하여 산에 들어가 양치기에 전념하기를 10년 남짓하니, 양은 천 마리 이상으로 늘고 토지와 가옥도 마련하게 되었다. 그런데 아우는 무능하여 가산을 탕진해 버렸다. 그는 그때마다 싫은 낯을 보이지 않으며 재산을 나누어 주곤 했다.

때마침 한 왕조는 흉노 토벌에 착수하여 빈번히 전투를 벌이고 있었다. 복식은 서울로 올라와 상주문을 제출하여 가산의 절반을 군사비로 헌납하겠다고 청원했다. 무제가 사자를 보내어

"어떤 관직을 원하는가?"

하고 물으니 복식은 대답했다.

"젊어서부터 목축으로만 살아온 저입니다. 벼슬을 하다니 꿈에도 생각지 않고 있습니다."

"그럼 무슨 혐의를 풀고 싶은가?"

"저는 일찍이 남과 다툰 적이 없습니다. 가난한 자는 생활을

도와 주고 불량한 자에게는 가르치고 깨닫게 하는 생활 방식을 취해 왔으므로 모두 제 말이라면 잘 들어줍니다. 혐의를 입다니 그런 일은 있을 수가 없습니다."

"그럼 무슨 목적으로 그렇게 하려는 건가?"

"천자께서 흉노와 싸우고 계시다는데 평민이라 하여 편안히만 있을 수는 없는 일입니다. 힘이 있는 자는 목숨을 던지고 재산이 있는 자는 돈을 내어놓지 않으면 흉노를 퇴치할 수 없다는 생각에서입니다."

사자는 복식의 말을 그대로 무제에게 보고했다. 무제가 승상 공손홍에게 의논하니, 공손홍은

"복식의 말에는 수상쩍은 데가 있습니다. 이러한 수법은 천자의 위덕에 순종치 않는 불량배에게 흔히 있는 것입니다. 폐하께서는 아무쪼록 청허하지 마시옵기를 바랍니다."

하였다. 무제는 복식의 청원을 방치한 채 결재하지 않다가 수년 후에 정식으로 기각해 버렸다.

고향으로 돌아간 복식은 전처럼 농업과 목축에 힘을 기울였다. 이렇게 1년쯤이 지났다. 그 사이 흉노와의 교전은 빈번하고 게다가 혼야왕이 투항하는 일이 겹쳤으므로 나라의 재정 지출이 늘어만 가더니 급기야 정부 소유의 재산은 바닥이 나고 말았다.

그 다음 해 한 조정에서는 빈민들을 새 영토로 이주시켰다. 비용은 나라에서 물기로 했으나 국고는 이미 부담할 능력이 없었다. 그러자 복식은 하남군 태수에게 20만 전을 헌납하여 이민 자금으로 충당시켰다.

"이 사내는 전에 재산의 절반을 군사비로 헌납하겠다고 청원했던 일이 있었지······."

무제는 포상으로 복식에게 4백 명분의 노역[59]을 면제했다. 그러자 복식은 포상에 상당하는 액을 또다시 국고에 헌납했다. 당시 부자들은 모두가 재산을 은닉하는 데 급급해 있었지만 복식만은 기꺼이 국가를 위해 재화를 제공했던 것이다.

이런 경위에 따라 무제도 급기야 복식의 인격을 인정하고 백성이 그를 본받을 것을 기대하여 그 공을 천하에 공포했다.

목양牧羊의 비결을 정치에

이 복식이라는 사나이는 중랑이 되고 싶은 마음은 애당초 갖지를 않았다. 그리하여 무제가 친히 설득하였다.

"중랑이라고 하지만 직무는 아무래도 좋으니, 그대 생각이 그러하다면 상림원에서 짐의 양을 쳐 달라."

복식은 그렇다면 좋다고 중랑을 배명하고 검소한 옷에다 짚신 차림으로 양치기를 시작했다. 1년쯤 지나자 양은 통통하게 살이 오르고 번식도 잘했다. 때마침 무제가 양을 보고 감탄하자 그는 대답했다.

"비단 양뿐만 아닐 줄 아옵니다. 백성을 돌보심도 이와 같을 것입니다. 일을 시킬 때는 시키고 쉴 때는 쉬게 하고, 해가 되는 것은 그때마다 제거하며 집단의 질서를 유지하도록 해야 합니다."

무제는 복식을 재미있는 자라고 생각하고 시험적으로 구씨현 현령으로 임명해 보았다. 그러자 주민 모두가 그를 따랐다. 이어서 교통의 요충인 성고현 현령으로 전출시켰다. 그러자 이번에는 물자 수송에 있어 유례를 보지 못할 만큼 성과를 올렸다. 무제는

---

59) 세금으로 환산하면 약 20만 전임.

복식의 열성에 반하여 제왕齊王(무제의 아들의 한 사람)의 태부(교육 담당)로 임명했다.

복비腹誹의 법

대농승 공근은 철 전매화의 공으로 3년도 되기 전에 대사농으로 승진했다. 후임의 대농승으로는 상홍양이 임명되어 회계 업무를 한 손에 장악하고 균수관均輸官[60]을 신설하여 그것을 차츰 각지에 확충하고 물자 유통의 원활을 꾀했다. 또한 매관 제도를 한층 더 확충해서 하급 관리까지도 곡물을 납입하면 고등관으로 승격되고, 간부 요원의 자격을 얻은 자는 6백 석까지의 지위(각 부의 부장이나 지사급)를 돈으로 살 수 있도록 했다.

통화 제도를 개정한 5년 후인 원정元鼎 원년(기원전 116년), 화폐 도주盜鑄의 죄로 사형이 선고된 관민 수십만 명에게 대사가 있었다. 증거가 애매하여 묵인된 자의 수는 헤아릴 수 없었다. 자수함으로써 사면된 자만 해도 백여만 명에 이르는데 이 숫자만 해도 법을 어긴 자의 반수를 넘지 못하는 것으로 추측되니 실제로는 너 나 할 것 없이 도주에 손을 뻗쳤다고 말할 수 있을 것이다. 법을 어기는 자가 너무나 많아서 처벌하려고 해도 미처 손이 모자랄 지경이었다. 그래서 박사인 저대와 서언 등을 각지에 파견해서 호족이나 고급 관료로서 사리를 채우는 자를 전격적으로 적발했다. 그 지휘를 맡은 것이 당시 나는 새도 떨어뜨린다는 어사대부인 장탕이었다. 그의 밑에서 혹리로 알려진 감선과 두주

---

60) '균수均輸'는 후에 말할 '평준平準'과 더불어 한대의 특유한 경제 정책이다. 각지로부터 오는 조세 물자의 수송비를 절약하여 물자의 균등한 유통을 도모한다 하여 그 물자가 결핍된 지방에 시가로 팔아 국고 수입을 증가시켰다.

등이 어사중승御史中丞(감찰 차관)을 맡았으며, 또한 같은 어사중승인 의종·윤제·왕온서 등이 가혹한 수완에 의하여 각료의 지위를 차지했다. 임시로 검찰관 직무를 집행하는 직지直指 제도도 이 무렵에 시작되었다.

이와 같은 강력한 통제책의 희생이 된 것이 대사농을 지낸 안이顔異였다. 안이는 원래 제남의 정장이었다. 강직한 인품이 인정되어 각료까지 승진했다. 그는 장탕의 헌책으로 백록피白鹿皮 지폐의 사용 규칙이 시행된 후 무제의 하문에 대하여 이렇게 대답했다.

"지금 왕후들이 조하朝賀에 즈음하여 지참하는 옥값은 겨우 수천에 지나지 않사오나, 그 가죽 깔개는 도리어 40만 전이니 이는 본말전도라 할 수 있습니다."

안이는 평소 장탕과는 사이가 좋지 않은 데다가 이 사건으로 무제의 기분을 몹시 망치고 말았다. 이 무렵에 안이를 고발하는 자가 나타나 그의 처분이 장탕에게 맡겨졌다.

취조 결과 판명한 사실은 이렇다.

안이가 내객과 잡담하고 있을 때 화제가 때마침 새 법령에 미쳤다.

그 객이 말하기를

"그 법령에는 어딘지 타당성이 결여된 부분이 있더군요"

라고 말하니 안이는 아무 대꾸 없이 약간 입을 비틀어 보이기만 했다. 장탕은

"대신의 자리에 있는 자가 법령의 불비함을 알면서도 진언하여 보좌할 책임을 지키지 않을 뿐 아니라 속으로 그것을 비난하고 있었다."

라고 논고하여 무제에게 상주함으로써 안이에게 사형을 적용시켰다.

이것이 판례가 되자 '복비의 법'이 생겨났다. 그 뒤로 대신을 위시한 고급 관리는 그저 무제의 의향에 영합하고, 감시의 대상이 되지 않도록 노력할 뿐이었다.

4. 제권帝權의 절대화 — 장탕張湯

― 무제 통치의 가장 다사다난했던 시기에 황제를 받들어 그의 손발로 활약한 것은 '혹리'라 불리우는 사법 관료들이었다. 앞에서 종종 등장한 장탕은 사법 관료의 최우익으로서 '견지의 법' '복비의 법' 등을 제정하여 관료에 대한 가혹하기 이를 데 없는 통어의 길을 열어 황제 권력의 절대화에 기여했다. 그가 승상 공손홍의 사후 5년 동안에 걸쳐 실질적인 재상의 지위를 차지하여 그동안에 손댄 통화 제도의 개혁, 재산세의 신설, 염철 전매鹽鐵專賣 등의 새 시책은 무제의 황금 시대를 이룩할 기초가 되었다. 유능하고 성실한 행정관이던 그가 혹리가 되어 그로 말미암아 스스로 묘혈을 파게 되는 과정은 정치 세계의 비정을 그대로 드러낸다.

쥐, 하옥되다

장탕은 두 지방 사람이다. 부친은 장안의 하급 관리였다.

어느 날 부친이 외출을 하게 되어 어린 장탕에게 집을 보라고 맡겼다. 그런데 귀가해 보니 쥐가 고기를 물어가지 않았는가. 부친은 화가 나서 장탕을 회초리로 쳤다. 그러자 장탕은 쥐 구멍을 파헤쳐 먹다 남은 고기와 함께 쥐를 끌어내어 때리고는 쥐 재판을 열었다. 우선 영장을 만들고 이어서 공술서를 작성하고 논고·구형하고는 마당 끝에다 쥐와 증거물인 고기를 내놓고 판결문을 읽어 내리더니 책형磔刑에 처했다.

낱낱이 보고 있던 부친은 그 판결문을 읽어보고는 다시 한 번 놀랐다. 마치 숙달한 사법관이 한 것처럼 한 점의 흠도 없는 게 아닌가. 그 이후부터 부친은 장탕에게 관청의 판결문을 쓰도록 했다.

법 적용은 상대방 나름

장탕은 자신의 본심을 겉에 드러내지 않는 사나이였다. 또한 사람을 교묘히 움직이는 천성의 재능을 가지고 있었다.

아직 하급 관리였을 무렵 투기에 속은 적이 있었는데 그때의 인연으로 장안의 거상인 전갑이나 어옹숙 등과 암암리에 교제를 두터이 했다.

후에 9경(대신)으로 승진하자 이름 있는 사대부들의 마음을 사로잡고, 자기 비위에 맞지 않는 자에 대해서도 겉으로는 정중한 태도로 교제를 구했다.

당시에 무제는 유학에 열을 올리고 있었다. 그리하여 장탕은 사건을 결재하기 위해서는 유학 경전에다 근본 원리를 두자고 생각했다. 그러기 위해서 박사와 제자를 청해 《상서》나 《춘추》를 연구하여 정위사正尉史를 보좌하도록 하였다. 또한 여지껏 판례가 없는 안건의 재결을 무제에게 구할 때는 미리 복안을 짜 가지고 근거가 되는 자료를 함께 제출했다. 그리고 무제가 재가한 것은 이후의 판결 전거典據가 되도록 법령집에 기재했다. 이와 같이 하여 장탕은 무제에게서 총명하다는 칭찬을 받았다.

판결문을 상주해서 무제의 질책을 받을 경우에 장탕은 즉시 사죄하고 무제의 의향에 따랐으나, 그럴 때는 언제나 자신의 부하 가운데서 유능한 인물의 이름을 들면서 이렇게 대답하기 일쑤였다.

"방금 꾸중하셨던 조항에 관해서는 이 자가 꼭 같은 취지의 반대를 했었습니다. 하오나 어리석은 신은, 그 의견에 귀를 기울이지 않았습니다. 오로지 신의 책임이옵니다."

그럴 때마다 장탕의 책임은 불문에 붙여졌다.

그와 반대로 판결문을 주상해서 칭찬을 들을 때에도 역시 부하 이름을 말하면서

"이것은 신의 판단이 아니옵니다. 부하인 아무개가 신에게 펼친 의견을 그대로 채용한 것이옵니다."

이같이 장탕은 부하를 끌어내어 추천했다.

무제가 중죄에 처하려는 안건에 대해서는 평소에 엄격한 판결을 내리는 자에게 맡기고, 죄를 사면해도 좋다고 생각하는 안건에 대해서는 가벼운 판결을 내리는 자에게 맡겼다. 또한 재판에 회부된 자가 권세를 떨치고 있는 유력자라면 법을 억지로 적용시키면서까지 죄상을 날조했다. 만일 돈도 없고 지위도 없는 자라면

"법에는 저촉되지만 아무쪼록 배려 있으시기를 바랍니다."

하고 무제에게 주상하여 번번이 뜻을 이루었다.

철저히 규명하라

장탕은 고관이 되었어도 품행이 단정했다. 빈객을 정중히 대접하고 친지의 자제가 관리로 채용되거나 형제 중 누군가가 곤궁에 빠졌을 때는 자기 일처럼 돌보았다. 또한 춥거나 덥거나 중신들을 방문하여 문안을 드렸다. 이 때문에 적발은 가혹하고, 법 적용이 반드시 공평하지는 않았어도 장탕의 평판은 좋은 편이었다. 더구나 장탕의 수족이 되어 엄격히 법을 집행한 하급 관리 가운데는 박사나 제자 등 학문을 숭상하는 자가 많았다. 승상 공손홍도 장탕의 수완을 으레 칭찬했다.

이와 같은 때 회남왕·형산왕·강도왕에 의한 모반이 드러났다. 장탕은 사건의 관계자를 철저히 규명했다. 무제는 장탕이 매우 가혹한 줄 알면서도 엄조와 오피만은 사면시키려 했다. 그러나 장탕은 반대했다.

"오피는 원래 이 모반을 계획한 인간입니다. 또한 엄조는 폐하의 신뢰가 두텁고 측근에서 폐하를 보좌할 입장임에도 불구하고 제후와 은밀히 내통한 인간입니다. 만일 이 두 사람을 용서하신다면 후세에 본보기가 없어지고 맙니다."

무제는 장탕의 의견을 들어 그 처분을 재가했다.

이처럼 특히 재판에 관한 일이라면 장탕은 중신의 간섭을 물리치고 자신의 책임으로 처리했다. 그러므로 그 공적은 대부분 모두 장탕의 것이 되었다. 무제의 신임은 더욱 두터워지더니 드디어 장탕은 어사대부로 승진했다.

비판하면 저 세상 간다

장탕이 참내하여 정무를 상주할 때 화제가 재정 문제로 들어가면 무제는 해가 지도록 식사하는 것도 잊고 귀를 기울였다. 승상은 이름뿐인 존재이고 중요 사항은 거의 장탕의 생각대로 결정되었다.

당시에 백성이 생활고로 폭동을 일으켜 사회 불안이 고조되어 있었다. 정부가 부흥 계획을 세워도 그 성과가 오르기 전에 악덕 관리가 백성을 착취하여 모처럼의 계획도 엉망이 돼버렸다. 엄벌로 다스렸지만 효과가 없었다. 그 결과 위로는 정부 고관으로부터 아래로는 서민에 이르기까지 부흥 계획의 창안자인 장탕을 악덕의 근원이라고 비난했다. 그러나 장탕이 앓아 누우면 무제가 손수 병문안을 갈 만큼 무제의 신뢰는 절대적이었다.

그 무렵, 흉노가 화평을 청해 왔다. 그것을 수락하느냐 마느냐, 신하들을 소집해서 어전 회의를 열었다. 석상에서 우선 박사인 적산狄山이 입을 열었다.

"수락함이 마땅할까 아뢰옵니다."

무제가 그 이유를 물었다. 그러자 적산은

"예부터 무기는 불길한 도구라 일컬어지고 있습니다. 함부로 행사해선 안 됩니다. 일찍이 고제께서는 흉노 토벌을 위해 군대를 일으키셨지만 평성에서 고전에 빠져 결국은 정전 협정을 맺고 철수했습니다. 혜제·여태후의 시대에는 싸움이 없었으므로 백성들은 평화로운 생활을 누렸습니다. 그런데 문제의 시대에는 또다시 흉노와 일을 벌여 그 때문에 북변의 땅은 또다시 전화로 황폐해졌습니다. 또한 경제의 시대에는 오·초 7국의 난이 일어났습니다. 경제가 그 대책에 부심하여 황태후의 지시를 받기 위해 수개월 동안이나 황태후가 살고 계신 곳으로 매일 왕래를 하였습니다. 가까스로 오·초 7국의 난을 진압하자 싸움에 지친 경제는 그 후 두 번 다시 전쟁을 하지 않았기에 백성은 풍부한 생활을 보낼 수가 있었던 것입니다. 그런데 현재는 어떻습니까. 폐하께서는 흉노 토벌군을 일으키고 계시지만 그 결과 나라의 재원은 바닥이 드러나고 변경의 백성들은 몹시 빈궁하옵니다. 이런 점으로 미루어 볼 때 화평의 청을 수락하는 것이 상책인가 하옵니다."

무제는 장탕의 의견을 구했다. 그러자 장탕은

"적산은 학문을 겉핥기로 배운 사내여서 세상사에 대해서는 아무것도 모릅니다."

하였다. 이에 적산이 반박했다.

"말씀대로 저는 어리석은 자입니다. 그러나 그렇게 말하는 장탕은 어떻습니까. 그의 충의심이야말로 겉치레가 아닙니까? 가령 전에 회남왕·강도왕의 반란 미수 사건을 취급했을 때 장탕은 어떻게 했습니까? 법을 뒤흔들어서 무리하게 제후들을 규탄하여 그 결과 육친 사이에도 의심을 하게 되었고 중신들은 불안에 휩싸여 소신껏 정치를 못하게 되었습니다. 이것이 무엇보다도 산 증거입니다."

이 말을 듣고 무제는 기분이 나빠져서 적산에게 물었다.

"그대를 한 군의 태수로 임명하면 흉노의 침략을 저지할 수 있겠는가?"

"그것은 못 하옵니다."

"현령이라면 어떤가?"

"그것도 무리하옵니다."

"그럼 요새의 수비대장이라면 어떤가?"

여기서 적산은 이 이상 피하다간 형리의 손에 인계될지도 모른다 생각하였다.

"할 수 있겠습니다······."

무제는 그 말을 듣더니 적산을 어떤 요새의 수비대장으로 파견했다. 이렇게 한 달쯤 지났다. 흉노는 요새에 침입하여 적산을 살해했다. 이 사건 이후 여러 신하들은 장탕의 권세에 떨었다.

머리 좋은 부하

하동 사람 이문李文은 옛날 장탕과 옥신각신한 일이 있었던 인물이었다. 후에 어사중승(어사대부의 차관)이 되자 그 원한을 풀기 위해 어사대의 문서 가운데서 장탕을 탄핵하는 데 쓸 수 있는 재료를 찾아내어 장탕의 실각을 노리고 있었다.

그런데 장탕에게는 평소부터 주목하고 있던 노알거魯謁居라는 부하가 있었다. 그는 장탕이 이문에 대해 심상치 않은 감정을 품고 있음을 알고 긴급 사태가 발생하였다면서 사람을 시켜 그 요지를 주상하고 또 이문을 고발하게 했다. 장탕은 죄상을 심리하고 사형 판결을 내렸다. 물론 뒤에는 노알거의 공작이 관련되어 있다는 걸 잘 알고 있었다.

무제가 장탕에게 물었다.

"이 사건이 어떻게 드러나게 되었는가."

장탕이 이렇게 시치미를 뗐다.

"이문에게 원한을 풀려고 한 짓이겠지요."

그 후 얼마가 지나서였다. 노알거가 여행 도중에 앓아 눕게 되어 어느 시골 여관에 묵고 있을 때였다. 장탕은 일부러 그곳까지 내려가 문병을 하고 다리까지 주물러 주면서 감사를 표시했다.

사면초가四面楚歌

— 이문의 사건을 잘 넘긴 장탕은 여전히 위세를 뽐내는가 싶었다. 그러나 이를 발단으로 조금씩 장탕의 신변에 암운이 감돌기 시작한다.

조나라는 제철업이 성했다.

조왕은 중앙에서 파견되어 온 감독관의 행상에 대해서 몇 차례씩 고소했으나 그때마다 장탕에 의해 기각되었다. 그 때문에 조왕은 진작부터 장탕의 부정을 탐색하고 있었다. 또한 조왕은 노알거에 의해 취조받은 일이 있어서 그에게도 원한을 품고 있었다. 조왕은 장탕이 일부러 노알거의 문병을 하러 간 적이 있다는 걸 알자 때를 놓치지 않고 무제에게 일러바쳤다.

"장탕은 중신의 몸으로 일개 부하에 불과한 알거를 문병했을 뿐 아니라 다리까지 주물러 주었다고 합니다. 아마도 이 두 사람이 공모하여 도리에 벗어난 나쁜 짓을 저지르고 있음이 틀림없습니다."

이 사건은 정위 앞으로 회부되었다. 노알거는 취조 도중에 병사했는데 그 아우가 공범자로 체포되어 도관導官(임시 옥사)에 갇히었다. 때마침 장탕도 어떤 사건의 범인 취조 때문에 도관으로 왔다가 여기서 노알거의 아우를 만났다. 장탕은 어떻게든 그를 끌어내려고 생각했지만 그 자리에서는 고의로 모르는 척했다. 노알거의 아우는 장탕이 자기를 버린 것이라 착각하고 성이 나서 사람을 시켜 장탕을 고발하였다.

"장탕은 형과 공모하여 이문을 끌어넣은 장본인입니다."

이 사건은 감선減宣이라는 자가 담당하게 되었다.

감선은 전에 장탕과 충돌한 적이 있었다. 그리하여 그는 사건의 배후 관계를 철저하게 조사하기로 했다. 그런데 그 사건을 진행하는 동안 이번에는 문제의 능묘에서 부장품의 도난 사건이 일어났다. 이 사건에 대해서 승상 청책青翟은 장탕과 같이 참내하여 두 사람의 연대 책임으로 감독 불충분을 사과하려 하였다. 장탕도 그렇게 하기로 해 놓고 막상 어전에 들자 능묘를 경호하는 것은 승상의 책임이므로 자기는 관계 없다고 생각을 고쳐 먹고 사죄하지 않았다. 그 때문에 승상이 혼자서 사죄했다. 무제는 어사에게 사건의 조사를 명했다.

어사대부 장탕은 이 명령을 기화로 책임자인 승상을 '견지의 법'으로 옭아 넣으려 했다. 그 사실을 알고 승상은 안절부절을 못했다. 장탕의 이 방법에 성을 낸 것이 승상부의 세 장사長史(부관)였다. 그들은 어떻게든 장탕을 실각시킬 기회를 노렸다.

장사 가운데 하나인 주매신은 회계 사람으로 《춘추》에 정통해 있었다. 엄조가 그 점을 높이 사서 어떤 사람에게 의뢰하여 무제에게 추거했던 것이다. 주매신은 《초사楚辭》에도 조예가 깊었으므로 엄조와 함께 무제의 주목을 끌어 태중대부가 되어 무제를 측근에서 섬기게 되었다.

그 무렵의 장탕은 아직 하급 관리로 주매신 등의 앞에 나오면 엎드려서 명령을 받았다. 그러나 장탕이 정위로 승진하고 회남왕 사건을 담당하여 엄조를 실각시켰을 때 엄조의 은혜를 입고 있던 주매신은 마음속으로 장탕의 처사를 원망했다. 장탕이 어사대부로 누진累進했을 때 주매신도 회계군 태수에게 발탁되어 주작도위로 임명되었다. 그런데 몇 년 후 주매신은 법에 저촉되어 장사로 좌천되었다. 그 무렵 그는 무슨 일 때문에 장탕을 만났다. 장탕은 의자에 몸을 뒤로 젖히고 앉은 채 부하를 대하는 것과 같은 태도로 주매신을 맞이했다. 주매신은 혈기 왕성한 초나라 사람으로 이런 대접을 잊을 수가 없었다. 기회가 오면 장탕과 서로 맞서려 벼르게 되었다.

같은 장사의 한 사람인 왕조는 제나라 사람인데 법에 정통하고 우내사까지 지낸 인물이다.

또 한 명의 장사 변통은 장단술長短術⁶¹⁾을 배웠고 남에게 지기 싫어하는 승벽이 강했다. 제남의 재상을 두 번씩이나 지냈다.

이 세 사람은 모두가 전에는 장탕보다 높은 지위에 있었던 사람들인데 지금은 장사로 좌천되어 장탕 밑에 있는 것이었다. 장탕은 부승상으로서의 직무를 집행할 때 이 세 사람의 장사가 일찍이 자기보다 높은 지위에 있었다는 것을 알면서도 언제나 여봐라는 듯이 모욕을 가해 왔다.

원한이 골수에 사무쳐 있던 세 사람은 상의 끝에 승상에게 이렇게 진언했다.

"장탕은 승상 어른과 같이 무제에게 사죄할 것을 약속했으면서도 어전에서 승상을 배신했습니다. 그러면서도 요즘에는 견지의 법을 적용해서 승상께 죄를 씌우려 벼르고 있습니다. 이는 반드시 어른 대신 승상 지위에 오르려는 심보로 보입니다. 지금 그를 실각시키지 않으면 다시 돌이킬 수가 없어집니다. 실은 저희가 장탕을 실각시킬 절호의 자료를 가지고 있습니다."

승상은 뒷받침을 얻으려고 즉각 포리捕吏에게 명하여 전신田信⁶²⁾ 등을 잡아서 취조했다.

---

61) 전국 시대의 병법·외교술의 한 유파.
62) 앞에 등장한 상인. 전갑의 일족일 것이다.

전신 등은 이렇게 증언했다.

"장탕 님이 재정 문제에 대해 주상할 때는 미리 그 정보를 저희들에게 알려 주셨습니다. 그리하여 저희들은 물건을 매점해 놓았다가 값이 뛸 때 팔아서 이윤을 올리고는 그것을 장탕 님과 반으로 나눴습니다."

취조가 계속되는 동안 전신 등의 증언이 하나도 남김없이 무제의 귀에 들려왔다. 무제도 점점 견딜 수가 없어서 장탕에게 하문했다.

"짐의 재정 정책이 실시하기도 전에 상인들 귀에 들어가 그들이 물건을 매점한다 하니 계획을 밖에다 누설하는 자가 있는 것 같은데 어떻게 생각하시오?"

장탕은 직책상의 해명은 고사하고 오히려 놀라는 시늉을 하면서 대답한다.

"설마 그런 일이……."

거기서 감선 등이 한술 더 떠서 노알거 등의 일을 주상했다.

무제의 후회

무제는 장탕에게 속은 줄로만 알고 차례로 8명씩이나 검찰관을 내보내어 죄상을 추궁했다. 그런데 장탕은 그때마다 증거를 제시하고 반론하면서 죄를 인정하지 않았다. 무제는 다시 조우趙禹[63]에게 취조를 명했다.

조우는 이렇게 말하며 장탕을 나무랐다.

---

63) 혹리로 알려진 인물. 일찍이 장탕과 협력하여 형법 개정에 공헌하고 의형제를 맺었다.

"귀공은 어찌 분수를 모르시오? 귀공이 일가 몰살의 판결을 내린 자가 얼마나 많은지 생각이나 해보시오. 증거도 이미 충분할 만큼 갖춰져 있지만 폐하는 귀공을 차마 처형하지를 못하시고 자결을 원하고 계시오. 이제는 변명하지 않는 게 좋겠소."

장탕은 드디어 최후의 상주문을 적었다.

"장탕은 아무런 공도 없이 하급 관리의 몸으로 폐하의 은총을 입어 3공에 이르렀습니다만 그 책임을 다하지도 못했습니다. 그러나 신의 죄는 저 3인의 장사가 날조한 것이옵니다."

이리하여 장탕은 자살했다. 사후 유산을 조사해 보니 고작 5백 금에 지나지 않으며, 그 내역도 모두 봉록이나 상여에 불과했다.

형제나 자식들이 의논하여 장사라도 성대히 치르자고 했으나 모친만은 반대했다.

"그 아이는 중신의 몸이면서 불명예스러운 죄목으로 죽은 것이다. 성대한 장례라니 당치도 않은 일이다."

그 유체는 서민과 같이 허름한 관에 넣어 손수레로 운반되었다.

무제는 이 말을 듣고 감동하였다.

"그런 어머니가 있었기에 장탕이 있었던 것이다."

무제는 다시금 철저한 조사를 한 끝에 세 사람의 장사를 주살했다. 승상 청책도 책임을 지고 자살하고 전신 등은 석방되었다.

무제는 장탕을 잃은 것을 후회하고, 그의 아들 안세安世를 승진시켰다.

5. 태평의 꽃 피다 — 상홍양桑弘羊

피리 불건만 춤추지 않다

— 무제는 '민전령'의 시행과 병행해서 복식을 표창하고 백성들이 발 벗고 국가 재건에 협력해 줄 것을 기대했으나 실효는 오르지 않았다.

그리하여 장탕이 죽은 후, 그의 뒤를 이은 혹리들의 헌책에 의해 '고민告緡'의 제도를 전국적인 규모로 철저하게 시행했다. 이 때문에 중류 이상의 상인은 대부분이 파산하고 민중의 생산 의욕은 갑자기 감퇴했다. 그러나 고민령에 의한 재산 몰수와 염철 전매에 의한 이익으로 말미암아 국고의 수지는 차츰 호전되었다. 장안의 궁전이 개축되어 나날이 장관을 더해 간 것은 이 무렵부터이다.

무제의 대독재자다운 지위는 완벽한 것이 되어 가고, 그의 신선술에 대한 흥미도 급격히 높아져 갔다. 무릇 신하들은 태평 성세를 초래한 군주에게만 허락되는 '봉선제封禪祭', 즉 진의 시황제가 이 제사를 행하여 하늘이 노했다고 전해지는 대시위大示威를 거행할 논의를 거듭하고 있었다.

이런 상황 아래에서 원정 5년(기원전 112년) 이민족인 남월과 서강

西羌이 반란을 일으켰다.

제나라 재상이 되어 있던 복식이 상주문을 올렸다.
"주군의 근심은 신하의 치욕이란 말이 있습니다. 이번 남월과의 싸움에는 아들놈과 함께 제나라 수군을 이끌고 나가 목숨을 바치고자 하옵니다."

무제는 조서를 내려 말했다.
"복식은 땀 흘려 농목에 종사하고 있을 때에도 사재를 털어 국고의 난을 구해 주었다. 그런데 지금 또다시 천하의 위급에 즈음하여 부자가 함께 목숨을 던지려 하고 있다. 싸움터에 갈 것까지는 없다. 그야말로 참다운 충성의 선비로다."

그리하여 관내후關內侯의 작위(제후에 해당하는 명예 작위)와 금 60근, 농지 10경을 하사하고 그 충성을 천하에 포고했다. 그럼에도 누구 하나 이를 본받는 자가 나타나지 않았다. 수백 명에 달하는 제후들도 솔선해서 종군하려 하지 않았다. 그뿐 아니라 주酎의 제사[64] 때 제후로부터 봉납받는 금 무게를 조사해 본즉 규정을 속인 것이 발각되어 신분을 빼앗긴 제후가 백여 명에 달하는 실정이었다.

무제는 드디어 결심하고 복식을 어사대부로 등용했다. 복식은 정치 중추에 참여하게 되면서부터 다음과 같은 사항을 깨달았다. '각 지방의 행정관은 거의가 전매 제도에 대해 비판적이다. 나라

---

64) '주酎'는 세 번을 익히는 독한 술로서 정월에 담그면 8월에 익는다고 한다. 한 황실에서는 매년 8월 새로 빚은 주를 종묘에 바치고 제후·군신을 모아서 제사를 드리는데, 그때 일정한 기준에 따라 황금을 헌납시켰다.

에서 만드는 철기는 질이 나쁘고 값도 비쌀 뿐 아니라, 백성에게 강제적으로 내맡기기도 하기 때문이다. 또한 배에도 재산세가 붙어 있기 때문에 수송 사업에 손대는 자가 없어 유통이 원활치가 않아 물가 앙등의 원인이 되었다.'

이에 그는 대사농 공근을 통해서 선세의 개혁을 상주했다. 이것이 말썽이 되자 무제는 복식을 꺼리게 되었다.

평준법平準法

— 3년에 걸친 전쟁의 결과, 서강·남월은 토벌되었다. 한나라는 새로운 판도 속에 집어넣은 서남부 지역에다 17군을 신설했다. 이들 지방에서는 끊임없이 소규모의 반란이 일어났는데 그것을 위한 군사비도 이제는 별로 큰 부담이 되지 않았다.

원봉元封 원년(기원전 110년), 복식은 봉록을 깎여서 태자태부(황태자 교육 담당)로 좌천되었다. 상홍양이 대사농이 되자 공근에 이어 전매 사업의 전권을 장악했다. 상홍양은 모든 관청이 물자를 사들이기 때문에 물가는 올라가고 또한 전국에서 모여 오는 조세 물자의 운반 경비가 현물 가격을 상회하는 경우가 있다 하여 다음과 같이 상주했다.

"대농에 수십의 지방국을 설치하고 각각 그 관할하에 있는 현에는 균수관과 염철관을 상주시킵니다. 그리고 조세 대신 지방의 특산물을 공출시켜서 비싸게 팔리는 지역으로 전송시켜서 판매합니다(이미 제정되어 있던 균수법을 조직적으로 운용하는 방안). 또한 수도에는 평준국을 설치해서 전국의 물자를 모아 수레나 기구의 제조 사업도 경영토록 합니다. 즉 모든 관청에 대한 물품 공급은 모두 대농을 통해서 행하며 대농은 전국의 물자를 독점 관리해서 값이 오를 기미가 보일 때는 팔고 값이 내림새를 보일 때는 매점하도록 합니다. 이렇게 하면 거상들도 이윤을 독점할 여지가 없고 물가는 균형을 유지하며 부자연한 등귀 현상도 없어질 것입니다. 평준이라는 말은 물가를 조작해서 안정시킨다는 의미입니다."

무제는 이 의견을 재가하여 실행에 옮겼다.

균수 · 평준의 법 '균수법'은 기원전 115년에 상홍양에 의해 제정되었으나 조직적으로 운용되기에 이른 것은 '평준법'과 동시이다.

양자는 요컨대 국가에 의한 상업 경영에 지나지 않으며, 물가의 평준화를 구실로 해서 상업 이윤을 독점하여 국고 수입의 증대를 꾀하는 것이었다.

상홍양은 이 공으로 말미암아 나중에 어사대부로 승진하여 무제의 아들 소제昭帝의 대까지 그 지위를 유지했다.

복식卜式의 비판

이리하여 무제는 북방에 있는 삭방군으로 행차하여 연습을 관열한 후 군을 철수시켜 드디어 동방의 태산에서 봉선의 의식를 행했다. 그 후 봉래蓬萊의 신선을 만나려고[65] 해안 지대를 순행하고 북변으로 길을 잡아 수도로 향했다. 그동안 통과하는 고장마다에서 하사한 비단은 백여만 필에 달하고 금전은 몇 억이라는

---

65) 이 부분은 원문이 너무 간결해서 사정을 알기 힘든 것을 고려하여 〈봉선서封禪書〉의 기사를 바탕으로 번역을 보충했다. 더구나 '군을 철수'시켜 보인 것은 태평 성세를 이룩했다는 뜻의 비유로, 봉선을 행하기 위한 예비 행동이다. '봉래'는 동해에 있다는 전설상의 신선경神仙境.

거액에 이르렀다. 이들 비용은 모두 대농에서 지출되었던 것이다.

대사농 상홍양은 또다시 상주하여, 하급 관리가 일정량의 곡물을 납입했을 경우에는 고등관으로 임명하고, 죄인이 금품을 공출했을 경우에는 사면을 받으며, 일반 민중이 곡물을 헌상했을 경우는 그 양에 따라 노역의 종신 면제나 재산세의 면제를 받는 특전을 받도록 정했다.

상홍양의 시책에 의해 물자 유통은 원활해지고 대농의 여러 부·국이 동방의 곡창 지대에서 반입하는 곡물의 양은 매년 6백만 석씩의 증가를 보였다. 겨우 1년 동안에 수도 주변의 식량 창고는 가득 차고 변경 지역마저도 곡류, 기타의 필수품에 여유가 생겼다. 균수법에 의한 비단 상납은 5백만 필에 달하고 정부의 경비는 증세를 할 필요 없이 충분히 윤택해졌다. 그 때문에 상홍양은 좌서장左庶長(20급의 작위 중 제3위)의 작위를 받고 황금 백 근을 두 번에 걸쳐 하사받았다.

이 원봉 원년에 가벼운 가뭄이 있어 무제는 기우제를 지내라고 명했다. 복식은 그 말을 듣고 다음과 같이 말했다.

"국가의 경비는 모두 조세로 충당하는 것이 원칙[66]이다. 허나 상홍양은 관리를 시켜 장사 흉내를 내기에 세월 가는 줄을 모른다. 상홍양을 솥에다 삶아서 하늘의 용서를 빌지 않는 한 비는 오지 않을 것이다."

---

66) 위정자라 함은 백성에 의해 삶을 누린다는 점을 잊지 말라는 뜻. 정치를 부패 타락시킨 원흉인 경제 각료를 솥에다 삶으라는 복식의 비판은 약자의 허세 같은 무력한 중얼거림에 불과했다. 그러나 이 말을 말미에 붙임으로써 〈평준서〉는 일종의 박력을 획득했다.
번영의 거죽은 이것으로 일시에 벗겨진다. 그리고 여기서 볼 수 있는 사상은 2천 년 후인 오늘날 새로운 형식을 취하고 있다.

Ⅳ. 한 제국漢帝國의 확대

1. 삭북기마朔北騎馬의 민족 — 흉노전匈奴傳

— 한나라는 무제의 시대가 되면서 건국 이래 처음으로 얻은 축재의 힘을 입어 적극적으로 대외 정책을 추진하였다. 그 최대의 초점은 어떻게 서역을 경영하는가에 있다. 한나라에게 무엇보다 두렵고 너무나도 강대한 적은 흉노였다. 흉노는 명주名主 묵돌선우冒頓單于가 출현함에 이르러 한나라 북서방에 거대한 판도를 구축하여 때때로 한나라 국경선을 위협했다. 이에 대해 한나라측에서도 위청衛靑 · 곽거병霍去病 · 이광李廣 등의 명장 · 맹장들을 내보냈다. 그리고 바야흐로 한과 흉노의 세력권 너머 저쪽 서방 제국의 국제 정세를 탐지시키려고 한 관리를 내보내었다. 그 사내의 이름은 장건張騫. 장건의 보고는 급기야 한나라의 세계 정책에 결정적인 영향을 끼치게 된다.

대선우大單于 묵돌冒頓의 탄생

— 흉노는 북방의 이민족이다. 목축 · 수렵을 생업으로 삼으며, 가축을 따라 물과 풀이 있는 데로 이동한다. 남자들은 모두 활을 잘 쏘았으며, 전시에는 갑주를 걸치고 싸움터로 나갔다. 전국 시대, 흉노와

국경을 접했던 연·조·진秦은 이따금씩 그 침입을 받자 요새와 장성을 쌓아 방어에 힘썼다. 진나라 시황제는 중화를 통일한 후 장군 몽염蒙恬에게 흉노의 토벌을 명하여, 오르도스 땅을 점령하고, 황하를 따라 장장 만 리나 되는 장성을 쌓았다.

흉노는 그 후 동쪽의 동호, 서쪽의 월지에게서도 압박을 당해 그 세력이 좀체로 뻗어 나가지 못했으나 이윽고……

두만선우頭曼單于('선우'는 흉노의 군주 칭호)에게는 묵돌이라는 태자가 있었다. 그러나 선우는 그 후 애비愛妃가 낳은 아들을 귀여워한 나머지 묵돌을 폐적하고 그 아들을 태자에 봉하려고 획책했다. 우선 묵돌을 인질로 삼아서 월지月氏(서북방의 유목 민족)로 보냈다. 그리고 그가 갇힌 몸이 되었음을 확인하자 갑자기 월지를 토벌할 군대를 보냈던 것이다.

월지는 예상대로 인질인 묵돌을 살해하려 하였다. 그러나 묵돌은 준마를 훔쳐서 본국으로 도망쳐 왔다. 두만의 의도는 어긋났으나 그는 자기 아들을 재평가하여 1만 기를 주고 장군에 임명했다.

그런데 장군이 된 묵돌은 적시鏑矢를 만들게 하는 한편 부하에게는 기사騎射 훈련을 시켰다. 그러던 어느 날,

"모두 듣거라. 내가 적시를 쏘거든 너희들은 계속 내가 쏜 표적에 활을 쏘라. 따르지 않는 자는 베겠다."

이렇게 명령하고는 전 군을 이끌고 수렵을 하러 갔다. 묵돌은 적시로 새나 짐승을 쏘고 자기를 따르지 않는 자는 그 자리에서 목을 베었다. 묵돌은 그날 마지막으로 자기의 애마를 향해 적시를 날렸다. 부하 가운데는 화살을 날리기를 망설이는 자가 있

었다. 그때에도 즉석에서 그들을 베어 버렸다. 어느 날은 훈련 끝에 자기의 애첩을 쏘았다. 이번에도 부하 가운데는 당황하면서 활을 쏘지 못하는 자가 있었다. 묵돌은 역시 사정 없이 그들을 베었다.

이렇게 엄격한 훈련을 치른 후 묵돌은 또다시 사냥을 나갔다. 그리고 이번에는 아버지 두만의 애마를 쏘았다. 그러자 부하들은 하나도 빠지지 않고 그를 따랐다. 묵돌은 이로써 부하 전원이 명령대로 움직인다는 확신을 얻었다.

얼마 후 그는 아버지 두만을 따라 사냥을 갔다. 그는 사냥 중에 두만을 향해 적시를 날렸다. 과연 부하들은 효시 소리를 따라 일제히 화살을 날려 두만을 사살했다. 묵돌은 이어서 계모와 이복형제 및 복종치 않는 중신들을 모조리 살해했다.

이렇게 하여 묵돌은 스스로 선우의 지위에 오른 것이다.

천리마의 대상代償

묵돌이 선우 자리에 올랐을 당시 동방에서는 동호東胡가 세력을 떨치고 있었다. 묵돌이 아버지 두만을 죽이고 선우 자리를 빼앗았다는 정보는 지체 없이 동호왕의 귀에 들어왔다. 그리하여 왕은 사자를 보내서 두만의 말이던 천리마(하루에 천리를 뛴다는 준마)를 양도하라고 요구했다.

묵돌은 측근과 의논했다. 그러자 그들은 입을 모아 말했다.

"천리마는 우리 흉노의 보배이오니 물론 거절함이 지당합니다."

그러나 묵돌은

"한 마리 말을 아낌으로써 이웃 나라와의 우의를 저버릴 수는 없다."

하고, 군신들의 의견을 누르고 동호의 요구에 응했다.

묵돌이 자기네를 두려워한다고 판단한 동호는 얼마 후 다시 사자를 보내 왔다. 이번에는 왕비 하나를 양도하라는 요구였다. 묵돌이 측근에게 의논하니 그들은 모두 성을 냈다.

"왕비를 요구하다니 무례합니다. 동호의 무도함에는 이제 참을 수가 없습니다. 부디 공격 명령을 내려 주소서."

그러나 그때도 묵돌은

"계집 하나를 아낌으로써 이웃과의 우의를 저버릴 수는 없다."

하고 격분하는 측근을 누르고 총애하는 왕비 하나를 동호에게 보냈다.

동호는 더욱 더 교만해지더니 이윽고 흉노와의 국경을 넘어 오기 시작했다. 흉노와 동호의 중간에는 천여 리에 걸쳐 인가 하나 없는 불모의 황무지가 깔려 있다. 그것이 천연의 경계선을 이루었는데 두 나라는 각각 황무지를 사이에 끼고 보초를 세우고 있었다. 동호는 이 황무지에 눈독을 들이고 묵돌에게 이렇게 통고해 온 것이다.

"귀국과 우리나라 경계가 되어 있는 황무지는 귀국에 있어서는 무용지물이다. 따라서 이 황무지는 우리 쪽이 소유하기로 한다."

묵돌은 또다시 측근과 의논했다. 그러자 몇 사람이 이렇게 말했다.

"어차피 아무 짝에도 쓸모 없는 땅입니다. 주어 버려도 지장이 없겠지요."

그 말을 듣고 묵돌은 격노했다.

"토지는 나라의 근본이다. 동호에게 줄 수는 없다."

그리고는 주어도 좋다고 말한 자들을 모조리 베어 버렸다. 그

리고 말에 오르자

"지금부터 동호를 토벌하러 출진한다. 늦는 자는 베겠다."
라고 전 군에게 포고하고 즉각 동쪽으로 군을 진격시켜 동호를 습격했다.

동호는 처음부터 묵돌을 업신여기고 있었으므로 방비를 소홀히 하고 있었다. 묵돌은 삽시에 동호를 격파하고 왕을 죽였으며, 주민을 사로잡고 가축을 빼앗았다.

묵돌은 동호를 격파하자 잇달아 서쪽으로 진격하여 월지를 패주시켰다. 또한 남쪽으로 오르도스의 누번왕·백양왕 등의 영지를 병합하고, 일찍이 진나라 장군 몽염에게 빼앗겼던 영토를 모두 회복했다. 이렇게 한나라와의 경계를 전처럼 오르도스의 요새까지 회복시키고 조나현·부시현 나아가서는 연·대에까지 침입하게 되었다.

평성平城 싸움

— 당시의 중화는 한군漢軍이 항우와 격렬한 공방전을 전개하고 있어서 싸움에 지쳐 있었다. 묵돌이 자기 나라를 강화할 수 있었던 것은 그 때문이었다. 그즈음 흉노측에서는 활을 쏠 줄 아는 병사가 실로 30여만 명에 달하고 있었다 한다.

흉노는 전쟁을 할 때 반드시 달의 상태를 본다. 달이 차면 공세로 나가고 달이 기울면 철군한다. 공을 세운 자, 적을 포로로 한 자들에게는 상으로 큰 잔의 술이 주어진다. 포획물은 포획한 당사자의 소유물이 되며, 포로도 사로잡은 자의 노예가 된다. 그러므로 누구나 자신의 이익을 위해 용감히 싸우며, 특히 적을 유인해서 일망타진하는 전법에 능했다. 적이라고 생각되면 새가 모이를 쫓아 모이는 것처럼 무리져 오며, 패색이 짙어지면 거미가 흩어지듯 도망친다. 전사자의 유체를 수용해 돌아온 자에게는 죽은 자의 가재가 그대로 부여되었다.

묵돌은 그 후 북방의 혼유・굴야・정령・격곤・신리 등 여러 나라들을 차례로 정복했다. 이 시기에 이르러 흉노의 귀인・중신 모두가 묵돌에 감복하여 그를 현군으로 우러러보게 되었다.

한나라 고조가 중화를 평정하여 천하 통일을 이룩한 것은 이 무렵의 일이었다.

고조는 중화를 평정하자 한왕韓王 신信을 대군代君으로 삼아 영지를 바꾸어 마읍에 도읍을 정하게 했다. 그러나 그는 얼마 후 흉노의 맹공격을 받고 수도인 마읍을 포위당하자 방비하지 못한 채 항복했다. 이렇게 한왕 신을 제 편으로 만들자 흉노는 같은 기세로 남하하여 구주산을 넘어 태원에 쇄도해서 진양성 밑으로 육박했다.

고조는 흉노 토벌군을 편성해서 스스로 전선으로 향했다. 때는 겨울, 전장은 혹한이 내습하고 눈이 내렸다. 한군 병사는 잇달아 동상에 걸리고 10명 중 2, 3명은 손가락을 잃었다.

묵돌은 이를 틈타 패주를 가장하여 한군을 북방으로 유인하는 작전으로 나왔다. 과연 한군이 추격해 왔다. 묵돌은 정예군을 뒤에 감추고 약병弱兵을 방패로 세웠다. 한은 전선에다 전 군을 내몰고 보병 32만을 증파해서 추격을 계속했다.

고조는 전 군의 선두에 서서 평성에 입성했다. 그러나 추격을 서둘렀기 때문에 대열이 늘어져 후속 보병 부대는 아득한 후방에 처져 있었다. 묵돌은 그 기회를 타서 정예 40만 기를 내보내 고조가 이끄는 선두 부대를 백등산 위에서 포위했다.

한군은 7일 동안 분리된 채였다. 후속 부대는 구출 작전에 나서지도 못하고 군량을 수송하지도 못한다. 흉노의 기마대는 서쪽은 모두 백마요, 동쪽은 모두 청방마靑駹馬(흰바탕에 푸른 색이 섞인 말), 북쪽은 모두 흑마, 남쪽은 모두 성마騂馬(적황색 말)로 물샐틈없는 포진이었다.

정상적인 작전으로는 탈출할 수 없다고 판단한 고조는 묵돌의 후비后妃에게 밀사를 보내서 정중한 선물을 했다.[67] 그러자 효과는 즉각 눈앞에 나타났다. 후비가 묵돌에게 이렇게 진언한 것이다.

"이웃한 나라의 군주와는 서로 고난을 주고받지 마십시오. 설혹 이 싸움에 이겨서 한나라 영토를 얻는다 하더라도 선우께서 계실 곳은 못 됩니다. 게다가 한왕에게도 하늘의 가호는 있을 것입니다. 부디 잘 생각하소서."

때마침 묵돌은 자기와 합류키로 되어 있던 한왕 신의 장군 왕황王黃·조리趙利 등이 약속 날짜가 되어도 나타나지 않으므로 그들의 한漢나라와 통하지 않았는지 의심하고 있었다. 그리하여 즉각 후비의 진언을 받아들여 포위망의 일부를 풀었다.

고조는 그 동태를 보고 전 군에게

"활에 살을 재고 힘껏 당겨라."

이렇게 명령하여 화살 끝을 흉노에게 향하면서 포위가 풀린 곳으로 단숨에 달려나가 우군의 대부대와 합류했다. 이리하여 묵돌은 군대를 이끌고 북쪽으로 사라지고 고조도 군대를 철수시켰다.

고조는 유경劉敬을 사자로 보내어 흉노와 정전 협정을 맺었다.

---

67) 고조는 이때 진평의 헌책에 따라 선우의 후비에게 '선우가 한나라 땅에 오게 되면 한나라 미녀를 사랑하게 되어 후비를 총애하는 마음이 없어질 것'이라고 설득했다 한다.

고조를 괴롭히고 여후를 욕보이다

그러나 흉노와의 정전 협정은 유명무실이라 하는 것이 옳았다.

한왕 신은 흉노의 장군이 되어 자리가 잡히자 부하인 조리·왕황과 함께 때때로 협정을 무시하고 대군·운중군 등에 침입하여 약탈을 일삼았다. 그리고 얼마 후 한나라의 장군 진희가 흉노로 전향하여 한왕 신과 공모하고 대에 침공해 왔다. 한나라는 장군 번쾌를 보내어 대·안문·운중의 여러 군·현을 회복했으나 요새 밖까지 토벌하러 나가지는 못했다.

그 후에도 변경의 요새로 파견된 한漢나라 장군이 부하들을 이끌고 흉노에게 투항하는 사건이 연달아 생겼다. 그 때문에 묵돌은 대나라 각지를 마음대로 침략하여 한을 괴롭혔다.

고조는 사태를 우려하여 방침을 고쳐서 회유책으로 나갔다. 또다시 유경을 사자로 세워 황족의 딸을 공주라고 속여서 선우와 짝 지우면서 매년 일정량의 솜·비단·술·쌀·양식을 헌납하기로 하고 형제국이 되는 조약을 맺고 화친한 것이다.

그러자 얼마 동안은 묵돌도 한나라에 대해 침략 행위를 삼가하였다. 그러나 그 후 한을 배반한 연왕 노관이 부하 수천 명을 이끌고 흉노에 투항하여 상곡군 동쪽에 출몰하며 주민을 괴롭혔다.

고조가 죽고 혜제·여태후의 시대가 되자 한은 가까스로 안정의 방향으로 향했으나 흉노는 여전히 한을 멸시하고 있었다.

어느 날 묵돌로부터 여태후에게 한 통의 서한이 도달했다. 그것은 폭언[88]을 늘어놓은 것이었으므로 격노한 여태후는 흉노 토벌군을 내보내려 하였다. 그러나 장군들이 그것을 말렸다.

"고제조차도 평성에서 고역을 치루셨습니다."

여태후는 하는 수 없이 출병을 중지하고 회유책을 계속했다.

화친 시대

문제가 즉위하고, 흉노와의 화친 조약을 다시 맺게 되었다. 그러나 문제 3년(기원전 177년) 5월에는 흉노의 우현왕右賢王이 오르도스에 침입하여 자리를 잡고 상군의 요새를 공격했다. 한나라에 귀속해서 변경 방위를 맡고 있던 한나라측의 만족을 살해하고, 나아가 부근의 주민을 죽이고 약탈을 일삼았다. 이때 문제는 승상 관영에게 토벌을 명했다. 관영은 전차대와 기마대 8만 5천을 이끌고 고노에 주둔 중인 우현왕을 공격하여 그 군대를 요새 밖으로 쫓아냈다. 문제가 태원에 행차했다. 그런데 그 틈에 제북왕 흥거가 반란을 일으켰으므로 문제는 급히 서울로 돌아갔다. 이 사건으로 말미암아 관영의 흉노 토벌도 중지되었다.

그 다음 해 묵돌선우로부터 다음과 같은 서한이 왔다.

"천제가 세우신 흉노의 대선우, 정중히 황제에게 문안하노니, 편안하시오?

일찍이 황제께서 화친 요청을 하였을 때 우리는 서로의 취지를 양해하여 화친을 받아들였소. 그럼에도 귀국의 국경 수비대가 우리 우현왕 영지를 침범하고, 또한 우리 족의 우현황도 선우에게 무엇 하나 청훈請訓함이 없이 휘하의 장군 후의·노후·난지 등의 헌책을 채용하여 귀국의 수비대와 일을 벌였소. 이들은 모두 양국 군주의 약속을 어기고 형제국의 우의를 저버리는 행위를 저

---

68) 《한서漢書》에 의하면 그것은 다음과 같은 것이었다. "의지할 곳 없는 나는 늪 속에서 태어나 평야 우마牛馬의 지역에서 자라나니 때때로 국경으로 가서 중화의 땅에서 놀기를 원하도다. 폐하는 홀몸이요, 나 또한 혼잣몸이로다. 양주兩主 즐겁지 못하나니, 그러므로 스스로 즐거움을 찾으리라. 원컨대 내 가진 것으로써 그대의 없는 곳을 채우리라."

질렀소. 이 사건에 관해서 황제로부터 매번 힐문장을 받았으므로 이쪽에서도 사자를 통하여 회답을 보냈소. 그런데 그 사자는 귀국에 간 채 아직 돌아오지 않고 또한 귀국에서도 그 후 한 사람의 사자도 오지 않았소. 그 이후로 양국은 화친의 관계를 끊은 채 오늘에 이르게 된 것이오.

원래 귀국의 수비대가 약조를 깼기 때문에 일어난 사건이긴 하지만 우리는 이번에 우현왕에게 벌로써 서방 월지 토벌을 명했소. 우리 군대는 하늘의 가호와 단련된 병정과 강건한 말로써 월지를 항복시키거나 혹은 참살로 토벌했고 아울러 누란·오손·호게 및 그 인접 26개국을 평정하여 모조리 우리 흉노에 병합했소. 이에 활을 무기로 삼는 여러 민족은 완전히 통합되어 북쪽 지방은 평정되었소.

현재 우리의 희망은 무기를 거두고 병사와 말에 휴식을 주며, 여태까지의 원한을 씻어버리고 화친 조약을 부활시키는 것이며, 이로써 옛날처럼 변경 백성을 안심시키고 어린 것들이 건강하게 성장하고 늙은 자가 안심하고 살 수 있는 천하를 이룩하여 이를 자손에게 물려 주는 일이오.

이와 같은 우리의 희망에 대해서 황제의 찬동을 얻고자 낭중 계우천을 보내어 이 서한을 올림과 동시에 낙타 1필, 승마 2필, 마차 8대를 헌상하는 바이오.

만일 황제가 우리 흉노가 한나라 국경에 근접하는 것을 원치 않으신다면 조서를 내리시어 수비대나 주민을 국경에서 멀리 떨어져 살게 하시기 바라오. 또한 우리 사자가 무사히 도착했을 경우에는 6월 중에 귀국할 수 있도록 배려 있으시길 바라오."

서한을 보자 한나라 조정에서는 화친과 전쟁 중 어느 것을 택하는가에 대해 논의했다. 중신들은 모두 이렇게 주장했다.

"선우는 월지를 쳐부수고 지금 승운을 타고 있습니다. 이쪽에서 공격을 가할 필요는 없습니다. 게다가 설령 흉노의 영토를 빼앗았다 하여 그 불모의 땅에다 한나라 백성을 이주시킬 수도 없지 않습니까. 그러니 이번 기회에 선우의 요청을 받아들이는 게 최상의 방책인 듯 싶습니다."

이렇게 하여 한은 선우의 요청을 받아들였다.

이간하는 사나이

그 얼마 후에 묵돌이 죽자 그 아들 계육이 즉위하여 노상선우老上單于라고 칭했다.

노상선우가 즉위하자 문제는 고조의 전례에 따라 황족의 딸을 공주로 꾸며서 선우에게 짝 지우기로 하고, 그 후견인으로서는 연나라 출신의 환관 중항열中行說에게 동행할 것을 명했다. 중항열은 흉노로 가는 것을 꺼려 그 임무를 사퇴했으나 허락되지 않았다.

"억지로 가라면 내게도 생각이 있다. 두고 보라지, 반드시 한나라의 화근이 될테니."

그는 이런 말을 남기고 출발했다. 그리고 흉노측에 도착하자 곧 선우에게 귀순하더니 아차 하는 사이에 선우의 측근으로 자리를 잡아 버렸다.

흉노들은 전부터 한의 비단이나 면, 음식 등을 애용하고 있었다. 중항열은 우선 그 점을 들어 선우에게 진언했다.

"흉노는 인구로 친다면 한의 1군보다도 못합니다. 그러면서도 한에 필적하는 힘을 자랑할 수 있는 것은 의식의 풍습이 한과 달라서 한의 공급을 바랄 필요가 없기 때문입니다. 선우께서는 지금 흉노 본래의 습속을 버리시고 한의 물산을 즐기시는 모양이온데 이처럼 위험한 경향은 없습니다. 이렇게 해서는 한이 소비하는 물산의 2할을 흉노가 소비하면 흉노는 사사건건 한에게 귀속되고 맙니다. 미리 대책을 강구해야 할 것입니다.

한의 비단이나 면을 입수하면 그것을 입혀서 가시밭 속을 달리게 하십시오. 면은 곧 여지없이 찢어지고 가죽옷이 얼마나 뛰어난 물건인지 일목요연해질 것입니다. 또한 한의 음식을 입수하시면 즉각 버리시고, 흉노의 유제품이 얼마나 편리하고 맛이 좋은가를 나타내셔야 합니다."

중항열은 이렇게 진언함과 동시에 선우의 측근에게 흉노의 인구 및 가축의 수를 상세히 기재시키고, 그 통계를 내게 했다. 이어서 중항열은 한나라에 보내는 서한 양식을 고치도록 했다.

종래 한나라에서 흉노에게 보내 오는 서한은 한 자 한 치의 두루마리가 사용되고, "황제, 삼가 흉노의 대선우에게 문안하오니, 평안하신지?"라고 시작되어 증여 물건과 용건을 적은 것이 통례였다. 중항열은 그 점에 유의하여 선우가 한나라에 보내는 서한에는 한 자 두 치의 두루마리를 사용케 했으며 봉인을 크게 하고는 "천지가 낳으시고 일월이 세우신 흉노의 대선우, 삼가 한의 황제에 문안하노니, 평안하신지"라고 거만하게 굴면서 증여 물건과 용건을 기재토록 했다.

또한 중항열은 한나라 사절의 언동에 눈을 부라렸다. 어느 날 사절이

"흉노의 풍속은 노인을 천대한다."

라고 말했다. 중항열은 이 기회다 싶어 사자에게 모질게 힐문

했다.

"그렇다면 당신들 한나라 풍습으로는 젊은이가 변경 수비병으로 종군할 때 늙은 부모가 자기를 희생하여 따뜻한 의복을 주거나 맛있는 음식을 먹이지도 않는단 말인가?"

"아니, 그건 당연한 일 아닌가?"

"말할 것도 없이 흉노는 싸움 없이는 살아갈 수가 없다. 싸우지 못하는 노쇠한 자가 맛난 것을 강건한 젊은이에게 양보하는 것은 자기 몸을 지키기 위함이다. 그럼으로써 부자가 서로 오래도록 살아갈 수가 있기 때문이다. 흉노가 노인을 천대한다는 말이 어떻게 나오는가."

"하지만 흉노는 부자가 한 천막 속에 거주하며, 아비가 죽으면 아들이 계모를 아내로 삼거나, 형제가 죽으면 나머지 형제가 미망인을 자기 아내로 삼거나 하지 않는가. 게다가 흉노는 의관도 없으며 조정 의례도 없다."

"한나라의 사자여, 흉노의 풍습을 모른다면 가르쳐 주겠다. 흉노의 생계는 모두 축산으로써 이루어진다. 사람들은 가축의 고기를 먹으며 그 젖을 마시고 모피를 입는다. 그리고 가축에게 필요한 풀과 물을 구해서 계절따라 이동한다. 그러므로 언제 전쟁이 터지더라도 싸울 수 있게 기사 훈련이 되어 있으며, 평상시에는 안온한 생활을 즐길 수가 있다. 법규는 간단하여 실행하기 쉽고 군신 관계도 단순하여 한 나라가 마치 한 인간의 몸처럼 움직이기 좋게 되어 있다.

아비나 형제가 죽으면 남아 있는 자가 미망인을 자기 처로 하는 것은 가계의 단절, 종족의 절멸을 막기 위함이다. 때문에 흉노는 언뜻 보기에는 문란한 것 같지만 혈통을 끊지 않고 존속해

가는 것이다.

 과연 중화에서는 계모나 형제의 아내를 공공연히 맞아들이지는 않는다. 하지만 그 때문에 친척끼리 점점 소원해지고 나중에는 서로 죽이기까지 하게 된다. 혁명이 일어나면 황제의 성이 바뀌는 것도 이런 종류다.

 대체 예의라고는 해도 오늘날에 와서는 폐해만 나타나고 있지 않은가. 상하가 서로 원한을 품거나 시기를 하면서 가옥의 사치만을 쫓고, 그것을 위해서는 생계조차 돌보지 않는 판국이다.

 중화에서는 의식을 농경·양잠에 의지하고 자위自衛를 위해서는 성벽을 의지하는데, 그렇기 때문에 만일의 경우가 생기더라도 백성들은 충분히 싸우지도 못하고 평시에도 생산에 쫓길 뿐 여유가 없어지는 것이다.

 흙집에 사는 가련한 한인漢人이여, 자기 나라의 실정을 알았다면 이제부터는 공연히 아는 척 안 하는 게 좋겠다. 너는 아까 의관에 대해 말했지만 그것이야말로 무용의 장물이 아니고 무엇이냐.”

 이런 말이 오고 간 후부터 한나라 사절이 무슨 말을 꺼내면 중항열은 듣기도 싫다는 듯이 이렇게 말했다.

 “한나라 사자여, 쓸데없는 수다는 떨지 말게. 너는 한나라가 흉노에게 보내오는 비단·면·쌀·누룩을 정량대로, 또 양질의 것을 가져오기만 하면 된다. 물품이 두루 완전하면 그것으로 족하다. 만약 수량이 모자라거나 품질이 조잡할 경우에는 가을 수확기에 기마대를 몰아 농작물을 짓밟을 테니 그쯤 알게.”

 그리고 한쪽으로는 쉴새없이 선우를 부추기어 한나라의 틈을 엿보게 했다.

― 이윽고 문제 14년 흉노의 선우가 14만 기를 이끌고 침입하여 다수의 주민을 포로로 잡고, 대량의 가축을 빼앗았다. 그리고는 드디어 척후를 옹나라 감천으로 잠입시켜 장안을 탐색시키기에 이르렀다.

문제는 급히 전차 1천 대, 기병 10만을 출동시켜 장안 부근 일대에 방위선을 구축하여 흉노의 침략에 대비하는 한편 계속 전차·기마의 대군을 내보내 반격에 나섰다. 그러자 선우는 한나라 영토에 머물기 한 달 남짓해서 깨끗이 요새 밖으로 철수해 버렸다. 한나라 군사가 이를 추격했으나 아무런 전과도 없이 곧 철퇴撤退해 버렸다.

흉노는 이 사건으로 말미암아 더욱 더 한나라를 멸시하여 매년 국경을 침범해서는 다수의 주민을 사로잡고 가축들을 손에 닿는 대로 약탈했다.

이렇게 하여 중항열은 한·흉노의 화친 관계를 단절시키고 자신이 예언한 대로 '한나라의 화근'이 되었다. 그는 노상선우가 죽은 후에도 그 아들 군신선우軍臣單于를 섬겼다. 그 사이 양국은 전투와 화해를 되풀이했으나 한나라는 항상 수세의 입장에 몰려 있었다.

마읍馬邑 사건

무제가 즉위하자 한나라는 화친책을 선명히 내걸고 흉노를 정중히 대접했다. 관문의 교역에도 힘을 들이고, 한나라 물산을 충분히 흉노에게 공급했다. 그러므로 흉노도 선우 이하 한나라와 친하지 않은 자가 없고 장성 부근을 열심히 왕래했다.

그러나 화친책 뒤에서 한나라는 은밀히 흉노 토벌의 책략을 꾸미며 마읍의 호족 섭옹일을 흉노에게 들여보냈다. 그는 밀수를 하면서 흉노와 친교를 맺고 교묘히 선우에게 접근하여 마읍을 넘기겠다고 제안했다. 이 말을 믿은 선우는 마읍의 풍부한 물산을 손에 넣고자 10만 기를 이끌고 무주에 침입했다. 이에 대해서 한나라는 마읍 근처에 30여만의 대군을 잠복시켜 어사대부 한안국韓安國을 호군장군으로 임명하고 4명의 장군을 통할統轄시키는 등 충분히 준비를 갖추고 선우를 기다렸다.

아무것도 모르는 선우는 마읍을 향해 단숨에 진군해 왔다. 그런데 마읍까지 백여 리를 남겨 놓고 평원 일대에 가축이 떼지어 있는데 그것을 망 보는 사람의 모습이 하나도 보이지 않았다. 수상히 여긴 선우는 방향을 돌려 근처의 보루를 습격했다. 때마침 보루에는 변새를 시찰 중인 안문의 위사尉史가 선우의 부대를 눈치채고 수비중이었다. 이 위사는 한나라 군사의 책략을 알고 있었다. 그는 선우에게 칼로 위협을 받자 한나라의 내막을 불고 말았다.

"역시 그랬던가."

선우는 놀라면서도 안도의 한숨을 내쉬었다. 그리고는 즉각 군사를 요새 밖으로 철거하면서 위사에게 말했다.

"너를 잡은 것은 천운이라 할밖에 없다. 하늘이 네 입을 통해 알려 주신 것이다."

그리하여 그를 왕으로 등용하여 '천왕天王'이란 칭호를 부여했다.

한편 한군은 선우가 마읍에 들어서자 각군이 일제히 습격할 작정이었으나 선우가 철거해 버렸으므로 아무런 소득이 없었다. 대에서 출동하여 흉노의 치중대를 공격하게 되어 있던 왕회 장군의 별동대도 선우가 전군을 이끌고 퇴각을 시작했다는 보고에 접했으므로 출격을 보류했다. 왕회 장군은 이 작전의 입안자였음에도 불구하고 출격치 않은 책임으로 참형에 처해졌다.

이 사건으로 말미암아 흉노는 한나라와의 우호 관계를 끊고 닥치는 대로 한나라 변경을 습격하기에 이르렀다. 한의 변경에 침입하여 약탈 행위를 일삼은 사건은 이루 말할 수 없이 많았다. 그럼에도 불구하고 교역만은 계속되었다. 흉노는 여전히 한나라의 물산을 탐냈으며, 한나라 또한 교역을 통해서 흉노를 회유하려 했다.

교전交戰

마읍 사건으로부터 5년 후의 가을이었다. 한나라는 위청·공손하·공손오·이광 네 장군에게 각기 1만 기의 군사를 주어 교역장 주변의 흉노를 공격시켰다. 그러나 손실에 비해 전과는 미미하였다.

전과라 할 수 있는 것은 위청 장군이 상곡에서 출격하여 농성에 이르러 수급과 포로를 합쳐 7백을 얻은 정도였다. 공손하는 운중에서 출격하여 아무런 전과 없이 철거하고, 대에서 출격한 공손오는 대패하여 7천여 명을 잃었으며, 안문에서 출격했던 이광도 흉노의 대군을 만나 참패했다. 이광의 경우는 뒤에 탈주, 귀환했다고는 하나 한때는 흉노에게 생포되기조차 했었다. 그 결과 공손오와 이광은 옥에 갇혀 속죄금[69]을 물고 평민으로 격하되었다.

같은 해 겨울, 흉노는 줄곧 한나라의 변경에 침입하여 약탈을 일삼았다. 이에 대해 한나라는 가장 큰 피해를 받은 어양에다 장

---

69) 무제의 시대에 사형을 받은 자가 50만 전을 지불하면 사면되는 제도가 있었다. 그런 경우 관직이 박탈되고 평민으로 격하된다.

군 한안국을 주둔시켜서 흉노에 대비했다.

그 후 얼마 동안은 흉노도 잠잠했다. 그러나 다음해 가을에는 2만 기가 침입, 요서의 태수를 살해하고 2천여 명을 포로로 데려갔다. 또한 어양 태수의 수비군 천여 명을 쳐부수고 장군 한안국의 군대를 포위했다. 한안국의 군세는 그때 1천여 기에 불과하여 전멸의 위기에 봉착했다. 그러나 위기일발에 연나라에서 구원군이 도착하여 흉노를 쫓음으로써 위기를 면했다.

흉노는 또다시 안문에 침입하여 천여 명을 살해, 약탈했다. 그리하여 한나라는 장군 위청에게 3만 기를 주어 안문에서 출격하게 하고, 이식을 대군에서 출격하게 했다. 그들은 수급과 포로를 합쳐서 수천의 전과를 올렸다.

위청 장군은 다음 해에도 운중에서 흉노 토벌을 나섰다. 그는 서진하여 농서에 이르러서 오르도스에 진을 친 흉노의 누번왕 · 백양왕을 공격하여 수급과 포로를 합쳐 수천, 소와 양을 백만여 마리나 사로잡는 전과를 올렸다.

이리하여 한나라는 오르도스를 탈취하여 그곳에 삭방군을 설치하고 진 시대에 몽염이 구축했던 요새를 수복하여 황하를 따라 방비를 굳혔다. 그러나 한편으로는 흉노 땅에 깊이 파고 들어가 있는 상곡군의 조양을 내주지 않을 수 없었다. 때는 바야흐로 한나라 원삭 2년(기원전 127년)이었다.

2. 명장 열전 名將列傳 — 위청衛靑·곽거병霍去病·이광李廣

— 한나라는 고조에서 경제에 이르는 수십 년 동안 흉노에 대해서 항상 수동의 입장을 면치 못했다. 이것을 적극적 토벌책으로 전환시킨 것이 무제이다. 무제는 오르도스를 탈취, 병합한 후에도 끊임없이 흉노측에 깊숙이 토벌군을 들여보냈다. 이에 언제 끝날지도 모를 대격전이 전개되고 그 가운데서 수많은 명장이 배출되었다. 여기에서는 한나라와 흉노의 격전을, 한나라 장군측에서 살펴본다.

대장군 위청

— 우선 전절前節의 마지막으로 등장한 대장군 위청. 그는 하급 관리였던 부친이 주인집 식모와 밀통해서 낳은 아들로서, 본처 아이들에게 종 취급을 받으며 매맞고 욕을 먹으면서 어두운 소년 시절을 보냈다.

그러다가 한배의 누이 위자부衛子夫가 무제의 애첩(후에 황후가 됨)이 됨에 따라 그 운명이 일변한다. 거기장군으로 발탁되어 흉노 토벌의 서전緖戰에서 큰 공을 세움으로써 일약 명성을 얻었다. 그리고 다음

해에는 오르도스 탈취의 주인공으로 활약하고 장평후長平侯로 봉후되었다.

원삭 3년(기원전 126년) 흉노가 대군에 침입하여 태수 공우를 죽이고, 다시 안문군에 침입하여 주민 천여 명을 잡아갔다. 이듬해 4년에도 흉노는 대군·정양군·상군에 침입하여 주민 수천 명을 살해하고 연행해 가기도 했다. 그 뒤 5년의 봄, 무제는 다시 대규모의 토벌을 결의하고 거기장군 위청에게 기병 3만을 이끌고 고궐에서 출격하라는 명령을 내렸다. 동시에 유격장군으로는 위위 소건을, 강노장군에는 좌내사 이저를, 기장군에는 태복 공손하를, 경거장군에는 대나라 재상 이채를 각각 임명하여 거기장군의 총지휘하에 삭방군에서 출격할 것을 명했다. 이와는 별도로 대행령 이식과 안두후 장차공을 장군으로 한 대병력을 우북평右北平에서 출격시켰다.

위청 등의 목표는 흉노의 우현왕이었다. 그는 한나라 군사가 어차피 여기까지는 오지 못하리라 업신여기고 본영에서 술에 만취되어 있었다. 그러나 한나라 군사는 급진격으로 야습하여 일거에 이를 포위했다. 우현왕은 당황하여 애첩 하나와 수백의 정예만을 데리고 야음을 틈타 포위망을 돌파하여 북방으로 도주했다. 한의 경기교위 곽성 등이 수백 리나 추적했으나 놓치고 말았다.

그러나 이 전투에서 한군은 우현왕의 부왕 10여 명, 흉노의 남녀 1만 5천여 명을 포로로 잡았으며, 가축 수십만 마리를 포획하는 큰 전과를 올렸다.

위청 등이 국경의 요새까지 철거하자 무제는 즉각 사자에게 대장군의 인수를 들려 전선에 파견하고, 군중에서 위청을 거기장군에서 대장군으로 승격시켰다. 이렇게 하여 모든 장군의 군대는 위청의 지휘하에 들어오게 되어 그는 대장군의 격식을 갖춰 늠름하게 장안으로 개선했다. 무제는 친밀하게 말을 건넸다.

"대장군 위청, 그대는 스스로 병사의 선두에 서서 크게 승리하고, 흉노의 왕 10여 명을 포로로 잡았다. 이에 그대에게 6천 호를 내림과 아울러 그대의 아들 위항衛伉을 의춘후宜春侯로, 위불의衛不疑를 음안후陰安侯로, 위등衛登을 발간후發干侯로 봉하리라."

그러나 위청은 이 은상을 굳이 사퇴했다.

"황송스럽게도 장군을 배명하와 폐하의 위광에 힘입어 군은 대승을 거두었습니다. 하오나 이는 오로지 무장들의 분전의 결과이옵니다.

지금 폐하께오서는 신에게 식읍을 주시온 데다가 아직 나이도 어리고 아무런 공도 없는 변변찮은 자식놈들에게까지 황송하게도 봉지를 내리시고 제후로 봉하시겠다 하시었습니다. 하오나 이는 신을 장군으로 임용하시어 장병의 사기를 돋우시려는 의도에 어긋나는 처사가 아니시옵니까? 신의 세 아들들이, 어찌 이러한 은혜를 받을 수 있겠습니까."

"아니, 짐도 장군들의 전공을 잊은 것은 아니오. 그것에 대해서는 당장이라도 조처할 작정이오."

이윽고 다음과 같은 조서가 어사에게 내려졌다.

"호군도위 공손오는 세 차례 대장군을 따라 흉노를 쳤고, 본대를 잘 원호하고 부대장과 함께 적왕을 생포했다. 이로써 1천 5백 호의 봉지를 주고 합기후合騎侯에 임명한다.

도위 한열은 대장군을 따라 유혼에서 출격하여 흉노 우현왕의 본영을 습격하고 백병전을 결행하여 적왕을 생포했다. 이로써 1

만 3백 호의 봉지를 주고, 용액후龍頟侯에 임명한다.

기장군 공손하는 대장군을 따라 적왕을 잡았다. 이로써 1천 3백 호의 봉지를 주고 남교후南䏁侯에 임명한다.

경거장군 이채는 두 번 대장군을 따라 적왕을 잡았다. 이로써 1천 6백 호의 봉지를 주고, 낙안후樂安侯에 임명한다.

교위 이삭, 교위 조불우, 교위 공손융노는 모두 세 차례 대장군을 따라 적왕을 잡았다. 이로써 각각 1천 3백 호의 봉지를 주고 이삭을 섭지후에, 조불우를 수성후에 공손융노를 종평후에 임명한다.

장군 이저·이식 및 교위 두여의에게는 각각 그 전공에 의해 관내후의 작위를 하사하고, 각각 식읍 3백 호를 준다."

군을 버린 책임

이 해 가을, 흉노가 다시 대군에 침입하여 도위 주영을 죽였다.

이듬해 원삭 6년의 봄, 대장군 위청은 정양군에서 흉노 토벌차 출격했다. 중장군에는 합기후 공손오, 좌장군에는 태복 공손하, 전장군에는 흡후 조신, 우장군에는 위위 소건, 후장군에는 낭중령 이광, 강노장군에는 우내사 이저가 각각 임명되어 대장군에 따랐다. 그때의 토벌전에서는 적의 수급 수천을 올렸다.

또다시 한 달 후, 전 군은 정양군에서 출격하여 수급과 포로를 합해 1만여의 전과를 올렸다.

그런데 이 무렵 하나의 사건이 발생했다. 우장군 소건蘇建과 전장군 조신趙信의 군병 도합 3천여 기가 단독으로 선우의 주력군을 만나 하루 동안의 격투 끝에 전멸의 위기에 봉착한 것이다. 조신은 원래 흉노 출신으로 한나라에 귀순해서 흡후翕侯가 된 부장이다. 그는 고전의 틈바구니에서 흉노로부터 끈질긴 투항 권유를 받은 끝에 드디어 나머지 군병 8백을 데리고 선우에게 항복했다. 우장군 소건은 전 군병을 잃고 제 몸 하나만 도망쳐 대장군에게 돌아왔다.

당연히 소건의 책임이 문제되었다. 위청은 군정軍正(군법관) 굉, 장사(부관) 안, 의랑議郞(자문관) 주패 등을 모아놓고 그 처리를 의논했다.

주패가 입을 열었다.

"대장군께서는 출진한 이래 부장을 벤 적이 없습니다. 지금 소건은 군을 버린 것입니다. 이 기회에 그를 베어서 장군의 위광을 보이셔야 합니다."

그러나 굉과 안은 반대했다.

"그것은 안 됩니다. 소수의 군대가 아무리 견고해도 다수의 군대에게는 대적하지 않는다는 것이 병법의 상식입니다. 소건은 겨우 수천의 병력으로 선우의 수만 대군과 대적하여 분전하기를 하루 남짓, 군병을 모조리 잃으면서도 항복치 않고 스스로 귀대한 것입니다. 만일 이를 자른다면 금후 이같은 경우에 돌아오지 말라는 것을 뜻합니다. 절대 베어서는 안 됩니다."

결국 위청이 결단을 내렸다.

"나는 폐하의 친척이기 때문에 장군직을 배명하고 있는 자이다. 내 위광 따위를 문제 삼지 말라. 위광을 보이라는 주패의 의견은 내 기분과 너무도 동떨어져 있다. 그야 부장을 베는 것도 내 직권에는 포함되어 있다. 그러나 폐하의 은총을 받들고 있을수록 요새 외의 땅에서 멋대로 주벌을 행하기는 싫다. 폐하께 이 사정을 상세히 보고 드린 연후에 재가를 받도록 해야겠다.

그렇게 하는 것이 신하로서 전권을 조심하는 것이 될 줄 아는데 어떻게들 생각하나."

일동은 모두 찬의를 표했다. 그리하여 소건을 천자에게 보내고, 전투를 중단해서 국경 안으로 철수했다.

이 해에는 두 장군이 군사를 잃고 전장군 조신이 흉노에게 투항했다는 사태도 일어나 군공이 보잘것없었으므로 위청에 대한 가증 조처는 없었다.

서울로 송환된 패전의 우장군 소건은 관직을 박탈당하고 평민이 되었다.

타인의 공

위청은 흉노 토벌에서 귀환하여 천 금을 하사받았다.

그 무렵 무제의 마음은 황후(위청의 누이)를 떠나 왕부인王夫人을 총애하고 있었다. 때마침 영승寧乘이라는 자가 위청에게 이렇게 말했다.

"귀공은 뛰어난 공훈도 없이 1만 호의 녹을 먹고 자제들은 셋 모두 후에 봉해졌습니다. 그 이유는 다만 한 가지, 귀공이 황후의 집안이기 때문입니다. 그런데 폐하는 지금 왕부인을 총애하시지만, 그 가족은 여전히 가난한 상태입니다. 하사금 천 금으로 왕부인의 부모를 위해 장수를 축수하는 잔치를 베푸심이 어떠시겠습니까?"

위청은 그 말을 따라 5백 금을 들여서 잔치를 베풀었다.

그 소리를 들은 무제는 위청에게 그 이유를 물었다. 위청은 영승의 진언을 그대로 아뢰었다. 무제는 영승을 동해군의 도위에 임명했다.

젊은 영웅의 등장

— 곽거병은 위청의 조카로 소년 때부터 무제의 귀염을 받고 궁중에 출사하고 있었다. 원삭 7년의 정벌 때에는 18세로 표요 교위로 종군하여 유격대를 지휘하고 혁혁한 전공을 세웠다. 이때의 공로로 관군후冠軍侯에 봉후되고 또 3년 후에는 표기장군에 임명되었다.

고난 속에서 자란 숙부 위청에 비해 그는 태어나면서부터 귀족 장군으로서 유달리 눈을 끄는 화려한 존재였다.

곽거병의 부대는 언제나 엄선된 정예들만으로 구성되어 있어서 고참 부장의 부대라 하더라도, 병졸·군마·병기 등이 곽거병의 그것과는 비교가 안 되었다. 곽거병은 그 강력한 기병과 함께 언제나 본대보다 앞장 서서 대담하게 적진 깊이 진격해 갔다.

게다가 그의 부대는 천우의 혜택을 받아 한 번도 곤경에 빠진 적이 없었다. 그와 반대로 고참 부장들은 언제나 불운에 휘말려 어쩔 줄을 몰랐다. 그 때문에 곽거병에 대한 무제의 신임이 나날이 두터워지더니 드디어 대장군 위청도 능가할 기세가 되었다.

흉노의 혼야왕은 서부 지역에서 번번이 한군에 패하여 수만의 병졸을 잃었다. 모두 곽거병의 군에게 부서진 것이다. 흉노의 선우는 격노하여 그 해(원수 2년, 기원전 121년) 가을, 혼야왕에게 출두를 명했다. 이에 대해 혼야왕은 휴도왕 등과 공모하여 한나라에 항복할 결심을 하고 사자를 보내어 우선 변경의 수비를 맡고 있던 한군에게 그 뜻을 전했다.

때마침 한나라 대행령 이식 장군이 황하 유역에 성을 쌓고 있었다. 장군은 혼야왕의 사자를 맞이하자 즉각 역전거를 띄워 무제에게 보고했다. 그러나 무제로서는 섣불리 믿을 수는 없었다.

항복을 가장하고 들어와 변경을 습격할 우려는 충분했다. 그리하여 무제는 곽거병을 불러 군을 이끌고 맞이하러 갈 것을 명했다.

곽거병의 군사는 황하를 건너 혼야왕의 부대로 다가갔다. 그러자 혼야왕의 부장들이 동요를 보이며 도망갈 기색을 보였다. 그것을 보자 곽거병은 혼야왕 진영에 뛰어들어 왕과 회견하고, 도망 가려는 자 8천여 명을 베어 버렸다. 이어 혼야왕 하나만을 역전거에 태워서 무제에게 먼저 보내고, 자기는 항복한 군을 통솔하고 황하를 건너 귀로에 올랐다. 이때에 항복한 흉노는 수만을 헤아리고, 공식적으로는 10만 명이라고 얘기되었다.

장안에 도착한 일행에 대해서 무제는 거액의 은상을 하사하고 혼야왕에게는 1만 호의 봉지를 주어 탑음후漯陰侯에 임명하고, 부왕 호독니를 하마후로, 응비를 휘거후로, 금리를 하기후로, 대당호 동리를 상락후로 각각 임명했다.

이어서 무제는 곽거병의 공을 칭송하면서 다음과 같은 조서를 내렸다.

"표기장군 곽거병은 군을 이끌고 흉노를 공격하여 서역왕 혼야와 그 부하를 모조리 우리 한나라에 귀순시켰다. 군량은 적의 양식을 빼앗아 충당하고 병졸은 궁수 1만여 명을 편입했다. 거칠고 사나운 자는 죽여서 수급과 포로를 합쳐 8천여를 얻었고, 이국의 왕 32명을 항복시켰으며, 더구나 우리 장병에는 전혀 손상이 없었다. 10만의 항민은 모두 자진하여 한나라에 귀속해 온 것이다. 우리 장병은 거듭되는 토벌전을 잘도 견디어 주었다. 이리하여 황하 연안으로부터 요새 밖에 이르는 땅에서 백성의 고초는 사라지고 영원한 평화가 찾아오려 하고 있다. 이로써 표기장군 곽거병에게 1천 7백 호를 내림과 동시에 농서·북지·상군의 주둔군을 반감하고, 천하의 노역 부담을 경감하노라."

그로부터 얼마 후 한나라는 귀순해 온 흉노를 변경 5군의 옛 요새 바깥 땅에 분산 이주시켰다. 그들은 모두 오르도스의 땅에 있으면서 이전의 풍속을 유지한 채 한나라에 귀속했던 것이다.

사막의 대결

원수 4년(기원전 119년) 봄, 무제는 대장군 위청, 표기장군 곽거병 2명을 사령관으로 임명하여 대규모의 흉노 토벌을 개시했다. 이끄는 기병은 각각 5만, 여기에 보병·군수품 운반병 수십만이 후속 부대로 뒤따르고 있다. 이때에도 엄선된 정예 부대는 모두 곽거병 군에 배속되어 있었다.

원래 곽거병은 정양을 근거지로 삼고 선우와 대전하기로 되어 있었다. 그런데 포로의 말에 의하면 선우는 동쪽으로 이동했다는 것이다. 무제는 급히 작전을 변경하여 곽거병에게는 더욱 동쪽에 있는 대군에서 출격하라고 명했다. 정양에는 위청의 군대를 보내고 그 전장군에 낭중령 이광, 좌장군에 태복 공손하, 우장군에 주작도위 조이기, 후장군에는 평양후 조양을 임명했다.

이리하여 위청은 곽거병과 협력하여 흉노에 총공격을 가하려고 사막 깊숙이 진격을 개시했다. 그 병력은 대강 5만 기였다.

먼젓번에 흉노에 투항했던 조신이 선우에게 헌책했다.

"사막을 건너 온다면 한나라 군사는 지쳐 있기 마련. 작전에 따라 무난히 적을 생포할 수 있습니다."

선우는 군수품 수송대를 멀리 북방으로 이동시키고, 정예를 골라서 사막의 북쪽 기슭에 포진시켰다. 그런데 이동한 선우는 우연히도 한군과 맞닥뜨렸다.

401

위청 휘하의 군대는 국경에서 천여 리 진격한 지점에서 선우의 군을 발견하고 즉각 진형을 정비했다. 위청은 무강거武剛車(판자로 에워싸고 포장을 씌운 차량)를 고리 모양으로 늘어 놓아 본영으로 하고 5천 기를 적진으로 돌격시켰다. 흉노군도 약 1만 기를 내보내 이를 맞았다. 마침 해가 저물 무렵인데 질풍이 모래를 휘말아 올리며 사정없이 얼굴을 때렸다. 양군이 모두 거의 상대방의 움직임을 볼 수가 없었다. 그러나 한군은 좌우 양익의 병력을 투입해서 차츰 포위의 태세를 갖추어 갔다. 선우는 한군이 병력으로 우세할 뿐 아니라 투지도 왕성하여 이대로는 자기네가 불리하다고 판단했다. 그리하여 황혼 속을 노새 6마리가 끄는 수레를 타고 굴강의 부하 수백 기와 함께 단숨에 한군의 포위망을 돌파하여 서방쪽으로 도주했다. 양군이 뒤섞인 혼란된 격전은 날이 저물어도 계속되어 양군이 거의 같은 숫자의 사상자를 냈다.

한군의 좌교左校(고급 장교)가 사로잡은 포로의 입에서 선우가 이미 탈출했다는 사실이 밝혀졌다. 지체 없이 경장輕裝한 기병이 어둠을 뚫고 추적했다. 대장군 위청도 직속 병단을 이끌고 그 뒤를 따랐다. 흉노는 대열이 흩어지며 도주했다. 새벽녘까지 2백 리쯤 진격했으나 선우는 찾을 수 없었다. 한군의 전과는 수급과 포로를 합쳐 1만여였다.

위청은 여세를 몰아 전안산의 조신성에 이르러 흉노가 축적해 둔 군량을 전 군에게 지급했다. 이곳에 하루 체재하고는 철거했는데 이때 성은 완전히 불태우고 나머지 군량은 모두 가져왔다.

대장군 위청이 선우와 대전하고 있을 때, 전장군 이광과 우장군 조이기가 이끄는 병단은 본대와 떨어져 동쪽으로 진로를 취하고 있었기 때문에 길을 잃고 전투에 참가하지 못했다. 두 장군이 본대에 합류한 것은 본대가 사막의 남쪽까지 철수해 왔을 때였다. 위청은 보고서 작성을 위해 장사(부관)를 보내어 해명을 구했다. 이광은 이를 거부하고 자결했다. 조이기는 솔선해 묶였다가 속죄금을 물고 평민이 되었다. 위청 휘하의 군대가 귀환하기까지 올린 전과는 포로·수급을 합해서 대강 1만 9천에 이르렀다.

흉노 측에서는 선우가 열흘씩이나 행방 불명이었기 때문에 우녹려왕이 자립하여 선우를 자칭했다. 그러나 본래의 선우가 나타나 군을 장악하자 우녹려왕은 깨끗이 본래의 지위로 돌아갔다.

곽거병의 무훈

표기장군 곽거병의 군은 기병 5만, 군수품 수송대 기타도 위청 군과 같은 규모이다. 다른 점은 휘하에 부사령급 막료가 없다는 것뿐이었다. 그리하여 이감李敢(이광의 아들) 등 소장 사관을 대교大校(병단장)로 발탁하여 막료로 삼고, 대군과 우북평군으로 출격하기 천여 리, 흉노의 좌왕군과 싸웠다. 그 전과는 대장군 위청을 훨씬 상회하였다.

개선한 후 무제가 내린 조서는 다음과 같다.

"표기장군 곽거병은 군을 통솔함에 있어 포로를 더하여 얼마 안 되는 장비를 가지고 대사막을 넘었다. 획장거(강 이름)를 건너 흉노의 왕 비거기를 주살하고 좌대장의 군과 싸워서 그 기고旗鼓를 빼앗고 이후산을 넘고 궁려하를 건너 둔두왕·한왕韓王 등 3인과 장군·대신을 위시하여 간부 83명을 사로잡았다. 아울러 낭거서산에서는 하늘에 제사하고 고연산에서는 땅에 제사하고, 한해翰海(고비사막 혹은 바이칼호라고도 함)를 눈 아래 굽어보았던 것이다. 포로의 총수는 7만 4백 43명으로 적군의 3할을 격멸했다.

더구나 군량은 적에게 구하여 오지 깊이 침공하면서도 급식에 부자유하지도 않았다. 이로써 표기장군에게 5천 8백호를 가증한다.

우북평군 태수 노박덕은 표기장군 휘하에게 소속되어 여성에서의 집결 시기를 그르치지 않고 도도산 싸움에 참가하여 포로와 수급 2천 7백을 획득했다. 이에 1천 6백 호의 봉지를 주고 부리후에 임명한다.

북지도위(북방 경비 사령) 형산은 표기장군을 따라 흉노의 왕을 잡았다. 이에 1천 2백 호의 봉지를 주고 의양후에 봉한다.

먼저 흉노측에서 귀순한 인순왕 복육지와 누전왕 이즉간은 모두 표기장군을 따라 공훈이 있었다. 이에 복육지에게 1천 3백 호의 봉지를 주고 장후에 봉하며, 이즉간에게 1천 8백 호의 봉지를 주어 중리후에 봉한다.

종표후 조파노와 창무후 안계는 같이 표기장군을 따라 공훈이 있었다. 이에 각각 3백 호를 가증한다.

교위 이감은 적군의 기고를 빼앗았다. 이에 관내후의 작위를 주고 2백 호를 식읍으로 한다. 역시 교위 서자위에게는 대서장大庶長(작위의 제10위)의 작위를 준다."

두 장군

표기장군 곽거병은 부하나 병졸에 이르기까지 은상을 받거나 승진한 자가 수없이 많았다. 이에 반하여 대장군 위청에게는 가증의 조처가 없고 부하들도 봉후의 영광을 얻은 자가 없었다.

양군이 흉노 근거지에 출격하였을 때의 조사로는, 군마의 수가 관유·사유를 아울러 14만 마리에 이르렀으나 무사히 생환한 것은 3만 마리를 넘지 못했다.

이러한 경과를 밟고 종래의 태위 대신 대사마大司馬의 관위가 설치되었다. 이때 대장군 위청과 그 하위에 있던 표기장군 곽거병은 함께 대사마에 임명되었고 아울러 칙지勅旨에 따라 두 사람은 봉록까지 똑같이 책정되었다. 이때부터 위청의 권위는 나날이 쇠퇴하고, 곽거병의 성망은 높아만 갔다. 위청의 친구나 식객들까지 썰물처럼 사라지며 곽거병 주위로 모여들었다. 그의 추천만 있으면 쉽사리 관직·작위를 얻을 수 있었던 것이다. 다만 임안任安[70]만은 그것을 올곧게 생각지 않고 위청 밑에 머물러 있었다.

곽거병은 과묵하고 기골에 넘친 인물이었다. 무제가 그에게 '손孫·오吳의 병법'을 배우라고 권했을 때 그는 말했다.

"전쟁은 이론이 아닙니다. 그 순간순간에 어떻게 결단하는가가 문제입니다."

또한 그에게 굉장한 저택을 하사했을 때, 무제가 한번 가서 보고 오라고 하자 그는 이렇게 대답했다.

"흉노가 망하기까지는 저택 같은 것은 생각하고 싶지 않습니다."

이런 일이 있은 후부터 무제는 더욱 더 그를 존중하게 되었다.

곽거병은 젊었을 때부터 무제의 측근에서 고위에 있었기 때문에 부하를 위로할 줄을 몰랐다. 그가 출진할 때에는 무제가 친히 수레 10대분의 진미 가효珍味佳肴를 내렸다. 그 식량은 개선할 때까지 남아돌아서 버리지 않으면 안 될 정도였으나 그 사이 사졸들은 굶주림에 허덕이고 있었다. 또한 요새 바깥 땅에서 병사들이 굶주림 때문에 걸을 기력조차 잃고 있을 때에도 그는 구기장

---

[70] 위청의 식객의 한 사람. 후에 태자의 반란에 가담하여 처형되었다. 사마천이 이 임안에게 보낸 서한은 제3권 5부에 채록한다.

을 만들게 하여 공차기를 즐겼다. 곽거병이 사람을 대하는 것은 만사 이런 식이였다. 이에 반해서 위청의 인품은 인정스럽고 겸허하여 자연과 인심을 사로잡는 정다움이 있었다. 그럼에도 불구하고 성망은 곽거병을 따르지 못했다.

이광李廣 장군

— 숙적 흉노를 상대로 가장 큰 무공을 세운 것은 모든 점에서 대조적인 두 장군 위청과 곽거병이었다. 이 두 사람 외에 한대의 장군으로 오직 한 사람, 독립된 열전 속에 기록된 것이 이광 장군이다.

장군 이광은 농서군 성기 사람이다. 선조에는 연나라 태자 단丹을 죽인(상권 2부 참조) 진나라 장군 이신李信이 있다. 이씨 집안은 일찍이 괴리에 살고 있었으나 나중에 성기로 옮겼다. 대대로 궁술을 전해 온 집안이었다.

문제 14년의 일이다. 흉노의 대군이 소관으로 침입해 왔다. 이광은 명가의 자제로서 종군하여 득의로 삼는 기사騎射로서 수급을 거둔 것, 포로로 잡은 자의 수를 헤아릴 수 없어, 그 공으로 중랑에 발탁되어 함께 무기상시武騎常侍(시종무관)로서 8백 석의 녹을 얻었다.

일찍이 문제가 사냥을 갔을 때의 일이었다. 이를 수행한 이광은 번번이 힘을 과시하면서 맨손으로 맹수를 사로잡은 적도 있었다. 그때 문제는 불현듯 탄식했다.

"아깝도다, 그대가 태어난 게 너무 늦었구나. 고제의 시대였다면 만호후 정도로 끝나지 않았을 텐데."

이어서 경제가 즉위하자 이광은 농서군 도위가 되었고, 이어서

기랑장騎郎將으로 발탁되었다. 오·초가 반란을 일으켰을 때 그는 요기도위로서 태위 주아부를 따라 출신하여 적의 군기를 빼앗고 창읍 싸움에서 큰 공을 세웠다. 그러나 조정에서 임명된 장군이면서 양왕에게서도 장군의 인수를 받았기 때문에 개선 후에 논공행상을 받기는커녕 상곡 태수로 좌천되었다.

이광은 상곡 땅에서 날마다 흉노와의 격전으로 지새웠다. 그것을 안 전속국典屬國(항복한 이민족을 관리하는 관직) 공손곤야가 황제에게 울면서 호소했다.

"이광만한 인재는 천하에 다시 없습니다. 그 역량에 자신이 있기 때문에 쉴 사이도 없이 흉노와 싸움을 계속하고 있습니다. 그대로 상곡에 놔둔다면 아까운 용자를 죽이고 말 것입니다."

황제는 이 호소를 받아들여 이광을 상군 태수로 옮겼다.

궤계詭計

흉노가 대거 상군으로 쳐들어 왔을 때의 일이다. 황제는 한군의 군율을 다스리기 위해 중귀인中貴人[71]을 이광의 진영에다 파견했다. 그 중귀인이 수십 기를 거느리고 본대를 떠났을 때 3인의 흉노를 만났다. 인원이 적다고 보고 즉각 공격을 가했는데 심한 반격을 받게 되어 병졸을 거의 잃었다. 중귀인 자신도 시상矢傷을 입고 이광에게로 도망쳐 왔다.

이광은

"그들은 매를 잡아 생계를 유지하는 놈들임에 틀림없다."

라고 말하고 다짜고짜 기병 백 기를 이끌고 추적했다. 중귀인과

---

71) 궁중에서 황제의 총애를 받고 있는 자를 말함. 후에는 환관을 그렇게 불렀다.

의 교전에서 흉노는 말을 잃고 도보로 도주했기에 수십 리쯤 달려가자 그들을 만났다. 이광은 병졸을 양쪽으로 나눠서 포위하고 스스로 활을 쏘아 둘을 죽이고 하나를 생포했다. 취조해 보니 과연 이광의 말대로였다. 즉각 사나이를 묶어 가지고 진지로 돌아가기 위해 말에 오르며 적진 쪽으로 눈을 돌리니 흉노의 군사 수천 기가 곁으로 다가오고 있었다.

그러나 흉노는 한군의 수가 너무도 적으므로 필경 그들을 유인하기 위한 부대로 알았는지 당황하며 산으로 올라가 진을 치고 한군이 어떻게 나오는지를 기다렸다.

한편, 이광의 병졸들은 공포에 떨면서 도망치려 했다. 이광은 대성 일갈했다.

"허둥대지 말아라. 본대는 수십 리 밖에 있다. 지금 적에게 뒤를 보이면 당장 추격당한다. 그렇게 되면 전멸하고 만다. 여기서 잠자코 있으면 적은 유인 부대로 알고 공격해 오지 않는다."

이광은 태세를 바로잡고는

"전진!"

이라고 명하고 적진의 20리 앞까지 전진했다. 거기서 다시

"전원 말에서 내리고 안장을 풀라."

했다. 부하들은 이광의 의도를 알지 못했다.

"여기는 적중 한복판이며 적은 바로 코앞에 있습니다. 만일 불의의 습격을 당하면 어쩌시겠습니까?"

"적은 우리가 도망치지 않을까 생각한다. 여기서 안장을 풀고 앉아서 유인 부대처럼 보이는 것이다."

과연 흉노군은 공격을 가해 오지 않았다.

그대로 흉노의 진영을 엿보고 있는 동안에 백마를 탄 적장이

흉노군을 순찰하고 있는 모습이 눈에 띄었다. 이광은 즉각 말에 오르며 10여 기를 이끌고 공격을 가했다. 그리고 운수 좋게 그 적장을 쏘아 죽이자 지체 없이 진으로 돌아와 안장을 풀고 병졸과 말을 휴식시켰다.

저녁 무렵이 다가왔다. 흉노군은 여전히 한군의 움직임을 의심했던지 꼼짝도 않는다. 밤이 되었다. 흉노군은 한군의 복병이 머지않아 야습해 올 것이 두려워 그대로 사라졌다.

이렇게 하여 이광은 다음 날 아침 무사히 귀환할 수가 있었다. 이광이 적중 한가운데에 있을 때 본대는 그대로의 위치를 고수했다. 이광의 행방을 몰라 뒤쫓아갈 수가 없었던 것이다.

대조적인 두 사람

얼마 후 경제가 붕어하고 무제가 즉위했다. 무제의 측근들은 모두 이광이 명장이라고 칭찬했다. 이리하여 이광은 상군 태수로부터 미앙궁(옥좌가 있는 곳) 위위로 임명되었다. 이때 장락궁(황태후가 계신 곳) 위위에 임명된 것이 정불식程不識이었다. 그때까지 이광처럼 변경의 태수로 흉노 토벌 작전에 종사해 온 인물이다. 그런데 이 두 사람의 지휘를 비교해 보면 지극히 대조적이었다.

이광의 군대는 행군 중에도 대오·진형이 멋대로이고 호수나 초원이 나서면 병마를 휴식시키며 자유 행동을 취하게 했다. 밤에도 별로 경계를 엄격히 하지 않았다. 군 본부에서도 기록·장부들을 모두 간략하게 했다. 다만 척후만은 멀리까지 내보냈으므로 습격에 의한 손해를 입지는 않았다.

한편, 정불식은 군의 편성으로부터 대오·진형에 이르기까지 일사불란으로 밤에도 경계를 강화하고 장부 등도 부하에게 상세히 기록토록 했으므로 병졸은 숨돌릴 사이조차 없었다. 그리고 그의 군대도 일찍이 습격을 받아 손해를 입은 적은 없었다.

두 사람의 지휘의 차이점에 대해 정불식 자신은 이렇게 말하고 있었다.

"이광의 군율은 너무 느슨하여 기습을 받을 경우 조금도 지탱하지 못한다. 그러나 병졸은 자유롭게 행동하며 이광을 위해서는 기꺼이 죽겠다는 자들뿐이다. 한편 우리 군의 군율은 엄하지만, 그런 만큼 공격을 받아도 꿈쩍 않는다."

당시의 변경 사람들은 이광·정불식 두 사람을 다 아무에게도 뒤지지 않는 명장으로 칭송했다. 그러나 흉노는 이광의 군대를 두려워했다. 병졸 또한 정불식보다 이광 밑에서 싸우기를 원했다.

정불식은 경제 때 중종 황제에게 직간하여 인정받아 태중대부로 승진했다. 그는 청렴하고 법에 충실한 무장이었다.

탈출

그 후 한나라는 마읍성으로 흉노를 유인하여 부근 골짜기에 대군을 잠복시켰다가 이를 친다는 작전을 세웠다. 이광은 요기장군으로, 호국장군 한안국 지휘하에 속했다. 그러나 이때는 흉노에게 발각되어 작전이 실패로 끝났다.

그로부터 4년, 이광은 위위에서 장군으로 승진하여 안문에서 흉노 공격을 위해 출진했다. 그러나 적의 대군을 만나 대패하여 이광 자신도 포로의 몸이 되었다.

선우는 전부터 이광의 명성을 알고 있었으므로,

"이광을 잡으면 반드시 산 채로 데려오라."

라고 부하에게 명했다. 때마침 이광은 잡혔을 때 병을 앓고 있었다. 그리하여 흉노의 기병은 말 두 마리에 들것을 싣고 그 위에다 이광을 눕힌 채 선우의 본진으로 향했다. 이광은 죽은 척하고 흔들려 갔다. 10리쯤 가다 본즉 곁에 흉노 소년이 준마를 타고 있는 모습이 눈에 들어왔다.

이광은 다짜고짜 그 말에 건너 뛰어 흉노 소년을 밀어 떨어뜨리고 빼앗은 활로 힘껏 말을 때렸다. 단숨에 수십 리 길을 달려 오다가 도중에서 아군의 패잔병을 모아서 가까스로 요새로 도망쳐 왔다. 흉노는 수백 기로 이광을 쫓았으나 이광은 빼앗은 활로 쫓아오는 적에게 화살을 퍼부어 간신히 뿌리칠 수가 있었다.

이렇게 하여 이광은 서울로 귀환했다. 한의 조정은 이광을 사직司直에 넘기었다. 이광은 많은 장병을 잃은 데다가 스스로 포로가 되는 치욕을 받았다 하여 사형 판결을 받았으나 속죄금을 물고 평민이 되었다.

비장군飛將軍

그 후 수년 동안 이광은 고향에 틀어박혀 있었다. 영음후 관영의 손자 관강과 함께 남전의 남쪽 산 속에 살면서 즐기는 수렵으로 날을 보내고 있었다.

어느 날 밤, 이광은 하인을 데리고 외출하여 마을 사람들과 야외에서 술을 마셨다. 돌아오는 길에 패릉정 앞에 이르자 술에 취한 패릉정의 관리가 큰 소리를 치면서 길을 비키지 않았다.

"삼가라. 이분은 전에 장군이시던 이광 어른이시다."

관리도 지지 않고 응수했다.

"현직 장군도 야간 통행은 금지되어 있다. 하물며 옛 장군 따위를 보낼 수는 없다."

이리하여 이광은 하룻밤을 패릉에 유치당하는 신세가 되었다.

그 후 얼마 안 있다가 또다시 흉노가 요서에 침입하여 태수를 죽이고 한안국을 패주시켰다. 한 장군은 그 책임을 지고 우북평으로 좌천되었다. 그리하여 경제는 이광을 소환하여 우북평 태수로 임명했다. 그때 이광은 패릉의 관리를 임지로 데려가서 그의 목을 자름으로써 원한을 풀었다.

이광이 우북평 태수로 왔다는 정보는 즉각 흉노의 귀에 전해졌다. 흉노는

"한의 비장군이 왔다."

하고 두려워하여 이후 수년 동안 우북평으로는 침입해 오지 않았다.

어느 날 이광이 수렵을 하러 갔을 때의 일이다. 풀숲 속에 있는 바위를 호랑이로 잘못 알고 활을 쏘니 화살이 바위에 박혔다. 다가가 보니 호랑이가 아니라 바위였다. 그는 또다시 활을 쏘았으나 아무리 쏘아도 두 번 다시 박히지 않았다. 이광은 어디로 부임하나 호랑이가 있다고 들으면 반드시 호랑이 사냥을 갔다. 우북평의 호랑이 사냥에서는 호랑이에게 물려 상처를 입었다. 그러나 아랑곳없이 호랑이를 잡으러 다녔다.

부하를 다루는 법

이광은 금전에 깨끗한 인품으로, 하사된 은상은 고스란히 부하들에게 나누어 주었고 음식도 언제나 병졸과 같은 것을 먹었다. 죽기까지 40년 이상에 걸쳐 2천 석의 녹을 얻었으나 집안에는 재산다운 것이 별로 없었고 그에 대해 이러쿵저러쿵 떠도는 소문도 없었다.

몸집은 키가 크고 팔이 길었다. 활쏘기에 명수였다는 것은 천성으로 타고난 재능이었을 것이다. 이씨 집안 자손 가운데서도 이광 같은 명수는 두 번 다시 나타나지 않았다.

이광은 눌변이며 말수가 적은 사나이였다. 친구와의 교제도 지면에다 진형을 그려서 작전을 연구하거나 활쏘기 내기로 진 사람이 술을 사는 놀이 정도였다. 활쏘기만을 유일한 벗으로 삼고 일생을 마친 것이다.

또한 행군중 기갈로 허덕일 때 샘을 발견하더라도 부하가 전부 마시기 전에는 결코 마시지 않았으며 식량도 부하에게 고루 배식되기 전에는 결코 손을 대지 않았다. 이처럼 부하에 대한 배려가 깊었으므로 부하들도 마음으로부터 이광을 따랐고 명령에 기꺼이 복종했던 것이다.

활을 쏠 때에는 적이 육박해 와도 수십 보 이내의 확실한 거리까지 다가 오지 않으면 절대 활을 당기지 않았다. 하지만 일단 활시위가 울리면 반드시 적을 쓰러뜨렸다. 그러나 이 전법은 아군으로 하여금 번번이 고전하게 하였다. 이광 자신이 호랑이 사냥 때 팔에 상처를 입은 것도 호랑이에 대해서 이 전법을 썼기 때문이라고 한다.

후회

처음에 이광과 함께 문제를 섬긴 종제從弟 이채李蔡는 경제 시대가 되자 공로가 인정되어 2천 석의 녹을 받기에 이르렀다. 또다시 무제의 시대에는 대국의 재상으로 승진했다. 원삭 5년(기원전 124년)에는 경거장군으로서 대장군을 따라 흉노의 우현왕을 치는 공적을 세움으로써 논공행상의 기준에 따라 낙안후로 봉후되었다. 또다시 원수 2년(기원전 121년)에는 공손홍의 뒤를 이어 승상으로 임명되었다.

이채는 원래 대단한 인물이 못 되며 명성으로서도 이광을 따르지 못했다. 그런데도 이광은 작위도 봉읍도 받지 못하고 관위도 9경에 지나지 않았음에 비해 이채는 제후가 되었고 관위도 삼공에까지 올랐다. 그뿐 아니었다. 이광의 부하 가운데에도 제후로 봉후된 자가 있었다.

어지간히 도량이 넓은 이광이지만 마음속은 평탄치 않았다. 어느 날 망기望氣(예언자)인 왕삭과 대좌했을 때 이런 감회를 비쳤다.

"우리 한나라가 흉노 토벌을 시작한 이래, 내가 참가하지 않은 싸움이란 단 한 번도 없다. 다른 부대 장교들은 능력은 평범하면서도 흉노 토벌의 공적을 인정받아서 제후로 봉후된 자가 수십 명이나 된다. 나는 결코 남에게 뒤진 적은 없다. 그럼에도 불구하고 공을 인정받지 못하고 제후가 되지 못하는 것은 무슨 까닭일까. 내 인상이 제후로는 맞지 않기 때문인가, 아니면 그런 운명인가?"

"지금까지 무슨 후회되시는 일을 하신 적은 없습니까?"

"옛날, 농서 태수였을 때 강족이 반란을 일으킨 적이 있었지. 나는 목숨을 보증한다고 하면서 항복을 권고했지. 그에 따라 8백 명 이상이 항복해 왔는데 약속을 어기고 그날로 모두 죽여 버렸다. 이것만은 지금도 후회하고 있지."

"항복한 자를 죽인다는 비행이 신의 노여움을 안 받을 리 없습니다. 장군이 제후가 못 되시는 것은 그 화가 미친 탓입니다."

비극의 노장군

또다시 2년이 흘렀다.

대장군 위청, 표기장군 곽거병은 대군을 이끌고 흉노를 쳤다. 이광도 이때 종군을 청원했으나 처음에는 황제가 그의 노령을 이유로 허락지 않았다. 그러나 얼마 후 그 청원을 허락하여 이광을 전장군으로 임명했다. 때는 원수 4년(기원전 119년)의 일이다.

이광은 대장군 위청을 따라 출격했다. 위청은 출격 후 즉시로 흉노를 사로잡아 그 입으로 선우의 거처를 알았다. 스스로 정예를 이끌고 그곳으로 가기로 하고 이광에게는 우장군의 군과 합류하여 동쪽 길로 진격하라고 명했다. 그런데 동쪽 길은 얼마간 우회하는 데다가 물과 풀이 적어서 대군의 진로로서는 적합지 않았다. 이광은 대장군에게 청원했다.

"저는 전장군으로 임명되었음에도 불구하고 지금 대장군께서는 우회로로 나가라고 명하십니다. 저는 어렸을 적부터 흉노와의 싸움으로 지새었는데 지금 바야흐로 숙적 선우와 맞닥뜨리려 하고 있습니다. 부디 여기서 선우와 자웅을 판가름하고 싶습니다. 아무쪼록 청허聽許 있으시길 바랍니다."

그러나 대장군 위청은 황제로부터 이러한 내명을 받고 있었다.

"이광은 나이도 많은 데다가 운도 좋지가 않다. 지금 선우와 맞싸워 봐도 이길 가망은 없으니 선우와는 싸움을 시키지 말라."

게다가 이때 제후의 지위를 잃은 공손오가 중장군으로 대장군 지휘하에 있었다. 대장군은 전에 공손오의 도움으로 목숨을 건진 적이 있었다. 그래서 공손오와 더불어 선우와 대적하여 공손오에게 공을 세울 기회를 주고 싶었다. 그런 이유로 대장군은 이광의 배치를 바꾸기로 했다.

이광도 그 정도의 사정은 알고 있었으나 단념치 않고 대장군을 물고 늘어졌다. 그러나 대장군은 꿈쩍도 않고 장사를 시켜 지령서를 이광에게 전달했다.

"명령대로 시급히 배치를 받으라."

이광은 대장군에게 출발 인사도 하지 않고 분한 마음을 누를 길 없이 부서로 돌아가 우장군 이기의 군과 함께 동쪽 길로 향했다. 그런데 길 안내가 없었기 때문에 길을 잃어 본대와 멀리 떨어지게 되었다. 그 사이에 본대는 선우의 군대와 백병전을 벌였으나 선우를 잡지 못한 채 되돌아왔다. 본대는 남하해서 사막을 건너 거기서 이광·이기의 군과 만났다.

이광이 대장군과 회견하고 진영으로 돌아오니 대장군의 명령을 받은 장사가 말린 밥과 탁주를 가지고 이광의 진영을 찾아와 길을 잃은 상황 설명을 요구했다. 대장군은 군사 행동을 상세히 천자에게 보고하려는 것이었다. 그러나 이광은 대답을 하지 않았다. 대장군은 거듭 장사를 보내어

"본영으로 와서 심문에 답하라."

라고 추상같이 이광을 몰아 세웠다. 이광은 말했다.

"부하 장교에게는 죄가 없다. 길을 잃은 것은 모두 내 책임이다. 지금부터 보고서를 작성하여 군영으로 지참할 작정이다."

그리고는 부하를 모아 놓고

"나는 어릴 때부터 오늘까지 흉노와 70여 회나 창을 맞대었다. 이번에는 대장군 지휘하에 선우와 결전할 절호의 기회를 잡았다. 그러나 대장군의 명으로 우회의 길을 취하자 공교롭게도 길을 잃어 버리는 불행을 겪었다. 이도 천명일 것이다. 돌이켜보건대 나도 이제는 육십 고개를 넘었으니 새삼스레 하급 관리의 심문 따

위에 답하고 싶은 생각은 없다."

 이리하여 칼을 빼들고 스스로 목을 찔렀다. 부하 장교를 위시한 군중의 모든 사람이 소리를 지르며 울었다. 이 말을 들은 서민들도 이광을 아는 자, 모르는 자, 늙은이도 젊은이도 모두 눈물을 흘리며 그의 죽음을 슬퍼했다.

3. 서역西域 개척 — 장건張騫과 비단길

— 흉노 공략을 발단으로 한나라와 서방 제국과의 교섭이 시작된다. 이때 서방의 길을 개척한 것이 장건이다.

한나라의 일개 관리에 불과했던 장건은 절망적 상황 속에서도 드디어 귀중한 보고를 본국으로 들고 왔다. 이 보고에 의해서 영주 무제의 꿈은 번지고, 그 꿈은 차례차례로 장건의 후계자를 낳았다.

그러나 이 후계자들의 실태는 어떠했던가.

장건, 13년 만에 귀국하다

대원大宛(페르가나)에 관한 지식은 장건에 의해 처음으로 알려졌다.

장건은 한중 출신으로 건원 연간建元年間에 낭(정부의 하급 간부)이 된 인물이다. 당시 무제는 흉노의 투항자로부터 여러 가지 정보를 캐내고 있었다. 그들이 말하는 것을 들어 보면, 흉노는 월지의 왕을 쳐부수고 그 왕의 두개골로 술잔을 만들었다. 그 때문에 월지는 서쪽으로 도주했으나, 흉노에 대해서는 끊임없이 복수심을 불태우고 있었다. 그러나 협력해서 흉노를 공격할 나라가 없는 것이었다.

때마침 흉노 격멸을 기도하고 있던 한나라 조정에서는 이 정보를 바탕으로 월지와 손을 잡기 위해 사자를 파견하기로 했다. 그러나 한나라와 월지 중간에는 흉노가 버티고 있기 때문에, 사자는 흉노의 세력권을 통과하지 않으면 안 되었다. 그리하여 조정에서는 그 중임을 완수할 인물을 모집했다. 장건은 이때 낭의 신분으로 응모하여 월지에 가는 사자로 뽑혔다. 사자가 된 장건은 어느 당읍현 사람의 노예였던 흉노인 감보라는 사람을 데리고 농서에서 출발했다. 그러나 일행은 흉노 영내를 통과하다 잡혀서, 선우에게 보내지게 되었다.

선우는 장건의 신병을 구속하고 이렇게 힐문했다.

"월지국이라면 우리나라보다도 북쪽에 있지 않은가. 네가 월지에 도달할 길은 없다. 가령 내가 월나라로 사자를 보냈다면 한나라에서 잠자코 보내 주겠는가."

이리하여 장건은 흉노에 의해 구속되기를 10여 년, 아내도 얻고 아이도 생겼다. 그러나 그는 한나라 사자임을 나타내는 부절을 언제나 몸에 지니고 있었다.

흉노에서 오래 살게 됨에 따라 장건은 서서히 행동의 자유를 얻어 갔다. 그리고 드디어 틈을 타서 일행을 데리고 서쪽으로 서쪽으로 길을 걸어 수십일 후에 우선 대원에 도착했다. 대원은 한나라의 풍부함을 전해 듣고 전부터 한과의 통상을 바라고 있었다. 그 때문에 대원에서는 장건 일동의 도착을 환영했다.

"우리나라에 잘 와주셨소. 그래, 일행은 대체 어디까지 가실 예정이오?"

장건은 말했다.

"우리들은 한나라의 명을 받들고 월지로 가는 길입니다. 불행히도 흉노에게 잡혀 뜻하지 않게 세월을 허송하다가 겨우 도망쳐 오는 길입니다. 왕이여, 저를 월지까지 보내 주실 분이 계시다면 오로지 당신뿐입니다. 제가 월지로 갔다가 무사히 귀환할 수 있게 된다면 한나라는 왕에게 헤일 수 없을 정도로 예물을 보내올 것입니다."

대원에서는 이 설명을 곧 납득했다. 그리하여 일행에게 안내와 통역을 붙여서 보내 주었다. 일행은 우선 강거에 도착했고, 이어서 강거의 도움으로 대월지에 갈 수 있었다.

대월지에서는 이전의 왕이 흉노에게 죽음을 당했기 때문에 태자가 새로 왕이 되어 있었다. 대월지는 새 왕의 시대가 되면서부터 완전히 대하大夏(박트리아)를 복속시켜서 종주국이 된데다가 비옥한 땅과 외적의 침략도 없는 평온한 나날을 보내고 있었다. 더구나 그들에게 있어 한나라는 너무도 멀었다. 그러므로 협력해서 흉노에게 보복할 생각이 전혀 없었다. 장건은 월지에서 대하로 가서 획책했으나 결국 월지의 생각을 움직일 수는 없었다.

일행은 이 나라에서 1년 남짓 체재한 끝에 귀로에 올랐다. 남산南山(祁運山) 줄기를 따라 걷다가 강족의 영토를 통과할 예정이었는데, 또다시 흉노에게 잡혔다. 그런데 여기에서 거의 1년 동안 머무는 중에 선우가 죽고 좌녹려왕이 태자를 무찌르고 스스로 왕이 되었다. 이 혼란을 틈타서 장건과 흉노인 아내, 그리고 당읍보堂邑父(흉노인 노예 감보를 말함)는 한나라로 도망칠 수가 있었다.

조정은 장건을 태중대부로 승진시키고 당읍보에게 봉사군奉使君

의 직위를 주었다.

　장건은 체력이 좋고 관대하며 신의가 두터운 인물이었다. 그 인품의 덕으로 그는 이국 사람에게도 호감을 샀다. 또한 당읍보는 흉노 출신으로 궁술에 능하여 식량이 떨어졌을 때에는 짐승을 잡아서 굶주림을 면했다.

　한나라를 출발한 당초, 장건 일행은 백 명 이상이나 되는 부대였으나 13년이 지나서 귀환한 것은 이 두 사람뿐이었다.

피땀을 흘리는 말

　장건이 실제로 발을 들여 놓은 나라는 대원·대월지·대하·강거의 네 나라였고, 정보를 가져온 주변국들만도 5, 6개국이나 되었다. 그는 이런 나라에 대해서 천자에게 상세한 보고서를 올렸다.

　"대원은 흉노의 서남방, 한의 정서쪽에 위치하며 거리는 1만 리쯤이나 됩니다. 그 땅에 인간이 정주하여 농경에 종사하며 벼와 보리를 재배하고 포도주를 만듭니다. 또한 좋은 말을 대량으로 사육하고 있습니다. 그 말은 피땀을 흘리므로 선조는 천마의 아들이라 합니다. 도시마다 성곽을 쌓고 가옥에서 삽니다. 지배하는 도시는 대소 합쳐 70여 곳이며, 인구는 넉넉히 수십만을 헤아릴 수 있을 것입니다. 무기로는 활이나 창을 사용하며 기마전에 능합니다. 대원의 북쪽은 강거, 서쪽은 대월지, 서남쪽은 대하, 동북쪽은 오손, 동쪽은 우미·우전입니다. 우전 서쪽 지대의 강은 모두 서쪽으로 흘러 서해로 가고 동쪽으로는 동쪽으로 흘려 염택으로 갑니다.

　오손烏孫은 대원에서 동북으로 2천 리쯤 떨어진 곳에 위치하고 있습니다. 그 생활 풍속은 흉노와 같으며 사람들은 정주하는 일 없이 가축을 따라 이동합니다. 활을 쏘는 전사는 수만 명으로 모두 용감히 싸웁니다. 이전에는 흉노에 예속되어 있었지만 그 후 세력이 왕성해지더니 현재로는 명목상으로만 흉노의 종주권을 인정하고 있을 뿐 흉노에 바치는 조공을 거부하고 있습니다.

대월지는 대원에서 서쪽으로 2, 3천 리 떨어진 곳으로, 규수嬀水(옥소스 강) 북쪽에 위치하고 있습니다. 남쪽으로는 대하, 서쪽으로는 안식, 북쪽으로는 강거가 있습니다. 그들은 가축을 따라 이동하는 유목 민족으로 생활 양식은 흉노와 같습니다. 활을 쏘는 전사는 대충 20만 가량 될 것입니다. 이전에 강성을 자랑하던 시기에는 흉노조차 경시할 정도였습니다. 그러나 흉노에서 묵돌선우가 나타나서 월지를 격파했으며, 또한 그 다음에 즉위한 노상선우는 월지왕을 죽여서 그 두개골을 술잔으로 삼았습니다. 처음에 월지의 생활권은 돈황 · 기련산 일대였으나, 흉노와의 일련의 항쟁에서 패했기 때문에 원주지를 포기하기에 이르렀습니다. 이리하여 그들은 대원 땅을 통과하여 서방의 대하를 공격하여 이를 복속시키고 규수 북쪽에다 도읍을 정한 것입니다. 원주지에서 채 도망가지 못한 나머지 무리들은 기련산의 강족 거주지로 들어가 소월지라 칭하고 있습니다.

안식국(파르티아)은 대월지에서 서쪽으로 수천 리쯤 떨어진 데 있습니다. 안식 사람들은 정착해서 농경을 영위하고 벼 · 보리를 재배하고 포도주를 생산합니다. 성벽을 둘러쌓아 도시를 갖춘 것은 대원의 경우와 같습니다. 지배하는 도시는 대소 아울러 수백 성, 면적은 수천 리 사방에 이르는 가장 큰 나라입니다. 규수에 면하고 있으며, 교역 시장이 서며, 사람들은 수레, 배를 아울러 활용하여 인근 제국뿐 아니라 때로는 수천 리 먼 나라와도 흥정을 합니다. 은으로 화폐를 주조하고 화폐 문양으로는 그때의 왕의 초상을 사용합니다. 왕이 죽을 때마다 화폐를 개주하고 왕의 초상도 바꿉니다. 글을 쓰는 데 약간 딱딱한 가죽을 사용하며 거기에다 문자는 옆으로 늘어놓습니다. 이 나라 서쪽으로는 조지, 북으로는 엄채와 여헌72)이 있습니다.

대하大夏는 대원에서 서남쪽으로 2천여 리, 규수의 남쪽에 위치합니다. 이 나라 사람들은 정착해서 성곽·가옥을 갖추는 것이 대원의 경우와 같습니다. 왕 한 사람이 전권을 쥐고 있는 게 아니고 각 도시별로 영주가 분립해 있습니다. 그 때문에 전투력은 약하며 전쟁을 두려워하지만 그 반면에 상업이 발달되어 있습니다. 서쪽으로는 이동해 온 대월지에게 격파되어 완전히 예속되어 있지만 백여만 명이라는 풍부한 인구의 혜택을 받고 있습니다. 중심 도시는 남시성이라 불리우며 교역 시장에서는 가지 각색의 물산이 매매되고 있습니다. 대하 동남쪽에 견독국이 있습니다."

대제大帝의 꿈

장건은 계속해서 다음과 같이 아뢰었다.

"제가 대하 땅에 있을 무렵, 공邛나라의 대나무 지팡이와 촉나라의 직물을 본 적이 있습니다. 당장 그 고장 사람들에게 물어본즉, 이렇게 대답했습니다.

'이것은 우리 상인들이 견독에 가서 그곳 시장에서 사 온 것입

---

72)《한서》등의 기사로 보아 이집트의 알렉산드리아에 해당한다고 한다. 그렇다면 파르티아(페르시아)의 서쪽일텐데 이를 북쪽으로 했음은 오보에 의한 기재일 것이다.

니다. 견독은 대하에서 동남으로 수천 리 떨어진 곳에 있는 나라로, 정착 생활을 영위하는 점은 대하와 거의 차이가 없지만 습기가 많고 덥다 합니다. 이 나라는 큰 강에 임하고 있으며 코끼리가 있고 사람들은 이것을 타고 싸움을 합니다.

제가 추측하건대 대하는 한나라에서 1만 2천 리요, 방향은 서남쪽에 해당합니다. 그런데 견독은 대하에서 보아 동남방 수천 리 밖에 위치하고 촉나라 산물이 있으므로 촉 땅에서는 그리 먼 거리가 아닙니다. 그런 점으로 미루어 보아 대하로 가는 경우를 생각해 보자면 강족 땅을 통과하기는 길도 험할 뿐 아니라 주민의 환영도 못 받을 것입니다. 그렇다고 약간 북쪽 길을 택하면 흉노에게 잡히게 됩니다.

이상으로 미루어 보건대 대하로 가기 위해서는 촉 땅에서 출발하는 것이 거리도 짧고 방해받을 염려도 없을까 싶습니다."

이런 새로운 지식은 무제의 상상을 자극했다.

대원이나 대하·안식 등의 여러 나라는 모두 국세가 왕성하고 진귀한 산물도 많으며 정착해서 농경을 영위함도 중국 본토와 비슷하다. 그런데 군사력이 약하고 한나라 산물에 대한 욕구는 강하다. 더구나 이런 나라들의 북쪽에 위치하는 대월지나 강거 같은 나라들은 군사력은 강하지만 물건을 보내어 상대방에게 이익만 준다면 입조시킬 수가 있다. 그러니 만약에 한나라가 힘으로서가 아니라 계통을 밟아 이들 여러 나라들을 복속시킬 수만 있다면 한나라 영토는 만 리 밖의 저쪽 끝까지 확대되고 한나라 언어는 아홉 번이나 통역을 겪으면서 풍속이 다른 민족을 동화시킨다. 그렇게 되면 짐의 위덕은 이 세상 미치지 않은 곳이 없으리라······.

무제는 장건의 보고를 듣자, 고개를 끄덕였다. 그리하여 장건에게 새로운 명령을 내려 촉의 건위군으로부터 4개의 통로로 대하를 향해 밀사를 내보냈다. 이들 통로는 방·염·사 및 공과 북을 출발점으로 삼았다. 밀사는 모두가 천 리에서 2천 리쯤 전진했으나 그 가운데서 북쪽으로 향해 간 자는 저족·작족에게 길이 막히고, 남쪽으로 간 자는 수·곤명 일대에서 앞길이 막혔다. 곤명의 원주민들에게는 족장이 없고, 약탈 행위를 생활 수단으로 삼고 있었다. 그 때문에 한나라 사자들은 무조건 살육되어 이 통로의 개발은 성공하지 못했다. 그러나 이 지대에서 서방으로 1천 리 남짓 떨어진 곳에 코끼리를 사용하는 나라가 있는데 전월국이라 불리운다는 것과 이곳에는 촉나라 밀무역상들이 왕래하고 있다는 정보를 얻을 수 있었다. 한나라는 이렇게 대하국과의 통로를 탐색하는 동안 처음으로 전월국과 통상하게 되었다.

한나라는 그 이전에도 서남 방면의 이민족과 통상을 시도했으나 막대한 비용을 들이면서도 통로가 발견되지 않아 단념하고 있었던 것이다. 그런데 장건의 "대하국과의 통상은 가능하다"는 보고에 접하고 한나라는 다시 서남쪽 이민족과의 교섭을 구상하게 되었다.

장건, 다시 사자로 떠나다

장건은 교위로서 대장군 위청의 흉노 토벌에 참가했다. 그때 토벌군은 장건의 안내로 물과 풀이 있는 장소를 따라 전진했으므로 물과 사료의 곤란은 받지 않았다. 장건은 이 공으로 박망후博望侯의 칭호를 받았다. 이것이 원삭 6년(기원전 123년)의 일이었다.

그 다음 해 장건은 위위가 되어 이광 장군과 더불어 우북평에서 흉노 토벌을 위해 출격했다. 이 토벌에서 이광 장군은 흉노의 포위망에 갇히어 군대에 다대한 손해를 초래했다. 그때 장건이 이광 장군과 합류할 날짜에 도착하지를 못한 것이 패배의 한 요인이 되었다. 그 때문에 그는 참형에 처해질 뻔했으나 속죄금을 물고 평민이 되었다.

그러나 이 해에 한나라는 표기장군 곽거병을 파견하여 서역 지대에서 수만 명의 흉노군을 격파하고 기련산까지 진출했다. 그리고 그 다음 해 혼야왕이 부족민을 거느리고 한으로 항복해 왔기 때문에 금성과 하서의 서쪽으로 남산을 따라 염택에 이르는 일대에서는 흉노의 모습이 완전히 사라졌다. 흉노측은 이따금씩 척후를 내보냈으나 그것도 그리 흔한 일은 아니었다. 그보다 2년 후, 한나라는 선우를 공격하여 사막의 북쪽으로 쫓아 버렸다.

무제는 그 후에도 대하 등의 외국 사정에 대해 장건에게 하문할 때가 종종 있었다. 후侯의 작위를 잃고 있던 장건은 명예 회복을 위하여 무제에게 진언했다.

"신이 흉노 안에 있었을 때 이런 이야기를 들었습니다. 오손에는 현재 곤막昆莫이라고 칭호하는 왕이 있습니다만 곤막의 아버지 때에는 흉노의 서방 일대의 작은 왕국이었습니다. 그때에 흉노가 그 땅을 침략하여 그 부친을 죽이고, 낳은 지 얼마 안 되는 곤막을 들판에다 버렸습니다. 그러자 새들이 고기를 물어 아기에게 날라주고 늑대가 찾아와서 젖은 물리는 것이었습니다. 선우는 '신기한 일도 다 있지, 필경 신의 아들일 것이다' 하고 아기를 주워다 양육했습니다.

성장한 곤막은 장병을 잘 다루고 번번이 군공을 세웠으므로 선우는 그 아비의 옛 부족민을 곤막의 통솔 밑에 넣고 서역을 지키도록 했습니다. 곤막은 부족의 경제력 향상에 힘을 기울이며 주변 부락을 습격하고 수만의 병사를 양성해서 거의 매일 침략전을 전개했습니다.

선우가 죽은 것을 기화로 곤막은 수하 부족을 이끌고 멀리 딴 곳으로 이동하여 독립을 선포하고 흉노에 대한 조공을 거절했습니다. 흉노측에서는 유격대를 자주 내보냈으나 결국 제압하지 못했습니다. 그 때문에 곤막은 역시 신의 아들이라고 간섭을 중단하여 명목상의 속국으로 방치하였으나 흉노는 대대적인 공격을 노리고 있습니다.

그런데 현재의 정세로 보건대, 선우는 한나라의 새로운 공격에 밀려 지금 혼야왕의 옛 땅은 무인지경으로 변해버렸습니다. 그들 이민족은 우리 한나라 산물에 대해서 사족을 못 쓰는 형편이니, 지금이야말로 오손에게 마음껏 선물을 할 필요가 있습니다. 이로써 오손을 가급적 동쪽으로 끌어당겨 혼야왕의 옛 영지에 거주시켜 우리나라와 동맹 관계를 맺게 하는 것입니다. 틀림없이 오손은 이를 승낙할 것입니다. 수락한다면 절로 흉노의 바른팔을 떼어버리는 결과가 되며, 게다가 한번 오손과의 연합이 성립된다면 오손의 서쪽에서 대하에 이르는 일련의 국가들을 모조리 길들여 속국으로 삼을 수가 있습니다.”

무제는 이 진언을 수긍하며 장건을 중랑장에 임명하고 3백의 인원을 주었다. 말은 한 사람에 두 마리씩, 소와 양은 만 단위의 숫자였다. 여기에 더하여 수천만에 해당하는 폐백을 들려 천자의 부절을 지닌 부사副使를 다수 수행시키는 등 도상의 주변 국가들에 파견할 준비를 갖추어 주었다.

장건의 죽음

장건은 이렇게 하여 오손에 닿았다. 그런데 오손왕 곤막은 한나라 사자를 인견할 때 선우 모양으로 거만한 태도를 취했다. 장건은 치욕스러웠으나 그들이 한나라 물건에 대해서는 사족을 못 쓴다는 것을 알고 있었기 때문에 지체 없이 말했다.

"이것은 황공하옵게도 천자께서 보내신 사물賜物입니다. 만일 왕께서 가납치 않으신다면 도로 내주시기 바랍니다."

그러자 곤막은 일어나서 경건히 받들었다. 그러나 그 밖의 일로는 여전히 오만하였다.

장건은 곤막을 설득했다.

"지금이야말로 오손은 동방을 이동하여 혼야왕의 옛 땅을 소유할 때입니다. 그렇게 하시면 우리 한나라는 우방의 정의로서 옹주(제왕의 딸)를 왕의 부인으로 보낼 것입니다."

그러나 오손은 이미 분열 상태에 있었고 왕도 노령에 이르고 있었다. 게다가 한나라에 대해서는 너무 멀었기 때문에 아무런 지식도 갖지 못했다. 한편 흉노에 대해서는 속국 시대가 길었기 때문에 공포심이 발동하여 한나라에 접근하는 일에 대해 중신들이 모두 반대했다. 이리하여 이동은 바람직하지 않다고 결론이 내려지니 왕도 이를 반대하여 독단으로 처리할 수는 없었다. 장건은 오손을 움직이는 데 실패했다.

그런데 오손이 분열한 사정은 이렇다. 곤막에게는 10명 안팎의 아들이 있는데 가운데 아들을 대록大祿이라 하였다. 강건하고 통솔력이 있으며 1만여 기를 거느리고 딴 지역에 거주하고 있었다.

이 대록의 형이 오손의 태자였다. 태자에게는 잠취岑娶라는 대를 이을 아들이 있었으나 태차 자신은 젊어서 죽었다. 태자는 죽을 때 아버지 곤막에게 뒷일을 맡겼다.

"무슨 일이 있더라도 잠취를 태자로 삼아 주십시오. 절대로 딴 사람을 태자로 삼지 마시옵소서."

곤막은 아들의 심정을 이해하여 그의 청원을 받아들여서 약속한 대로 잠취를 태자에 봉했다.

대록은 노했다. 그 자리는 자기 몫이라고 생각했던 것이다. 그는 아우들을 선동하여 부민들을 이끌고 반란을 기도하여 잠취와 곤막에 대한 공격을 준비했다. 곤막은 늙기도 했으려니와 평소부터 대록이 잠취를 죽이지 않을까 염려하고 있었기 때문에 잠취에게 1만여 기를 나눠주고 거주지를 이동시켰다. 그리고 곤막 자신도 1만여 기를 가지고 자위 수단을 강구했다. 이리하여 오손 국민은 세 갈래로 분열하게 되었고, 곤막은 그저 명목상으로만 통솔권을 장악하고 있었다. 곤막으로서도 이런 배경이 있었으므로 장건과의 약정을 혼자서 결정할 수는 없었던 것이다.

이런 사정에 비추어, 장건은 부사를 대원·강거·대월지·대하·안식·신독·우전·한미 및 주변 나라들에 분견分遣했다.

곤막은 길잡이와 통역을 딸려 장건의 귀국을 전송했다. 장건은 오손의 사자 수십 명과 답례로 받은 말 수십 마리를 대동하고 돌아와서 그들에게 한나라의 국력을 과시했다.

장건은 이번의 큰 일을 완수한 공으로 대행에 임명되어 9경의 반열에 오르게 되었다. 그리고 장건은 1년쯤 후에 죽었다.

오손의 사자는 한나라 인구의 풍부함과 왕성한 경제 활동을 상세히 관찰하고 돌아가 그 모양을 보고했다. 오손에선 그 말을 듣고 한나라를 중시하게 되었다.

다시 1년쯤 지나자 대하를 위시한 여러 나라에 사자로 갔던 장건의 부하들이 모두가 원지인을 데리고 돌아왔다. 이로써 서북 여러 나라들과 한나라의 교통이 열리게 되었다. 그러나 이 교통로 개척에 공헌한 최초의 사람은 장건이었다. 장건 이후의 사자는 모두 박망후 장건의 이름을 사용하여 상대국에 대한 성의를 증명했고, 상대국 또한 이로써 한의 사절을 신용했다.

서극西極과 천마天馬

박망후 장건이 죽은 뒤, 오손이 한과 교통하기 시작했음을 안 흉노는 화를 내며 오손 공격을 계획했다. 때마침 오손에 파견된 한나라 사자 가운데는 오손을 발판으로 삼고 남쪽으로 진출하여 대원·대월지까지 간 사람이 있었다. 그런 후부터는 이 통로를 취하는 자가 잇따르게 되었다.

그 때문에 흉노의 보복을 두려워한 오손은 사자를 한나라에 파견해서 말을 헌상했다. 그리고 한나라의 옹주를 부인으로 삼고 동맹국의 우의를 맺겠다고 청원했다.

무제가 군신들에게 이 문제를 의논하니 일동은 말했다.

"우선 약혼 예물을 받으신 다음에 옹주를 보내도록 하시는 게 좋겠습니다."

그리하여 무제는 주역을 풀어 점을 치니

"신마神馬가 서북방으로부터 도래할 것이다."

하는 패를 얻었다. 그러는 중에 오손의 말을 받게 되었는데 그 말이 과연 좋은 말이었으므로 '천마'라고 이름 붙였다. 그러나 나중에 피땀을 흘리는 대원의 말을 얻었는데, 그것이 한층 더 건장한 말이었으므로 오손의 말은 '서극'이라 개명하고 대원의 말을 '천마'라 했다.

이렇게 하여 한은 영거 서쪽에다가 처음으로 성을 쌓고 또한 주천군을 새로 설치하여 서북 제국과의 교통 근거지로 삼았다. 이로써 안식·엄채·여헌·조지·견독으로 빈번히 사자를 내보내게 되었다. 더구나 무제가 대원의 말을 좋아하는 버릇이 더욱 더 이 경향을 강화시켜, 선발대와 후발대의 간격이 도중에서 서로 만날 수 있게까지 되었다. 외국으로 향하는 여러 사자는 큰 부대라면 수백 명, 작은 부대라도 백여 명이며, 휴대하는 물산은 박망후가 갈 때와 똑같았다. 그러나 그 후 행사가 관례화함에 따라 인원은 줄어 갔다.

한나라가 1년에 내보내는 사자는 대강 10여 차례, 적을 때에도 5, 6차례는 되었으며, 먼 나라인 경우는 7, 8년씩 걸렸고 가까운 경우에는 수년 만에 귀국했다.

꿈을 향해 몰려드는 개미 떼

장건이 외국과의 통로를 개발한 공으로 높은 지위에 오르게 되자 그를 수행했던 관리들은 서로 다투어 상서하여 이국의 진귀한 산물이나 통상의 이익을 들먹이며 사자로 갈 것을 지원했다.

무제는 이런 나라들이 지극히 먼 땅이며 보통 사람들이 가고자 원하는 곳이 아니므로 그들의 청원을 적극적으로 허락하고 이들에게 부절을 주었다. 그뿐 아니라, 관리와 민간인 가운데서 전력을 불문하고 지원자를 모집했다. 사절의 인원을 채우기 위해서 사자의 자격 기준을 넓힌 것이다. 그 결과 원래의 사명을 완수하기는커녕 도중에서 답례품을 착복하는 자가 속출했다.

그러나 무제는 이 무리들이 외국 사정에 정통해 있다는 점을 사서 행적을 상세히 조사하여 중죄로 판결해 놓고, 속죄하기 위하여는 발분해서 다시 사자를 지원하도록 했다. 사자가 해야 할 일은 점점 더 늘고, 한편 태연히 위법 행위를 행하는 자도 늘었다.

수행하던 하급 관리들도 타국의 산물과 풍습을 자꾸 선전했다. 이에 대해서 조정은, 허풍을 떠는 자는 정사正使로 임명하고 소극적인 자는 부사로 발탁했으니 허풍 떠는 자나 무뢰한들 모두가 사자를 지원했다. 이렇게 사자가 된 자들은 예외 없이 빈곤한 계층의 자제였다. 그들은 정부의 공물인 사물賜物을 횡령하고 이것을 싸게 팔아서 외국 무역의 이익을 얻는 것밖에는 생각하지 않았다. 상대국만 하더라도 한의 사자들이 하는 말이 각각 다른 것을 싫어하기도 하고 여기까지 한의 군대가 오지는 못하리라 판단하여 식량의 공급을 하지 않아 사자를 곤경에 빠뜨렸다. 그들은 식량에 궁한 나머지 서로 물어뜯는 추태를 연출했다.

— 무제는 대원의 이사성貳師城에 준마가 많다는 정보를 얻고 이를 사들이기 위해 사자를 파견했다. 그러나 대원은 이 사자를 죽이고 재물을 빼앗았다. 무제는 격노하여 총희 이씨의 오빠 이광리를 이사장군에 임명하여 제1회의 대원 원정군을 일으켰다(기원전 104년). 장군 이름에도 나타나 있는 대로 이사성의 말이 목표였다. 그러나 이 원정은 대실패로 끝났다. 무제는 더욱 노하여 패잔병을 옥문관 밖에 머물게 하고는 원정군의 재편성을 명했다. 이사장군은 2년 후, 두 번째의 원정군을 편성하여 대원의 수도 귀산성을 함락했다. 이렇게 하여 한나라는 대원의 좋은 말 수십 마리, 중등마 3천 마리를 전리품으로 가지고 개선했다. 이 원정이 끼친 영향은 자못 커서 서역 제국은 한나라의 위신에 굴복하게 되었다.

V. 맹자 열전 孟子列傳

용납되지 않은 유세

　맹자는 유가와 묵가가 남긴 문헌을 모두 찾아 읽고 도덕의 대강大綱을 명확히 했다. 그리고 양나라 혜왕惠王의 이익을 쫓으려는 마음의 움직임을 억제하고 고래의 성쇠흥망에 대한 자기의 의견을 말했다. 그래서 맹자·순경荀卿의 열전 제14권을 만든다.

〈태사공 자서太史公自序〉

　태사공은 이렇게 생각한다.
　『맹자가 저술한 책을 읽고 양나라의 혜왕이 "우리나라에 어떤 이익을 주겠는가?" 하고 맹자에게 물으러 왔다는 것에 대해서는 아무래도 읽던 책을 내려 놓고 탄식하지 않을 수 없는 마음이 든다. 이익이라고 하는 것은 모든 어지러움의 근본 원인이 되는 것이다.
　"공자는 절대로 이익에 대해서 말하지 않았다(《논어·자한편論語》〈子罕篇〉)"라고 기록되어 있지만, 사실 이 말은 어지러움의 근본 원인을 막으려고 한 데 뜻을 두었다고 보기 때문이다.

그러므로 공자는 "이익 본위로 행동하면 원한을 초래하게 되는 일이 많다(《논어》〈이인편里仁篇〉)"고 했다. 천자로부터 평민에 이르기까지 이익을 좋아하는 폐단에 무슨 차이가 있겠는가.』

맹자는 추騶나라 사람이다. 그는 자사子思(공자의 자손)의 문하에서 공부했고 학문의 정수를 터득한 다음 여행길에 올라 제의 선왕宣王(기원전 342—324년)을 섬겼다. 그러나 선왕은 맹자의 학설을 받아들이지 않으므로 맹자는 양나라로 갔다.

양나라 혜왕 역시 맹자의 주장을 실행하지 않았으며 맹자의 학설이 너무 어려워 실제에 맞지 않는 학설이라고 생각했다.

당시 진나라는 상앙商鞅을 등용해서 부국 강병의 정책을 실시하고 있었으며, 초와 위魏는 오기吳起를 등용해서 무력으로 약한 적국을 정복하고 있었다. 한편 제나라에서는 위왕威王(기원전 378—343년)과 선왕이 손자孫子나 전기田忌와 같은 사람들을 등용해서 세력을 확장했기 때문에 제후들은 동쪽을 향해 제나라를 종주로 섬기고 있었다.

당시의 천하는 합종연횡의 외교에 비술秘術을 써서 침략과 공격을 제일로 삼는 시대였다. 그러나 맹자는 그 반대로 고대의 성천자聖天子, 요·순 및 하·은·주 3대의 성왕들이 인덕을 가지고 나라를 다스린 방법을 좀더 보충하여 유세했다. 그 때문에 그는 어디에 가든지 용납되지 않았다. 그래서 은거하여 제자들과 《시경》이나 《서경》의 순서를 바로잡고, 공자의 사상을 보충해서 7편으로 된 《맹자》를 저술했다.

추연騶衍의 학설

그 뒤 추자騶子의 일파가 나왔다. 제나라에는 추라는 성을 가진 학자가 세 사람 있다. 최초의 사람은 추기騶忌라고 하는데, 그는 거문고의 연주가 훌륭하다고 해서 위왕을 섬기게 되었고 그것이 인연이 되어 국정에까지 참여하게 되었으며, 성후에 봉해져서 재상의 인수까지 차게 되었다. 이 학자는 맹자 이전의 사람이다.

그 다음 사람은 추연이라고 한다. 맹자 다음 대의 사람이다. 추연은 여러 나라의 군주들이 점점 사치와 음란에 흘러서, 《시경》의 〈대아〉편에서 볼 수 있는 것과 같이 덕을 존중하는 사고방식, 다시 말해서 먼저 자신의 몸을 올바르게 닦아서 일반 서민에게까지 미치게 하는 방법을 취할 수 없게 되었다고 보았다. 그래서 음과 양의 두 개의 기본 요소가 소멸·성장·변화해서 세계를 움직여 가는 이치를 깊이 관찰하고, 영묘하고 위대한 변화를 기술하여 〈종시終始〉〈대성大聖〉 등 10만 자 이상으로 된 대문장을 썼다. 그가 말하는 것은 광대하고 상식 이상이었으며 그의 이론은 언제나 적은 것을 먼저 조사하고 그런 뒤에 점차적으로 큰 것으로 옮겨가서 나중엔 무한에까지 도달한다.

시대의 고찰에 있어서도 먼저 현재를 말하고 거기서부터 태고의 황제黃帝 시대로 거슬러 올라간다. 학자들이 말하고 있는 학설은 대개 그들이 산 시대의 성쇠에 대응해서 전개된 것이다. 여기에 관련해서 시대의 서상이나 도량형과 음률 등의 제도를 기술하고, 거기서 멀리 천지가 아직 생기기 이전의 아주 끝간 데가 없이 아득한 혼돈의 시대에까지 기술하고 있다. 지리적인 고찰에 있어서는, 먼저 중국의 유명한 산과 큰 강과 어떤 계곡에도 있는 새나 짐승, 그리고 물이나 언덕에 나는 식물과 진귀한 종류들을 열거하고 여기서부터 추리해서 우리로서는 볼 수 없는 바다 저쪽까지 미치게 하였다.

그리고 하늘과 땅이 갈라지고 이 세계가 형성되고 나서 오행 즉, 목·화·토·금·수 5개의 요소가 서로 우월을 뒤바꿔 가며 그 자리를 옮겨간다고 보았다. 또 여기에 따라서 저마다의 요소에 적합한 치세를 할 수가 있다고 보았으며, 천지 만물과 시간과 공간의 구조는 이와 같이 부합되고 대응해 있다고 생각하였다.

그의 생각으로는 유자儒者들이 말하는 중국은 전 세계 속에서 불과 81분의 1에 지나지 않았다. 중국은 그의 입장에서 본다면 적현신주赤縣神州라고 명명된다. 이 적현신주 가운데는 물론 9개의 주州가 있다. 우왕禹王이 구분한 주라고 하는 것이 바로 이것이다.

그러나 이 9주를 주의 수에 넣어서는 안 된다. 중국 외에도 적현신주에 비할 만한 것이 9개가 있다. 이것이 정말 9주인 것이다. 거기에 비해裨海라고 하는 비교적 작은 바다가 있어서 이 9주를 둘러싸고 있다. 백성이나 금수는 그곳에서 밖으로 나올 수가 없으며, 한 구획 속에 갇혀 있는 것과 같은 것이 이 9주로부터 이루어지는 하나의 큰 주인 것이다. 이와 같은 큰 주가 9개가 있어서 그 밖을 큰 바다가 둘러싸고 있다. 이것이 하늘과 바다의 경계이다.

추연의 학설은 이상과 같다. 그러나 그 학설의 귀결점을 요약한다면 인간 생활에 있어서의 인의와 절약을 강조하고 군신 간의 사이와 상하의 관계, 그리고 친족 일동 간에 이것을 미치게 하는 데 힘을 썼다. 다만 그 출발점에 있어서 너무 막막한 것을 설명한 것뿐이다.

왕·후를 비롯해서 대신들이 그의 학설을 알게 된 당초에는 비상한 충격을 받고 감화되었지만 나중에는 실천하지 않게 되었다. 그래서 추연은 제나라에서 중요시되었다. 양나라에 가자 혜왕이 교외까지 영접을 나와 정식으로 빈객을 접대하는 예의를 갖추었다.

그리고 조나라에 갔을 때 평원군平原君은 그가 지나는 길을 정면에서 걷지 않았고 그가 앉은 자리의 먼지를 직접 털어서 정중히 대접했다. 연나라에 가자 소왕昭王이 비를 들고 앞에 서서 인도하고 제자의 자리에 나란히 앉아서 제자들과 같이 추연의 가르침을 받기를 원했다. 그리고 왕은 갈석궁을 짓고 친히 그곳에 나가서 추연의 가르침을 받았다. 거기서 만들어진 것이 추연의 저서중의 〈주운主運〉편이다. 추연은 제후들을 찾아다니며 이처럼 존경을 받았다. 공자가 진陳·채나라에서 굶주려 얼굴에 주린 기색이 있었던 일이나, 맹가孟軻가 제나라 양나라에서 곤궁에 빠졌던 것과는 전혀 그 사정이 달랐다.

원래 주의 무왕은 인의에 따라 포악한 은의 주왕을 쳐서 왕위에 올랐는데 백이는 굶어 죽으면서도 결코 주나라의 곡식을 입에 대지 않았다. 그리고 위衛의 영공靈公이 군의 진을 세우는 방법을 공자에게 물었으나 공자는 대답하지 않았다.

양나라의 혜왕이 조나라를 공격하기 위해 모략을 꾸미고 있었을 때 맹가는 옛날 주나라의 고공단보古公亶父가 만족의 공격을 받았을 때 전쟁으로 인한 살상을 피하기 위해 근거지인 빈邠을 떠난 훌륭한 처사를 칭찬했다. 이러한 그들의 행위는 세상의 풍조에 아첨하고 영합하려는 생각에서 그런 것만은 아니다. 도대체 네모진 단면을 둥근 구멍에 집어 넣으려고 한들 그것이 들어갈 수 있겠는가.

어떤 사람의 말에 의하면 현인이라고 불리워지는 이윤伊尹도 가마솥을 등에 지는 요리인이 되어서 은나라의 탕왕에게 접근하였으며, 탕왕을 격려하여 왕업을 완성시켰다. 그리고 저 백리해 百里奚도 수레가 지나는 길에서 소를 먹였으나 진秦의 목공穆公은 그의 덕택으로 패자霸者가 되었다.

이것은 처음에는 영합하고 그 뒤에서 상대방을 위대한 길로 인도한 힘인 것이다. 추연은 전통적인 선에서 거리가 먼 학설을 폈지만 이것도 역시 소에게 먹이를 주고, 가마솥을 등에 진 현인으로 통하는 의도가 있는 것이 아닐까.

직문稷門의 학파

추연을 비롯하여 제나라의 수도인 임치의 직문 근처에 모였던 학자들, 예를 들면 순우곤·신도·환연·접자·전병·추석 같은 사람들은 모두 책을 저술하여 국가 통치의 문제를 논하고 그것으로 당시 군주의 주의를 끌었다. 그러나 여기서 일일이 다 열거할 수는 없다.

순우곤淳于髡은 제나라 사람이다. 그는 박식하고 기억력이 뛰어났으며 학문적인 면에서는 어떤 특정한 학파에 속해 있지 않았다. 그는 군주에 대한 충언과 설득에 대해서는 안영의 인격을 존중하고 있었다. 어떤 사람이 순우곤을 양의 혜왕에게 소개하여 회견시킨 일이 있었다. 혜왕은 측근들을 물리치고 혼자 앉아 있었다. 이렇게 해서 두 번을 회견했는데 그는 끝내 아무 말도 하지 않았다. 이상하게 생각한 혜왕은 그 소개자를 책했다.

"그대는 순우곤을 관중이나 안영이 따를 수 없는 인물이라고 칭찬했다. 그런데 내가 만나 본 결과 얻을 것이라고는 아무것도 없다. 내가 자기와 말할 수 있는 상대가 못 된다고 생각하는 것인가. 도대체 어떻게 된 셈인가?"

소개자는 이 일을 순우곤에게 말하자 순우곤은 이렇게 대답했다.

"당연한 일이다. 내가 처음 왕을 뵈었을 때 왕은 말을 타고 달리는 데 정신이 팔려 있었다. 그리고 그 다음 뵈었을 때는 음악 소리에 마음이 끌려 있었다. 그래서 나는 아무 말도 하지 않은 것이다."

소개자는 이런 사실을 그대로 왕에게 말했다. 그러자 왕은 깜짝 놀라 이렇게 말했다.

"아아, 순우곤 선생은 참으로 성인이다. 처음에 순우곤 선생이 왔을 때 좋은 말을 바친 사람이 있었는데, 내가 아직 그것을 보지 못 했을 때 선생이 오신 것이다. 그리고 두 번째 왔을 때 가수를 바친 자가 있었는데, 미처 노래를 들어 보지 못했을 때 선생이 오신 것이다. 나는 사람들을 물러가게 했지만, 마음은 말과 가수에게 끌려 있었다. 사실 그랬다."

그 뒤 순우곤이 알현했을 때, 그가 밤낮 3일을 이야기했으나 혜왕은 지루한 줄을 몰랐다. 혜왕은 재상의 직위를 주고 대우하려 했지만 순우곤은 그것을 사양하고 떠나고 말았다. 그래서 왕은 그를 말 네 필이 끄는 고급 마차에 태우고 비단과 보석과 황금을 선물로 주었다. 그는 일생 동안 벼슬을 하지 않고 지냈다.

신도愼到는 조나라 사람이고, 전병田駢과 접자接子는 제나라 사람이며, 환연環淵은 초나라 사람이다. 그들은 모두 황제와 노자의 가르침을 배우고 저마다의 새로운 견해에 의해 도가 사상의 체계를 세웠다. 그래서 신도는 12개의 논문을 썼고, 환연은 상편과 하편으로 된 책을 저술했으며, 전병과 접자도 모두 저서가 있었다.

　추석騶奭이라고 하는 사람은 제나라 추자 일파의 한 사람이다. 그도 추연의 학설을 많이 이용해서 논문을 썼다. 그래서 제나라 왕은 그들의 학문적인 활동에 만족의 뜻을 표하고 순우곤 이하 모든 학자에게 열대부列大夫라는 칭호를 내리고 수도의 일급지에다 높은 문을 세우고 큰 집이 마련된 저택을 그들을 위해 지었다. 제나라에서는 이처럼 천하의 어진 자를 모았다고 하는 것을 널리 제후의 빈객들에게 보인 것이다. (하권에 계속)

□ 옮긴이 소개

운제 이영무(李英茂, 1921-1999)
충북 괴산 출생. 석왕사에서 한재순 스님을 은사로 득도. 정찬종 스님을 계시로 비구계를 수지했다. 동국대학교 사학과 및 경북대학교 대학원을 졸업하고 조선대와 건국대 사학과 교수로 재직했다. 뇌허학술상·국민훈장모란장을 수훈했으며 동방불교대학장 및 한국불교 태고종 총무원장·선암사 승가대학장·원효연구원장 등을 지냈다.
저서로는 《한국의 불교사상》(민족문화사, 1987), 《유마경강설》(월인출판사, 1989), 《이영무 불교선집》(전3권, 불교영상, 1991·1996) 등이 있으며, 역서에는 《대지도론》(동국역경원, 1970), 《동문선》(제30권, 민족문화추진회, 1971), 《태고보우국사법어집》(태고종총무원, 1973), 《동국여지승람》(민족문화추진회, 1974), 《원효전집》(한국정신문화연구원, 1979), 《매월당집현담》(세종대왕기념사업회, 1980), 《열반경종요》(대성문화사, 1984), 《선시 100수》(불교영상, 1994), 《침굉집》(불교춘추, 2001) 등이 있다.

사기(중)

2003년 6월 16일   초판 1쇄 발행
2008년 3월 10일   초판 2쇄 발행

      지은이   사 마 천
      옮긴이   이 영 무
      펴낸이   윤 형 두
      펴낸데   범 우 사

출판등록 1966. 8. 3. 제 406-2003-048호
413-756 경기도 파주시 교하읍 문발리 525-2
대   표 031) 955-6900 / FAX 031) 955-6905

* 파본은 교환해 드립니다.   교정·편집/김혜연·이경민·김지선

ISBN 89-08-01061-0 04920   (인터넷)http://www.bumwoosa.co.kr
    89-08-01000-9 (세트)   (E-mail)bumwoosa@chollian.net

국내외 명작중 현대의 고전을 엄선한 획기적인 본격 비평문학선집

범우비평판 세계문학선

① 토마스 불핀치
- 1-1 그리스·로마 신화 최혁순 값 10,000원
- 1-2 원탁의 기사 한영환 값 10,000원
- 1-3 샤를마뉴 황제의 전설 이성규 값 8,000원

② 도스토예프스키
- 2-1.2 죄와 벌(상)(하) 이철(외대 교수) 각권 9,000원
- 2-3.4.5 카라마조프의 형제(상)(중)(하) 김학수(전 고려대 교수) 각권 9,000원
- 2-6.7.8 백치(상)(중)(하) 박형규 각권 7,000원
- 2-9.10.11 악령(상)(중)(하) 이철 각권 9,000원

③ W. 셰익스피어
- 3-1 셰익스피어 4대 비극 이태주(단국대 교수) 값 10,000원
- 3-2 셰익스피어 4대 희극 이태주 값 10,000원
- 3-3 셰익스피어 4대 사극 이태주 값 12,000원
- 3-4 셰익스피어 명언집 이태주 값 10,000원

④ 토마스 하디
- 4-1 테스 김회진(서울시립대 교수) 값 10,000원

⑤ 호메로스
- 5-1 일리아스 유영(연세대 명예교수) 값 9,000원
- 5-2 오디세이아 유영 값 9,000원

⑥ 밀 턴
- 6-1 실낙원 이창배(동국대 교수) 값 10,000원

⑦ L. 톨스토이
- 7-1.2 부활(상)(하) 이철(외대 교수) 각권 7,000원
- 7-3.4 안나 카레니나(상)(하) 이철 각권 12,000원
- 7-5.6.7.8 전쟁과 평화 1.2.3.4 박형규 각권 10,000원

⑧ 토마스 만
- 8-1 마의 산(상) 홍경호(한양대 교수) 값 9,000원
- 8-2 마의 산(하) 홍경호 값 10,000원

⑨ 제임스 조이스
- 9-1 더블린 사람들 김종건(고려대 교수) 값 10,000원
- 9-2.3.4.5 율리시즈 1.2.3.4 김종건 각권 10,000원
- 9-6 젊은 예술가의 초상 김종건 값 10,000원
- 9-7 피네간의 경야(抄)·詩·에피파니 김종건 값 10,000원
- 9-8 영웅 스티븐·망명자들 김종건 값 12,000원

⑩ 생 텍쥐페리
- 10-1 전시 조종사(외) 조규철 값 8,000원
- 10-2 젊은이의 편지(외) 조규철·이정림 값 7,000원
- 10-3 인생의 의미(외) 조규철(외대 교수) 값 7,000원
- 10-4.5 성채(상)(하) 염기용 값 8,000원~10,000원
- 10-6 야간비행(외) 전채린·신경자 값 8,000원

⑪ 단테
- 11-1.2 신곡(상)(하) 최현 값 9,000원

⑫ J. W. 괴테
- 12-1.2 파우스트(상)(하) 박환덕 값 7,000원~8,000원

⑬ J. 오스틴
- 13-1 오만과 편견 오화섭(전 연세대 교수) 값 9,000원

⑭ V. 위 고
- 14-1.2.3.4.5 레 미제라블 1~5 방곤 각권 8,000원

⑮ 임어당
- 15-1 생활의 발견 김병철 값 12,000원

⑯ 루이제 린저
- 16-1 생의 한가운데 강두식(전 서울대 교수) 값 7,000원

⑰ 게르만 서사시
- 17 니벨룽겐의 노래 허창운(서울대 교수) 값 13,000원

⑱ E. 헤밍웨이
- 18-1 누구를 위하여 종은 울리나 김병철(중앙대 교수) 값 10,000원
- 18-2 무기여 잘 있거라(외) 김병철 값 12,000원

⑲ F. 카프카
- 19-1 성(城) 박환덕(서울대 교수) 값 10,000원
- 19-2 변신 박환덕 값 10,000원
- 19-3 심판 박환덕 값 8,000원
- 19-4 실종자 박환덕 값 9,000원
- 19-5 어느 투쟁의 기록(외) 박환덕 값 12,000원

⑳ 에밀리 브론테
- 20-1 폭풍의 언덕 안동민 값 8,000원

㉑ 마가렛 미첼
- 21-1.2.3 바람과 함께 사라지다(상)(중)(하) 송함식·이병규 각권 10,000원

㉒ 스탕달
- 22-1 적과 흑 김붕구 값 10,000원

㉓ B. 파스테르나크
- 23-1 닥터 지바고 오재국(전 육사교수) 값 10,000원

㉔ 마크 트웨인
- 24-1 톰 소여의 모험 김병철 값 7,000원
- 24-2 허클베리 핀의 모험 김병철 값 9,000원
- 24-3.4 마크 트웨인 여행기(상)(하) 박미선 각권 10,000원

작가별 작품론을 함께 실어 만든 출판 37년이 일궈낸 세계문학의 보고!

대학입시생에게 논리적 사고를 길러주고 대학생에게는 사회진출의 길을 열어주며, 일반 독자에게는 생활의 지혜를 듬뿍 심어주는 문학시리즈로서 범우비평판은 이제 독자여러분의 서가에서 오랜 친구로 늘 함께 할 것입니다.

㉕ 조지 오웰
- 25-1 동물농장 · 1984년 김회진 값 10,000원

㉖ 존 스타인벡
- 26-1.2 분노의 포도 (상)(하) 전형기 각권 7,000원
- 26-3.4 에덴의 동쪽 (상)(하) 이성호(한양대 교수)
  각권 9,000~10,000원

㉗ 우나무노
- 27-1 안개 김현창(서울대 교수) 값 7,000원

㉘ C. 브론테
- 28-1.2 제인 에어 (상)(하) 배영원 각권 8,000원

㉙ 헤르만 헤세
- 29-1 知와 사랑 · 싯다르타 홍경호 값 9,000원
- 29-2 데미안 · 크놀프 · 로스할데 홍경호 9,000원
- 29-3 페터 카멘친트 · 게르트루트
  박환덕(서울대 교수) 값 9,000원
- 29-4 유리알 유희 박환덕 값 12,000원

㉚ 알베르 카뮈
- 30-1 페스트 · 이방인 방곤(경희대) 값 9,000원

㉛ 올더스 헉슬리
- 31-1 멋진 신세계 (외) 이성규 · 허정애 값 10,000원

㉜ 기 드 모파상
- 32-1 여자의 일생 · 단편선 이정림 값 10,000원

㉝ 투르게네프
- 33-1 아버지와 아들 이정림 값 9,000원
- 33-2 처녀지 · 루딘 김학수 값 10,000원

㉞ 이미륵
- 34-1 압록강은 흐른다 (외)
  정규화(성신여대 교수) 값 10,000원

㉟ T. 드라이저
- 35-1 시스터 캐리 전형기(한양대 교수) 값 12,000원
- 35-2.3 미국의 비극 (상)(하) 김병철 각권 9,000원

㊱ 세르반떼스
- 36-1 돈 끼호떼 김현창(서울대 교수) 값 12,000원
- 36-2 (속)돈 끼호떼 김현창(서울대 교수) 값 10,000원

㊲ 나쓰메 소세키
- 37-1 마음 · 그 후 서석연 값 12,000원

㊳ 플루타르코스
- 38-1~8 플루타르크 영웅전 1~8 김병철
  각권 8,000원~9,000원

㊴ 안네 프랑크
- 39-1 안네의 일기 (외) 김남석 · 서석연(전 동국대 교수)
  값 9,000원

㊵ 강용흘
- 40-1 초당 장문평(문학평론가) 값 10,000원
- 40-2 동양선비 서양에 가시다 유영(연세대 교수)
  값 12,000원

㊶ 나관중
- 41-1~5 원본 三國志 1~5 황병국(중국문학가)
  값 10,000원

㊷ 귄터 그라스
- 42-1 양철북 박환덕(서울대 교수) 값 10,000원

㊸ 아쿠타가와류노스케
- 43-1 아쿠타가와 작품선
  진웅기 · 김진욱(번역문학가) 값 10,000원

㊹ F. 모리악
- 44-1 떼레즈 데께루 · 밤의 종말 (외)
  전채린(충북대 교수) 값 8,000원

㊺ 에리히 M. 레마르크
- 45-1 개선문 홍경호(한양대 교수 · 문학박사) 값 12,000원
- 45-2 그늘진 낙원 홍경호 · 박상배(한양대 교수)
  값 8,000원
- 45-3 서부전선 이상없다 (외)
  박환덕(서울대 교수) 값 12,000원

㊻ 앙드레 말로
- 46-1 희망 이가형(국민대 대우교수) 값 9,000원

㊼ A. J. 크로닌
- 47-1 성채 공문혜(번역문학가) 값 9,000원

㊽ 하인리히 뵐
- 48-1 아담 너는 어디 있었느냐 (외)
  홍경호(한양대 교수) 값 8,000원

㊾ 시몬느 드 보봐르
- 49-1 타인의 피 전채린(충북대 교수) 값 8,000원

㊿ 보카치오
- 50-1,2 데카메론 (상)(하) 한형곤(외국어대 교수)
  각권 11,000원

㉛ R. 타고르
- 51-1, 고라 유영(연세대 명예교수) 값 13,000원

㉜ R. 롤랑
- 52-1~5, 장 크리스토프
  김창석(번역문학가) 값 12,000원

㉝ 노발리스
- 53-1 푸른꽃 (외) 이유영(전 서강대 교수) 값 9,000원

(全冊 새로운 편집 · 장정 / 크라운변형판)
계속 발간됩니다.

범우사 E-mail:bumwoosa@chol.com TEL 02)717-2121

온고지신(溫故知新)으로 희망찬 21세기를!

현대사회를 보다 새로운 시각으로 종합진단하여
그 처방을 제시해주는

범우사상신서

1 자유에서의 도피 E. 프롬/이상두
2 젊은이여 오늘을 이야기하자 렉스프레스誌/방곤·최혁순
3 소유냐 존재냐 E. 프롬/최혁순
4 불확실성의 시대 J. 갈브레이드/박현채·전철환
5 마르쿠제의 행복론 L. 마르쿠제/황문수
6 너희도 神처럼 되리라 E. 프롬/최혁순
7 의혹과 행동 E. 프롬/최혁순
8 토인비와의 대화 A. 토인비/최혁순
9 역사란 무엇인가 E. 카/김승일
10 시지프의 신화 A. 카뮈/이정림
11 프로이트 심리학 입문 C.S. 홀/안귀여루
12 근대국가에 있어서의 자유 H. 라스키/이상두
13 비극론·인간론(외) K. 야스퍼스/황문수
14 엔트로피 J. 리프킨/최현
15 러셀의 철학노트 B. 페인버그·카스릴스(편)/최혁순
16 나는 믿는다 B. 러셀(외)/최혁순·박상규
17 자유민주주의에 희망은 있는가 C. 맥퍼슨/이상두
18 지식인의 양심 A. 토인비(외)/임현영
19 아웃사이더 C. 윌슨/이성규
20 미학과 문화 H. 마르쿠제/최현·이근영
21 한일합병사 야마베 겐타로/안병무
22 이데올로기의 종언 D. 벨/이상두
23 자기로부터의 혁명 ① J. 크리슈나무르티/권동수
24 자기로부터의 혁명 ② J. 크리슈나무르티/권동수
25 자기로부터의 혁명 ③ J. 크리슈나무르티/권동수
26 잠에서 깨어나라 B. 라즈니시/길연
27 역사학 입문 E. 베른하임/박광순
28 법화경 이야기 박혜경
29 융 심리학 입문 C.S. 홀(외)/최현
30 우연과 필연 J. 모노/김진욱
31 역사의 교훈 W. 듀란트(외)/천희상
32 방관자의 시대 P. 드러커/이상두·최혁순
33 건전한 사회 E. 프롬/김병익
34 미래의 충격 A. 토플러/장을병
35 작은 것이 아름답다 E. 슈마허/김진욱
36 관심의 불꽃 J. 크리슈나무르티/강옥구
37 종교는 필요한가 B. 러셀/이재황
38 불복종에 관하여 E. 프롬/문국주
39 인물로 본 한국민족주의 장을병
40 수탈된 대지 E. 갈레아노/박광순
41 대장정—작은 거인 등소평 H. 솔즈베리/정성호
42 초월의 길 완성의 길 마하리시/이병기
43 정신분석학 입문 S. 프로이트/서석연
44 철학적 인간 종교적 인간 황필호
45 권리를 위한 투쟁(외) R. 예링/심윤종·이주향
46 창조와 용기 R. 메이/안병무
47 꿈의 해석(상·하) S. 프로이트/서석연
48 제3의 물결 A. 토플러/김진욱
49 역사의 연구 ① D. 서머벨 엮음/박광순
50 역사의 연구 ② D. 서머벨 엮음/박광순
51 건건록 무쓰 무네미쓰/김승일
52 가난이야기 가와카미 하지메/서석연
53 새로운 세계사 마르크 페로/박광순
54 근대 한국과 일본 나카스카 아키라/김승일
55 일본 자본주의의 정신 야마모토 시치헤이/김승일·이근원
▶ 계속 펴냅니다

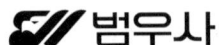 범우사 서울시 마포구 구수동 21-1호. 전화 717-2121 FAX 717-0429
http://www.bumwoosa.co.kr (천리안·하이텔 ID) BUMWOOSA

온고지신(溫故知新)으로 21세기를!

범우고전선

시대를 초월해 인간성 구현의 모범으로 삼을 만한 책을 엄선

1. 유토피아 토마스 모어/황문수
2. 오이디푸스 王 소포클레스/황문수
3. 명상록·행복론 M.아우렐리우스·L.세네카/황문수·최현
4. 깡디드 볼떼르/염기용
5. 군주론·전술론(외) 마키아벨리/이상두
6. 사회계약론(외) J. 루소/이태일·최현
7. 죽음에 이르는 병 키에르케고르/박환덕
8. 천로역정 존 버니언/이현주
9. 소크라테스 회상 크세노폰/최혁순
10. 길가메시 서사시 N. K. 샌다즈/이현주
11. 독일 국민에게 고함 J. G. 피히테/황문수
12. 히페리온 F. 횔덜린/홍경호
13. 수타니파타 김운학 옮김
14. 쇼펜하우어 인생론 A. 쇼펜하우어/최현
15. 톨스토이 참회록 L. N. 톨스토이/박형규
16. 존 스튜어트 밀 자서전 J. S. 밀/배영원
17. 비극의 탄생 F. W. 니체/곽복록
18-1. 에 밀(상) J. J. 루소/정봉구
18-2. 에 밀(하) J. J. 루소/정봉구
19. 팡 세 B. 파스칼/최현·이정림
20-1. 헤로도토스 歷史(상) 헤로도토스/박광순
20-2. 헤로도토스 歷史(하) 헤로도토스/박광순
21. 성 아우구스티누스 고백록 A. 아우구스티누/김평옥
22. 예술이란 무엇인가 L. N. 톨스토이/이철
23. 나의 투쟁 A. 히틀러/서석연
24. 論語 황병국 옮김
25. 그리스·로마 희곡선 아리스토파네스(외)/최현
26. 갈리아 戰記 G. J. 카이사르/박광순
27. 善의 연구 니시다 기타로/서석연
28. 육도·삼략 하재철 옮김
29. 국부론(상) A. 스미스/최호진·정해동
30. 국부론(하) A. 스미스/최호진·정해동
31. 펠로폰네소스 전쟁사(상) 투키디데스/박광순
32. 펠로폰네소스 전쟁사(하) 투키디데스/박광순
33. 孟子 차주환 옮김
34. 아방강역고 정약용/이민수
35. 서구의 몰락 ① 슈펭글러/박광순
36. 서구의 몰락 ② 슈펭글러/박광순
37. 서구의 몰락 ③ 슈펭글러/박광순
38. 명심보감 장기근
39. 월든 H. D. 소로/양병석
40. 한서열전 반고/홍대표
41. 참다운 사랑의 기술과 허튼 사랑의 질책 안드레아스/김영락
42. 종합 탈무드 마빈 토케이어(외)/전풍자
43. 백운화상어록 백운화상/석찬선사
44. 조선복식고 이여성
45. 불조직지심체요절 백운선사/박문열
46. 마가렛 미드 자서전 M. 미드/최혁순·최인옥
47. 조선사회경제사 백남운/박광순
48. 고전을 보고 세상을 읽는다 모라야 히로시/김승일
49. 한국통사 박은식/김승일
50. 콜럼버스 항해록 라스 카사스 신부 엮음/박광순
51. 삼민주의 쑨원/김승일(외) 옮김
52-1. 나의 생애(상) L. 트로츠키/박광순
52-2. 나의 생애(하) L. 트로츠키/박광순
53. 북한산 역사지리 김윤우
54-1. 몽계필담(상) 심괄/최병규
54-1. 몽계필담(하) 심괄/최병규

▶ 계속 펴냅니다

범우사 서울시 마포구 구수동 21-1호 TEL 717-2121, FAX 717-0429
http://www.bumwoosa.co.kr (E-mail) bumwoosa@chollian.net

서울대 선정도서인 나관중의 '원본 삼국지'

범우비평판세계문학 41-①②③④⑤
나관중 / 중국문학가 황병국 옮김

新개정판

원작의 순수함과 박진감이 그대로 담긴 '원본 삼국지'!

원작에 가장 충실하게 번역되어 독자로 하여금 읽는 즐거움을 느끼게 합니다.

이 책은 편역하거나 윤문한 삼국지가 아니라 중국 삼민서국과 문원서국 판을 대본으로 하여 원전에 가장 충실하게 옮긴 '원본 삼국지' 입니다.
한시(漢詩) 원문, 주요 전도(戰圖), 출사표(出師表) 등
각종 부록을 대거 수록한 신개정판.

· 작품 해설: 장기근(서울대 명예교수, 한문학 박사) · 전5권/각 500쪽 내외 · 크라운변형판/각권 값 10,000원

제갈량

＊중 · 고등학생이 읽는 사르비아 〈삼국지〉
1985년 중 · 고등학생 독서권장도서(서울시립남산도서관 선정)
최현 옮김 / 사르비아총서 502 · 503 · 504 / 각권 6,000원

＊초등학생이 보면서 읽는 〈소년 삼국지〉
나관중 / 곽하신 엮음 / 피닉스문고 8 · 9 / 각권 3,000원

 **범우사**

서울시 마포구 구수동 21-1호 전화 717-2121, FAX 717-0429
http://www.bumwoosa.co.kr (E-mail) bumwoosa@chollian.net